LECTURES DE PLATON

DU MÊME AUTEUR

À LA MÊME LIBRAIRIE

Introduction à la philosophie du mythe, tome I, *Sauver les mythes*, avec la collaboration de Ch. Jamme, 1996, 248 pages.

Introduction à la philosophie du mythe, tome II, *Époque moderne et contemporaine*, avec la collaboration de Ch. Jamme, 2000, 178 pages.

Platon 1990-1995. Bibliographie, avec la collaboration de F. Plin, 1999, 416 pages.

Platon 1995-2000. Bibliographie, avec la collaboration de F. Plin, 2005, 384 pages.

L'embryon, formation et animation. Antiquité grecque et latine, traditions hébraïque, chrétienne et islamique, avec la collaboration de M.-H. Congourdeau et J.-L. Solère, 2008, 288 pages.

Rhetorica Philosophans. Mélanges offerts à Michel Patillon, avec la collaboration de P. Chiron, 2010, 408 pages.

Participation aux ouvrages collectifs

Recherches sur la tradition platonicienne, sous la direction de J. Pépin, 1977, 144 pages.

Plotin, *Traité sur les nombres (Ennéade VI 6/34)*, sous la direction de J. Pépin, 1980, 228 pages.

Porphyre, *La vie de Plotin*, I, *Travaux préliminaires et index grec complet*, sous la direction de J. Pépin, 1952, 436 pages.

Porphyre, *La vie de Plotin*, II, *Études d'introduction, texte grec et traduction, commentaire, notes complémentaires et bibliographie*, sous la direction de J. Pépin, 1992, 780 pages.

Porphyre, *Sentences, Études d'introduction, texte grec et traduction, commentaire*, avec une traduction anglaise de J. Dillon, sous la direction de L. Brisson, 2005, 2 volumes, 874 pages.

Porphyre, *Sur la manière dont l'embryon reçoit l'âme, Études d'introduction, texte grec et traduction,* avec une traduction anglaise de M. Chase, sous la direction de L. Brisson avec la collaboration de G. Aubry, M.-H. Congourdeau et F. Hudry, 2012, 384 pages.

BIBLIOTHÈQUE D'HISTOIRE DE LA PHILOSOPHIE
Fondateur : HENRI GOUHIER Directeur : EMMANUEL CATTIN

LECTURES DE PLATON

par

Luc BRISSON

Deuxième édition corrigée
augmentée d'une postface et d'un index

PARIS
LIBRAIRIE PHILOSOPHIQUE J. VRIN
6, place de la Sorbonne, V^{e}

2016

Imprimé en France

ISSN 0249-7980
ISBN 978-2-7116-1455-7

www.vrin.fr

AVANT-PROPOS

Ce recueil rassemble des études rédigées entre 1975 et 2000. La plupart d'entre elles ont été publiées dans des périodiques ou des ouvrages collectifs; elles ont cependant toutes été revues et complétées. Ces transformations sont tributaires des traductions et des présentations que j'ai données, ces années durant, de quelques-uns des dialogues de Platon et elles témoignent de mon intérêt pour l'histoire et pour l'actualité des interprétations de ces dialogues. À défaut de produire une véritable synthèse de mes travaux, j'ai cherché ici à en présenter un choix cohérent autour des trois questions du contexte historique et littéraire de la production de l'œuvre de Platon, de son rapport aux mythes, et de la question de l'âme et du divin. Les remaniements auxquels je me suis livré au cours de la préparation de ce recueil avaient pour but d'éviter les trop nombreuses redites, les lacunes et les incohérences. J'espère, sans prétendre à la perfection, avoir atteint mon but.

Dans la première partie de ce recueil, j'ai expliqué pourquoi je me refusais à admettre l'hypothèse de l'existence d'une doctrine platonicienne distincte de celle que l'on trouve dans les textes attribués à Platon, qui nous sont parvenus. J'ai cherché à montrer que mon opposition ne relevait ni de la polémique ni d'un repli sur une position passéiste, mais qu'elle était fondée sur une lecture critique des principaux ouvrages écrits sur le sujet et sur un rejet argumenté des présupposés et des conséquences d'une interprétation de ce genre. Il est notamment vain de vouloir rendre compte de l'écart entre la pensée platonicienne telle que la formulent les dialogues et la présentation qu'en donne Aristote en faisant l'hypothèse de l'existence d'une doctrine des principes réservée aux membres de l'Académie; on expliquera plus facilement et plus naturellement cet écart, en le situant dans son contexte qui est celui de l'Académie qu'Aristote fréquenta pendant longtemps. Par ailleurs, il me semble encore plus difficile d'admettre qu'une telle doctrine des principes ait été formée dès le début de la carrière littéraire de Platon. Platon est au surgissement de l'interrogation philosophique. Ses premières œuvres sont des témoignages sur un homme qui l'a bouleversé, Socrate. En écrivant sur ce personnage exceptionnel et en voulant présenter sa manière de voir les choses, Platon a été progressivement amené à opposer le sensible à l'intelligible, et l'âme au corps, pour tenter ensuite de décrire leur relation mutuelle, l'intelligible devant permettre de penser le sensible et d'en parler, et l'âme devant mouvoir et diriger le corps dans l'univers. Ces prises de position, Platon les a développées non seulement pour convaincre un petit groupe de penseurs, mais aussi dans le but de modifier la société dans laquelle il vivait. C'est ce dont portent témoignage la *République* et les *Lois* sur un plan théorique, et la *Lettre* VII sur un plan pratique. Platon n'était pas un professeur payé pour travailler dans un Département de philosophie, où il se serait donné comme le représentant d'une doctrine arrêtée dès le début de sa carrière.

C'est, semble-t-il bien, cette volonté d'agir concrètement sur le grand nombre et la reconnaissance des limites de la raison humaine qui ont poussé Platon à enraciner sa pensée dans une tradition qu'il soumettait en même temps à une critique radicale. Considéré comme un réservoir de vérités préalables admises sans discussions par le grand nombre et sans cesse transformées par les poètes, qui donnaient ainsi à un groupe humain un véritable système de valeurs adaptées au contexte, le mythe se situe donc au point de départ et à la fin de l'argumentation platonicienne. Le *Phédon* est exemplaire à cet égard, où dans un premier temps les preuves de l'immortalité de l'âme s'enracinent dans la critique de la représentation homérique de la survie, et où ensuite ces preuves se trouvent relayées par un mythe, celui qui clôt le dialogue. Dans le recueil que je présente ici, les mythes qui sont pris en considération ont tous une dimension politique. Mais force est de constater que c'est aussi dans des mythes que s'enracine l'hypothèse de l'existence de formes intelligibles, indissociable à son tour de l'hypothèse d'une âme qui, destinée à survivre à sa séparation d'avec le corps, peut seule avoir accès à la connaissance de l'intelligible. On le vérifie dans des dialogues comme le *Phédon*, la *République* et le *Timée*. On comprend dès lors que c'est à l'appauvrissement, pour ne pas dire à l'anéantissement, d'une dimension essentielle de la pensée de Platon que mène inéluctablement le refus de prendre en considération le mythe dans les *Dialogues*, pour ne chercher à y conserver que le « philosophique », comme s'il s'agissait là de l'œuvre d'un contemporain intéressé exclusivement par l'analyse des concepts et du langage.

Pour Platon, l'être humain ne peut se mouvoir que dans une cité, elle-même située dans un univers dont elle doit imiter la bonne marche. C'est la contemplation des mouvements du ciel qui, en dernière analyse, inspire le fonctionnement harmonieux de la cité où l'être humain parviendra à l'excellence. Dès lors, il est possible de comprendre comment l'observation du ciel peut être considérée comme l'une des tâches essentielles des gouvernants les plus importants de la cité des *Lois*. Une telle position peut surprendre, mais c'est celle que nous communiquent les dialogues. Dès lors, éthique, politique, cosmologie et même « métaphysique » ont partie liée. Reconnaître les différences qui nous éloignent de Platon permet d'apprécier la spécificité de notre propre représentation des choses. De cette façon, l'histoire de la philosophie, qui peut nous affranchir de l'anachronisme, nous reconduit à la philosophie.

Je tiens, en terminant, à remercier Jean-François Pradeau qui m'a convaincu de publier ce recueil et qui m'a aidé à choisir, corriger et améliorer les études ici rassemblées. Je remercie aussi Frédéric Plin et Olivier Petitjean qui ont relu et corrigé un exemplaire de la première édition ; leur aide me fut précieuse.

RÉFÉRENCES BIBLIOGRAPHIQUES

« La *Lettre* VII de Platon, une autobiographie ? » est une version remaniée de « La *Lettre* VII de Platon, une autobiographie ? », *L'invention de l'autobiographie d'Hésiode à Saint Augustin*, Actes du deuxième colloque de l'Équipe de recherche sur l'Hellénisme post-classique [Paris, École normale supérieure], Paris, Presses de l'École Normale Supérieure 1993, p. 37-46.

« Les accusations de plagiat lancées contre Platon » est une version remaniée de « Les accusations de plagiat lancées contre Platon », *Contre Platon I : Le Platonisme dévoilé*, textes réunis par Monique Dixsaut, « Tradition de la pensée classique », Paris, Vrin, 1993, p. 339-356.

« Présupposés et conséquences d'une interprétation ésotériste de Platon » est une version remaniée de « Présupposés et conséquences d'une interprétation ésotériste de Platon », *Méthexis* 6, 1993, p. 11-35 ; nouvelle version dans les *Études Philosophiques* 1993, p. 475-495. Ce texte est précédé par une version remaniée de la Préface que j'ai donnée à *L'Interprétation ésotériste de Platon*, recueil de textes (par M.-D. Richard, H. Krämer, Th.A. Szlezák, H. Steinthal, M. Migliori, G. Movia et G. Reale) réunis et présentés par Luc Brisson, numéro spécial des *Études Philosophiques*, janvier-mars 1998.

L'Annexe 1 : « *Phèdre* 278b » comprend un extrait de Platon, *Phèdre*, traduction, introduction et notes par Luc Brisson, « GF » 488, Paris, Flammarion, 1989, 1997 [édition corrigée et mise à jour].

L'Annexe 2 : « *Lettre* VII 341a-e » comprend un extrait de Platon, *Lettres*, traduction inédite, introduction et notes par Luc Brisson, « GF » 466, Paris, Flammarion, 1987, 1997 [édition corrigée et mise à jour].

L'Annexe 3 : « *République* VI 509a9-c10 » propose une traduction inédite de ce passage.

L'Annexe 4 : « Aristoxène de Tarente, *Elem. Harm.*, II, p. 30-40, Da Rios » reprend une traduction et un commentaire qui se trouvent dans « L'enseignement oral de Platon » [Études critiques sur le livre de M.-D. Richard, *L'enseignement oral de Platon. Une nouvelle interprétation du Platonisme*, Paris, 1986], dans *Les Études philosophiques* 1990, p. 95-105.

L'Annexe 5 : « Aristote, *De anima* I 2, 404b16-30 » reprend une traduction et un commentaire qui se trouvent dans « L'enseignement oral de Platon » [Études critiques sur le livre de M.-D. Richard, *L'enseignement oral de Platon. Une nouvelle interprétation du Platonisme*, Paris, 1986], dans *Les Études philo-*

sophiques 1990, p. 95-105. La traduction commentée de Thémistius, *In De an.* 11.18-12.33 Heinze, est parue dans une version élargie dans « Le rôle des mathématiques dans le *Timée* selon les interprétations contemporaines », *Le* Timée *de Platon. Contributions à l'histoire de sa réception*, un recueil édité par Ada Neschke-Hentschke, Leuven, Peeters, 2000.

L'Annexe 6 : « Aristote, *Physique* IV 2, 209a31-210a13 » est une version très remaniée de « Aristote, *Physique* IV,2 », *Les Études Philosophiques*, 1997, 377-387.

« Sur le *Protagoras*. Le mythe de Protagoras et la question des vertus » résulte d'un remaniement profond des deux articles suivants : « Le mythe de Protagoras. Essai d'analyse structurale », *Quaderni Urbinati di Cultura Classica* 20, 1975, p. 7-37, et « Les listes de vertus dans le *Protagoras* et dans la *République* », dans *Problèmes de la Morale antique*, sept études de Luc Brisson, Monique Canto, Paul Demont, Raphaël Drai, Pierre Hadot, Jean-François Mattéi et Alain Michel, réunies par Paul Demont, Université d'Amiens. Faculté des Lettres, Centre de Recherches sur l'Antiquité grecque et latine, Amiens, Faculté des Lettres, 1993, p. 75-92.

« L'unité du *Phèdre* de Platon » est une version remaniée de « L'unité du *Phèdre* de Platon. Rhétorique et philosophie dans le *Phèdre* », dans *Understanding the Phaedrus. Proceedings of the II Symposium Platonicum*, ed. by Livio Rossetti, Sankt Augustin, Academia Verlag, 1992, p. 61-76.

« L'Égypte de Platon » est une version remaniée de « L'Égypte de Platon », *Les Études Philosophiques*, 1987, p. 153-168.

« Interprétation du mythe du *Politique* » est une version remaniée de « Interprétation du mythe du *Politique* », dans *Reading the Statesman. Proceedings of the III Symposium Platonicum*, ed. by Christopher J. Rowe, « International Plato Studies » 4, Sankt Augustin, Academia Verlag, 1995, p. 349-363. La traduction donnée en Annexe est inédite.

« Le discours comme univers et l'univers comme discours » est une version remaniée de « Le discours comme univers et l'univers comme discours. Platon et ses interprètes néo-platoniciens », *Le texte et ses représentations*, « Études de Littérature ancienne » 3, Paris, Presses de l'École Normale Supérieure, 1987, p. 121-127.

« La notion de *phthónos* chez Platon » est une version remaniée de « La notion philosophique de *phthónos* chez Platon », dans *La jalousie*, Colloque de Cerisy [1989], sous la direction de Frédéric Monneyron, Collection Psychanalyse et Civilisations, Paris, L'Harmattan, 1996, p. 13-34 ; et dans *Réflexions contemporaines sur l'Antiquité classique*, Journées Henri Joly [25, 26 et 27 mars 1993, Grenoble], « Recherches sur la Philosophie et le Langage » 18, 1996, Grenoble, Université Pierre Mendès France, 1997, p. 41-49.

« Les préambules dans les *Lois* » est un inédit.

Je tiens à remercier tous ceux, éditeurs et directeurs de revue, qui m'ont donné la permission de publier à nouveau sous une forme modifiée les textes réunis dans ce recueil.

PREMIÈRE PARTIE

LE CONTEXTE HISTORIQUE ET LITTÉRAIRE

LA *LETTRE* VII DE PLATON, UNE AUTOBIOGRAPHIE ?

Parler de soi ne suffit pas à faire œuvre autobiographique. Pour qu'il y ait autobiographie, il faut qu'un « je » soit à la fois auteur, narrateur et personnage principal du récit considéré[1]. Or, l'une des lettres attribuées à Platon[2], la septième, semble bien satisfaire cette triple exigence, en dépit de la part très restreinte qu'y occupe le témoignage d'ordre privé. Ce document présente d'autant plus d'intérêt qu'il s'agit vraisemblablement, avec le discours d'Isocrate, *Sur l'échange*, qui lui est contemporain, du premier récit autobiographique de toute la littérature grecque.

La collection des treize lettres platoniciennes transmises par les deux principaux manuscrits[3] semble avoir été entièrement constituée dès le Iᵉʳ siècle de notre ère. Thrasylle d'Alexandrie, mort en 36 après J.-C., est connu notamment pour avoir regroupé les œuvres de Platon en tétralogies. Or, selon Diogène Laërce (III 61), on trouvait dans la neuvième tétralogie « une lettre à Aristodème [en fait à Aristodore] (X), deux à Archytas (IX, XII), quatre à Denys II (I, II, III, XIII), une à Hermias, Erastos et Coriscos (VI), une à Léodamas (XI), une à Dion (IV), une à Perdiccas (V) et deux aux proches de Dion (VII, VIII) ». À ces treize lettres, Hermann a, dans son édition[4], joint cinq autres, de provenances diverses : la 17ᵉ et la 18ᵉ, qui correspondent aux numéros 14 et 15 de la collection platonicienne de

1. Sur ce thème, on lira Philippe Lejeune, *Le pacte autobiographique*, Paris, Seuil, 1975.

2. Sur le sujet, on se reportera à Platon, *Lettres*, traduction inédite et présentation par Luc Brisson [1987], Paris, Flammarion, 1997 [troisième édition revue et mise à jour].

3. Le *Parisinus graecus* 1807 du IXᵉ siècle et le *Vaticanus graecus* 1, une copie du précédent faite à la fin du IXᵉ siècle ou au début du Xᵉ siècle.

4. Chez Teubner, Leipzig, 1972.

Hercher[1], et les 14e, 15e et 16e, qui correspondent aux numéros 24, 25 et 26 de la collection socratique de Hercher[2].

La *Lettre* VII fut rédigée par Platon à la fin de sa vie, peu de temps après la mort de Dion, assassiné en juin 354 avant J.-C.; Platon s'adresse aux proches et aux partisans de ce dernier pour répondre à la demande qu'ils lui ont faite « d'être leur allié dans la mesure de ses possibilités en actes et en paroles » (323d).

Pour situer cette lettre dans le temps, un bref rappel historique est nécessaire.

En 388-387, Platon se rend en Italie du Sud, où il rencontre Archytas, le pythagoricien, et à Syracuse, où règne Denys I. À cette occasion, Platon se lie avec Dion, un personnage important, puisqu'il s'agit du frère d'Aristomaque, l'épouse syracusaine du tyran, et du second mari de la fille de celui-ci, Arétè; Dion semble alors avoir été subjugué par Platon.

Denys I meurt au début de 367. Denys II, le fils que le tyran avait eu de Doris, son autre épouse, locrienne celle-là, lui succède. Dion aurait été empêché d'intervenir auprès du mourant en faveur d'Hipparinos II et de Nysaios, les fils que sa sœur, Aristomaque, avait donnés à Denys I. Lorsqu'il accède au pouvoir, Denys II n'a que trente ans; son expérience politique semble avoir été nulle, son père l'ayant toujours tenu à l'écart des affaires.

Voilà probablement pourquoi Dion parvient à convaincre Denys II d'inviter Platon à sa cour, pour suivre son enseignement. Platon accepte et revient à Syracuse dans les premiers mois de l'année 367. Inaccessible aux enseignements du philosophe, Denys II commence par écarter Dion, qu'il soupçonne de vouloir s'emparer du pouvoir pour le remettre à Hipparinos II et à Nysaios, ses neveux, et d'entretenir des relations secrètes avec Carthage, qui occupe alors la partie occidentale de la Sicile. Puis il renvoie Platon. Dion est exilé, ses biens confisqués et ses attaches familiales avec le tyran rompues, son épouse Arétè ayant été donnée en mariage à un certain Timocrate. Quelques années plus tard, en 361, Platon, à la demande de Denys II, revient à Syracuse, croyant par ce geste aider Dion; mais il échoue une fois de plus.

Sur le chemin du retour, à Olympie lors des Jeux de 360, Platon rencontre Dion qui lui annonce qu'il prépare une expédition contre Denys II. Dion, qui avait vécu auprès de Platon et de Speusippe à l'Aca-

1. *Epistolographi graeci*, Paris, Didot, 1873 [réimpression Amsterdam 1965].

2. En ce qui concerne l'authenticité de toutes ces lettres, je me contente de renvoyer à l'Introduction que j'ai donnée à ma traduction des *Lettres* de Platon (citée dans la note 2 précédente). J'estime, pour ma part, que seule la *Lettre* VII est authentique ; que l'authenticité des *Lettres* VIII et XI est douteuse ; et que les autres lettres sont inauthentiques.

démie, rallie à sa cause vingt-cinq ou trente exilés syracusains sur mille, et obtient l'appui de certains membres de l'Académie, dont Timonide de Leucade et Eudème de Chypre. Après bien des péripéties, Dion, qui a réuni huit cents mercenaires aguerris, réussit en 357 à prendre Syracuse, mais pas la citadelle d'Ortygie. Des manœuvres de son allié Héraclide, assisté de Théodote, l'oncle de ce dernier, lui font perdre le pouvoir avant qu'il ait pu s'en emparer. En 356/355, Dion reprend Syracuse; cette fois, la citadelle d'Ortygie tombe. Dion pardonne à Héraclide et à Théodote, qui se remettent à comploter contre lui. Excédé, Dion fait tuer Héraclide. Un ami de ce dernier, Callippe, décide de le venger. En juin 354, Dion est assassiné; sa sœur, sa femme, et même l'enfant que cette dernière vient de mettre au monde, sont tués.

Callippe s'empare alors du pouvoir mais, en juillet 353, il le perd au profit d'Hipparinos II, l'un des fils de la sœur de Dion. Hipparinos II conserve le pouvoir pendant deux ans. Son frère Nysaios lui succède, jusqu'au retour de Denys II, qui régnera de nouveau de 346 à 344.

On peut donc penser que la *Lettre* VII fut écrite entre juin 354, date de l'assassinat de Dion, et juillet 353, date de la prise du pouvoir à Syracuse par Hipparinos II, le neveu de Dion, que Platon semble évoquer au début du texte.

Platon adresse donc cette lettre aux proches et aux partisans de Dion (*Plátōn toîs Díōnos oikeíois te kaì hetaírois eû prắttein*). Qu'est-ce à dire? Être un *oikeîos*, c'est appartenir à un *oîkos* commun, à une même maison, au sens large. Dans cette catégorie, il faut ranger non seulement les parents par le sang[1], mais aussi les gens qui sont attachés à la maison en vertu d'autres liens: amitié, activité commune[2], dépendance, etc. Être un *hetaîros*, par ailleurs, c'est être lié à un individu, à un groupe dont on partage les convictions, qu'elles soient d'ordre philosophique[3], religieux[4] ou politique[5], et dont on partage l'activité ou dont on appuie l'action.

Dans ces conditions, la plupart des destinataires de la *Lettre* VII devaient être à la fois « des proches et des partisans de Dion », ceux qui s'opposaient à Callippe, et qui se battaient pour mettre à sa place Hipparinos II.

À mes yeux, l'auteur de cette lettre est bien Platon, qui non seulement se serait identifié, mais qui aurait en quelque sorte authentifié son écrit en utilisant la formule *eû prắttein*. Dans l'Antiquité, cette formule de salu-

1. Critias et Charmide par rapport à Platon par exemple, cf. 324d.

2. En 350b, les *oikeîoi* pourraient être les membres de l'Académie.

3. Platon et Socrate, voir 325b.

4. Dion et les deux frères : Callippe et Philostrate, qui sont initiés ensemble aux Mystères d'Éleusis, voir 333e.

5. Platon et Dion, voir 333d ; Platon et Denys II, en apparence du moins, voir 348a.

tation était considérée comme typiquement platonicienne[1]. La formule *eû práttein* désigne, dans le corpus platonicien, une conduite morale qui doit assurer le bonheur (*eudaimonía*) à celui qui l'adopte[2]. Le sens platonicien n'exclut pas le sens plus général de « porte-toi bien ». L'usage de cette formule de salutation montre bien sur quel plan Platon veut placer le débat : celui du programme qui doit inspirer une action politique.

Dans sa lettre, Platon répond donc aux proches et aux partisans de Dion qui ont sollicité l'aide du philosophe, dont ils veulent faire leur allié en paroles et en actes. Comme ceux qui en sont les destinataires se trouvent engagés dans une lutte pour le pouvoir, Platon, en écrivant cette lettre, accomplit un acte politique. Il intervient en faveur d'un parti, celui d'Hipparinos II, le neveu de Dion, contre un autre parti, celui de Callippe. Mais, cet appui, Platon ne l'accorde pas sans condition : « Voici ma réponse : si vous avez la même façon de voir (*dóxa*) et le même dessein (*epithumía*) que lui [= Dion], je consens à être votre allié (*koin*o̱*n*é̱*sein*) ; sinon j'ai besoin de beaucoup délibérer » (324a). Bref, Platon n'aidera les proches et les partisans de Dion qu'à cette condition : qu'ils aient les mêmes idées politiques que ce dernier, qui adhérait lui-même à celles de Platon. Afin de mieux s'en expliquer, Platon, alors âgé de soixante-quatorze ans, revient cinquante ans en arrière, comme si le choc de l'assassinat de Dion le contraignait au souvenir.

C'est donc pour exposer la genèse de ses idées politiques et pour justifier son action et celle de Dion à Syracuse que Platon va, dans cette lettre, raconter sa vie.

Après une première phrase à la seconde personne du pluriel qui s'adresse aux destinataires de la lettre, Platon enchaîne avec *Eg*ò̱ *dè… súmph*e̱*mi*. Ce « je » reste sujet pendant plusieurs lignes encore, car Platon reprend : « Or, ce qu'étaient l'état d'esprit (*diánoia*) et le dessein (*epithumía*) de Dion, je pense pouvoir le dire non de façon conjecturale, mais en pleine connaissance de cause » (324a). Puis il explique pourquoi. Au point de départ, donc, on pourrait croire que Platon veut rédiger une lettre ouverte, où sera rappelé aux destinataires le programme politico-philosophique de Dion, programme auquel ils doivent rester fidèles s'ils désirent que Platon soit leur allié.

Mais brutalement, après dix-sept lignes, et sans avertissement aucun, tout bascule. Le « je » sujet devient aussi un « je » objet.

Platon commence par écrire : « Mais comment s'est formée cette façon de voir [celle de Dion] ? Comme c'est là une chose qui vaut vraiment d'être

1. Lucien, *Pro lapsu inter salutandum* 3-5 ; Diogène Laërce III 61 ; *Souda* s.v. *eû práttein*, t. II, p. 466.5-7 Adler.

2. *Charmide* 171e-172a *sq.* ; *Gorgias* 497c ; *Euthydème* 280b-281e.

entendue aussi bien par un jeune que par quelqu'un qui ne l'est plus, je vais tenter, moi, de vous l'exposer depuis le début. Voici en effet le bon moment de le faire » (324b). Ce disant, Platon annonce qu'il est bien décidé à décrire comment se sont formées les idées de Dion. Et il enchaîne sur ces mots : « Au temps de ma jeunesse, j'ai effectivement éprouvé le même sentiment que beaucoup d'autres » (324b). C'est alors que, s'écartant de ce qu'il vient tout juste d'annoncer, Platon raconte comment se sont formées non pas les idées de Dion, mais les siennes. Certains ont voulu voir là une preuve de l'inauthenticité de la *Lettre* VII. Mais on pourrait expliquer la chose par le fait que, plus haut (en 324a-b), Platon laisse entendre que la « façon de voir » qui fut désormais la sienne, Dion l'a acquise de lui, lors de son premier séjour à Syracuse. Par suite, Platon serait justifié d'expliquer comment cette « façon de voir », qu'il transmit à Dion, se forma d'abord chez lui.

Commençant par évoquer les événements de 404/403, à la faveur desquels il songea à s'occuper des affaires de la cité, alors qu'il avait dans les 24 ans, Platon termine sa lettre par une évocation pathétique de la mort de Dion en juin 354 : « Voilà donc pourquoi, par suite de son échec, il gît dans son tombeau; et sur la Sicile un deuil immense s'est abattu » (351e). Entre le début et la fin de la *Lettre* VII, Platon a donc évoqué cinquante ans de sa vie.

L'intérêt fondamental de cette lettre réside dans l'usage que fait Platon du « je » sujet d'abord, puis du « je » sujet et objet. Dans le reste de son œuvre, en effet, Platon aliène son « je » sujet et/ou objet au profit de ces personnages que sont les interlocuteurs principaux des dialogues : l'Étranger d'Athènes dans les *Lois*, Timée dans le *Timée,* Critias dans le *Critias*, l'Étranger d'Élée dans le *Sophiste* et dans le *Politique*, et surtout Socrate dans les autres dialogues. Cet « anonymat » ne laisse pas de poser un problème fondamental, auquel aucune réponse vraiment satisfaisante n'a jusqu'ici été apportée : dans quelle mesure les interlocuteurs principaux des dialogues représentent-ils Platon [1] ?

Si, comme un faisceau convergent d'indices porte à le croire, la *Lettre* VII est authentique, elle constitue donc un document essentiel pour appréhender directement la vie et la pensée de Platon.

Dans la *Lettre* VII, le « je » sujet devient brutalement aussi un « je » objet, lorsque Platon passe au récit des cinquante dernières années de son existence.

1. Ludwig Edelstein, « Platonic anonymity », *American Journal of Philology* 83, 1962, p. 1-22; Paul Plass, « Philosophic anonymity in the Platonic dialogues », *ibid.* 85, 1964, p. 254-278; Jay Farness, *Missing Socrates : problems of Plato's writing*, University Park (Pa.), Pennsylvania University Press, 1991.

On notera cependant que, dans cette lettre, le récit proprement dit est interrompu en deux occasions ; c'est ce que montre le plan suivant :

Introduction (323d-324b)
1. Début du récit (324b-330b) [à partir de 404/403]
 Formation des idées politiques de Platon (324b-326b)
 Premier séjour de Platon à Syracuse (326b-327b) [en 388-387]
 Second séjour à Syracuse (327b-330b) [en 367-366]
  Délibérations (327d-328c)
  Récit des événements (328c-330b)
2. Conseils (330b-337e)
 Médecine et politique (330c-331d)
 Conseils de Platon et de Dion à Denys II (331d-333a)
 Sur l'infidélité de Denys II (333a-334c)
 Conseils aux proches et aux amis de Dion (334c-337e)
3. Reprise du récit (337e-341a)
 La fin du second séjour à Syracuse (338a-b)
 Le troisième séjour à Syracuse (338b-341a)
  Préliminaires au troisième voyage (338c-340a) [en 361-360]
  La leçon du dernier séjour (340a-341a)
4. Digression philosophique (341a-345c)
5. Fin du récit (345c-351e)
 Comment s'achève le dernier séjour de Platon en Sicile (345c-350b)
 L'entretien avec Dion à Olympie (350b-d) [en 360]
 Dion donné en exemple (350d-351e)
Conclusion (351e-352a)

Le récit couvre un peu plus de la moitié de cette lettre : 15 pages Estienne sur 28. Un certain nombre de procédés le rendent plus vivant encore : dialogues de Platon avec Dion (328d-329a [fictif] et 350b-d) ; et dialogues de Platon avec Denys II (347b-c ; 348b-c ; 349a-b), de Platon avec Théodote (348e-349a) et de Platon avec un messager envoyé par Denys II (349e-350a). Par ailleurs, en 339b-c, Platon donne l'impression de citer textuellement une lettre de Denys II.

Le fait que le récit soit entrecoupé d'abord par un intermède parénétique (330b-337e), puis par une digression philosophique (341a-345c), montre à l'évidence que Platon raconte sa vie non par complaisance ou par goût, mais pour expliquer ses idées et son action politique, pour justifier l'action de Dion et orienter ainsi celle de ses partisans qui poursuivent la lutte à Syracuse. Cette justification s'élargit donc par cercles concentriques.

– Platon explique comment il en est arrivé à penser que la cité devait être gouvernée par des philosophes : « ... le genre humain ne mettra pas fin à ses maux avant que la race de ceux qui, dans la rectitude et la vérité, s'adonnent à la philosophie n'ait accédé à l'autorité politique ou que ceux qui sont au pouvoir dans les cités ne s'adonnent véritablement à la philosophie, en vertu de quelque dispensation divine » (326a-b).

– Platon expose les motifs qui l'ont, à deux reprises, conduit à Syracuse auprès de Denys II : « Comme cela me donnait à réfléchir et que je me demandais s'il fallait me mettre en route et répondre à cette invitation ou prendre un autre parti, ce qui pourtant fit pencher la balance, c'est que, si jamais on devait entreprendre de réaliser mes conceptions en matière de loi et de régime politique, c'était le moment d'essayer. En effet, je n'avais qu'un seul homme [Denys II] à convaincre et cela suffisait pour assurer en tout l'avènement du bien » (328b-c).

– Platon justifie l'action de Dion auprès de Denys II, explique son animosité contre le tyran qui l'exila, le dépouilla de ses biens et rompit toutes ses attaches avec sa famille, et rappelle le programme politique qui était le sien : « Car, je le sais pertinemment, dans la mesure où il est possible à un homme de se prononcer avec assurance sur des hommes, si Dion avait obtenu le pouvoir, jamais il n'aurait exercé ce pouvoir d'une autre façon que celle-ci. Il aurait commencé par délivrer de la servitude Syracuse, sa patrie... ; dans la foulée, il aurait pris tous les moyens pour donner comme parure à ses concitoyens les lois les plus appropriées qui fussent aussi les meilleures. En suite de quoi, voici ce qu'il aurait eu à cœur de faire : coloniser toute la Sicile et la libérer des barbares, en expulsant les uns et en soumettant les autres... » (335e-336a). Bref, l'action de Dion intéressait non seulement Syracuse, mais aussi toute la Sicile et même le monde grec dans son ensemble.

– Enfin, Platon doit aussi défendre la bonne réputation d'Athènes et celle de l'Académie, car l'instigateur de l'assassinat de Dion, Callippe, était à la fois athénien et membre de l'Académie[1]. Platon n'évoque

1. À la fin de 354 ou au début de 353, Isocrate, qui avait alors plus de quatre-vingts ans, composa une apologie complète de sa vie et de ses méthodes d'enseignement. Le discours *Sur l'échange* (XV) développe le scénario suivant. Un certain Lysimaque aurait déposé contre Isocrate une « action publique » (*graphḗ*) l'accusant de corrompre la jeunesse et de s'enrichir en faisant commerce de son art rhétorique : le discours *Sur l'échange* serait la réponse à cette accusation. Le souvenir du procès de Socrate emplit l'esprit de l'orateur ; il est indéniable qu'il imite en plus d'un endroit l'*Apologie de Socrate* par Platon, soit dans le résumé de l'acte d'accusation (§ 30 ; voir *Apologie* 24b), soit quand il brave la mort que Lysimaque aurait demandée contre lui (§ 28-29 ; voir *Apologie* 28b, 30b, 34b). Dans le discours *Sur l'échange*, Isocrate fait son propre éloge comme chef d'une École qui est la rivale de l'Académie. Et en la décrivant, il justifie sa vie d'éducateur, de « logographe », c'est-à-dire de rédacteur de discours lus au tribunal, d'avocat par écrit.

l'Académie que par une allusion (329a-b). En revanche, il prend ouvertement la défense d'Athènes (333e, 334b, c).

Tout compte fait, Platon raconte sa vie pour expliquer comment son idée de base, le gouvernement par les philosophes, lui a été inspirée par le spectacle de la situation politique de son époque, comment il a pu faire partager cette idée à Dion, comment Denys II s'est montré indigne des efforts déployés par lui-même et par Dion pour le convaincre, et comment donc, en définitive, Denys II est le véritable responsable du drame qui a frappé Dion, Syracuse, la Sicile et même le monde grec.

La *Lettre* VII est donc bien une autobiographie, mais une autobiographie qui se veut une apologie, une apologie de Platon par lui-même et, par la même occasion, une apologie de celui qui fut son disciple, Dion.

Cela explique que presque tous les éléments de ce récit autobiographique ressortissent à la sphère du public et non à celle du privé, comme on peut le constater en jetant un coup d'œil à ce tableau :

Date	Événement	Passage
404	Les Trente	324c-d
404	Léon de Salamine	324d-e
403	Thrasybule et le retour des démocrates exilés	325a-b
399	Condamnation de Socrate	325b-c
388-387	Voyage de Platon en Italie du Sud et en Sicile	326b
387	Rencontre avec Dion	327a
367	Mort de Denys I et avènement de Denys II	327b-c
367-366	Deuxième voyage de Platon en Sicile	329b-330b
366	Platon établit des liens d'hospitalité entre Archytas et Denys II	338c
361-360	Troisième voyage de Platon en Sicile	330b-c ; 337e-341e ; 345c-350b
360	Rencontre avec Dion à Olympie	350b-d
354	Assassinat de Dion	335d-e ; 351e
354-353	Callippe maître de Syracuse	324a-b

On ne trouve rien sur l'apparence physique de Platon, sur sa famille ou sur son enfance. Rien de quotidien, de pittoresque, d'irréductiblement individuel n'est mentionné en tant que tel. Il arrive toutefois que des éléments d'ordre strictement personnel se manifestent par hasard, sans préméditation aucune, inconsciemment en quelque sorte. En voici quelques exemples.

– Dans la digression philosophique, Platon annonce qu'il va reprendre une doctrine qu'il a exposée plusieurs fois déjà. C'est alors qu'il évoque ces trois facteurs que sont le nom (*ónoma*), la définition (*lógos*) et l'être (*ousía*). Et il poursuit en opérant une véritable rupture stylistique :

« Premier facteur, le nom ; second facteur, la définition ; troisième facteur, la représentation ; quatrième facteur, la science. Cela étant, si tu souhaites (*boulómenos*) comprendre ce qui vient d'être dit, envisage (*labé*) la chose dans un seul cas et considère (*nóēson*) qu'il en est ainsi dans tous les cas » (342b). L'usage des impératifs *labé* et *nóēson* à la seconde personne du singulier et du participe présent *boulómenos* au singulier donne l'impression que Platon s'adresse à une seule personne, comme si, oubliant qu'il écrit « aux proches et aux partisans de Dion », il redevenait le maître qui donne à un disciple une explication si souvent répétée que sa forme s'impose mécaniquement.

– Après avoir évoqué l'épreuve qui révéla l'inaptitude de Denys II à la vie philosophique, Platon enchaîne sur la suite des événements. Il exprime son indignation en des termes particulièrement vigoureux et pathétiques : « Comment alors, à moins de supposer que Denys II est un homme étrange, expliquer qu'il ait jamais pu aussi facilement traiter indignement celui qui, en cette matière, était son maître et son guide ? » (345b-c). De toute évidence, Platon est décontenancé par la conduite du tyran, qu'il n'arrive pas à s'expliquer.

– Par ailleurs, lorsque, à la fin de son troisième séjour à Syracuse, Platon, que Denys II a convaincu de rester une année encore, se sent berné par le tyran, il écrit : « Or, après ces événements, Denys II et moi, nous vivions ainsi : moi, en portant mes regards vers l'extérieur à la façon d'un oiseau impatient de s'envoler de quelque part, et lui, s'ingéniant à trouver de quelle façon il pourrait me faire fuir sans rien rendre des biens de Dion » (347e-348a). Les deux images semblent avoir des correspondants dans d'autres dialogues : le *Phèdre*, 249d, et le *Lysis*, 206c. Mais elles sont employées avec tant d'à-propos, tant de spontanéité, qu'il y a tout lieu de croire qu'elles expriment un sentiment intime particulièrement fort.

– En outre, le dernier entretien qu'eut Platon avec Denys II (348b-349c), et qui présente une forte charge émotionnelle, dans la mesure où il s'agit d'une intervention destinée à sauver la vie d'un homme pourchassé et parce que Denys II donne à Platon la preuve évidente et définitive de sa mauvaise foi, est émaillé de plusieurs notations tout à fait personnelles. Reprenons les choses par le détail. Denys II ayant entrepris de réduire la solde de ses mercenaires, les soldats furieux se rassemblent et se montrent menaçants. Le tyran est obligé de céder. Comme le bruit s'est répandu qu'Héraclide était l'instigateur des troubles, Denys II cherche à mettre la main sur lui. Le tyran, qui prend Platon à témoin, envoie chercher Théodote pour lui demander de lui amener son neveu, à qui il promet, s'il se livre, de le laisser partir pour le Péloponnèse. Or, le jour suivant, dans la soirée, Eurybios, le frère d'Héraclide peut-être, et Théodote, tous deux « en proie à une extraordinaire agitation » (348e), viennent trouver Platon pour le prier d'intervenir en faveur d'Héraclide auprès de Denys II, qui lui fait donner une chasse impitoyable. Alors que ses deux compagnons restent « silencieux, les larmes aux yeux » (349a), Platon prend la parole pour rappeler au tyran ses engagements de la veille. C'est alors que l'émotion atteint son intensité la plus grande :

> En entendant cela, Denys II s'enflamma et passa par toutes les couleurs que peut revêtir le visage d'un homme en colère. Théodote, qui s'était jeté à ses pieds et qui lui avait pris la main, le suppliait, les larmes aux yeux, de ne rien faire de tel. Quant à moi, ayant pris la parole, je dis pour le réconforter :
> — Rassure-toi, Théodote, car Denys n'osera jamais aller contre ses promesses d'hier.
> Et lui, jetant alors sur moi un regard vraiment tyrannique, lança :
> — À toi, moi je n'ai rien promis ni peu ni prou.
> — Par les dieux, répliquai-je, tu as au moins promis ce que cet homme vient te demander de ne pas faire.
> Et, sur ces mots, je fis volte-face et je sortis. (349a-b)

– On comprend dès lors que Platon exprime son dégoût pour son expérience sicilienne avec autant de vigueur : « Voilà ce que je dis, pris de haine pour mon aventure et ma malchance en Sicile » (350d).

– Et la lettre se termine sur l'évocation poignante de la mort de Dion : « Voilà donc pourquoi, par suite de son échec, il gît dans son tombeau; et sur la Sicile un deuil immense s'est abattu » (351e).

Cela dit, la disparité et la dispersion de ces notations font apparaître une véritable difficulté : celle qui s'attache à une définition de la sphère du privé, mettant en cause un état affectif, qui ne se fonde pas sur une appréciation objective et qui n'est pas communicable directement.

La *Lettre* VII est une autobiographie, qui se présente comme une apologie; c'est ce que met en évidence l'alternance du récit avec un intermède parénétique et didactique. Le sujet autobiographique s'y décrit selon le groupe auquel il appartient – famille au sens large, partisans au sens large (incluant même les membres de l'Académie), cité et même communauté linguistique –, sans chercher à exprimer des sentiments qui lui sont exclusifs, personnels.

LES ACCUSATIONS DE PLAGIAT LANCÉES CONTRE PLATON

Au IIIe siècle après J.-C., plusieurs auteurs se firent l'écho d'accusations de plagiat portées contre différents philosophes, et notamment contre Platon. Ces accusations nous paraissent ridicules, à nous qui avons une autre pratique de l'histoire de la philosophie. Cependant, un historien de la philosophie se doit de les prendre en considération. Il peut ainsi mesurer à quel point sa pratique diffère de celle de ses prédécesseurs ; et, par choc en retour, se rendre compte de sa dépendance à leur égard. En outre, d'un point de vue plus général, ce thème permet de reconsidérer les rapports entre théologie chrétienne et philosophie grecque, car l'accusation de plagiat a permis à nombre d'auteurs ecclésiastiques de justifier l'annexion au christianisme de l'essentiel de la philosophie grecque[1].

J'essaierai ici de remonter dans le temps en indiquant les agents de transmission des accusations de plagiat portées contre Platon et en évoquant leurs sources en fonction des victimes supposées de ces plagiats. Cela fait, je serai en mesure, après avoir tenté de définir ce qu'on tenait pour un plagiat dans l'Antiquité, d'avancer quelques hypothèses sur l'origine des accusations portées contre Platon (elles se trouvent résumées dans le tableau joint en Annexe). Cette façon de procéder permet, si on l'applique à d'autres objets, de mieux comprendre comment travaillaient les « historiens de la philosophie » dans l'Antiquité.

1. Sur le thème du plagiat dans l'Antiquité : Eduard Stemplinger, *Das Plagiat in der griechische Literatur*, Berlin, Teubner, 1912 ; Konrat Ziegler, dans *RE* XX, 2 (1950), s.v. *Plagiat*, col. 1956-1997 ; Wolfgang Speier, *Der literarische Fälschung im heidnischen und christlichen Altertum. Ein Versuch ihrer Deutung*, « Handbuch der Altertumswissenschaft » I, 2, München, Beck, 1971.

LES AGENTS DE TRANSMISSION

En ce qui concerne les accusations de plagiat portées contre Platon, je ne citerai que trois témoignages[1] : celui d'Athénée de Naucratis (*Deipnosophistes* XI 507e, 508c-d)[2], celui de Diogène Laërce (III 9-18)

1. À ces témoignages, il faut ajouter les deux suivants qui, malgré leur excentricité, restent particulièrement intéressants. Dans son *Commentaire sur le Timée* (I 76.2 *sq.* Diehl), Proclus écrit : « Tout ce discours sur les Atlantins, les uns ont dit que c'est purement et simplement de l'histoire, ainsi Crantor (frag. 8 Mette [*Lustrum* 26, 1984]), le premier exégète de Platon. Selon Crantor aussi, les contemporains de Platon disaient de lui par raillerie qu'il n'était pas l'inventeur de sa république, mais l'avait copiée sur les institutions des Égyptiens (voir « L'Égypte de Platon », dans ce volume p. 151-167), et qu'il avait attaché tant d'importance aux propos des railleurs qu'il avait rapporté aux Égyptiens cette histoire sur les Athéniens et les Atlantins, pour leur faire dire que les Athéniens avaient réellement vécu sous ce régime à un certain moment du passé. En témoignent, dit Platon (*Timée* 23a), les prophètes aussi des Égyptiens, qui disent que ces choses ont été gravées sur des stèles conservées jusqu'à ce jour » (trad. A.J. Festugière). Comme l'écrit A.J. Festugière dans une note à sa traduction, le sens de cette remarque semble être le suivant : froissé par l'accusation d'avoir copié les institutions des Égyptiens (*metagrápsanta tà Aiguptí<u>o</u>n*). Platon prend les Égyptiens comme garants du fait que l'Athènes ancienne a vécu sous cette Constitution et donc que cette Constitution n'est pas un emprunt. L'intérêt de ce témoignage réside dans sa proximité par rapport à Platon, car il ressortit à l'ancienne Académie.

Par ailleurs, Colotès de Lampsaque (IVe-IIIe siècle av. J.-C.), qui était un disciple et un admirateur fanatique d'Épicure, avait écrit plusieurs ouvrages contre Platon : *Contre le Lysis, Contre l'Euthydème, Contre le Gorgias* et *Contre la République*. C'est probablement dans ce dernier pamphlet qu'il accusait Platon d'avoir plagié Zoroastre en écrivant le mythe d'Er (Clément d'Alexandrie, *Stromates* V 14, 103, 2-4).

2. Le long passage, ici considéré, est introduit par ces mots : *Perì dè t<u>o</u>n en toîs dialógois autoû lelegmén<u>o</u>n* [*keklemmén<u>o</u>n* (participe parfait passif de *klépt<u>o</u>*) Kaibel] *tí àn kaì légoi tis*. Si on accepte la leçon de Kaibel, tout le passage, qui va de 507e à 508d, décrit les « vols » et donc les plagiats dont se serait rendu coupable Platon :

1) l'immortalité de l'âme aux dépens d'Homère (507e-f), passage où sont cités des vers de l'*Iliade* (XVI 856-857) ;

2) l'idée et la pratique de la législation dans les *Lois* et dans la *République* viennent directement de Lycurgue (Lacédémone), de Solon (Athènes) et de Zaleucos (Thurium) (507f-508b). *Les Prolégomènes* [anonymes] *à la philosophie de Platon* (1.18-19 Westerink-Trouillard-Segonds) prétendent que c'est pour imiter Solon, son ancêtre, que Platon aurait écrit ces deux dialogues; cette assertion ne se retrouve que dans le *Commentaire sur l'Alcibiade* par Olympiodore (2.17-21 Westerink) ;

3) ce que Platon dit sur la nature dans le *Gorgias* et dans le *Timée* est inspiré de ses prédécesseurs (508b-c) ;

4) certains dialogues viennent directement de philosophes socratiques (508c-d), par exemple Aristippe, Antisthène et Bryson.

Même si la correction de Kaibel me paraît très intéressante et probablement justifiée, je ne considérerai comme accusations effectives de plagiat que les cas 1 et 4.

Cela dit, le problème est de savoir qui cite Athénée de Naucratis dans ce long passage. Théopompe de Chios (IVe siècle av. J.-C.) qu'il cite nommément à la fin (508c) ou Hérodicos de Babylone, qui aurait lui-même pu citer Théopompe de Chios dans son *Pròs tòn* et celui de Porphyre cité par Eusèbe de Césarée (*Préparation Évangélique* X 3).

Athénée de Naucratis[1]

D'Athénée de Naucratis, un érudit qui vécut à la fin du IIe et au début du IIIe siècle de notre ère, nous ne possédons plus qu'un seul livre, les *Deipnosophistes*, dans lequel cependant allusion est faite à deux autres ouvrages, aujourd'hui perdus. On continue de s'interroger sur la question de savoir ce que signifie ce titre. Faut-il comprendre *deipnosophistaí* comme « le banquet des sages », « les sages au banquet » ou « les autorités sur les banquet » ? J'aurais tendance à opter pour la première solution. En effet, la forme dialoguée de l'ouvrage, qui a pour cadre général un banquet similaire à celui donné par Agathon pour fêter sa victoire au concours de tragédie en 416 avant J.-C. et qu'évoque le *Banquet* dans le corpus platonicien, s'inspire de Platon. Plus précisément, Athénée raconte à son ami Timocrate tout ce qui s'est dit lors du banquet offert par Larensius, un riche et savant Romain, féru d'érudition, qui réunissait chez lui les esprits les plus distingués de son temps. Les convives sont des juristes, dont Ulpien, des poètes, des orateurs, des grammairiens, des philosophes, des médecins, dont Galien, des musiciens. Les sujets de conversation sont multiples et disparates : musique, danse, vin, anecdotes piquantes ou licencieuses, littérature et même philosophie. Il n'y a pas d'ordre, sinon celui de la succession des plats composant le banquet.

Opposant farouche à Platon, Athénée de Naucratis ne perd pas une occasion de s'en prendre au philosophe et de le dénigrer. Ainsi cite-t-il, entre autres, les propos d'antiplatoniciens notoires comme Théopompe et Hérodicos de Babylone.

philosokráten, écrit au IIe siècle av. J.-C. contre les socratiques, dont Platon ? Sur Hérodicos de Babylone, *cf.* Ingemar Düring, *Herodicus the Cratetean. A study in anti-Platonic tradition*, Kungliga Vitterhets Historie och Antikvitets Akademiens Handlingar, del. 51 : 2, Stockholm, Wahlström & Widstrand, 1941. Pour les fragments qui subsisteraient du *Pròs tòn philosokráten* dans les *Deipnosophistes* d'Athénée de Naucratis, *cf.* la section 4 du livre de Ingemar Düring, qui comporte ces divisions :

1) Les philosophes stratèges (V 215c-216c) ;
2) Les anachronismes dans la philosophie de Platon (V 216c-218e) ;
3) La rivalité entre Platon et Xénophon (V 218f-219a) ;
4) La malignité et les calomnies des socratiques (XI 504e-507e) ;
5) Les écrits (XI 507e-508e) et les disciples de Platon (XI 508e-509e).

1. *DPhA* I, 1989, s.v. Athénaios de Naucratis (n° 482), p. 644-648 [F. Caujolle-Zaslavsky].

Diogène Laërce[1]

Diogène Laërce reste une figure énigmatique : on ne sait pas interpréter l'épithète qui qualifie son nom et on éprouve les plus grandes difficultés à le dater. Comme les philosophes les plus récents qu'il cite sont Théodosius, le sceptique, Sextus Empiricus et Saturninus, qui tous ont vécu au IIIe siècle, et comme d'autre part il ne fait allusion ni au néopythagorisme ni au néoplatonisme – il ne parle pas de Plotin notamment –, on a voulu situer Diogène Laërce dans la première moitié du IIIe siècle. Il n'est connu que par l'ouvrage qui lui a été attribué : *Vies et doctrines des philosophes illustres* [en dix livres]. Sur ces dix livres, l'un est consacré à Platon; il s'agit du troisième, où l'on trouve une dédicace à une platonicienne (III 47), ce qui pourrait d'ailleurs laisser penser que, à l'origine, ce livre était le premier. Ne fût-ce que pour ne pas déplaire à la dédicataire, Diogène Laërce ne se montre pas antiplatonicien. Pourtant, il ne semble pas très à l'aise lorsqu'il expose la doctrine platonicienne, dont il propose une interprétation médio-platonicienne assez ancienne et fortement influencée par le stoïcisme; cet embarras suggérerait qu'il n'est pas platonicien lui-même.

Diogène consacre toute une section du livre III (9-18) aux plagiats dont Platon se serait rendu coupable à l'encontre d'un certain nombre d'auteurs.

Porphyre

Porphyre est surtout connu comme le disciple de Plotin[2], et comme le responsable de l'édition des *Ennéades*, terminée vers 301, que nous continuons d'utiliser.

Mais, avant de devenir le disciple de Plotin à Rome, Porphyre, dont on peut placer la naissance vers 233, fréquenta l'École de Longin à Athènes avant 263. C'est une scène de la vie de cette école que nous décrit Porphyre. Dans les Écoles platoniciennes, comme celle de Longin à Athènes et celle de Plotin à Rome (*Vie de Plotin* 15.1, *cf.* 2.39-42), on fêtait l'anniversaire de Platon[3]. Cet anniversaire tombait le 7 Thargélion (mois athénien qui

1. Sur Diogène Laërce et sur les différents livres de ses *Vies et doctrines des philosophes illustres*, voir *ANRW* II 36.5 et 6, 1992; et plus précisément sur le livre III consacré à Platon, voir mon article dans *ANRW* II 36.5 p. 3618-3760 et les indices. Nous disposons maintenant d'une traduction fiable de l'ensemble de l'ouvrage : Diogène Laërce, *Vies et doctrines des philosophes illustres* [1999], traduction française par différents auteurs sous la direction de Marie-Odile Goulet-Cazé, « La Pochotèque », Paris, Le Livre de Poche, 1999 [deuxième édition revue et corrigée]. J'ai été chargé du livre III (introduction, traduction et notes).

2. Qui fut d'ailleurs lui-même, entre 263 et 268, accusé par des gens d'Athènes d'avoir plagié Numénius (*Vie de Plotin* 17).

3. Pour plus de précisions, *cf.* Porphyre, *La Vie de Plotin*, Paris, Vrin, I, 1982, p. 103-104; II, 1992, p. 265-266.

va de la mi-mai à la mi-juin) et coïncidait avec celui d'Apollon. Cette coïncidence est loin d'être fortuite, car elle permettait de souligner la nature apollinienne de Platon. Les fêtes en l'honneur de ces anniversaires donnaient lieu à un banquet suivi de la lecture de poèmes et de conférences, ou de discussions philosophiques. C'est au cours de l'une de ces discussions que le stoïcien Calliétès fait allusion au plagiat dont se serait rendu coupable Platon à l'encontre de Protagoras, ce qui ne manquait pas de piquant en la circonstance.

Comme l'ouvrage de Porphyre, *Hē philólogos*, est aujourd'hui perdu, le passage incriminé nous est parvenu par l'intermédiaire d'Eusèbe de Césarée (*Préparation Évangélique* X 3), dont il sert le dessein général. Au livre X de sa *Préparation Évangélique*, en effet, Eusèbe de Césarée veut prouver que les Grecs doivent aux Hébreux toute leur science et qu'à ce titre, ce sont des plagiaires; aussi cite-t-il l'anecdote de Porphyre, pour montrer comment les Grecs se plagiaient entre eux, et combien, de ce fait, il n'est pas étonnant qu'ils aient plagié les Hébreux.

Ainsi, au IIIe siècle, un certain nombre d'érudits s'employaient à montrer que Platon ne présentait aucune originalité, que ce soit sur le plan de la forme ou sur le fond. Pour leur part, les chrétiens, s'inspirant en cela de certains juifs, prétendaient que les philosophes grecs devaient leur sagesse aux Hébreux [1].

Leurs sources

Il est difficile de retracer l'origine de l'idée suivant laquelle les philosophes grecs auraient plagié les Hébreux, mais on sait bien sur qui s'appuient Athénée de Naucratis, Diogène Laërce et Porphyre pour évoquer les plagiats dont Platon se serait rendu coupable, car ces trois auteurs du IIIe siècle après J.-C. citent nommément leurs sources.

1. C'est dans ce contexte qu'il faut situer une autre déclaration d'Eusèbe. Commentant une citation du dialogue *Sur le Bien,* de Numénius (*Préparation Évangélique* XI 10, 12-14 = frag. 8 des Places), Eusèbe fait ce commentaire : « Voici les dires de Numénius, quand il interprète et tire au clair à la fois ceux de Platon et ceux, beaucoup plus anciens, de Moïse. C'est donc à bon droit qu'on lui fait honneur de ce propos que lui prête la tradition : "Qu'est-ce en effet que Platon, sinon un Moïse qui parle grec ?" ».

Théopompe de Chios[1]

Historien (c. 376-324 av. J.-C.), Théopompe fut un disciple d'Isocrate, dont il adopta le point de vue suivant lequel la philosophie doit être la servante de la politique. Violemment antiplatonicien, il aurait écrit un *Katà tē̂s Plátōnos diatribē̂s* où, selon Athénée de Naucratis, il dénonçait notamment les plagiats de Platon aux dépens d'Aristippe, d'Antisthène et de Bryson.

Satyros

Diogène Laërce donne, comme source de l'anecdote suivant laquelle Platon aurait fait acheter par Dion à Philolaos trois livres contenant des doctrines pythagoriciennes (III 9), un certain Onétor, lequel citerait d'autres auteurs, dont Satyros. On ne sait rien sur Onétor. De tendance péripatéticienne, Satyros aurait, à Alexandrie, écrit sous Ptolémée Philopator (221-204 avant J.-C.) des *Vies d'hommes illustres*. Mais, tout comme Hermippe, un contemporain plus jeune que lui, Satyros semble se rattacher à une tradition qui remonte à Timon de Phlionte (c. 320-230 av. J.-C.), philosophe sceptique, sectateur de Stilpon puis de Pyrrhon, qui aurait écrit des *Satires* (*Sílloi*) en hexamètres dactyliques contre les philosophes dogmatiques, dont Platon.

Alcimos de Sicile[2]

Diogène Laërce donne Alcimos de Sicile comme source de l'accusation de plagiat dont Platon se serait rendu coupable à l'encontre d'Épicharme et par voie de conséquence de Pythagore. Rhéteur et historien (fin IVe-début IIIe siècle), Alcimos de Sicile aurait été le disciple de Stilpon, le troisième chef de l'École mégarique. Disciple de Diogène le Cynique et d'Euclide de

1. Comme on l'a signalé dans la note 2, p. 26, il est difficile de déterminer si l'accusation de plagiat à l'encontre d'Homère vient de Théopompe ou d'Hérodicos de Babylone, le disciple de Cratès. Quoi qu'il en soit, une telle accusation était en accord avec les tendances d'Hérodicos et de Cratès. Voici en effet ce qu'écrit I. Düring : « What they have in common is the harsch anti-Platonic tendency. The animosity against Plato has its root in the Homelatry of the Pergamese school of grammar, but there are not traces of it in the fragments left of Crates' work. The doctrine of the school thought that Homer was the source of all knowledge, and as Plato had expelled Homer from his Ideal State – Herodicus stresses this twice and after him Heraclitos in the *Homērikà problḗmata* – he had, in the eyes of a fanatic disciple of the school committed an unpardonnable offence. It is not likely that Herodicus speaks on behalf of Crates, he is his partisan. In the same way Isocrates has his Cephisodorus, Aristotle his Chamaeleo, Epicureus his Colotes » (*op. cit.*, p. 13).

2. *DPhA* I, 1989, s.v. Alcimos (n° 90), 110-111 [Richard Goulet]. L'identification de l'historien, originaire de Sicile (*FGrH* 560 Jacoby) et de l'orateur (s.v. Alcimos, *DPhA* I, 1989, p. 111 [Robert Muller] reste discutée.

Mégare, Stilpon aurait notamment refusé la distinction platonicienne entre le sensible et l'intelligible.

J'aurais tendance à identifier cet Alcimos avec l'auteur du *Contre Amyntas*[1], où Platon est accusé d'avoir plagié Épicharme, et dont Diogène Laërce cite un large extrait en III 9-17.

Douris de Samos

Historien et critique littéraire, amateur de sensationnel et peu scrupuleux, Douris de Samos, qui fut le disciple de Théophraste, lui-même disciple d'Aristote, semble, si on en croit Athénée de Naucratis (*Deipnosophistes* XI 504b = *FGrH* 76 F 83), avoir été sinon l'initiateur, du moins l'agent de transmission de l'anecdote concernant le plagiat dont se serait rendu coupable Platon à l'encontre de Sophron, et qu'évoque Diogène Laërce en III 18.

Aristoxène de Tarente[2]

Philosophe (né vers 375-360 av. J.-C.), il aurait été le disciple du pythagoricien Xénophile, puis d'Aristote, dont il ne se prive pas de déformer la pensée, notamment lorsqu'il accuse Platon d'avoir plagié Démocrite (D.L. IX 40, *cf.* III 25) et Protagoras (III 37, 57).

Ces cinq auteurs, qui sont tous des antiplatoniciens farouches, auraient vécu à la fin du IVe et au début du IIIe siècle avant J.-C., soit cinq siècles (un demi-millénaire) avant ceux, c'est-à-dire Athénée de Naucratis, Diogène Laërce et Porphyre, qui les citent sans les replacer dans leur contexte historique ; ce sont par ailleurs pratiquement des contemporains de Platon.

Tout cela montre que sinon du vivant de Platon, du moins peu de temps après sa mort, se manifestait un antiplatonisme virulent.

1. En grec ancien, on lit *Pròs Amúntan* ; j'interprète donc le *prós* dans le sens de « contre ». Originaire d'Héraclée sur le Pont, Amyntas fut un mathématicien réputé qui, comme son compatriote Héraclide, fréquenta l'Académie. Cela dit, cette identification ne va pas de soi, car il n'est pas aisé de distinguer entre plusieurs personnages du nom d'Amyntas, Amyclos ou Amyclas, dont plusieurs étaient originaires d'Héraclée sur le Pont ou d'Apollonie, cf. *DPhA* I, 1989, s.v. Amyclas (n° 148), p. 174 [Bruno Centrone & Richard Goulet] ; s.v. Amyclos d'Héraclée (n° 149), p. 175 [Bruno Centrone] ; s.v. Amyntas d'Héraclée (n° 152), p. 175-176 [Tiziano Dorandi] et peut-être aussi s.v. Amyntès (n° 153), p. 176 [Tiziano Dorandi]. On notera que le pythagoricien qui aurait dissuadé Platon de détruire par le feu les ouvrages de Démocrite selon Aristoxène de Tarente (fr. 131 Wehrli = D.L. IX 40, cité plus bas) avait pour nom Amyclas.

2. *DPhA* I, 1989, s.v. Aristoxène de Tarente (n° 417), p. 590-593 [Bruno Centrone].

LES VICTIMES

Les auteurs dont Platon aurait plagié les œuvres se répartissent en deux groupes : ce sont ou bien des philosophes, ou bien des poètes. Dans le groupe des philosophes, on retrouve des prédécesseurs de Platon comme Pythagore, Protagoras, Démocrite ou des contemporains comme Aristippe, Antisthène et Bryson. Dans le groupe des poètes, on trouve Épicharme, Sophron et même Homère.

Des philosophes

Avant d'énumérer les plagiats dont se serait rendu coupable Platon, Diogène Laërce évoque les trois grandes influences qui se seraient exercées sur lui : « Il fit une synthèse entre les doctrines d'Héraclite, de Pythagore et de Socrate. Dans le cadre de sa philosophie, pour le sensible, il suivait en effet Héraclite, pour l'intelligible, Pythagore, pour la politique, Socrate » (D.L. III 8). Cet ordre d'exposition pourrait bien refléter l'existence d'un lien naturel entre influence et plagiat. En effet, si l'on y regarde de plus près, on constate que ces accusations de plagiat portent sur les trois points suivants : le monde sensible (Démocrite, sur lequel se serait exercée l'influence d'Héraclite), les formes intelligibles (Pythagore et les pythagoriciens), l'éthique et la politique (les socratiques).

Bref, les accusations de plagiat contre Platon semblent bien résulter d'une interprétation malveillante du témoignage d'Aristote relatif aux influences philosophiques qui se seraient exercées sur Platon (voir *infra*) ; au cours des âges, l'influence aurait été interprétée comme un plagiat par certains.

Démocrite[1]

Très tôt, les lecteurs de Platon avaient remarqué que le philosophe ne mentionne jamais Démocrite (D.L. III 25), alors qu'il semble s'en être beaucoup inspiré, notamment dans l'explication qu'il fournit du monde sensible dans le *Timée*[2]. On pouvait se dire que Platon avait évité de polémiquer avec Démocrite parce qu'il avait choisi une voie radicalement différente, notamment en subordonnant une explication purement mécanique à la téléologie. Mais Aristoxène de Tarente découvre une raison

1. Jean Bollack, « Un silence de Platon », *Revue de Philologie* 41, 1967, p. 242-246.

2. C'est ce qu'on peut constater en relisant un certain nombre de passages aristotéliciens qui opèrent des rapprochements entre Démocrite et Platon : *De caelo* III 2, 300b16 ; III 8, 307a16 ; IV 5, 312b21 ; *De gen. et corrup.* I 8, 325b30 *sq.* Pour une revue d'ensemble, *cf.* R. Ferwerda, « Democritus and Plato », *Mnemosyne* 25, 1972, p. 227-378.

moins honorable : Platon aurait plagié Démocrite. Cet antiplatonicien véhément illustre son propos par cette anecdote révoltante : Platon aurait essayé de mettre la main sur tous les exemplaires disponibles de l'œuvre de Démocrite pour les brûler et effacer ainsi dans les flammes la preuve de ses plagiats. Les pythagoriciens seraient alors intervenus pour l'en empêcher (D.L. IX 40). La mention des pythagoriciens présente un double intérêt dans le contexte de cette anecdote. Elle permet de rappeler l'accusation de plagiat portée contre Platon à l'encontre de Pythagore, mais aussi de mettre en évidence le caractère exotérique de la doctrine de Démocrite en l'opposant au caractère ésotérique de celle de Pythagore.

Pythagore et les pythagoriciens

L'accusation qui présente le plus de signification philosophique est certainement celle de plagiat à l'encontre de Pythagore ou des pythagoriciens.

Comme on estimait qu'Épicharme avait été le disciple de Pythagore, tout ce que Platon lui aurait emprunté, selon Alcimos, reviendrait en dernière instance à Pythagore[1]. Platon aurait emprunté à Pythagore des éléments fondamentaux de sa doctrine de l'intelligible :

a) l'opposition entre le sensible et l'intelligible ;

b) l'idée suivant laquelle le sensible est perçu par le corps, alors que l'intelligible est perçu par l'âme sans l'aide du corps ;

c) la distinction au sein des Formes entre celles qui sont indépendantes et celles qui sont relatives ;

d) la participation du sensible à l'intelligible ;

e) et la réminiscence qui a pour instrument la ressemblance.

Par ailleurs, la mise en scène d'un Platon achetant à Philolaos des livres contenant des doctrines pythagoriciennes justifie encore davantage l'anecdote suivant laquelle Platon aurait copié un écrit pythagoricien pour écrire le *Timée*. Cette accusation paraissait d'autant plus fondée que l'interlocuteur principal du dialogue était Timée, un citoyen de Locres, en Italie du Sud, où les pythagoriciens étaient bien implantés, et que, de plus, la cosmologie platonicienne s'y exprime avant tout dans le même langage mathématique qui caractérisait les pythagoriciens.

1. Pour une analyse en ce sens du témoignage d'Alcimos, *cf.* l'article de K. Gaiser, « Die Platon-Referate des Alkimos bei Diogenes Laertios (III 9-17) », dans *Zetesis. Mélanges É. de Strycker*, Antwerpen-Utrecht, De Nederlandsche Boekhandel, 1973, p. 61-79.

L'anecdote relative au plagiat dont le *Timée* serait le résultat comporte plusieurs versions[1]. La source la plus ancienne se trouve représentée par trois vers satyriques de Timon de Phlionte cités par Aulu-Gelle, suivant lesquels Platon aurait acheté pour une grosse somme d'argent un petit poème qui lui aurait servi à écrire le *Timée*. Timon ne précise pas quel était l'auteur de ce petit livre. Mais Jamblique (*In Nicomachi arithmeticam*, p. 105.10-17 Pistelli), Proclus (*In Tim.* I, 1.8-13 Diehl) et l'auteur des *Prolégomènes à la philosophie de Platon* (p. 5.27-31 Hermann) estiment qu'il s'agit du *Timée de Locres*[2]; selon eux, Platon se serait inspiré de la doctrine de Pythagore, mais n'aurait pas copié l'écrit.

Sur la foi d'Hermippe de Smyrne[3], Diogène Laërce (VIII 85) considère le pythagoricien Philolaos comme l'auteur du livre qu'aurait copié Platon pour écrire le *Timée*. Or, Diogène Laërce connaît deux versions de cette acquisition; suivant la première, Platon aurait acheté ce livre, tandis que, suivant la seconde, Philolaos le lui aurait donné pour avoir obtenu de Denys le pardon d'un de ses disciples.

Enfin, s'appuyant sur Satyros, un contemporain d'Hermippe, mais un peu plus jeune que lui, Diogène Laërce (III 9, *cf.* VIII 15 et 84) rapporte que Platon demanda à Dion d'acheter à Philolaos trois livres concernant la doctrine de Pythagore. Diogène Laërce ne parle pas ici de plagiat, mais l'accusation semble aller de soi.

Quelle que soit la version retenue, cette anecdote était transmise pour illustrer la conviction largement répandue, même chez les platoniciens, suivant laquelle le platonisme dérivait du pythagorisme[4]. Cette conviction constitue le socle sur lequel repose le phénomène exégétique des « doctrines non écrites » de Platon.

1. Pour plus de précisions, *cf.* Alice Swift Riginos, *Platonica. The anecdotes concerning the life and writings of Plato*, « Columbia Studies in the classical tradition » 3, Leiden, Brill, 1976, p. 165-174.

2. Un faux du début du IIe siècle av. J.-C. L'édition la plus récente est celle de W. Marg, Leiden, 1972.

3. Hermippe de Smyrne (IIIe siècle av. J.-C.) se rattache à l'École péripatéticienne. Il écrivit, sur la vie de philosophes et de législateurs notamment, une œuvre immense dont s'inspira beaucoup Plutarque. Amateur de sensationnalisme, Hermippe falsifie délibérément l'histoire.

4. Sur ce prétendu rapport, *cf.* H. Cherniss, *Aristotle's criticism of Presocratic philosophy*, Baltimore, Johns Hopkins Press, 1935, p. 43-46, 223-226, 386-392; Cherniss 1944, p. 181-194, et *The riddle of the early academy* [1945], New York, Russell & Russell, 1962, p. 48-59; ce dernier ouvrage a été traduit en français par Laurent Boulakia sous le titre *L'énigme de l'ancienne Académie*, Paris, Vrin, 1993, ici p. 123-134.

Des philosophes socratiques

En faisant de Platon un plagiaire d'Aristippe[1], d'Antisthène[2] et de Bryson[3], il s'agissait de déprécier l'influence socratique sur Platon, comme on le constate quand on lit Athénée[4]. Cette accusation est d'autant plus piquante qu'elle laisse entendre que Platon aurait plagié des gens de l'entourage de Socrate, avec qui il se serait par ailleurs trouvé en très mauvais termes, suivant ce que rapporte Diogène Laërce (III 36-37). Cela dit, une tradition transmise par Diogène Laërce (III 6) voulait que Platon ait été le disciple d'Euclide à Mégare.

Protagoras

L'accusation de plagiat aux dépens de Protagoras ne laisse pas de surprendre. Pour écrire la *République*, Platon aurait démarqué les *Arguments contraires* (DK[6] 80 B 5) de Protagoras (D.L. III 37 et 57). Dans cet ouvrage, dont il ne reste plus rien, Protagoras devait produire sur chaque sujet traité la thèse et l'antithèse. Si tel était le cas, seul le premier livre de la *République* aurait pu être concerné par cette accusation. Mais Diogène Laërce insiste sur le fait que c'est tout l'ouvrage, dont il sait qu'il comporte dix livres (III 25), qui est visé par cette accusation. Suivant Porphyre, Calliétès le stoïcien se serait pour sa part aperçu, en lisant le traité *Sur l'être* (DK[6] 80 B 2) dans lequel Protagoras se serait élevé contre ceux qui prétendent que l'être est un, à quel point Platon avait plagié Protagoras, peut-être dans la seconde partie du *Parménide*.

Des poètes

Platon aurait plagié Épicharme, à qui il aurait emprunté sa doctrine de l'intelligible, Sophron, de qui il se serait inspiré pour créer les personnages de ses dialogues, et même Homère, à qui il aurait pris la croyance en l'immortalité de l'âme.

1. *DPhA* I, 1989, s.v. Aristippe de Cyrène (n° 356), p. 370-371 [Françoise Caujolle-Zaslawsky].

2. *DPhA* I, 1989, s.v. Antisthène (n° 211), p. 245-253 [Marie-Odile Goulet-Cazé].

3. Bryson a dû vivre au IVe siècle, mais les renseignements le concernant sont trop contradictoires pour se faire une idée précise de son activité. *Cf.* Robert Muller, *Introduction à la pensée mégarique*, « Bibliothèque d'Histoire de la Philosophie »-« Cahiers de Philosophie Ancienne » n° 6, Paris-Bruxelles, Vrin-Ousia, 1988, p. 60-65.

4. « Théopompe de Chios, dans son livre *Katà tē̱s Plátono̱s diatribē̱s*, dit : "Il n'est pas difficile de se rendre compte que la plupart des dialogues de Platon sont inutiles et mensongers ; d'ailleurs, le plus grand nombre d'entre eux ne sont pas de lui, car ils viennent de l'enseignement d'Aristippe, quelques-uns même viennent d'Antisthène ; plusieurs autres viennent de Bryson d'Héraclée" » (*Deipnosophistes* XI 508c-d).

Auteurs comiques

Épicharme aurait écrit des comédies à Syracuse sous le règne de Gélon (485-478) et sous celui de Hiéron (478-467); la tradition en faisait un disciple de Pythagore. Pour sa part, Sophron est un Syracusain du Ve siècle av. J.-C. qui avait écrit des mimes. Genre voisin de la comédie, le mime ne se bornait pas, comme aujourd'hui, à l'imitation de gestes typiques. Il représentait par le chant des scènes bouffonnes et des parodies. C'est au mime, divertissement populaire par excellence, que, au troisième livre de la *République* (396b), semble s'attaquer Platon, qui, dans le *Philèbe* (48a-50e) notamment, s'en prend également à la comédie.

Faire de Platon un plagiaire d'auteurs comiques permettait d'atteindre plusieurs objectifs. On laissait entendre que Platon s'inspirait de ce qu'il prétendait tenir dans le plus grand mépris; les auteurs comiques le lui auraient bien rendu en se moquant de lui, comme le rappelle Diogène Laërce (III 26-28). Et, à travers l'accusation de plagiat à l'encontre d'Épicharme, on rejoignait, en l'étayant, un thème important : le plagiat dont se serait rendu coupable Platon à l'encontre de Pythagore et des pythagoriciens. Et surtout on faisait montre d'ingéniosité et de culture, car l'accusation de plagiat, qui traduit un jugement critique, présente une portée d'autant plus grande que l'emprunt présumé est moins évident[1].

Homère

Enfin, Athénée de Naucratis, alléguant l'*Iliade* (XVI 856-857) à l'appui de son accusation, écrit : « L'âme en effet, qu'il imagine immortelle et séparée du corps lorsqu'elle a été délivrée de ce dernier, c'est Homère qui en a parlé le premier » (*Deipnosophistes* XI 507e). Homère, c'est indéniable, a joué un rôle considérable pour répandre parmi les Grecs la croyance en l'immortalité de l'âme[2]; mais il est difficile de ne pas admettre que, dans le *Phédon* (69e-70b) et dans la *République* (III 386a-c)[3], Platon s'en prend violemment à la représentation homérique de l'âme. Une fois de plus, seul l'emprunt est retenu; la critique disparaît.

1. Walter Burkert, *Lore and science in ancient Pythagoreanism* [1962], transl. by Edwin L. Minar Jr., Cambridge (Mass.), Harvard University Press, 1972, p. 227.

2. *Cf.* par exemple, E. Rohde, *Psyché. Le culte de l'âme chez les Grecs et leur croyance à l'immortalité* [1893-1894], trad. française par A. Reymond [1925] sur la 10e édition, Paris, Payot, 1952, p. 31 *sq.*, 165 *sq.*

3. Plusieurs passages homériques sont alors allégués, dont l'*Iliade* (XVI 856-857 ; vers aussi cités par Athénée de Naucratis).

L'ORIGINE DE CES ACCUSATIONS DE PLAGIAT

Connaissant l'identité de ceux qui les premiers accusèrent Platon de plagiat et sachant quelles auraient été les victimes de ce délit, on peut avancer les hypothèses suivantes concernant l'origine véritable de ces accusations : Aristote, certainement, et peut-être Isocrate.

Aristote

La plupart des accusations de plagiat dont on charge Platon résultent d'une interprétation malveillante de passages connus de l'œuvre d'Aristote, qui, pour sa part, n'accuse jamais Platon de plagiat.

En ce qui concerne les influences qui s'exercèrent sur Platon (D.L. III 8), tout le monde dans l'Antiquité devait avoir en tête ce passage célèbre du premier livre de la *Métaphysique* d'Aristote : « Après les philosophies dont nous venons de parler, survint la théorie de Platon, en accord le plus souvent avec celle des pythagoriciens, mais qui a aussi ses caractères propres, bien à part de la philosophie de l'École italique. Dès sa jeunesse, Platon, étant devenu d'abord ami de Cratyle et familier avec les opinions d'Héraclite, selon lesquelles toutes les choses sensibles sont dans un flux perpétuel et ne peuvent être objet de science, demeura par la suite fidèle à cette doctrine. D'un autre côté Socrate, dont les préoccupations portaient sur les choses morales, et nullement sur la Nature dans son ensemble, avait pourtant, dans ce domaine, cherché l'universel, et fixé, le premier, la pensée sur les définitions» (*Métaphysique* A 6, 987a29-b4). Cette remarque incisive et si claire du disciple le plus célèbre de Platon semble avoir inspiré à des critiques malveillants d'abord l'idée que Platon avait plagié ceux dont Aristote se borne à dire que Platon s'en inspire, puis les anecdotes rendant cette idée plus vivante, lui donnant ainsi plus de crédibilité; ainsi auraient vu le jour les anecdotes sur les plagiats à l'encontre de Pythagore et des pythagoriciens, de Démocrite et des philosophes socratiques. Bref, entre influence et plagiat, la marge est étroite.

L'accusation de plagiat à l'encontre d'auteurs comiques pourrait bien avoir pour origine ce passage de la *Poétique* où Aristote remarque : « Quant à l'art qui imite par le langage seul, prose ou vers [...], il est resté sans dénomination jusqu'à ce jour. En effet, nous n'avons pas de terme commun qui s'appliquerait à la fois aux mimes de Sophron et de Xénarque et aux dialogues socratiques» (*Poétique* I 1, 1447a28-b11). L'idée d'imitation associée à celle de comédie aurait pu inspirer à un détracteur farouche de Platon l'idée suivant laquelle celui-ci aurait plagié des auteurs comiques, idée qu'il aurait par la suite illustrée à l'aide d'une anecdote.

Enfin, l'accusation de plagiat aux dépens d'Homère peut s'expliquer par les attaques de Platon contre la représentation de l'âme que se fait le poète. Cela dit, on notera que dans le premier livre du *De anima* (404a, voir *Métaphysique* 1009b), Aristote cite l'opinion d'Homère sur l'âme (en fait sur l'égarement de la pensée) un peu avant celle de Platon.

Isocrate

On notera que les accusations de plagiat à l'encontre des socratiques portées contre Platon le sont par Théopompe, un disciple d'Isocrate. Il ne serait pas du tout surprenant que l'École d'Isocrate (fondée vers 393 av. J.-C.), la rivale par excellence de l'Académie (fondée vers 387 av. J.-C.), ait lancé ces ragots qui ne donnaient pas à Platon la part belle, et qui rappelaient par la même occasion les dissensions qui se manifestèrent dans le cercle des socratiques.

Bref, le témoignage de contemporains prestigieux de Platon comme Aristote ou Isocrate relatif aux influences philosophiques et littéraires qui se seraient exercées sur Platon aurait été déformé dans les décades qui suivirent immédiatement la mort du philosophe par des antiplatoniciens notoires, dont les accusations de plagiat auraient été reprises sans aucun esprit critique près d'un demi-millénaire plus tard.

DÉFINITION DU PLAGIAT ET LITTÉRATURE SUR CE THÈME

Quelques remarques ressortissant à l'étymologie pour commencer. Le terme « plagiaire » vient du latin *plagiarus* : celui qui vole les esclaves d'autrui. On pense généralement que ce terme latin est de même racine que le grec : *plagíos*, « oblique », « fourbe ». Suivant K. Ziegler, qui cite le dictionnaire des frères Grimm, le terme allemand « *Plagiat* » résulterait lui-même d'un emprunt fait au français au début du XIXe siècle.

Même si l'étymologie n'apporte pas en ce domaine un grand secours, la définition la plus simple et la plus claire du plagiat semble être la suivante : un vol littéraire. Cette définition comprend deux volets : le vol, et donc la propriété littéraire.

Voler, c'est s'approprier le bien d'autrui par la force ou à son insu. Dans le cas du plagiat, il ne peut y avoir appropriation par force, car ce qu'on s'approprie n'est pas un bien matériel. C'est un bien littéraire, qu'on ne défend donc pas avec son corps. Cette dernière remarque implique une conscience plus ou moins forte de la propriété littéraire ; or, en Grèce ancienne, cette conscience ne semble pas s'être exprimée avant Hésiode. Par ailleurs, la propriété littéraire implique comme moyen de transmission privilégié l'écriture; on ne voit pas très bien en effet comment on pourrait parler d'originalité dans un contexte exclusivement oral.

Si l'on y regarde de plus près, on s'aperçoit que le vocabulaire du plagiat en Grèce ancienne illustre bien ces considérations.

Le verbe le plus souvent utilisé pour désigner l'action de plagier est *klépto*, dont dérivent deux substantifs: *klopé*, le « vol », et *kléptes*, le « voleur ». Le verbe *lambáno*, « prendre », « s'emparer de », véhicule la même idée, mais de façon plus imprécise; ce verbe est souvent construit avec *pará* + génitif, qui indique le point de départ, l'origine.

Pour être moins brutal, on peut employer des verbes qui ont pour préfixe *sun-*; *sumphéro*, « s'accorder avec », *sumpípto*, « se rencontrer avec », et *sugkhráomai*, « user avec l'accord de », « profiter ». Le verbe *huphaíremai*, « détourner à son profit », rapporte le même procédé au vol; le verbe *pros-opheléo* au passif, « s'aider de », et le substantif *ophelía*, « aide », véhiculent un peu la même idée, même si *ophelía* peut vouloir dire « pillage ».

Par ailleurs, comme on se trouve dans un contexte littéraire, un contexte où intervient la chose écrite, plagier, c'est « copier », *metagrápho*, « transporter », *metaphéro*, « transposer », *metatíthemi*, d'un écrit à un autre.

Enfin, à la différence d'un écrit qui appartient à son auteur en « propre » (*ídios*), l'ouvrage d'un plagiaire « appartient à autrui » (*allótrios*).

Cela dit, il existait dans l'Antiquité toute une littérature portant exclusivement sur ce thème du plagiat[1].

REMARQUES POUR CONCLURE

Le thème du plagiat est donc beaucoup moins marginal qu'on ne pourrait le croire, et il renvoie à une pratique de l'histoire de la philosophie radicalement différente de celle qui est la nôtre, une pratique dont pourtant nous sommes encore tributaires. Ces différences sont de deux ordres.

Dans l'Antiquité, une doctrine philosophique apportait à celui qui s'en réclamait vérité et règle de vie. Dans cette perspective, on ne pouvait faire référence à une doctrine sans lui décerner l'éloge ou le blâme, sans marquer son adhésion ou sa répulsion; on était forcément pour ou contre une doctrine philosophique. Ainsi, confronté à une doctrine philosophique rivale, deux attitudes étaient possibles : le rejet pur et simple ou l'annexion. Le plagiat pouvait servir ces deux causes.

1. On trouvera un inventaire des travaux anciens consacrés au plagiat dans les ouvrages cités dans la note 1, p. 25.

Le plagiat permettait de dévaloriser complètement une doctrine en montrant qu'elle n'était qu'une pâle imitation d'une autre, une autre qu'en principe elle aurait dû combattre. Un bon exemple de cette pratique est la dénonciation du plagiat dont Platon se serait rendu coupable à l'égard d'Aristippe, d'Antisthène et de Bryson[1].

Mais le plagiat permettait aussi d'annexer une philosophie à une autre selon un procédé en deux étapes; d'abord on dévalorisait la seconde en la présentant comme une copie de la première, puis on s'appropriait la seconde en insistant sur sa ressemblance avec la première. L'exemple le plus intéressant de cette attitude est la démarche qui consiste à faire du platonisme un succédané du pythagorisme. Cette idée largement exploitée par les néoplatoniciens se trouve à la base du courant d'interprétation qui attribue à Platon un corps de doctrines ésotériques dont on ne trouverait que des indices dans ses écrits et dont la transmission purement orale était réservée à un tout petit cercle d'initiés.

Par ailleurs, dans l'Antiquité, la philosophie ne fut jamais radicalement séparée de la littérature. Par voie de conséquence, une accusation de plagiat lancée contre un philosophe et visant un poète ne présentait rien de surprenant. Dans le cas de Platon, un critique faisait montre de son érudition et de sa virtuosité lorsqu'il arrivait à prouver que le philosophe avait plagié un auteur de mimes, un poète comique, ou même Homère.

Nous qui avons établi une ligne de partage très claire entre philosophie et littérature, nous pour qui la philosophie est devenue une activité qui ne définit plus vraiment ni nos critères de vérité ni nos règles de vie, ne considérons plus l'accusation de plagiat comme un véritable enjeu théorique ou même littéraire. À la limite, ce n'est plus qu'une affaire juridique, et surtout économique.

Mais l'historien de la philosophie contemporain reste tout de même tributaire de la conception que l'on se faisait auparavant du plagiat. Et, s'il n'arrive pas à se remettre dans l'atmosphère de l'époque, il risque de commettre de graves erreurs d'appréciation. Cette dérive se trouve bien illustrée par tous les développements consacrés à ce qu'on qualifie de « philosophie non écrite » de Platon, phénomène qui demande à être replacé dans le cadre de cette tentative d'annexion du platonisme au pythagorisme qui remonte à l'ancienne Académie.

1. Pour un exposé général sur l'antiplatonisme dans l'Antiquité, on lira Ingemar Düring, *op. cit.*, p. 132-172.

Agents de transmission	Athénée *Deipnos.* XI 507e	Athénée *Deipnos.* XI 508c-d	Diogène Laërce III 9	Diogène Laërce III 9-17	Diogène Laërce III 25, IX 40	Diogène Laërce III 25, 57	Diogène Laërce VII 18	Porphyre Eusèbe *P.E.* X 3
Sources	Théopompe de Chios	Théopompe de Chios	Satyros	Alcimos de Sicile	Aristoxène de Tarente	Aristoxène de Tarente	Douris de Samos	Calliétès stoïcien
Victimes	Homère	Aristide Antisthène Bryson	Pythagore	Épicharme pythagoricien	Démocrite	Protagoras	Sophron	Protagoras
Origine accusation	Aristote	Isocrate	Aristote	Aristote	Aristote	Aristote	Aristote	Aristote

PRÉSUPPOSÉS ET CONSÉQUENCES D'UNE INTERPRÉTATION ÉSOTÉRISTE DE PLATON

J'ai écrit plusieurs articles dans lesquels je m'oppose à l'interprétation ésotériste[1] de Platon, qui ne cesse d'évoluer en prenant de nouvelles formes : j'essaie ici de rassembler l'essentiel de ce dossier en faisant ressortir l'unité de la démarche qui est la mienne. Après un bref survol du contexte historique dans lequel ce type d'interprétation est apparu, je fais un inventaire des présupposés qu'il implique et des conséquences qu'il entraîne. Puis, dans six annexes, je m'emploie à montrer que les trois passages platoniciens (*Phèdre* 278b-e, *Lettre* VII 341a-e, *République* VI, 509a-c), les deux passages aristotéliciens (*De anima* I 2, 404b26-30, *Physique* IV 2) et le témoignage d'Aristoxène (*Éléments d'harmonique* II, p. 39-40 da Rios), les témoignages les plus souvent évoqués par les tenants de cette interprétation, ne réclament pas l'hypothèse d'une doctrine ésotériste pour être compris. Je compte ainsi me distinguer de ceux qui lancent dans le débat des lambeaux de phrases arrachées à leur contexte et à leur argument.

QUELQUES RAPPELS HISTORIQUES[2]

Sous l'influence de Kant (1724-1804) et dans la voie tracée par Christian Wolff (1679-1754) et indiquée par Leibniz (1646-1716), qui en 1706 préconisait de distinguer entre un Platon authentique et l'interpré-

1. J'utilise l'expression « interprétation ésotériste », car il s'agit non d'une interprétation ésotérique, c'est-à-dire réservée au petit nombre de ceux qui se trouvent à l'intérieur d'un groupe, mais d'une interprétation qui estime que Platon avait une doctrine ésotérique qu'il réservait au petit nombre de ceux qui se trouvaient à l'intérieur de l'Académie.

2. Ces paragraphes s'inspirent de l'article de Marie-Dominique Richard, « La critique d'A. Boeck de l'*Introduction* générale de F. Schleiermacher aux *Dialogues* de Platon », *Études Philosophiques*, 1998, p. 11-30.

tation qu'en avaient donnée les néoplatoniciens depuis Plotin (205-270) jusqu'à Marsile Ficin (1433-1499), plusieurs études parurent dans les années 1780 qui visaient à lire Platon par et pour lui-même. En outre, Wilhelm Gottlieb Tennemann (1761-1819) voulait réaliser un autre souhait émis par Leibniz, dont il avait fait son maître, celui de « mettre Platon en système ». Comment atteindre simultanément ces deux buts? Tennemann fut amené à penser que Platon avait livré son système non dans ses écrits exotériques, ceux qui furent conservés, mais sous une forme autre que celle du dialogue, dans des enseignements ésotériques dont une tradition remontant à Aristote portait, selon lui, témoignage.

Récusant la notion de système pour mettre en avant celle d'histoire, Friedrich Schlegel (1772-1829), le représentant de la nouvelle pensée romantique, entreprit de se prononcer sur l'enchaînement des écrits de Platon et sur l'unité de son œuvre, alors que, à son instigation, Friedrich Schleiermacher (1768-1834) décidait de traduire les dialogues, en considérant que Platon avait réussi à faire coïncider dans ses écrits le fond et la forme de sa pensée[1]. Comme on ne pouvait imaginer que Platon eût cherché à masquer sa pensée par le biais du dialogue, il fallait prendre pour acquis, selon lui, que les écrits platoniciens comprenaient toute la philosophie de Platon. En soutenant une position de ce genre, Schleiermacher radicalisait la critique de Schlegel, dans la mesure où il préconisait une perception de Platon à partir de ses seuls écrits, mais aussi une herméneutique fondée sur la nécessité d'une communion profonde du lecteur avec l'œuvre considérée[2].

Dès 1808, dans le cadre de son compte rendu des deux premiers volumes de la traduction de F. Schleiermacher, August Boeck (1786-1867), qui voulait ériger la philologie au rang de discipline maîtresse et centrale de l'herméneutique, s'en prit, comme l'explique Marie-Dominique Richard[3], à l'interprétation antiésotériste, en faisant valoir qu'il était probable que Platon avait eu une doctrine ésotérique, compte tenu de son inclination indéniable pour les pythagoriciens. Sur le modèle des pythagoriciens, Platon aurait livré, en clair, à l'Académie ce qu'il aurait exprimé sous une forme cryptée dans son œuvre écrite, le couronnement de son enseignement se trouvant donc réservé à la sphère de l'oralité. Dans cette perspective, la distinction entre ésotérisme et exotérisme ne reposait

1. Le projet de Schleiermacher a fait l'objet d'interprétations divergentes. L'un des meilleurs articles écrits sur le sujet est celui de Denis Thouard, « Tradition directe et tradition indirecte. Remarques sur l'interprétation de Platon par Schleiermacher et ses utilisations », *Études Philosophiques*, 1998, p. 543-556.

2. Ce qui l'amena à critiquer Tennemann, dont l'interprétation se fondait sur des critères purement externes, sans lien réel avec l'œuvre dans son surgissement.

3. *Cf.* la note 2, p. 43.

ni sur l'existence d'une doctrine des principes ni sur le mode d'exposition de cette doctrine, mais sur le niveau de l'exposition retenu, cryptée ou non.

Cette polémique se prolongea sous des formes diverses, notamment avec les travaux de F.A. Trendelenburg[1], de Léon Robin[2] (qui étudia les témoignages d'Aristote pour eux-mêmes, sans les rapporter à Platon), de Julius Stenzel[3] (qui évoqua le problème des rapports entre les Idées et les Nombres) et de Harold F. Cherniss[4] (un critique résolu et particulièrement bien informé), jusqu'à ce que, à la fin des années 1950, elle connût un rebondissement avec les travaux de Hans Krämer[5], de Konrad Gaiser[6] et de Thomas Alexander Szlezák[7], groupe sur lequel on apposa l'étiquette commode d'« École de Tübingen ». Un nouveau tournant fut pris avec l'adhésion de Giovanni Reale à cette « École ». Dans un premier temps, Giovanni Reale avait demandé à Hans Krämer d'écrire un ouvrage en italien, convaincu qu'il était de pouvoir trouver une médiation entre la position de Cherniss et celle de Krämer; mais il finit par adhérer entièrement aux thèses de ce dernier. Et, durant ces dernières décennies, il s'employa, avec un groupe d'autres chercheurs auquel on donna le nom d'« École de Milan », à diffuser ses convictions notamment par l'intermédiaire éditorial de traductions en italien de la plupart des ouvrages défendant la thèse ésotériste[8].

1. F.A. Trendelenburg, *Platonis de ideis et numeris doctrina ex Aristotele illustrata*, Leipzig, G. Vogel, 1826.

2. Léon Robin, *La théorie platonicienne des idées et des nombres d'après Aristote*, Paris, Alcan, 1908, réimpression Hildesheim, Olms, 1963.

3. Julius Stenzel, *Zahl und Gestalt bei Platon und Aristoteles* [1924], réimpression Darmstadt, Wissenchenschatliche Buchgesellschaft, 1959.

4. H.F. Cherniss, *The riddle of the early Academy* [1945], New York, Russell & Russell, 1962, trad. fr. L. Boulakia, Paris, Vrin, 1993.

5. Hans Krämer, *Arete bei Platon und Aristoteles. Zum Wesen und zur Geschichte der Platonischen Ontologie*, Heidelberg, Winter, 1959, 1967.

6. Konrad Gaiser, *Platons ungeschriebene Lehre. Studien zur systematischen und geschichtlichen Begründung der Wissenschaften in der Platonischen Schule*, Stuttgart, Klett, 1963, 1968[2]. Trad. en italien.

7. Thomas A. Szlezák, *Platon und die Schriftlichkeit der Philosophie* [= *PSP*, par la suite]. *Interpretationen zu den frühen und mittleren Dialogue*, Berlin-New York, de Gruyter, 1985. Traduction en italien sous le titre *Platone e la scrittura della filosofia* [= *PSF*, par la suite]. *Analisi di struttura dei dialoghi delle giovinezza e della maturità alla luce di un nuovo paradigma ermeneutico*, Milano, Vita e Pensiero, 1988. Thomas A. Szlezák a exposé sa méthode de lecture de façon concentrée dans *Come leggere Platone*, Milano, Rusconi, 1991 ; *Platon lesen*, Stuttgart-Bad Cannstatt, Frommann-Holzboog, 1993 ; *Le plaisir de lire Platon*, traduction par Marie-Dominique Richard, Paris, Le Cerf, 1996. Cet ouvrage est maintenant traduit en plusieurs autres langues, dont l'anglais et l'espagnol.

8. Publiées par le Centro di Ricerche di Metafisica, Università Cattolica del Sacro Cuore, Milano.

Dans l'ouvrage où il expose sa « nouvelle lecture » de Platon, G. Reale introduisit[1] la notion de « nouveau paradigme », selon l'expression de Thomas S. Kuhn, un physicien et un philosophe des sciences américain, lequel soutient que la science ne se développe pas par accumulation de résultats et que les scientifiques répondent à des crises en abandonnant le paradigme en vigueur au profit d'un autre[2]. Suivant G. Reale, le paradigme traditionnel – qualifié de « romantique » parce que ses origines remontent à Schlegel –, qui avait lui-même renversé le paradigme « néoplatonicien » dont Marsile Ficin fut l'un des derniers grands représentants, se trouve dans l'incapacité de fournir une explication cohérente de toute une série de faits, et notamment des deux suivants : la critique que fait Platon de l'écriture (à la fin du *Phèdre* et dans la *Lettre* VII[3]) comme support imparfait des doctrines philosophiques les plus importantes, puis la doctrine des principes qu'évoque la tradition indirecte. Pour rendre compte convenablement de ces questions, il faut, selon G. Reale, adhérer à la nouvelle interprétation proposée par l'École de Tübingen, ainsi qualifiée de « nouveau paradigme ».

C'est du reste par l'émotion soulevée par ce « changement de paradigme » que Szlezák veut expliquer[4] à la fois les réactions de refus suscitées par l'hypothèse de doctrines non écrites et la vivacité particulière des réponses que durent leur faire Krämer, Migliori ou lui-même. Quoi qu'il en soit, on notera que le débat fait intervenir des enjeux importants : celui du mode de lecture des dialogues de Platon, celui du statut des témoignages d'Aristote sur ses prédécesseurs et ses contemporains, dont dépend l'essentiel de notre conception de la philosophie de l'Antiquité, et plus généralement celui de la formation d'une « métaphysique classique » et de l'insertion en son sein de l'œuvre de Platon.

1. Giovanni Reale, dans la traduction allemande [1993] de son livre *Per una nuova interpretazione di Platone* [1984], « Centro di Ricerche di Metafisica. Collana : Temi metafisici e problemi del pensiero antico. Studi e testi » 3, Milano, Vita e Pensiero, 1997. Cet ouvrage est aussi traduit en anglais, en espagnol et en portugais notamment.

2. « En choisissant ce terme (celui de "nouveau paradigme"), je veux suggérer que certains exemples reconnus de travail scientifique réel – exemples qui englobent des lois, des théories, des applications et des dispositifs expérimentaux – fournissent des modèles qui donnent naissance à des traditions particulières et cohérentes de recherche scientifique, celles par exemple que les historiens décrivent sous les rubriques d'"Astronomie de Ptolémée" (ou de Copernic), "Dynamique aristotélicienne" (ou newtonienne), "Optique corpusculaire" (ou optique ondulatoire), etc. » (*The structure of scientific revolution* [1962], 1970[2] traduction par Louis Meyer, « Champs » 115, Paris, Flammarion, 1983, p. 30).

3. Voir les Annexes 1 et 2.

4. Thomas A. Szlezák, « Notes sur le débat autour de la philosophie orale de Platon », *Études Philosophiques*, 1998, p. 69-90.

Considérant, en dépit de toutes les critiques qui ont été avancées contre l'interprétation ésotériste, que la phase programmatique est achevée, l'École italienne cherche maintenant à relire l'ensemble de l'œuvre écrite de Platon à la lumière du nouveau paradigme. M. Migliori a consacré un commentaire au *Parménide*[1], au *Philèbe*[2] et au *Politique*[3], G. Movia au *Sophiste*[4], et G. Reale au *Phèdre*[5].

LE SYSTÈME DES PRINCIPES

En quoi consistaient selon les tenants de cette interprétation les doctrines non écrites transmises oralement aux seuls membres de l'Académie ? Il s'agirait d'une « protologie », d'une doctrine des principes, dont on trouve une description élaborée dans le livre de Marie-Dominique Richard[6], et qui est constituée par deux mouvements : un mouvement de remontée vers les principes, et un mouvement de descente vers la réalité, à tous ses niveaux. L'assimilation des Idées aux Nombres (compris comme des rapports numériques) et le passage des Idées-nombres aux principes suprêmes mettent en jeu deux méthodes. La première, qui décompose en éléments selon un modèle mathématique, pourrait être d'origine pythagoricienne, alors que la seconde, qui généralise et qui est à l'œuvre dans la constitution des catégories, serait d'origine socratique.

Pour Platon, le multiple, qui se manifeste non seulement dans le sensible mais aussi dans l'intelligible, trouverait sa justification ultime dans ces deux principes que sont l'Un et la Dyade du grand et du petit. L'Un n'est évidemment pas le nombre un, mais un principe formel qui est source de détermination par rapport au principe matériel, la Dyade, laquelle n'est

1. M. Migliori, *Dialettica e verità. Commentario filosofico al Parmenide di Platone*, Milano, Vita e Pensiero, 1990, et « De la critique de Schleiermacher aux commentaires récents. Évolution et articulation du nouveau paradigme de Tübingen-Milan », *Études Philosophiques*, 1998, p. 91-114.

2. M. Migliori, *L'uomo fra piacere, intelligenza e Bene. Commentario storico-filosofico al Filebo di Platone*, Milano, Vita e Pensiero, 1993.

3. M. Migliori, *Arte politica e metretica assiologica. Commentario storico-filosofico al Politico di Platone*, Milano, Vita e Pensiero, 1996.

4. G. Movia, *Apparenze, essere e verità. Commentario storico-filosofico al Sofista di Platone*, Milano, Vita e Pensiero 1994[2] et « Les doctrines non écrites de Platon et la métaphysique de la transcendance », *Études Philosophiques*, 1998, p. 115-130.

5. Giovanni Reale, « Le *Phèdre* : manifeste programmatique de Platon, écrivain et philosophe », *Études Philosophiques*, 1998, p. 131-148. Et maintenant, *Platone, Fedro*. A cura di Giovanni Reale, Milano, Mondadori, 1998.

6. Marie-Dominique Richard, *L'enseignement oral de Platon*, Paris, Le Cerf, 1986.

pas le nombre deux, mais une multiplicité idéale indéterminée qui sert de substrat à l'action délimitante de l'Un, que la *République* assimile au Bien [1]. De la sorte, tout étant, qu'il soit intelligible ou sensible, apparaît comme un mixte de ces deux principes.

Les premiers étants causés par les principes suprêmes sont les Idées-nombres, qui ne sont pas des nombres mathématiques pouvant être soumis à des opérations mathématiques, mais des entités métaphysiques, elles-mêmes principes des autres Idées, ou en tout cas des Idées les plus importantes (les plus grands genres notamment).

Pour leur part, les nombres mathématiques et les grandeurs géométriques interviennent au niveau de ce vivant qu'est le monde. Les nombres mathématiques, considérés comme des réalités particulières (Aristote, *Mét.* M 7, 1081a11-12), occupent une position intermédiaire entre les Idées et les choses sensibles et, de ce fait, sont corrélatifs à l'âme du monde qui se situe elle aussi à un niveau intermédiaire entre le sensible et l'intelligible. Les figures géométriques interviennent dans la construction du corps du monde qui se compose des quatre éléments mis en relation avec ces quatre polyèdres réguliers : le tétraèdre, l'octaèdre, l'icosaèdre et le cube, eux-mêmes constitués à partir de surfaces, le triangle équilatéral et le carré, ultimement composés par la réunion de triangles rectangles issus de lignes.

Si l'on estime que l'intelligible est une condition nécessaire, mais non suffisante, pour que le sensible soit engendré, la figure du démiurge, considéré comme un dieu personnel, pourvu d'intelligence et de volonté, revêt dès lors une grande importance. En tant que médiateur entre l'intelligible et le sensible, le démiurge trouve sa juste place dans le domaine d'une métaphysique, où il joue le rôle de cause efficiente subordonnée au Bien, agissant conjointement avec l'Un, qui joue le rôle de cause formelle, et avec la Dyade, qui joue le rôle de cause matérielle. Puisqu'il y a non pas identité, mais analogie, entre les différents niveaux de réalité évoqués (intelligible, intermédiaire et sensible) où se déploie la Dyade du grand et du petit, il devient impossible de parler d'émanation. C'est donc en prenant modèle sur les Idées, et ultimement sur le Bien, que le démiurge agit sur le principe matériel sensible, qui jusqu'alors s'agitait sans mesure ni proportion, en l'amenant du désordre à l'ordre.

L'ordre ontologique, dont les principales étapes viennent d'être décrites, doit être mis en parallèle avec l'ordre épistémologique qui lui correspond, suivant le principe d'après lequel le semblable est connu par le

1. Voir Annexe 3.

semblable. Et il doit encore être associé à un ordre axiologique qui se manifeste aussi bien sur le plan de l'éthique que sur celui de la politique, comme le rappelle notamment H. Krämer[1].

Interprétée de cette façon, la métaphysique platonicienne réintègre de plein droit la « métaphysique classique », qui associe Platon, Aristote, Plotin et Proclus dans un même mouvement; mais une telle continuité ne doit pas faire oublier les ruptures qui empêchent d'assimiler la métaphysique platonicienne à une métaphysique de l'immanence analogue à celle qui se développa en Allemagne au XVIIIe et au XIXe siècle.

LA TRANSMISSION DE CE SYSTÈME DES PRINCIPES

Les tenants de l'interprétation ésotériste soutiennent que les dialogues de Platon, s'ils n'en exposent certes jamais les résultats, sont toutefois tributaires d'une doctrine sous-jacente, qui faisait l'objet d'un enseignement oral dispensé par Platon dans le cadre de l'Académie. Cet enseignement n'aurait pas été secret, au sens strict du terme, mais plutôt réservé, en raison de sa difficulté et de son importance, à ceux qui étaient en mesure de le recevoir. Selon cette hypothèse, la doctrine en question peut être reconstituée à partir des témoignages qu'on trouve dans l'œuvre d'Aristote et de certains de ses disciples, Aristoxène et Théophraste notamment. Mais ces témoignages sont difficiles à interpréter. Comme l'explique Hermann Steinthal[2], Aristote cite rarement le nom de Platon; par exemple, dans le livre A de la *Métaphysique* qui propose une « histoire de la philosophie », le nom de Platon n'apparaît qu'une seule fois, et tardivement, en 992a21, même si le *Phédon* est cité en 991b3. La plupart du temps, Aristote utilise des formules généralisantes comme « les platoniciens », sans désigner par là un groupe homogène, comme s'il voulait préserver la fluidité et la diversité des opinions exprimées. Une étude des verbes dont il se sert pout introduire l'exposé de ces opinions fait apparaître que les thèses problématiques devaient être nombreuses et que la recherche était menée en commun.

Si l'on admet l'existence d'un système des principes, deux questions se posent : à quelle époque ce système fut-il constitué, et de quelle manière était-il transmis ? Pendant longtemps, on a cru que le système des principes

1. Hans Krämer, « La doctrine non écrite de Platon », *Études Philosophiques*, 1998, p. 31-56.

2. Hermann Steinthal, « L'enseignement oral dispensé par Platon », *Études Philosophiques*, 1998, p. 57-68.

appartenait à la dernière période de Platon. Mais K. Gaiser en vint à dater la première élaboration du système des principes de l'époque de la fondation de l'Académie, peu après le premier voyage en Italie du Sud et en Sicile, donc vers 387. À la rigueur, on peut se demander si ce système n'a pas toujours été celui de Platon.

Faisant fond sur cette hypothèse, Th.A. Szlezák s'est interrogé sur le type de rapport impliqué dans la transmission de la doctrine des principes. Cette transmission est inégalitaire. Le maître qui doit transmettre ce savoir contrôle la situation; il n'expose que ce que le disciple peut comprendre à tel moment et dans telles circonstances. Dans ce contexte, on ne doit donc pas parler de secret, mais d'une rétention d'information déterminée par la capacité de réception du destinataire. De plus, le maître doit porter secours à son propre discours en fournissant des éclaircissements et des explications en fonction des dispositions du disciple. Cette structure didactique, Szlezák en retrouve la trace dans les dialogues écrits. Voilà pourquoi il s'intéresse aux passages qui font allusion aux choses qui sont «plus précieuses» et que ne peut transmettre l'écriture, à ceux qui évoquent la nécessité de «porter secours» à l'écrit, ou encore à ceux qui subordonnent le deutéragoniste au protagoniste (il arrive que le protagoniste veuille «porter secours» à ce qu'il dit, et qu'il remette à plus tard des développements qui ne sont jamais produits, comme s'ils étaient réservés non pas à l'interlocuteur, mais à quelqu'un d'autre).

La polarité entre oralité et écriture doit dès lors être perçue différemment. L'existence d'un système des principes, qui aurait été transmis oralement aux seuls membres de l'Académie, serait pourtant détectable dans certains passages des dialogues qui auraient eu pour but de faire connaître l'Académie à l'extérieur. La tâche de l'interprète est de percevoir cette polarité en termes non d'opposition, mais d'éclaircissement réciproque, le système des principes permettant de comprendre les dialogues, et la structure des dialogues nous renseignant sur la transmission de ce système de principes. H. Krämer tente de situer ces rapports complexes dans un contexte historique où l'écriture était en train de s'imposer, et où un écrivain comme Platon restait dépendant d'une oralité intérieure produisant une écriture qui renvoyait à un au-delà d'elle-même. Dans cette perspective, l'œuvre écrite se trouve complétée par une connaissance des doctrines non écrites qui consistent, on vient de le voir, en un système de principes.

PRÉSUPPOSÉS ET CONSÉQUENCES D'UNE INTERPRÉTATION ÉSOTÉRISTE

Comme je n'adhère pas à ce courant d'interprétation, me rangeant en ce domaine du côté de H. Cherniss [1], je voudrais présenter ici une justification argumentée de mon refus.

Comme c'est le cas de toute prémisse, celles sur lesquelles est assise l'interprétation ésotériste ne donnent prise à aucune discussion. Aussi me contenterai-je ici de préciser pourquoi j'accepte ou je rejette telle ou telle prémisse, et d'indiquer à quelles conséquences conduit l'une ou l'autre.

Les prémisses qui sous-tendent une interprétation ésotériste de Platon

Quelles sont donc les prémisses qui sous-tendent l'interprétation ésotériste [2] de Platon ? Jusqu'ici, aucun effort n'a été tenté en vue de rendre ces prémisses « transparentes », pour reprendre le mot de Heidegger cité par H. Krämer. Au début d'un article paru en 1980 [3], H. Krämer évoquait en effet ce célèbre passage de *Sein und Zeit* de Heidegger :

> Le véritable « mouvement » scientifique se joue quand les sciences soumettent leurs concepts de base à une révision plus ou moins radicale et qui ne leur est pas transparente. Jusqu'à quel point elle est *capable* d'une crise de base, voilà ce qui détermine le niveau d'une science. Quand surviennent de telles crises à l'intérieur des sciences, le rapport qu'entretient le questionnement de la recherche positive avec les choses mêmes qu'il interroge est ébranlé. De toutes parts on voit s'éveiller de nos jours dans les différentes disciplines des tendances à déplacer la recherche en l'amenant sur de nouveaux fondements. (*SuZ* par. 3) [4]

En écrivant ces lignes, Heidegger pensait, comme il l'expliquera lui-même par la suite, non seulement aux mathématiques, à la physique et à la biologie, mais aussi aux sciences « historisantes » de l'esprit et même à la théologie.

1. *Cf.* note 4, p. 45.

2. Sur la différence entre *Geheimhaltung* et *Esoterik*, on lira Th.A. Szlezák *PSP*, p. 400-405 = *PSF*, p. 484-488.

3. Hans Joachim Krämer, « Neues zum Streit um Platons Prinzipientheorie », *Philosophische Rundschau* 21, 1980, p. 1-38.

4. « Die eigentliche "Bewegung" der Wissenchaften spielt sich ab in der mehr oder minder radikalen und ihr selbst durchsichtigen Revision der Grundbegriffe. Das Niveau einer Wissenschaft bestimmt sich daraus, wie weit sie einer Krisis ihrer Grundbegriffe fähig ist. In solchen immanenten Krisen der Wissenschaften kommt das Verhältnis der positiv untersuchenden Fragens zu den befragten Sachen selbst ins Wanken. Allenthalben find heute in den verschiedenen Disciplinen Tendenzen wachgeworden, die Forschung auf neue Fundamente umzulegen », traduction par Walter F. Meyerstein et Luc Brisson.

Il n'est donc pas absurde d'appliquer cette réflexion à une interprétation de Platon qui revendiquerait une originalité radicale[1]. À la condition toutefois d'admettre que, de la science, on puisse extrapoler à l'exégèse et assimiler l'interprétation de Platon à une démarche rationnelle qualifiée de « rigoureuse », parce qu'elle cherche à mettre en œuvre une explication en histoire de la philosophie.

Les prémisses, dont je vais dresser un inventaire provisoire et qui ne vise pas à l'exhaustivité, se distribuent en trois groupes, suivant qu'elles portent sur l'existence d'une doctrine ésotérique (Prémisses 1, 2, 3, 4, 5), sur la façon de reconstituer cette doctrine (Prémisses 6, 7, 8) ou sur son contenu (Prémisses 9, 10).

Prémisse 1

À l'Académie, l'activité de Platon était double : il enseignait et il écrivait.

Cette prémisse peut être acceptée par tout le monde. L'œuvre de Platon a connu un destin exceptionnel. Avec Aristote, Épictète et Plotin, Platon est l'un des seuls philosophes grecs dont l'œuvre nous soit parvenue dans sa totalité ou presque. Les manuscrits, dont les plus anciens remontent à la fin du IXe siècle, comportent 42 dialogues, 13 lettres et une collection de définitions ; ces écrits paraissent, dans leur grande majorité, authentiques, même si quelques-uns sont de toute évidence apocryphes, d'autres suscitant le doute concernant leur auteur[2]. Par ailleurs, un certain nombre d'indices, littéraires et archéologiques, laissent penser que Platon fonda l'Académie vers 387 av. J.-C., se posant ainsi en rival d'Isocrate qui avait ouvert une École quelques années auparavant, vers 393 av. J.-C.[3].

Prémisse 2

L'enseignement de Platon ne peut coïncider avec ce qu'on trouve dans les dialogues.

Cette prémisse peut aussi être acceptée par tout le monde, le problème étant de savoir comment expliquer, dans les termes d'une théorie de la

1. Ce qui n'est pas forcément le cas ici comme l'a montré Eugène-Napoléon Tigerstedt, *The decline and fall of the neoplatonic interpretation of Plato. An outline and some observations*, « Societas Scientiarum Fennica, Commentationes Humanarum Litterarum » 52, Helsinki, 1974.

2. Même s'il est ancien, l'ouvrage le plus général sur le sujet reste celui de Henri Alline, *Histoire du texte de Platon*, Paris, Champion, 1915, réimpression Slatkine, 1984.

3. Pour un dossier archéologique complet, cf. *DPhA* I, Annexe Académie, p. 693-789 [Marie-Françoise Billot]. L'exposé historique le plus complet reste celui de Matthias Baltes, « Plato's school, the Academy », *Hermatena* 155, 1993, p. 7-28, repris dans *DIANOEMATA Kleine Schriften zu Platon und zum Platonismus*, Stuttgart-Leipzig, Teubner, 1999, p. 249-273.

communication, cette différence entre l'enseignement et ce qu'on trouve dans les écrits de Platon.

Prémisse 3

Cette différence est à tout le moins d'ordre technique, et s'explique, dans un premier temps, par la nature du moyen de transmission utilisé : la parole dans un cas, l'écriture dans l'autre.

L'écriture permet une conservation immuable et pour ainsi dire perpétuelle de l'information, indépendamment de toute mémoire individuelle. D'où l'avantage d'utiliser ce moyen de transmission, qui cependant impose plusieurs contraintes.

– La compression : il est impossible de noter intégralement un discours qui dépasse une certaine longueur. Il faut faire des choix, pour abréger.

– L'invariance : une fois qu'un message est écrit, on ne peut plus le modifier, sans le transformer.

– L'inertie : l'écrit ne peut s'adapter à ses destinataires, notamment parce qu'il ne peut répondre aux questions que suscite la compréhension du message qu'il transmet.

– La linéarité : dans le discours (écrit ou parlé), un élément d'un message vient après un autre, ce qui ne permet pas de préserver la structure et la pluridimensionnalité d'une pensée vive ; seule la constitution de tableaux permet de représenter la pensée de façon non linéaire.

En d'autres termes, comme l'ont bien montré M. McLuhan [1] pour notre époque et E.A. Havelock [2] pour la Grèce ancienne, la nature du moyen de transmission utilisé façonne de façon significative le contenu du message communiqué ; elle en fixe les limites et lui impose une orientation. Sur ce point aussi, tout le monde peut tomber d'accord.

Comme j'ai essayé de le montrer [3], ces caractéristiques suffisent à expliquer la critique que Platon porte contre l'écriture, dans le *Phèdre* (274b-279b) notamment. Pour les tenants de l'interprétation ésotériste,

1. M. McLuhan, *The Gutenberg galaxy. The making of the typographic man*, London, Routledge & Kegan Paul, 1962.

2. Eric A. Havelock, *Preface to Plato*, Cambridge (Mass.), Harvard University Press, 1963 ; *The greek concept of Justice,* Cambridge (Mass.), Harvard University Press, 1978 ; *The literate revolution in Greece and its cultural consequences*, Princeton, Princeton University Press, 1982.

3. Platon, *Phèdre*, traduction inédite, introduction et notes par Luc Brisson, « GF » 488, Paris, Flammarion, 1989, p. 60-61 surtout. On lira avec profit l'argumentation de Michel Narcy, « La leçon d'écriture dans le *Phèdre* de Platon », dans *Chercheurs de sagesse. Hommage à Jean Pépin*, Paris, Études Augustiniennes, 1992, p. 77-92. Wilfried Kühn vient de faire paraître un livre important sur la fin du *Phèdre* : *La fin du* Phèdre *de Platon. Critique de la rhétorique et de l'écriture*, Accademia Toscana di Scienze e Lettere « La Colombaria ». Studi CLXXXVI, Firenze, Leo S. Oschki, 2000.

toute l'œuvre de Platon doit être interprétée à partir de ce seul passage. Or, à mon avis, Platon n'y prononce pas une condamnation sans appel de l'écriture : il se contente de rappeler l'infériorité de son statut, qui est celui d'une chose sensible, par rapport à celui de la recherche et de la transmission orale du savoir véritable par l'âme, qui est une réalité intermédiaire entre le sensible et l'intelligible. Voilà pourquoi Platon évoque l'activité d'écrivain en des termes qui sont loin d'être totalement négatifs. Il est prêt à qualifier de « philosophe » celui – y compris lui-même, bien évidemment – qui reconnaît que, comparée à ce qu'il prend au sérieux : la contemplation de l'intelligible, l'écriture n'est qu'un jeu. La critique de l'écriture par Platon ne doit donc pas être interprétée comme l'expression d'une volonté de retour en arrière (d'abandon de l'écriture pour revenir à l'oralité), mais comme un constat lucide qui reconnaît les limites d'un moyen de communication désormais considéré comme inéluctable, aussi bien par l'orateur que par le philosophe[1]. Dans un contexte différent, la « digression philosophique » de la *Lettre* VII (342a-345c), lettre que je considère comme authentique, vient renforcer l'interprétation qui est la mienne[2].

Ainsi, la critique de l'écriture que l'on trouve à la fin du *Phèdre* et dans la *Lettre* VII ne peut être le fait que d'un auteur qui évolue dans une civilisation où l'écriture a déjà résolu le problème de la mémorisation des messages à transmettre, de sorte qu'une réflexion peut être engagée sur les mérites et les inconvénients des divers moyens de communication désormais disponibles[3].

Cela dit, les tenants de l'ésotérisme poussent beaucoup plus loin l'opposition oralité/écriture, en la faisant dépendre d'une autre prémisse, relative au destinataire cette fois, qui peut prendre deux formes différentes.

Prémisse 4*a*

La différence entre le contenu des écrits de Platon et sa doctrine véritable s'explique par la volonté de réserver la connaissance des fondements de cette doctrine à un tout petit nombre d'initiés, les disciples qui entouraient le maître dans l'Académie.

Ceux qui acceptent la Prémisse 4*a* assimilent l'organisation de l'Académie à celle des groupes pythagoriciens[4]. Dans cette perspective,

1. Voir l'Annexe 1.

2. Voir l'Annexe 2.

3. Sur le sujet, je renvoie à ma communication, « Mythes, écriture, philosophie », dans *La naissance de la raison en Grèce ancienne*, Actes du Congrès de Nice [mai 1987], sous la direction de Jean-François Mattéi, Paris, PUF, 1990, p. 49-58.

4. Pour une tentative de description, *cf.* Luc Brisson, « Usages et fonctions du secret dans le pythagorisme ancien », *Le secret*, textes réunis par Philippe Dujardin, Paris-Lyon, CNRS-Presses Universitaires de Lyon, 1987, p. 87-101 ; repris dans *Orphée et l'orphisme dans*

l'enseignement dispensé par Platon aurait consisté en la transmission d'un corps de doctrines rigides transmises dans le cadre d'une structure, au sommet de laquelle se trouvait le maître. C'est à partir de ce sommet que, dans l'Académie, se distribuaient les disciples, suivant une hiérarchie rigide : plus on était près du maître, mieux on connaissait ce corps de doctrines, et plus on en était éloigné, moins on le connaissait. Dans un tel contexte, l'usage de l'écriture, qui faisait planer la menace d'une divulgation intempestive des éléments essentiels du système, devait être proscrit : un écrit ne choisit pas ses lecteurs. Voilà pourquoi cette doctrine n'aurait été communiquée qu'oralement, et encore à des disciples triés sur le volet, les dialogues se trouvant relégués au rôle d'instrument protreptique[1], et plus prosaïquement à celui de réclame destinée à attirer à l'Académie de nouveaux disciples, qui devaient passer par toutes sortes d'étapes avant d'être initié au véritable système platonicien.

Là contre, deux types d'arguments peuvent être avancés : des arguments d'ordre historique et des arguments d'ordre théorique.

– Le rapprochement entre la doctrine de Platon et celle de Pythagore, amorcé dans le cadre de l'ancienne Académie, ne prend toute son ampleur qu'au premier siècle après J.-C.[2]. Qui plus est, rien de ce que l'on croit savoir concernant le fonctionnement des groupes pythagoriciens antérieurs à Platon n'atteint à la certitude : la reconstruction y joue une part déterminante[3]. Cela est particulièrement fâcheux, dans la mesure où nous ne savons rien de précis non plus sur l'organisation et le fonctionnement de l'Académie.

– Par ailleurs, un phénomène étrange peut être observé. Aucun des membres les plus éminents de l'Académie, non seulement Aristote, mais aussi et surtout les deux premiers successeurs de Platon à la tête de l'École, Speusippe et Xénocrate, n'a admis, tel quel, l'élément essentiel de la pensée platonicienne : la doctrine des Formes. Cela semble indiquer que l'Académie n'était pas le lieu d'une transmission autoritaire d'un corps de doctrines figées, mais un cadre où pouvait s'exercer ce type d'activité à laquelle Pierre Hadot a donné le beau nom d'« exercices spirituels »[4].

l'Antiquité gréco-romaine, « Collected Studies Series CS » 476, Aldershot (GB), Variorum réimpression, 1995.

1. C'est la thèse de K. Gaiser dans *Protreptik und Paränese bei Platon. Untersuchungen zur Form des Platonischen Dialogs*, Stuttgart, Kohlhammer, 1959.

2. Pour une présentation d'ensemble, *cf.* John Dillon, *The middle Platonists. A study of Platonism* 80 BC to AD 220, London, Duckworth, 1977, p. 341-383.

3. D'où la prudence de W. Burkert, *Lore and science in ancien Pythagoreanism* [1962], traduction anglaise par Edwin L. Minar Jr., Cambridge (Mass.), Harvard Univ. Press, 1972.

4. Pierre Hadot, *Exercices spirituels et Philosophie antique*, Paris, Les Études Augustiniennes, 1981, 1987[2]; et surtout sa préface au livre de Marie-Dominique Richard, *L'enseignement oral de Platon*, 1986, *op. cit.*, p. 7-15. Le dernier paragraphe seul évoque un

Plutôt que d'assimiler un corps de doctrines, il s'agissait d'apprendre à vivre de façon philosophique, et, plus précisément, d'atteindre à la connaissance du monde sensible et surtout des Formes auxquelles ce monde sensible participe, connaissance à laquelle permettait d'accéder la dialectique et qui devait assurer, dans la mesure où science et éthique étaient indissociables, une vie bonne et le « salut » de l'âme. Si l'on accepte cette vision des choses, il faut admettre que les dialogues ne transmettent qu'une image particulièrement appauvrie et restreinte de l'activité de Platon à l'Académie; mais force est aussi de reconnaître que, dans les limites qui sont les siennes, cette image est adéquate et ne demande pas à être interprétée au moyen d'une hypothétique doctrine réservée à un petit nombre de disciples. Une photographie ne donne qu'une image au 1/125 de seconde d'un individu qui pourra vivre quatre-vingts ans, mais cette image n'en est pas pour autant infidèle, elle est tout simplement partielle; et plus on verra de photogaphies du même individu à différentes époques de sa vie, mieux on sera informé sur lui. Or, dans le cas de Platon nous disposons de dix millions de mots; ce n'est pas rien.

C'est pour faire face à un certain nombre de ces critiques que Th.A. Szlezák a réagi en donnant à l'ésotérisme une définition différente, l'assimilant par là à une pratique pédagogique précise.

Prémisse 4*b*

« "Ésotérisme", cela ne veut pas dire évidemment la même chose que "préservation d'un secret". La préservation d'un secret repose sur la contrainte imposée par un groupe, qui désire s'assurer influence et puissance par l'intermédiaire d'une doctrine secrète. L'ésotérisme de Platon n'a, en revanche, rien à voir avec la contrainte et avec l'autorité que recherche un groupe. Il résulte de la décision libre et responsable d'un enseignant de n'offrir, dans l'intérêt du message et dans celui de son récipiendaire, que ce qui peut être transmis avec tout son sens dans des circonstances données, – et uniquement cela *hosa g'en tô̲i parónti dunatón* (*République* 509c9-10) » [1].

possible système ésotériste, dont l'existence semble incompatible avec la notion même d'exercice spirituel.

1. « "Esoterik" ist selbtsverständlich nicht dasselbe wie "Geheimhaltung". Geheimhaltung beruht auf dem Zwang einer Gruppe, die sich durch geheimes Wissen Einfluss und Macht sichern will. Platonische Esoterik hingegen hat nichts mit Zwang und Gruppengeltung zu tun. Sie resultiert aus der freien, verantwortungsbewussten Entscheidung des Lehrenden, im Interesse der Sache und im Interesse des Rezipienten nicht mehr zu offerieren als unter den gegebenen Umständen sinnvoll vermittelt werden kann – also all das, aber auch nur das *hosa g'en tôi parónti dunatón*, *Politeia* 509c9-10 » (Th.A. Szlezák, « Platon und die neuzeitliche Theorie der Platonischen Dialog », *Elenchos* 10, 1989, p. 347).

Cette pratique pédagogique, quatre traits la caractérisent selon Th.A. Szlezák.

– Dans un dialogue platonicien, les partenaires ne se trouvent jamais sur un pied d'égalité : l'interlocuteur principal se situe toujours dans une position de supériorité, car c'est lui qui sait et qui dirige l'exposé de ce savoir. Ainsi comprise, la transmission du savoir se fait de façon autoritaire, car c'est l'interlocuteur principal qui juge de la capacité du répondant à recevoir telle ou telle vérité à tel ou tel moment, et qui décide de l'opportunité et de l'ampleur d'une éventuelle rétention d'information. Toute la question est de savoir s'il faut admettre que l'enseignement, selon Platon, relève de la seule transmission d'un contenu de savoir au moyen d'une relation autoritaire. Dans le *Banquet* et dans le *Phèdre* notamment, il appert que l'éducation n'est pas affaire de transmission d'un contenu de savoir, mais de changement du regard de l'âme qui se détourne des choses sensibles pour contempler l'intelligible, par l'intermédiaire d'un processus qui, dans certains cas, peut être la dialectique [1].

Par ailleurs, si l'on admet la conception d'enseignement qui vient d'être évoquée, la vérité se réduit à la limite à ce qui satisfait le répondant sur le plan du comportement et plus généralement sur un plan psychologique. Dès lors, la vérité devient au pire un leurre, au mieux une nécessité pour survivre. On retrouve là une conviction toute nietzschéenne ; mais était-ce celle de Platon, dont la conception de la vérité semble avoir été tout autre ?

Le jeune Aristote, dans la seconde partie du *Parménide* [2], et le jeune Socrate, dans le *Politique,* illustrent bien la position défendue par Th.A. Szlezák, mais, dans le *Phédon*, Cébès et surtout Simmias avancent des objections qui remettent véritablement en cause les démonstrations de l'immortalité de l'âme proposées par Socrate, lequel reconnaît la gravité des difficultés soulevées par Simmias, non seulement en paroles, mais aussi en actes : car, arrêtant le cours de l'argumentation, il entreprend le récit d'un mythe pour rassurer ses disciples et éventuellement pour se rassurer lui-même, avant de boire la ciguë.

– Le dialogue suit une courbe ascendante. Plus on avance dans l'entretien, plus les sujets abordés sont importants. C'est notamment le cas, prétend Th.A. Szlezák, dans le *Gorgias* et dans la *République*.

Il n'est pas sûr pourtant que des dialogues comme le *Sophiste*, le *Timée* et les *Lois* par exemple, suivent un tel mouvement. Dans le *Sophiste*, l'Étranger d'Élée interrompt le processus dialectique, pour s'expliquer sur

1. Voir l'introduction que j'ai donnée à ma traduction du *Banquet* de Platon, « GF » 987, Paris, Flammarion, 1998.

2. Voir Luc Brisson, « Les réponses du jeune Aristote dans la seconde partie du *Parménide* de Platon », *Revue* XX, 1, 1984 [1986], p. 59-79.

les grands genres, avant d'y revenir avec une dernière division. Le *Timée* se termine sur une troisième partie qui est une synthèse doctrinale des deux premières et qui traite essentiellement de l'être humain, le microcosme. Après le dixième livre qui constitue un véritable traité de théologie, les *Lois* reprennent l'inventaire des dispositions législatives. Et, parmi les dialogues antérieurs, la structure du *Banquet*, qui se termine sur un éloge de Socrate par un Alcibiade aviné, est beaucoup plus horizontale que verticale.

L'accès à un niveau plus élevé du dialogue est mis en scène très fréquemment comme une épreuve, comme un test. Un discours est tenu, une thèse est présentée. Celui qui soutient cette thèse tombe sous le coup de la critique; peut-il venir en aide au discours qu'il tient? Le plus souvent, cette aide introduit « quelque chose qui a plus de valeur ». Ces choses qui ont plus de valeur (*timiṓtera*), ce sont, selon Th.A. Szlezák, des réalités de rang plus élevé, c'est-à-dire des principes.

Mais cette interprétation ne s'impose pas[1]. Le comparatif *timiṓtera* s'oppose à *phaûla*, terme qu'on retrouve en *Phèdre* 278b6-7 pour qualifier les écrits. Il faut apporter son aide, son secours (*boētheîn*) aux écrits qui sont inférieurs, en remontant à une réalité d'ordre supérieur, dont ils ne sont que les images. Qu'est-ce que cette réalité d'ordre supérieur? Ce sont « les discours qui servent à l'enseignement, qui sont prononcés pour instruire et qui sont en réalité écrits dans l'âme où ils parlent du juste, du beau et du bon, [et qui] sont les seuls à comporter clarté et perfection et à mériter d'être pris au sérieux » (*Phèdre* 277e9-278a5). Ces écrits sont supérieurs, parce qu'ils sont consignés dans l'âme, réalité qui s'apparente aux Formes.

Ce sont à ces *timiṓtera* que pense Platon, lorsque dans ses dialogues, il remet à plus tard un exposé. H. Krämer a dressé une liste de ces passages[2]. Voici de trop brèves remarques sur chacun d'entre eux, remarques qui se veulent totalement indépendantes de toute interprétation ésotériste.

– En *Protagoras* 356e8-357c1[3], il suffit à Socrate, dans le cadre de son argumentation, d'avoir établi la nécessité d'un savoir qui sache évaluer quel choix il faut faire entre le plaisir et la douleur et dans quelle proportion; la détermination des caractéristiques de ce savoir est superflue. Voilà pourquoi la discussion sur ce point est remise à plus tard.

1. C'est ce qu'a fait remarquer notamment G. Vlastos, « On Plato's oral doctrine » [1963] [= *POD*, par la suite], dans *Platonic Studies*, Princeton, Princeton University Press, 1981², p. 396-397.

2. Dans *Platone e i fondamenti della Metafisica*, Milano, Vita e Pensiero, 1987, p. 358-369.

3. Passage commenté par Th.A. Szlezák, *PSP*, p. 174-178 = *PSF*, p. 244-247.

– En *Ménon* 76e3-77b1[1], Socrate estime qu'il lui suffit d'évoquer la définition de la couleur donnée par Empédocle pour se débarrasser élégamment de la question intempestive que vient de poser Ménon, et ainsi revenir au plus vite à la recherche d'une définition de la vertu.

– En *Phédon* 107b4-10[2], la situation est dramatique et la question infiniment plus grave. Socrate vient de proposer un certain nombre de preuves en faveur de l'immortalité de l'âme et de répondre aux objections soulevées par Cébès et par Simmias. Il reconnaît que l'objection de Simmias le force à revenir sur les prémisses qu'il a posées. Or, Socrate n'a plus le temps de procéder à cette révision, car la chose implique l'adoption d'un autre système; et il doit, dans quelques instants, boire la ciguë. Il engage donc ses disciples à entreprendre cette révision des prémisses concernant l'âme, raconte un mythe qui lui permettra de mourir dignement et sans peur, et boit la ciguë. Aucune allusion dans tout cela à une doctrine des principes et à un enseignement dispensé par un maître.

– *République* VI 506d2-507a2[3] constitue un passage qui correspond mieux aux présupposés de l'interprétation ésotériste. Socrate remet à plus tard un discours sur le Bien, dont on ne trouve nulle part ailleurs la trace, pour en rester à un discours sur les choses bonnes. On peut effectivement penser à une rétention d'information, mais on peut tout aussi bien penser qu'une définition et une description du Bien sont superflues dans le cadre d'une définition et d'une description déjà particulièrement longue de la cité bonne et des bons citoyens qui doivent la peupler, et cela même s'il est vrai que la *République* porte pour second titre *Sur la justice*, qui ne peut se définir qu'en fonction du Bien. Mais, à moins de réduire brutalement l'éthique et la politique à l'ontologie, il faut bien reconnaître que la plus grande partie de ce dialogue aborde des problèmes d'un tout autre ordre : psychologique, éthique, social, politique notamment. Une explication similaire vaut pour *République* VI 509c1-11[4], où Socrate vient de dire du Bien « qu'il est encore au-delà de l'être, surpassant celui-ci en dignité et en pouvoir »[5].

1. Passage commenté par Th.A. Szlezák, *PSP*, p. 181-184 = *PSF*, p. 253-255.
2. Passage commenté par Th.A. Szlezák, *PSP*, p. 247-250 = *PSF*, p. 327-330.
3. Passage commenté par Th.A. Szlezák, *PSP*, p. 309-316 = *PSF*, p. 394-400.
4. Passage commenté par Th.A. Szlezák, *PSP*, p. 316-317 = *PSF*, p. 405. Voir l'Annexe 1.
5. L'interprétation de cette phrase proposée par F.M. Cornford me semble tout à fait satisfaisante : « … whereas you can always ask the reason for a thing's existence and the answer will be that it exists for the sake of its goodness, you cannot ask for a reason for goodness; the good is an end in itself » (*Plato and Parmenides*, London, Routledge & Kegan Paul, 1939, p. 132).

– En *Parménide* 136d4-e3, Zénon, qui prie Parménide de donner une démonstration de sa méthode en prenant pour point de départ son hypothèse « l'un, s'il est » (ou plutôt, suivant mon interprétation, « s'il est un ») se heurte aux réticences de son maître, qui évoque son grand âge et l'importance éventuelle de l'auditoire auquel il doit faire face; un homme âgé comme Parménide se fatigue vite dans une performance oratoire comme celle que constitue la seconde partie du *Parménide*, d'autant plus vite que l'auditoire est plus large, car le nombre d'auditeurs entretient un rapport direct avec le nombre des réactions d'hostilité ou tout simplement d'ignorance qu'il peut susciter. C'est tout. Pour donner une interprétation ésotériste à ce passage, il faut penser que Parménide parle de l'Un, il faut voir en l'Un le principe suprême et il faut considérer que les « hypothèses » de la seconde partie développent un exposé métaphysique, ou même théologique – comme le croyaient les néoplatoniciens. Quoi qu'il en soit, Parménide va tout de même donner une démonstration de sa méthode.

– En *Sophiste* 254b7-d3, l'Étranger d'Élée renvoie prudemment à plus tard l'examen des rapports mutuels que peuvent entretenir toutes les Formes, pour se concentrer sur les rapports qu'entretiennent trois d'entre elles, à savoir : Être, Repos et Mouvement.

– En *Politique* 284a1-e8, on retrouve exactement le même cas de figure. L'Étranger d'Élée déclare que la notion de « juste mesure » joue, dans l'enquête sur le politique, le même rôle de condition indispensable et de pivot que joue la notion de non-être dans l'enquête sur le sophiste. Mais il reconnaît qu'une définition de la « juste mesure » prendrait trop de temps. Il remet donc cette définition à plus tard, et il se contente d'admettre les deux postulats suivants : les arts sont des réalités et « le grand et le petit » s'évaluent non seulement par leur rapport mutuel, mais aussi par rapport à la réalisation de la « juste mesure »[1].

1. Même si, conformément à ce que j'ai dit au début, je n'ai pas l'intention de commenter en détail ce passage, je voudrais traduire les lignes sur lesquelles s'appuient les tenants d'une interprétation ésotériste : « Que, un jour, se fera sentir le besoin du postulat qui vient d'être évoqué [sc. que la "juste mesure" existe bien] pour donner un exposé vraiment précis (*pròs tḕn perì autò takribès apódeixin*)… » (*Politique* 284d1-2). Je considère *tḕn perì autò takribès* comme une périphrase pour *akribḗ*, sans pourtant corriger comme Ast, car ce type de périphrase (*perì* + accusatif = adjectif correspondant) est fréquent chez Platon. M'opposant en cela à Rafael Ferber (« Für eine propädeutische Lektüre des *Politicus* », communication faite dans le cadre du troisième *Symposium Platonicum* à Bristol le 29 août 1992), je me refuse à interpréter *perì autò takribès* comme une expression désignant les Formes et donc à renvoyer à *Philèbe* 59a. Cet article est maintenant imprimé dans *Reading the Statesman. Proceedings of the III Symposium Platonicum*, ed. by Chr. J. Rowe, Sankt Augustin, Academia Verlag, 1995, p. 63-75. Le type d'interprétation défendu par R. Ferber se retrouve chez Michel Fattal, « On division in Plato's *Statesman* », *Polis* 12, 1993, p. 64-76.

– En *Timée* 48c2-e1, et 53c4-d7 [1], Timée admet qu'on pourrait remonter au-delà des trois genres qui lui permettent d'expliquer l'univers, ou au-delà des deux triangles rectangles qu'il met au début des polyèdres; mais il s'y refuse pour pouvoir, à partir des prémisses qu'il a choisies, terminer la fabrication du modèle cosmologique en quoi consiste le *Timée*.

– Il faut être vraiment convaincu de la validité d'une interprétation ésotériste pour lire *Lois* X 894a1-5 comme un témoignage de la constitution du monde à partir du point idéal, de la ligne idéale et de la surface idéale. On peut tout simplement y voir une reformulation de l'explication géométrique proposée dans le *Timée*.

Bref, dans tous ces passages, on se trouve en présence de deux cas de figure. Ou bien l'interlocuteur principal rencontre une question qui ne lui paraît pas pertinente ou qui lui semble trop complexe; alors il en remet poliment l'examen à plus tard pour ne pas détourner la discussion de son objectif majeur (*Protagoras* 356e8-357c1; *Ménon* 76e3-77b1; *Parménide* 136d4-e3; *Sophiste* 254b7-d3; *Politique* 284a1-e8). Ou bien l'interlocuteur se trouve confronté à une question sur les prémisses et, sachant qu'une question sur les prémisses le forcera à modifier son système explicatif, il refuse de prendre cette question en considération, dans l'intérêt du discours, pour arriver le plus rapidement possible à proposer un système explicatif cohérent et consistant, et cela même s'il en connaît les limites (*Phédon* 107b4-10; *République* VI 506d2-507a2, 509c1-11; *Timée* 48c2-e1, 53c4-d7). Par ailleurs, il arrive assez souvent que Platon remette à plus tard la discussion de sujets qui n'ont rien à voir avec la doctrine des principes, par exemple en *Politique* 274b: « Or ce en vue de quoi tout ce récit fut entrepris, nous y voici maintenant parvenu. En effet, en ce qui concerne les bêtes, il y aurait à raconter beaucoup de choses et qui prendraient beaucoup de temps, pour dire à partir de quelles conditions et pour quelles raisons chacune des espèces a changé. » Or, le fait qu'on reporte à plus tard la communication d'informations qui n'ont rien à voir avec une doctrine des principes et le fait qu'il est difficile, pour ne pas dire impossible, de déterminer avec certitude que ce qu'on remet à plus tard, c'est bien la communication d'informations ressortissant à une doctrine des principes, voilà qui rend inutile l'interprétation ésotériste, selon laquelle l'essentiel n'est qu'allusion dans les dialogues platoniciens.

Prémisse 5

Il ne peut y avoir de véritable philosophie sans système de principes. Or, comme dans les écrits de Platon, qui est un philosophe, on ne trouve ni

1. Pour un commentaire antiésotériste de ce passage, cf. G. Vlastos, *POD*, *Platonic Studies*, 1981^2, p. 399-403.

explicitement ni implicitement un tel système de principes, on est amené à penser que Platon réservait l'exposé du système de principes qui constituait le cœur de sa philosophie à un petit nombre d'initiés, dans le cadre d'une communication exclusivement orale, et parfaitement contrôlée.

Dans ce qui peut être considéré comme la première monographie moderne sur Platon[1], Wilhelm Gottfried Tennemann fondait sa démarche sur les deux axiomes suivants : 1) toute philosophie digne de ce nom doit proposer un système de principes premiers, que ce système soit explicite ou reste implicite; 2) la tentative des néoplatoniciens pour découvrir ce système, qu'ils revendiquaient comme leur, dans les écrits de Platon est un échec. Le second axiome consommait la rupture avec l'interprétation de Platon retenue à la Renaissance[2], alors que le premier constituait le point de départ de la démarche qui allait produire les grands systèmes métaphysiques qui fleurirent en Allemagne au XIXe siècle. Le mouvement d'interprétation ésotériste de Platon s'explique mieux par ces convictions que par une réaction aux thèses d'un Schleiermacher, dont la pensée se trouve largement déformée par les tenants contemporains de l'ésotérisme[3].

Si tel était le cas, l'hypothèse d'une doctrine ésotérique dépendrait en dernière instance du contexte de la réception de l'œuvre de Platon chez les premiers « historiens de la philosophie » à la fin du XVIIIe siècle. Et elle dut naître dans les circonstances que Klaus Oehler décrit ainsi : « Il faudrait simplement ne pas oublier ce que l'on a ressenti quand, pour la première fois, on a lu les dialogues platoniciens ou ce que l'on ressent lorsque, après la lecture des textes d'Aristote, on revient à la lecture de Platon. C'est le sentiment de la mystification, le sentiment que l'on est face à quelqu'un qui sait tout, mais qui se met intentionnellement dans la position de qui ne saurait rien ou peu s'en faut, le sentiment que, pour ainsi dire, l'on a affaire à un iceberg dont la plus grande partie reste invisible, que, en d'autres termes, se tient derrière les dialogues une conception grandiose qui embrasse tout ce qui y est dit et lui donne sa cohérence. Ce soupçon, dont le

1. *System der platonischen Philosophie*, Leipzig, 1792-1795.

2. Comme l'a minutieusement démontré Eugène-Napoléon Tigerstedt, *The decline and fall of the Neoplatonic interpretation of Plato. An outline and some observations*, Commentationes Humanarum Litterarum 52, 1974, Helsinki, Societas Scientiarum Fennica, 1974. Cf. le compte rendu que j'ai fait de ce livre dans le Bulletin de l'Association Guillaume Budé, 1977, p. 315-318.

3. Comme l'a montré Yvon Lafrance, « F. Schleiermacher, lecteur du *Phèdre* de Platon », dans *Understanding the Phaedrus. Proceedings of the II Symposium Platonicum*, ed. by Livio Rossetti, Sankt Augustin, Academia Verlag, 1992, p. 209-213. Pour la version longue du même article, cf. « F. Schleiermacher, lecteur du *Phèdre* de Platon », *Revue de Philosophie Ancienne* 8, 1990, p. 229-261. Voir aussi l'article de Denis Thouard cité plus haut (p. 44, note 1).

lecteur de Platon ne pourra sans doute jamais tout à fait se débarrasser, est devenu, grâce aux récentes recherches, et dans la limite des moyens disponibles de la connaissance historique, une certitude; et je déclare qu'il est aujourd'hui possible de saisir clairement comment la doctrine exotérique de Platon est enracinée dans sa doctrine ésotérique[1].» Tout le problème est de savoir ce que Platon entendait par les termes *philósophos*, *philosophía*, *philosopheîn*[2]. On trouve certes dans le *Philèbe* une tentative de systématisation qui prend en considération quatre genres: *péras*, *ápeiron*, *noûs* et *miktón*. Mais ces quatre genres peuvent être mis en rapport avec des éléments connus de la pensée platonicienne: Formes, *khō̱ra*, démiurge et choses sensibles, et cela indépendamment de toute hypothèse concernant une doctrine ésotérique des principes.

Mais comment reconstituer ce système de principes si on s'interdit de le retrouver, à la façon des néoplatoniciens, dans les écrits de Platon? À cette question essentielle, une réponse simple est apportée par les tenants de l'interprétation ésotériste. Le disciple le plus célèbre de Platon, Aristote, attribue à son maître, comme il le fait d'ailleurs pour plusieurs autres de ses prédécesseurs, un système de principes dont on ne trouve pas trace dans les dialogues. Le système caché, ou réservé, doit donc pouvoir être reconstitué à partir d'une analyse de ces témoignages aristotéliciens.

Prémisse 6

Cette volonté de Platon de réserver l'essentiel de sa doctrine à un cercle d'initiés, que ce soit dans le cadre d'un groupe ou d'une relation pédagogique, rend compte de l'écart perceptible entre le témoignage d'Aristote sur la doctrine platonicienne et ce qu'on peut lire dans les dialogues.

C'est un fait que, à bon nombre d'occasions, Aristote attribue à Platon des doctrines dont il est impossible de trouver trace dans les dialogues. Comment expliquer la chose, compte tenu du fait qu'Aristote, qui aurait passé près de vingt ans à l'Académie, n'a pas pu ne pas appartenir à un moment ou à un autre au cercle des proches de Platon?

Les tenants de l'interprétation ésotériste ont une réponse toute prête. Ils appliquent systématiquement cette règle d'interprétation: lorsqu'on ne

1. Klaus Oehler, «Der entmythologisierte Platon. Zur Lage der Platonsforschung», *Zeitschrift für philosophische Forschung* 19, 1965, p. 393-420; repris d'abord dans *Antike Philosophie und byzantinisches Mittelalter. Aufsätze zur Geschichte des Griechischen Denkens*, München, Beck, 1969, p. 66-94; puis dans *Das Problem der ungeschriebenen Lehre Platons, Beiträge zum Verständnis der Platonischen Prinzipienphilosophie*, hrsg. von Jürgen Wippern, Wege der Forschung 196, Darmstadt, Wissenschaftliche Buchgesellschaft, 1972, p. 95-129. Ma traduction.

2. Pour une étude de ces termes, cf. Monique Dixsaut, *Le naturel philosophe. Essai sur les Dialogues de Platon*, Paris, Vrin, 1998 [2].

peut mettre en rapport des points de doctrine évoqués par Aristote avec un passage précis des dialogues, cela signifie qu'Aristote divulgue des dogmes réservés au petit cercle d'initiés auquel il appartenait lui-même. En exploitant ces informations et surtout en les complétant à l'aide d'autres témoignages – surtout ceux des commentateurs d'Aristote –, on pourrait donc reconstituer cette doctrine ésotérique. Mais rien ne nous oblige à admettre ce qui reste une pure hypothèse, et, qui plus est, une hypothèse posée pour sauver l'interprétation aristotélicienne[1]. Il convient aussi de remarquer que ce n'est pas seulement l'interprétation de Platon qui est visée par cette remarque, mais aussi celle de tous les présocratiques, pour lesquels Aristote reste la source doxographique la plus ancienne et la plus importante[2]; par ce biais, c'est toute l'histoire de la philosophie occidentale qui est remise en cause.

Ceux qui refusent une interprétation ésotériste proposent une explication minimaliste du phénomène. Pour le meilleur et pour le pire, Aristote constitue le point de départ de l'histoire de la philosophie occidentale. Or, entre Aristote et les grands historiens de la philosophie du XIXe et du XXe siècle, vingt-trois siècles se sont écoulés, qui ont modifié la façon de parler de ses prédécesseurs en philosophie. Aristote avait une doctrine à défendre dans le cadre de l'Académie d'abord, puis du Lycée; aussi faisait-il feu de tout bois pour imposer ses vues au détriment de toutes les autres, y compris de celles de son maître. L'approche d'Aristote est essentiellement polémique, sans que cela remette en cause son honnêteté[3]. Sa pratique de ce que maintenant nous appelons « l'histoire de la philosophie » diffère sensiblement de la nôtre; il suffit de le reconnaître et d'essayer de comprendre comment il réagit face à tel ou tel texte, à tel ou tel

1. « Cette doctrine orale, hypothèse élaborée pour sauver les phénomènes constitués par le témoignage d'Aristote, en est venue à être traitée comme si elle faisait elle-même partie des phénomènes à sauver. L'histoire de la pensée humaine a connu de nombreuses inversions de ce type. Dans ce cas, comme dans d'autres cas analogues, le résultat fut qu'on négligea, minimisa ou rejeta ces éléments qui, dans les phénomènes, contredisaient l'hypothèse. Pourtant, il n'y a qu'une chose raisonnable et salutaire à faire : abandonner cette hypothèse pour en essayer une autre, qui serait d'accepter la partie du témoignage d'Aristote qui concorde avec les écrits platoniciens et, étant donné que ce témoignage est en désaccord avec l'identification des idées et des nombres, d'examiner si cette identification ne pourrait pas trouver son origine et son explication dans l'interprétation critique par Aristote de la pensée de l'Académie plutôt que dans je ne sais quelle exposition orale, forgée de toutes pièces, de la pensée de Platon » (H.F. Cherniss, *L'énigme de l'ancienne Académie* [1944], Paris, Vrin, 1993, p. 103; trad. française par Laurent Boulakia).

2. Voilà pourquoi, H. F. Cherniss a aussi écrit : *Aristotle's criticism of Presocratic philosophy*, Baltimore, The Johns Hopkins Press, 1935.

3. L'agressivité de H.F. Cherniss, qui ne se prive pas de considérer comme intentionnelles les interprétations tendancieuses d'Aristote, a malheureusement détourné de lui un certain nombre de lecteurs.

point de doctrine. Et, dans le cas de Platon, tout porte à croire qu'Aristote s'attaquait moins aux dialogues qu'à l'interprétation qui en était proposée dans le cadre de l'Académie. Dès lors, il serait paradoxal de faire de ce compte rendu critique, un hybride provisoire, le fondement même de la doctrine platonicienne.

Prémisse 7

Les doutes éprouvés par Platon sur la capacité de l'écrit à transmettre un message philosophique ne sont pas le fruit de réflexions tardives d'un auteur instruit par l'expérience et résigné ; ils sont perceptibles dès les débuts de son activité littéraire.

L'originalité dont fait preuve Th. A. Szlezák est d'avoir mené à son terme une idée avancée par K. Gaiser. Dans les dialogues de la première période, Th. A. Szlezák a relevé tous les passages où Platon interrompt la discussion pour la renvoyer à plus tard ou dit qu'un point sera éclairé par un recours à des doctrines plus pertinentes. Cela montrerait que l'écrit n'est pas en mesure de transmettre la vérité philosophique, et que Platon n'en a accepté l'usage que pour introduire une discussion plus approfondie que celle qu'il met par écrit, mais analogue à cette dernière, où la parole prend le relais de l'écrit et permet une argumentation adéquate. Autrement dit, l'écrit dialogué exige un élargissement oral. Il ménage un espace pour ce véritable dialogue, mais n'en est que l'introduction.

Th. A. Szlezák tient Platon pour un cas unique dans l'histoire de la philosophie, lui seul ayant compris la nécessité de suppléer par une discussion orale à l'insuffisance de l'écrit. Mais ce pourrait bien être le contraire. Platon pourrait donner l'exemple, dans une civilisation orale, du besoin d'un secours écrit éprouvé par un philosophe qui prend ses distances par rapport aux poètes et aux orateurs, mais qui sait aussi combien ce secours est vain, s'il ne reproduit pas la forme de l'enseignement proprement philosophique[1].

Autre conséquence encore plus discutable : si ce que prétend Th. A. Szlezák est juste, il s'ensuit que Platon avait élaboré un système dès ses premiers écrits, rédigés entre 399 et 390 – Platon avait alors dans la trentaine –, un système qui aurait formé le corps de doctrine transmis dans le cadre de l'Académie à partir de 387 – Platon ayant alors la quarantaine. Or, comme cette doctrine est une « doctrine des principes » qui se réduit à peu de chose, elle ne pouvait évoluer. Pendant près d'un demi-siècle, Platon aurait prêché la bonne nouvelle, toujours la même, mais en s'évertuant à ne pas la semer à tout vent.

1. Cette position se rapproche de celle de Schleiermacher.

Prémisse 8

Cette doctrine, on peut la reconstituer à partir d'un certain nombre de témoignages.

Il s'agit des témoignages que l'on trouve dans la tradition aristotélicienne : *Sur le Bien*, *Sur la philosophie*, *Protreptique*, *Sur les contraires*, *Métaphysique*, *Physique, De l'âme*, *Du ciel*, *De la génération et de la corruption*, *Éthique à Eudème*, *Éthique à Nicomaque*, *Grande morale*, *Sur les lignes insécables*, *Divisions*. Ces témoignages peuvent être éclairés par les différents commentateurs d'Aristote : Alexandre d'Aphrodise, Porphyre, Jamblique, Thémistius, Syrianus, Proclus, Michel d'Éphèse, Jean d'Alexandrie, Simplicius, Asclépius de Tralles. Il s'agit aussi de témoignages de membres de l'ancienne Académie : Aristoxène, Théophraste, Hermodore, Speusippe, Xénocrate. À ceux-là, on a voulu ajouter un témoignage de Sextus Empiricus particulièrement discutable [1].

Quiconque veut utiliser le témoignage d'Aristote pour prouver l'existence d'une doctrine non écrite de Platon, différente de celle des dialogues, devrait être conscient de ceci. Dans tout le corpus aristotélicien, on ne trouve que deux passages où pourrait sembler nommément et exclusivement attribué à Platon un point de doctrine déterminé dont on ne trouve pas trace dans les dialogues, et non ce qui pourrait être simplement considéré comme une interprétation tendancieuse des dialogues ; il s'agit de *Physique* IV 2, 209b11-16 [2] et de *De anima* I 2, 404b16-30 [3]. Or, à la suite de H. F. Cherniss, je me suis employé à montrer que ces textes pouvaient facilement être interprétés sans références à des doctrines non écrites.

Par ailleurs, le témoignage d'Aristoxène de Tarente, qui se fonde sur celui d'Aristote, concernant la fameuse leçon *Sur le Bien* donnée par Platon, se retourne contre les tenants de l'ésotérisme ; car suivant ce témoignage cette leçon semble reprendre la doctrine des dialogues (livres VI et VII de la *République* notamment) et s'adresser à un public d'amateurs plus que d'initiés [4].

Voici en quoi aurait consisté la doctrine non écrite de Platon.

Prémisse 9

Cette doctrine comprend deux moments. Un moment de réduction, qui cherche à établir les principes. Et un moment de déduction du réel à partir de ces principes.

1. G. Vlastos, *POD*, *Platonic Studies*, 1981², p. 384-389. Margherita Isnardi Parente, « Sesto, Platone, l'Accademia antica e i Pitagorici », *Elenchos* 13, 1992, p. 119-167.

2. Voir l'Annexe 6.

3. Voir l'Annexe 5.

4. Voir l'Annexe 4.

Le moment de réduction aurait compris lui-même deux opérations. Il aurait impliqué une réduction dimensionnelle inspirée du pythagorisme et une réduction catégorielle venant de l'héritage socratique. Dans le premier cas, il fallait suivre les étapes suivantes : remonter des surfaces aux lignes, aux nombres, puis aux principes des nombres, l'Un et la Dyade indéfinie, qui sont aussi les principes des êtres. Suivant la réduction catégorielle, Platon distinguait deux sortes d'êtres : les êtres en soi, qui correspondent aux Formes, et les êtres relatifs, qui correspondent aux choses sensibles. Les êtres relatifs se répartissent en deux groupes : les contraires, dont l'un des membres exclut l'autre (vie et mort), et les corrélatifs, où les deux termes de la relation apparaissent et disparaissent en même temps (haut et bas) et peuvent présenter une gradation, un moyen terme. Par ailleurs, les êtres en soi doivent être ramenés à l'Un, alors que les êtres contraires doivent l'être à l'Égal et à l'Inégal, et les êtres relatifs à la catégorie de l'Excès et du Défaut. Finalement, l'Égalité se ramène à l'Un, alors que l'Inégalité comprend l'Excès et le Défaut. Cela dit, l'Excès et le Défaut ne constituent pas deux genres distincts, mais relèvent de la catégorie de la Dyade indéfinie. Une fois achevée la décomposition du réel en ses éléments opposés, Platon effectuait la démarche inverse, menant à la constitution du monde sensible, par l'intermédiaire des nombres constitués à partir de l'Un et de la Dyade indéfinie, puis de l'étendue géométrique.

Prémisse 10

Pour établir ces principes et pour reconstituer tout le réel à partir d'eux, il faut considérer que la participation des choses sensibles aux formes intelligibles fonctionne de la même façon que la participation des formes intelligibles entre elles.

On se trouve là en présence d'une prémisse métaphysique de toute première importance. Selon Aristote – et probablement pour d'autres membres éminents de l'Académie –, la théorie platonicienne des Formes séparées impliquait un rapport de variation directe entre substantialité et universalité; ce principe prend le contre-pied de la prémisse qui fonde la logique inaugurée par Aristote, pour qui ce rapport est inverse, l'individu représentant la substantialité particulière, et la classe l'universalité vide. Or, ce rapport de variation directe entre universalité et substantialité ne s'applique plus lorsqu'il s'agit de la participation des Formes entre elles : en effet, ce sont les Formes, classes universelles, qui seules présentent cette réalité à laquelle les individus se bornent à participer. En d'autres termes, la chose sensible *a* par participation cette réalité que la Forme correspondante *est*. Cela admis, force est de reconnaître qu'aucune hiérarchie d'ordre métaphysique ne peut être établie entre les Formes[1]. Certes, l'Être, le Même et l'Autre ont une extension maximale dans la mesure où ils peuvent être prédiqués de toutes les Formes – y compris d'eux-mêmes; certes, le Bien est dit se trouver « au-delà de l'être ». Mais rien n'indique que l'Être, le Même et l'Autre se situent ontologiquement au-dessus des autres Formes; et ce qui est dit du Bien doit être pris dans un sens figuré, sous peine d'être privé de signification[2].

Dans un contexte théorique comme celui du Platon interprété par Aristote et d'autres membres de l'Académie, la participation des Formes entre elles est assimilée à la participation des choses sensibles aux Formes. Dans ce contexte théorique, le prédicat le plus universel est l'unité. Aussi l'Un devient-il tout naturellement le principe suprême, principe auquel il faut adjoindre un principe totalement indéfini sur lequel l'Un peut agir pour constituer tout le reste. Et comme, dans un premier moment, l'Un constitue les Idées, les Idées ne peuvent être que des Nombres, au point de départ en tout cas.

Les conséquences

Considérons maintenant, sur un plan très général, les conséquences auxquelles mène l'adoption du corps de prémisses dont l'inventaire vient d'être dressé.

Conséquence 1

Pour ce qui est de l'œuvre écrite, une interprétation ésotériste fait de Platon, dont la totalité de l'œuvre nous est pourtant parvenue, l'équivalent d'un « présocratique ».

Cette assimilation de Platon à un présocratique se manifeste aussi bien sur le plan textuel que sur celui de l'interprétation.

Dans les dialogues, n'affleureraient que de minuscules fragments – fragments moins nombreux encore que ceux qui subsitent de plusieurs présocratiques – d'une doctrine réservée à des initiés, qui ne pourrait être reconstruite qu'indirectement, à partir du témoignage de ceux qui fréquentèrent l'Académie, Aristote en tout premier lieu. Voilà pourquoi il faudrait faire des dialogues une lecture qui recherche uniquement les allusions à la doctrine des principes. Or, ce type de lecture a tendance à négliger la forme littéraire, la progression de l'argumentation, au profit d'une chasse aux allusions.

Curieusement, et cela n'est peut-être pas étranger à la pratique doxographique d'Aristote, la doctrine non écrite de Platon est perçue comme

1. Cf. par exemple *Phèdre* 250b.
2. Cf. la note 5, p. 59.

une doctrine des principes, tout comme celle des présocratiques. Dès lors, on est en droit de se demander si cette doctrine des principes n'est pas une reconstruction opérée à partir des dialogues par Aristote dans un but bien précis : pouvoir facilement comparer, en mettant l'une et l'autre sur le même plan, la doctrine de Platon à celle des présocratiques, et disposer ainsi d'un repoussoir à sa propre philosophie. Cela dit, il semble que Platon lui-même ait tenté de définir les « principes » de sa doctrine ; il l'a fait dans le *Philèbe* ; or, une lecture neutre de ce dialogue nous permet de mettre en rapport les quatre genres du *Philèbe* avec les Formes, le démiurge, le réceptacle et le devenir.

Conséquence 2

Pour ce qui est de la doctrine, Platon devient un néoplatonicien avant la lettre, dans la mesure où sa doctrine se trouve assimilée à celle de Pythagore et repose sur une constitution du réel à partir de ces deux principes que sont l'Un et la Dyade.

Plus précisément, dans le cadre d'un rapprochement entre Platon et les présocratiques, on remarque que, tout comme ce fut le cas dans l'Antiquité – Diogène Laërce étant un excellent témoin à cet égard –, les tenants d'une interprétation ésotériste en reviennent au témoignage d'Aristote sur les influences doctrinales qui se seraient exercées sur Platon : « Il [Platon] fit une synthèse entre les doctrines d'Héraclite, de Pythagore et de Socrate. Dans le cadre de sa philosophie, pour le sensible, il suivait en effet Héraclite, pour l'intelligible, Pythagore, pour la politique, Socrate. » (*Métaphysique* A6, 987a29-b6). Or, l'identification complète de la doctrine de Platon à celle de Pythagore semble n'avoir été véritablement atteinte historiquement que dans le cadre du néoplatonisme[1].

Conséquence 3

Toute insertion sociale de la pratique socratique disparaît, et on ne voit plus très bien à quoi peuvent servir les mises en scène dans les premiers dialogues.

Socrate discute toujours avec des personnages réels en situation concrète, surtout sur des valeurs politiques et éthiques. Il ne parle jamais à

1. D'où l'intérêt d'un livre comme celui de H. Krämer, *Der Ursprung der Geistmetaphysik. Untersuchungen zur Geschichte des Platonismus zwischen Platon und Plotin*, Amsterdam, Schippers, 1964, 1967². Il semble que l'influence du renouveau pythagoricien au Ier siècle av. J.-C. ait joué un rôle fondamental pour faire de Platon un sectateur de Pythagore ; ce mouvement sera porté à son terme par Jamblique, lequel inspirera tout le courant platonicien ultérieur. Alors que la philosophie de Platon est une philosophie de la séparation, le courant néoplatonicien cherchera à combler ce fossé en multipliant les intermédiaires comme les néoplatoniciens.

de futurs « académiciens » et il n'évoque jamais une doctrine des principes, au sens où l'entendent les tenants d'une interprétation ésotériste. La chose est d'ailleurs confirmée par Aristophane et par Xénophon. Tout cela fait des dialogues platoniciens d'incomparables documents sur la vie concrète à Athènes à la fin du Vᵉ et au début du IVᵉ siècle av. J.-C., dimension que ne peut prendre en compte une interprétation ésotériste. En outre, Socrate prétend ne rien savoir. Et on se demande pourquoi on ne prendrait pas au sérieux cette déclaration d'ignorance, et pourquoi on devrait soupçonner derrière chaque aporie une volonté sinon de cacher, du moins de retenir, pour un moment en tout cas, une doctrine des principes.

Voilà pourquoi une lecture ésotériste vide les dialogues, et surtout les dialogues de jeunesse, de leur contenu spécifique, pour les représenter sous le jour d'une doctrine des principes. Un dialogue de jeunesse risque dès lors de manquer de sens[1]. En effet, l'arrière-plan philosophique des dialogues de jeunesse ne serait perceptible que sur la base d'un enseignement explicite qui lui-même ne pourrait être reconstruit qu'à partir d'allusions dans d'autres dialogues[2]. Une telle position laisse de côté des nuances importantes; par exemple, le *petit Hippias* échoue non pas faute d'avoir posé la question de savoir ce qu'est la justice ou faute de l'avoir identifiée à un savoir[3], mais faute d'avoir distingué ce savoir en quoi consiste la justice d'un savoir technique. Les apories n'ont plus qu'un sens tactique[4]. Et quelquefois l'historicité est mise à mal : dans le *Lachès*, Nicias et Lachès représenteraient deux opposants à l'École de Tübingen[5]; on n'est pas loin là d'une interprétation allégorique.

Conséquence 4

La quatrième conséquence de ce type d'interprétation réside dans le refus de considérer comme primordiale chez Platon la volonté de transformation du comportement individuel et de la situation sociale.

Platon fit au moins deux voyages en Sicile, pour gagner Denys le Jeune à ses idées, et faire de Syracuse la première cité « idéale » dirigée par un « philosophe-roi »[6]. Par ailleurs, Platon écrivit trois traités politiques : la *République*, le *Politique* et les *Lois,* qui représentent matériellement la moitié de son œuvre écrite. Tout cela marque l'intérêt de Platon pour l'éthique et la politique, et indique quelle quantité de courage et quelle somme d'énergie il y consacra. Mais une doctrine ésotérique n'a pratiquement rien

1. *PSP*, p. 126, n. 28 = *PSF*, p. 189, n. 29.
2. *PSP*, p. 51-52, p. 53, cf. p. 113-114 = *PSF*, p. 110-115, 174-175.
3. *PSP*, p. 85-86 = *PSF*, p. 142-144.
4. *PSP*, p. 120, cf. p. 171, 177 = *PSF*, p. 182-183.
5. *PSP*, p. 159, n. 21 = *PSF*, p. 226, n. 21.
6. Platon, *Lettres*, traduction inédite, introduction et notes par Luc Brisson, 1987, 1997 [3].

à dire sur l'organisation sociale d'une cité réelle ou sur les dispositions législatives que cette organisation implique. Elle se borne à réduire l'éthique et la politique à l'ontologie, et l'ontologie à ses principes qui culminent en l'Un et la Dyade indéfinie[1].

Quoi qu'il en soit, le problème n'est pas de prendre parti pour ou contre l'existence d'une doctrine des principes attachée au nom de Platon, mais de déterminer à quoi correspond cette doctrine, à un enseignement oral de Platon ou bien à une interprétation scolastique de la doctrine platonicienne dont l'essentiel se trouve dans les *dialogues*, interprétation élaborée dans une Académie fortement imprégnée de pythagorisme, et sur laquelle nous ne savons pas grand-chose. Les tenants de l'interprétation ésotériste optent pour la première réponse, leurs adversaires pour la seconde.

Quelques questions

Le courant d'interprétation ésotériste suscite les questions suivantes.

La première a trait à la notion de « nouveau paradigme ». Même si je suis prêt à admettre que les sciences exactes ne fournissent que des modèles explicatifs de la réalité sensible, il n'en demeure pas moins que la vérification expérimentale permet, et c'est là son but, de choisir entre différents modèles. Or, la philologie n'est pas une science exacte et la vérification expérimentale ne tient aucune place en histoire de la philosophie. Ainsi aucun choix décisif ne s'impose entre des modèles interprétatifs dont les différences s'expliquent elles-mêmes par les conditions historiques de leur production et de leur développement. En outre, le qualificatif « nouveau » étonne, dans la mesure où, s'il est légitime de parler de paradigme, celui-ci est aussi ancien que son concurrent immédiat, celui qui est associé au nom de Schleiermacher et par là tout naturellement à celui de Schlegel. Du reste, on peut s'étonner que toutes les interprétations modernes et contemporaines doivent ainsi remonter au débat suscité par le romantisme allemand et plus particulièrement par un seul et unique traducteur et interprète de Platon, Schleiermacher.

La seconde question a trait aux témoignages qualifiés d'« indirects » qui trouvent leur origine chez Aristote et ses disciples immédiats, mais qui ont fait l'objet de commentaires plus ou moins sérieux et surtout d'additions plus ou moins importantes pendant près d'un millénaire. Les tenants de l'interprétation ésotériste se plaignent du fait que leurs opposants ne daignent pas tenir compte de ce dossier. Un tel étonnement est sans fondement. Car ce qui est en cause, ce n'est ni l'existence de ces témoignages ni

1. H. Krämer, *Arete bei Platon und Aristoteles*, *op. cit.*, p. 48-56, 66, 70-77.

l'importance de leur influence, dans le cadre de la philosophie antique (reconnue par tous, y compris les opposants), mais leur rattachement soit à Platon (comme le croient les tenants d'une doctrine ésotérique) soit aux discussions qui eurent lieu dans le cadre de l'Académie (comme le soutiennent leurs opposants) et qui portaient sur des points de doctrine platonicienne qui ne sont pas exposés dans les dialogues écrits.

En outre, le dossier des témoignages réunis par K. Gaiser, qu'il s'agisse des « auto-témoignages » ou de la tradition indirecte, a fait l'objet d'analyses philologiques et historiques détaillées de la part d'érudits de tout premier ordre (H. F. Cherniss[1], E. Heitsch[2] et M. Isnardi Parente[3] entre autres) qui ne sont pas d'accord avec les tenants d'une interprétation ésotériste. Et, comme la qualité du travail de ces érudits ne peut être soupçonnée, le désaccord qui subsiste doit être mis sur le compte du conflit des interprétations. Toutefois, si le caractère radical de la « compression », la réduction d'une pensée aussi complexe que celle de Platon à ces deux principes que sont l'Un et la Dyade indéterminée peut paraître très commode pour l'esprit, une telle commodité ne constitue pas en elle-même un gage d'adéquation. De plus, une démarche de ce type semble correspondre à une façon de penser beaucoup plus répandue au XVIIIe et au XIXe siècle que dans l'Antiquité classique.

Plus généralement, l'hypothèse de l'existence d'une doctrine des principes définitive et réservée aux membres de l'Académie met en cause la conception même que l'on se fait de la philosophie en général, et pas simplement de celle de Platon. H. Krämer a raison de s'en prendre à l'idée que Platon se serait contenté de poser des questions sans supposer que ces dernières puissent trouver des réponses, idée qui implique la disparition de toutes les certitudes. Les choses ne sont pourtant pas aussi simples. Car, si l'on se réfère à l'opposition développée à la fin du *Phèdre* (278d) entre le dieu, qui seul a accès au savoir, et l'être humain qui doit se contenter d'être philosophe, c'est-à-dire de tendre vers ce savoir, il faut bien admettre que, si Platon croyait en l'existence de vérités définitives, il restait toutefois convaincu que ces vérités n'étaient pas à la portée de l'être humain et que

1. Cf. la note 4, p. 45.

2. Notamment dans *Wege zu Platon. Beiträge zum Verständnis seines Argumentierens*, Göttingen, Vandenhoeck & Ruprecht, 1992.

3. « Platone e il discorso scritto », *Rivista critica di Storia della Filosofia* 46, 1991, p. 437-461 [avec un résumé en anglais]; « *Fedro* 274 ss., o il discorso orale come *autoelenchos* », *Understanding the Phaedrus. Proceedings of the II Symposium Platonicum*, éd. par Livio Rossetti, Sankt Augustin, Academia Verlag, 1992, p. 108-121 ; « Platone e il problema degli *ágrapha* », *Méthexis* 6, 1993, p. 73-93; « Idee o numeri. Note al *Filebo* di Platone », *Rivista di Filosofia* 122, 1994, p. 24-49 ; « Criteri e metodi per una nuova raccolta delle testimonianze sugli *Agrapha Platonica* », *Rivista critica di Storia della Filosofia* 50, 1995, p. 73-87.

les atteindre relevait de l'exception. Pourquoi, alors, ne pas prendre Platon au pied de la lettre ? Pourquoi ne pas admettre qu'il n'a pu donner lui-même de réponse à beaucoup de questions qu'il posait ?

Enfin, s'il est vrai que Platon transmettait de façon autoritaire un corps de doctrines systématique dont l'essentiel était déjà arrêté en 387, comment expliquer la variation de son discours sur une question aussi essentielle que celle de l'âme par exemple : immortalité d'une âme d'un seul tenant dans le *Phédon*, tripartition de l'âme dans la *République*, immortalité des trois espèces d'âme dans le *Phèdre*, immortalité de la seule espèce rationnelle dans le *Timée* ? Comment expliquer qu'aucun des membres de l'ancienne Académie qui furent ses disciples immédiats – et en premier lieu Aristote – n'a tenu, alors même que Platon continuait d'enseigner, la même position que lui sur des sujets aussi fondamentaux que l'âme et les niveaux de réalités ?

Si l'interprétation ésotériste de Platon comble d'aise ceux qui cherchent dans la philosophie la cohérence d'un système moderne, elle échoue à rendre compte du contexte historique dans lequel Platon et l'Académie évoluaient.

ANNEXE 1

Phèdre 278b-e

Le *Phèdre* commence avec la lecture par Phèdre d'un discours (230e-234c) écrit par Lysias (un orateur spécialisé dans la composition de discours écrits destinés à être lus au Tribunal), et conçu probablement comme un exercice scolaire. À la suite de cette lecture, Socrate soumet ce discours à une critique systématique. Il fait d'abord porter sa critique sur le fond (237a-257b) du discours de Lysias, puis sur sa forme (257b-279b). Cette seconde critique se développe elle-même en deux étapes. Socrate reproche à Lysias de procéder sans méthode (259d-274b), et surtout de n'être pas conscient du fait que le discours écrit sur un rouleau de papyrus n'est qu'une image du discours écrit dans l'âme (274b-279b).

Pour établir ce dernier point, Socrate a d'abord raconté le mythe de Theuth (*Phèdre* 274b-275b), puis, pour montrer que le discours écrit sur un rouleau de papyrus n'est qu'un jeu si on le compare à « celui qui, transmettant un savoir, s'écrit dans l'âme de celui qui apprend » (276a), il a évoqué les jardins d'Adonis (276b-c). Par suite, le discours écrit sur un rouleau de papyrus peut être assimilé à une image peinte, d'autant plus facilement que c'est le même verbe, *gráphein*, qui désigne en grec ancien l'acte d'écrire et celui de peindre.

Parce qu'il n'est qu'une imitation du discours vivant (qui, avant d'être exprimé oralement, est écrit dans l'âme), le discours écrit présente un certain nombre de défauts qui sont autant d'inconvénients : 1) il ne peut choisir ses destinataires ; 2) il ne peut répondre aux questions qu'on aimerait lui poser ; 3) et surtout il ne peut se défendre sans l'assistance de celui qui l'a composé. En définitive, l'écriture ne présente qu'un avantage, celui de faciliter la remémoration, car elle permet une conservation pour ainsi dire perpétuelle de l'information, indépendamment de l'intervention d'une mémoire individuelle. Mais jamais l'écriture ne pourra suppléer la véritable mémoire, ni surtout cette réminiscence en quoi consiste, dans l'âme humaine, la connaissance intelligible.

En fait, la critique de l'écriture par Platon dans le *Phèdre* n'instaure pas une opposition radicale entre discours parlé et discours écrit ; elle se borne à rappeler une distinction, celle de l'information et de la connaissance, qui ne nous intéresse plus vraiment aujourd'hui tant elle va de soi. Nous admettons en effet que l'écriture est un moyen permettant la transmission et surtout la conservation de l'information ; elle n'assure en rien la connaissance effective de l'information transmise. Un exemple simpliste : ce n'est pas parce que quelqu'un possède sur les rayons de sa bibliothèque tous les livres écrits sur la théorie de la relativité qu'il y comprend quelque chose. Je donne une traduction et un commentaire du passage qui me paraît le plus révélateur à cet égard.

TRADUCTION

SOCRATE

Eh bien, il a assez duré le divertissement qu'a constitué notre discussion sur les discours. À toi maintenant, d'aller trouver Lysias pour lui expliquer que, étant tous les deux descendus jusqu'au ruisseau des Nymphes et jusqu'à leur sanctuaire, nous avons entendu les discours qui nous mandaient de dire **[278c]** à Lysias et à quiconque rédige des discours, à Homère et à quiconque a composé de la poésie sans accompagnement musical ou destinée à être chantée, et en troisième lieu à Solon et à quiconque a écrit un ouvrage où on trouve des exposés auxquels on donne le nom de « lois » : « Si c'est en sachant en quoi consiste le vrai qu'il a composé cet ouvrage, s'il est en mesure de lui venir en aide en affrontant la réfutation à laquelle sera soumis ce sur quoi il a écrit, et s'il peut, en expliquant lui-même la chose, démontrer que ses écrits sont de peu d'importance, un tel homme, on doit le désigner non comme s'il avait une dénomination en rapport avec l'un de ses écrits, mais **[278d]** d'après ce qu'il a pris au sérieux.

PHÈDRE

Quelles sont les dénominations que tu lui attribues ?

SOCRATE

L'appeler « sage » (*sophós*), Phèdre, c'est, à mon avis du moins, quelque chose d'excessif et qui ne convient qu'à un dieu. Mais l'appeler « philosophe » (*philósophos*), ou lui donner un nom de ce genre, voilà qui lui conviendrait mieux et qui serait mieux dans le ton.

PHÈDRE

Oui, il n'y aurait rien là de déplacé.

SOCRATE

En revanche, celui qui n'a rien de plus précieux que ce qu'il a composé et qu'il a écrit, en passant du temps à le tourner dans tous les sens, à coller des morceaux les uns aux autres et à faire des coupures, c'est [**278e**] à juste titre, je suppose, que tu l'appelleras « poète » (*poiētḗn*), « rédacteur de discours » (*lógōn suggraphéa*) ou « rédacteur de lois » (*nomográphon*).

PHÈDRE

Bien sûr.

COMMENTAIRE [1]

Platon est donc prêt à qualifier non pas de « sage », dénomination réservée aux dieux, mais de « philosophe » tout écrivain, qu'il s'agisse d'un rédacteur de discours judiciaires, d'un poète ou d'un rédacteur de lois, qui admet que l'écriture n'est qu'un divertissement et que ce qu'il faut prendre au sérieux, c'est la teneur du message transmis, qui ne peut se situer que dans l'âme. S'ils ne sont pas conscients des limites de l'écriture et qu'ils y trouvent la fin ultime de leur activité, les écrivains qui viennent d'être énumérés seront qualifiés, suivant leur activité propre de « rédacteurs de discours judiciaires », de « poètes » et de « rédacteurs de lois ».

La fin du *Phèdre* ne constitue donc pas une condamnation sans appel de l'écriture, mais elle se contente d'en rappeler les limites, puis de porter sur les écrivains un jugement de valeur en fonction de la conscience qu'ils ont des limites de l'instrument dont ils font usage. Celui qui, comme Platon, a conscience de ces limites doit être qualifié de philosophe, alors que les autres, au nombre desquels Platon laisse entendre qu'il faut compter Lysias et Isocrate, ne peuvent l'être. Mais rien, dans le *Phèdre,* ne pointe vers l'hypothèse d'une doctrine réservée à un petit nombre d'élus qui privilégieraient la communication orale, et rien ne justifie qu'on lise tout le reste du corpus platonicien à travers le filtre des dernières pages de ce dialogue.

1. Ce commentaire sera très court, car je ne tiens pas à faire double emploi avec l'analyse détaillée à laquelle Wilfried Kühn, dans un livre récent, soumet la fin du *Phèdre* : *La fin du Phèdre de Platon. Critique de la rhétorique et de l'écriture*, Accademia Toscana di Scienze e Lettere « La Colombaria ». Studi CLXXXVI, Firenze, Leo S. Olschki ed., 2000.

ANNEXE 2

Lettre VII (341a-e, 344d-345a)

Vers 361, Denys le Jeune demande à Platon de revenir à Syracuse. Dion, Archytas de Tarente et Archédème, entre autres, pressent Platon d'accepter. Le tyran vient d'être pris d'une passion extraordinaire pour la philosophie (338b, cf. aussi 339b, d). Par ailleurs, Denys envoie à Platon une lettre dans laquelle il lui garantit qu'il réglera tous les problèmes de Dion (339c). Le philosophe décide de revenir, mais en se promettant de soumettre le tyran à un test pour déterminer si oui ou non sa passion pour la philosophie est sincère (339e-340a). Ce test comporte deux volets : il indique d'abord en quoi consiste l'activité philosophique, puis il montre quelles en sont les exigences, exigences non seulement d'ordre intellectuel : facilité à apprendre et bonne mémoire, mais aussi d'ordre moral : affinité avec ce qui est bon et beau (340a-341a). C'est là que commence ce passage de la *Lettre* VII (que je considère comme authentique), où sont reprises et appliquées au cas de Denys le Jeune les idées exprimées dans le *Phèdre*.

TRADUCTION

Voici donc ce que je dis à Denys. Cela étant, je m'abstins, moi, de tout exposer dans le détail; [**341b**] d'ailleurs, Denys ne l'exigeait pas. Car il affectait, lui, de savoir beaucoup de choses – les plus importantes même – et d'être au fait sur le sujet par suite de l'enseignement que lui avaient dispensé les autres.

Or, par la suite, j'entends aussi dire qu'il a lui-même, sur ce dont il a alors entendu parler, écrit un traité dont il revendique la composition et qui ne doit rien à cela même dont il a entendu parler. J'en ignore tout d'ailleurs.

J'en sais d'autres qui ont écrit sur les mêmes choses : mais, quels que soient ces gens, ils ne (se connaissent) même pas eux-mêmes. Pourtant, il y a au moins une chose que je puis affirmer avec force, concernant tous ceux qui ont écrit [**341c**] ou qui écriront, eux qui tous se déclarent compétents sur ce qui fait l'objet de mes préoccupations, soit qu'ils en aient entendu parler par moi ou par d'autres, soit qu'ils prétendent en avoir fait eux-mêmes la découverte ; ces gens, du moins c'est mon avis, ne peuvent rien comprendre en la matière. Là-dessus, en tout cas, de moi du moins, il n'y a aucun ouvrage écrit, et il n'y en aura même jamais, car il s'agit là d'un savoir qui ne peut absolument pas être formulé de la même façon que les autres savoirs, qui, à la suite d'une longue familiarité avec l'activité en quoi il consiste, et lorsqu'on y a consacré sa vie, soudain à la façon de la lumière qui jaillit d'une étincelle qui bondit, [**341d**] se produit dans l'âme et s'accroît désormais tout seul. Pourtant, il y a au moins une chose que je sais bien, c'est que, par écrit ou oralement, c'est moi qui aurais le mieux exposé la chose ; et que, à coup sûr, si l'écrit était mauvais, ce n'est pas moi qui en éprouverais le moins de peine.

Mais si je croyais qu'il fallait que la chose fût mise par écrit d'une façon qui convienne au grand nombre, et qu'elle pouvait être mise en formules, quelle œuvre plus belle que celle-là eussions-nous pu réaliser au cours de notre vie : confier à l'écrit ce qui représente une grande utilité pour l'humanité et amener la nature à la lumière, pour que tous puissent la voir ? Mais l'entreprise dont je parle relativement à ces questions, n'est pas, à mon avis, une bonne chose pour l'humanité, [**341e**] si ce n'est pour un petit nombre, tous ceux à qui une courte démonstration suffit pour trouver eux-mêmes ce qu'il en est ; quant aux autres hommes assurément, on remplirait les uns, sans convenance aucune, d'un mépris injustifié, et les autres d'un espoir hautain et vain, en raison de la sainteté des enseignements qu'ils ont reçus.

D'ailleurs, j'ai l'intention de m'étendre encore plus longuement sur cette question. Peut-être en effet, l'un des points que je traite deviendra-t-il plus clair, lorsque j'en aurai parlé. Car il est une doctrine vraie qui condamne celui qui ose écrire la moindre chose de ce genre, doctrine que j'ai souvent exposée dans le passé, mais dont, semble-t-il bien, il y a lieu de parler à présent encore.

(...)

[**344d**] Celui donc qui aura suivi comme il faut ce récit et cette digression saura pertinemment que, si effectivement Denys ou quelqu'un de moins ou de plus important a écrit l'un des meilleurs et des principaux ouvrages *Sur la nature*[1], rien de ce qu'a écrit cet homme, qu'il ait entendu parler de la chose ou qu'il l'ait apprise, ne présente de validité par rapport à ma doctrine. Porterait-il, en effet, à ces choses une vénération semblable à la mienne, qu'il n'aurait pas osé les livrer à la discordance et à l'inconvenance. Car ce n'est pas non plus pour se doter d'un aide-mémoire qu'il a écrit, [**344e**] puisqu'il n'y a aucun danger d'oublier cela quand on l'a une fois reçu dans son âme, car la chose réside dans tout ce qu'il y a de plus bref. Mais c'est par un goût déshonorant de la gloriole qu'il a agi, si effectivement il a écrit, soit en présentant la chose comme venant de lui, soit en se prétendant tributaire de cette fameuse éducation dont [**345a**] il n'était pas digne, puisque c'est le renom que procure le fait d'y avoir participé qui l'intéressait. Si donc Denys était arrivé à acquérir cette connaissance à partir de l'unique entretien que j'eus avec lui, peut-être devrions-nous lui en reconnaître la possession, mais comment donc y est-il arrivé ? « Que Zeus s'y retrouve, comme dit le Thébain. » Car cet exposé détaillé, je l'ai fait de la façon que j'ai dite et une seule fois ; mais par la suite je ne le fis plus jamais.

COMMENTAIRE

Platon n'a eu qu'un seul entretien avec Denys qui de toute façon ne lui a même pas demandé d'entrer dans les détails ; le tyran avait cependant reçu l'enseignement d'autres personnes que Platon (cf. 338d). Or, il se décide à produire un traité. Sur quoi portait ce traité, il est bien difficile de le dire. Quoi qu'il en soit, Platon condamne sans appel l'initiative de Denys en disant que sur les questions considérées il est seul compétent : « Pourtant, il y a au moins une chose que je sais bien, c'est que, par écrit ou oralement (*graphénta hē̱ lekhthénta*), c'est moi qui aurais le mieux exposé la chose ; et que, à coup sûr, si l'écrit était mauvais (*gegramména kakô̱s*), ce n'est pas moi qui en éprouverais le moins de peine. » À ce point du développement, la parole et l'écrit sont mis sur le même plan, et la possibilité de l'écrit est évoquée sans objection particulière.

Mais Platon poursuit en expliquant pourquoi il n'a jamais livré à l'écrit le genre de chose qu'il évoque. Il ne nous révèle pas la teneur du sujet traité, mais il se borne à indiquer que la chose ne serait utile qu'au petit nombre de

1. Dans cette traduction de l'expression *ti tô̱n perì phuseo̱s ákro̱n kaì próto̱n*, il faut comprendre *phúsis* comme l'ensemble des caractères et des propriétés qui définissent une chose (tout de même qu'en 341d). À la différence des autres traducteurs, j'interprète l'expression *perì phuseo̱s* comme le titre d'un ouvrage évoqué par le *ti* [*súggramma*], dont dépendent les génitifs partitifs *tô̱n ákro̱n kaì pro̱tó̱n* [*suggrammáto̱n*]. Alors disparaît toute allusion aux premiers principes.

ceux à qui une courte démonstration suffirait, alors que le grand nombre balancerait entre le mépris et un espoir vain. Le terme qui est alors employé pour « démonstration » est *éndeixis* que l'on retrouve en un seul autre endroit du corpus platonicien, là où la dialectique est introduite comme objet d'étude pour les membres du Collège de veille[1] (*Lois* XII 965b-966b).

L'ATHÉNIEN

Ne disons-nous pas que, à l'égard de chaque chose, l'artisan parfait et le gardien doit non seulement être en mesure d'envisager le multiple, mais aussi de pousser jusqu'à la connaissance de l'un, et l'ayant connu, d'y ordonner tout de façon synoptique ?

CLINIAS

C'est juste.

L'ATHÉNIEN

[**965c**] Y aura-t-il donc pour qui que ce soit et à propos de quoi que ce soit une méthode plus exacte de recherche que celle de pouvoir porter son regard des choses multiples et dissemblables vers la forme unique ?

CLINIAS

Peut-être.

L'ATHÉNIEN

Non pas peut-être, mais en toute vérité, admirable ami. Pour aucun homme il n'y a une méthode plus précise que celle-là.

CLINIAS

Je te crois sur parole, étranger, poursuivons donc précisément dans cette direction.

L'ATHÉNIEN

Il faut donc, semble-t-il, forcer les gardiens de notre divine constitution à voir d'abord eux aussi de façon précise ce qu'il peut bien y avoir d'identique dans l'ensemble de ces quatre [**965d**] vertus, cette unité dont nous affirmons justement qu'elle existe dans le courage, dans la modération, dans la justice et dans le savoir, lorsque légitimement nous la désignons par cet unique nom « vertu ». Voilà, mes amis, si c'est notre désir, ce que nous devons pour ainsi dire serrer de toutes nos forces pour ne pas le laisser échapper, avant d'être suffisamment en état de dire ce que peut être la chose à laquelle il faut attacher le regard, unité ou tout, ou les deux à la fois, soit à tel ou tel titre que puisse comporter sa nature (*pephúken*). Autrement, si cela nous échappe, pensons-nous que nous serons en condition convenable

1. Je traduis ainsi l'expression *nukterinòs súllogos* qui jusqu'ici était tradruite « Conseil nocturne ».

pour ce qui se rapporte à la vertu [**965e**], au sujet de laquelle nous ne serons pas capables de dire si elle est plusieurs, quatre, ou une ? Non, si du moins vous avez confiance en mes conseils, nous chercherons alors quelque autre moyen de faire que cela se réalise dans notre cité ; si au contraire nous décidons de laisser tomber la question, eh bien, laissons-la tomber.

CLINIAS

Une question de ce genre, par le Zeus des étrangers, il ne faut pas, étranger, la laisser en plan, je suppose. Car ce que tu viens de dire est, à mon avis, on ne peut plus exact. Mais justement le moyen d'obtenir ce résultat, comment le trouverait-on ?

L'ATHÉNIEN

[**966a**] Ne parlons pas encore de moyen par lequel nous pourrions y parvenir. Commençons par nous mettre d'accord entre nous d'une façon ferme sur la question de savoir si, en ce qui nous concerne personnellement, il faut ou non en parler.

CLINIAS

Nous le devons certainement si possible.

L'ATHÉNIEN

Eh quoi ! au sujet du beau et du bien, pensons-nous de même ? De chacun d'eux nos gardiens doivent-ils connaître seulement qu'il est plusieurs, ou aussi qu'il est un, et comment ?

CLINIAS

Il leur est bien nécessaire, semble-t-il, de savoir comment il est un.

L'ATHÉNIEN

[**966b**] Et alors qu'ils le sachent, mais sans être capable d'en donner la démonstration (*tē̱n dè éndeixin tō̱i lógō̱i adunateîn endeíknusthai*) ?

CLINIAS

Comment serait-ce possible ? Ce n'est pas, en effet, d'une condition d'esclave que tu veux parler.

L'ATHÉNIEN

Eh bien, sur toutes les réalités qui ont de la valeur devons-nous tenir le même discours, à savoir qu'il faut que ceux qui seront réellement gardiens des lois connaissent réellement ce qui en est de la vérité de ces choses, et qu'ils soient en mesure de l'expliquer par le discours et de s'y conformer par l'action, jugeant chacun bon ou mauvais, suivant qu'il est tel par nature (*katà phúsin*).

CLINIAS

Sans aucun doute.

Dans ce texte, on retrouve : 1) l'opposition petit nombre/grand nombre ; 2) la nécessité de proposer une démonstration (*éndeixis*) ; 3) qui touche la nature (*phúsis*) non pas en soi, mais celle des vertus.

L'opposition qui se fait jour dans la *Lettre* VII entre la longueur de l'expérience et la brièveté de la démonstration amène à se poser cette question : pourquoi ne s'agirait-il pas ici d'expérience plutôt que de contenu doctrinal ? Platon, qui reproche à Denys d'avoir composé un écrit pour la gloriole sans comprendre de quoi il parlait, exprimerait et justifierait son refus de consigner par écrit non pas l'exposé d'une doctrine des principes, mais une formulation des exigences morales et intellectuelles d'un accès à l'intelligible, et éventuellement les preuves de l'existence de ce niveau de réalité et l'inventaire de ses caractéristiques. Dans le *Sophiste* (217a), un *Philosophe* est annoncé qui n'a jamais été écrit. Platon justifierait ici l'absence de ce dialogue, où aurait été décrite l'activité à laquelle Platon avait consacré l'essentiel de son existence. Telle est l'hypothèse que j'avance pour expliquer ce texte qui, à mes yeux, ne constitue pas plus que la fin du *Phèdre* une condamnation globale de l'écriture.

ANNEXE 3

République VI 509a9-c10

Les tenants de l'interprétation ésotériste, lorsqu'ils veulent prouver l'existence d'une doctrine des principes culminant en l'Un-Bien, principe de toutes choses, invoquent le plus souvent le passage qui suit :

TRADUCTION

SOCRATE

Mais examine avec plus d'attention encore de la façon que voici l'image que l'on peut se faire du bien.

GLAUCON

De quelle façon ?

SOCRATE

Tu admettras, j'imagine, que le soleil apporte aux réalités visibles (*toîs oroménois*) non seulement la propriété d'être vues (*tèn toû horâsthai dúnamin*), mais aussi la génération (*génesin*), la croissance (*aúxen*) et la nourriture (*trophén*), bien qu'il ne soit pas lui-même génération (*ou génesin autòn ónta*).

GLAUCON

Comment le serait-il en effet ?

SOCRATE

Eh bien, pour les réalités qui sont objets de connaissance aussi, tu admettras non seulement qu'elles tiennent du Bien le fait d'être connues, mais aussi qu'elles tirent de lui leur être et leur réalité, même si le Bien n'est pas réalité (*ouk ousías óntos toû agathoû*), mais se trouve au-delà de la réalité (*all' éti epékeina tȩ̂s ousías*), qu'il surpasse en dignité et en puissance (*presbeíai kaì dunámei huperékhontos*).

GLAUCON

Et Glaucon partant d'un grand éclat de rire s'exclama : « Apollon, quelle divine supériorité. »

SOCRATE

En fait, c'est ta faute, car tu m'as forcé à dire là-dessus ce qu'il m'en semble.

GLAUCON

En tout cas, n'en reste pas là, et si tu t'arrêtes quelque part, reviens au moins sur la comparaison avec le soleil, au cas où tu serais passé à côté de quelque chose.

SOCRATE

En fait, je passe à côté d'un tas de choses.

GLAUCON

Non, ne laisse rien de côté, si mince soit le détail.

SOCRATE

À mon avis, je vais laisser beaucoup de choses de côté. Pourtant, dans la mesure où cela est possible pour le moment, je ne laisserai rien de côté de plein gré.

COMMENTAIRE

Les tenants de l'interprétation ésotériste[1] considèrent ce passage pour une preuve indiscutable de la transcendance absolue d'un Bien qui se trouverait au-delà de l'être, c'est-à-dire de l'intelligible, et qui engendrerait ce dernier à la façon de l'Un plotinien.

À la suite de Matthias Baltes, qui a écrit sur le sujet un article important[2], je considère que tel n'est pas le cas.

1. J. Halfwassen, *Der Aufstieg zum Einem. Untersuchungen zu Platon und Plotin*, Beiträge zur Atltertumskunde 9, Stuttgart 1992, p. 66 n. 6, p. 223 *sq.*, p. 244, p. 245 n. 73, p. 257 *sq.*, p. 261 *sq.* H. J. Krämer, *Arete bei Platon und Aristoteles*, 1959, p. 398 *sq.*, p. 541 *sq.* ; « *Epékeina tȩ̂s ousías* », *Archiv für Geschichte der Philosophie* 51, 1969 ; C. de Vogel, *Rethinking Plato and Platonism*, Leiden, 1986, p. 45 *sq.* ; R. Ferber, *Platos Idee des Guten* [1987], Sankt Augustin, Akcademia Verlag, 1989², p. 11.

2. Matthias Baltes, « Is the idea of the Good in Plato's *Republic* beyond being ? », *DIANOEMATA. Kleine Schriften zu Platon und zum Platonismus*, Stuttgart und Leipzig, Teubner, p. 351-371.

Je situe ce passage dans son contexte. Tout comme le soleil, qui est la cause de la génération dans le monde sensible, se trouve au-delà de toute génération même s'il appartient au domaine de la génération, de même la Forme du bien se trouve au-delà de tout être, même si elle appartient au domaine de l'être. Comment interpréter ce passage tout en échappant à la contradiction ?

1) L'être et la réalité que le Bien dispense sont toujours un être déterminé et une réalité déterminée (*tò eînai te kaì tē̱n ousían*) (509b7).

2) Cet être et cette réalité, les choses les tiennent du Bien qui se trouve à l'extérieur d'elles (b8).

3) Mais la transcendance du Bien n'est pas absolue, elle est qualifiée : elle surpasse l'*ousía* des autres réalités non pas en soi, mais en dignité et en puissance, tout comme un roi surpasse ses sujets en dignité et en puissance, même s'il reste un être humain. En d'autres termes, le Bien n'est pas une *ousía* au sens où les autres choses qui en dépendent le sont ; le Bien est la cause, et les autres choses ne sont que des effets, tout de même que le soleil rend compte de la génération des choses sensibles sans ressortir lui-même au type de génération dont il est la cause, car c'est un dieu. À ce titre cependant il est venu à l'être (il pourrait donc être détruit) et il se meut. En d'autres termes, le soleil présente sur les choses sensibles dont il explique la génération une supériorité évidente (il ne croît ni ne dépérit), mais il reste une divinité sensible dont on peut observer l'éclat et le mouvement, dont on peut percevoir la chaleur. Toute proportion gardée, il en va de même du Bien à l'égard de l'être.

La formule *epékeina tē̱s ousías* peut être interprétée comme une figure de style que plus tard la rhétorique nommera « hyperbole », qui consiste à mettre en relief une idée au moyen d'une expression qui la dépasse. Deux arguments peuvent être avancés à l'appui de cette interprétation. Un argument d'ordre linguistique : Platon prend la peine d'atténuer son affirmation en utilisant un génitif absolu (*presbeía̱i kaì dunámei hyperékhontos*), qui montre que la formule ne doit pas être pris dans un sens absolu. Et un argument d'ordre historique qui se présente comme une question : si Platon exprimait là pour la première fois la transcendance absolue du Bien, comment expliquer que personne avant Plotin, plus d'un demi millénaire plus tard, n'ait tiré toutes les conséquences d'une innovation aussi fondamentale ? Or, il faut bien le reconnaître, on ne trouve dans les *Dialogues* rien qui reprenne expressément cette idée, et seule une lecture des *Ennéades* nous fournit une véritable métaphysique de l'Un-Bien se situant de façon absolue au-delà de l'être : les médioplatoniciens restent très en deçà de la position de Plotin, et on ne trouve, dans ce qui peut subsister de l'ancienne

Académie, rien qui aille dans le sens d'une transcendance absolue de l'Un, auquel il faudrait par ailleurs démontrer que le Bien s'identifie vraiment.

Rien, dans l'œuvre de Platon en général et dans la *République* en particulier ne permet de situer le Bien au-delà de l'intelligible. Le Bien, dans la *République*, ne se trouve pas, au sens strict, au-delà de l'être et donc au-delà de l'intelligible, même s'il en constitue le sommet. Plusieurs preuves et plusieurs arguments le montrent à l'envi.

– Dans ce dialogue, Platon évoque à plusieurs reprises la Forme du Bien (*he̱ idéa toû agathoû*) (505a2, 508e2, 517b8, 534b9) ; et cette Forme, il la qualifie même tout naturellement de modèle (*parádeigma*) (540a9). Or, chez Platon, la Forme représente l'être en soi.

– D'ailleurs, Platon présente le Bien comme « ce qu'il y a de plus brillant dans l'être (*toû óntos tò phanótaton*) » (518c9), « ce qui présente le plus de béatitude dans l'être (*tò eudaimonéstaton toû óntos*) » (526e3) et « ce qu'il y a de mieux parmi les êtres » (*tò áriston en toîs oûsi*) (532c5). Comment dès lors prétendre que le Bien se situe, au sens strict, au-delà de l'être ?

– En tant que tel, le Bien doit être appréhendé par l'intellect, comme le prouve ce passage, qui assimile le processus de connaissance à la remontée du prisonnier qui sort de la caverne : « Pareillement, lorsque, par la pratique de la dialectique, sans recourir à aucun des sens, on s'efforce, au moyen de la raison (*dià toû lógou*), de prendre son élan pour atteindre ce qu'est chaque chose en soi (*ep'autò hò éstin hékaston*) ; lorsqu'on ne se départit point de cet effort avant d'avoir saisi par la seule intellection ce qu'est le Bien en soi (*prìn àn autò hò éstin agathòn autê̱i noé̱sei lábe̱i*), on est arrivé au terme même de l'intelligible (*ep'autô̱i gígnetai tô̱i toû noe̱toû télei*), comme le prisonnier, alors, était rendu au terme du visible (*epì tô̱i toû oratoû*) » (532a5-b2). Au début du livre VII (517b8), le Bien était présenté comme « situé au terme de ce qui peut être connu (*en tô̱i gno̱stô̱i teleu-taía*) », le domaine de ce qui peut être connu (*gno̱stá*) correspondant à celui de l'intelligible (*noe̱tá*) (510a9, 477a, 479d). Même s'il en est le point ultime, le Bien appartient toujours au domaine de l'intelligible.

– Cette évidence s'accorde avec le fait que l'idée de Bien est un objet d'étude (*máthe̱ma*), en fait l'objet d'étude le plus important (*tò mégiston máthe̱ma*) (504d2, e4, 505a2, 519c9), même s'il ne peut être identifié aux autres « objets d'étude les plus importants » que sont les Formes de la justice, de la modération, du courage et de la sagesse (503e3 *sq.*), car il est un objet d'étude encore plus important (504c9).

– Bref, comme le fait apparaître 534b3, le Bien possède une réalité (*ousía*) qui peut faire l'objet d'une définition (*lógos*).

– Une telle interprétation s'accorde aussi bien avec l'image de la ligne qu'avec l'allégorie de la caverne. La ligne ne comprend que quatre sections : 1) les ombres et les reflets; 2) les réalités sensibles; 3) les réalités mathématiques; 4) et les Formes. Même si se trouve évoquée l'ascension vers un principe de l'ensemble de la réalité qui ne soit fondé sur rien (*anupóthetos toû pantòs arkhḗ*), il n'est fait mention d'aucun saut; de plus, les Formes qui se trouvent immédiatement sous ce principe sont en rapport avec lui (*tō̂n ekeínēs ekhoménōn*) (511b8). Dans l'allégorie de la caverne, seuls quatre types de réalités sont évoqués : 1) les ombres dans la caverne; 2) les objets qui se situent entre le mur et le feu qui les illumine; 3) les reflets et les ombres qui se situent dans le monde extérieur; 4) les réalités du monde extérieur sur terre et dans le ciel. Même si, dans cette dernière section, Platon distingue entre les réalités qui se situent sur terre et dans le ciel – le soleil faisant partie de ce dernier type de réalités –, on se trouve toujours dans le même monde.

Après avoir examiné la position de Platon, il convient de tourner ses regards vers l'histoire du platonisme.

– Il est impossible de produire un témoignage relatif au Bien et à l'Un au-delà de l'être se rapportant à l'ancienne Académie, et dont la validité ne puisse être mise en doute en fonction du contexte de sa citation. Même si l'on admet que l'Un et la Dyade intéterminée sont le principes de toutes choses, rien n'indique que le premier de ces principes, l'Un, se situe au delà de l'être.

– Les témoignages, que John Whittaker[1] a réunis dans un article important, montre que les médioplatoniciens avaient beaucoup de difficulté à comprendre et à expliquer la formule de la *République* et qu'aucun d'entre eux n'a déclaré que le Bien était *anoúsios* ou *uperoúsios*.

– C'est Plotin qui le premier franchit le pas, et qui situe résolument le Bien identifié à l'Un au-delà de l'être. Dans le *Lexicon Plotinianum*[2], on trouve une quarantaine d'occurrence d'*epékeina*, qui peuvent être rapportées à notre passage de la *République*. Mais dans aucune de ces références, et la remarque me paraît décisive, le génitif absolu n'apparaît. Pour imposer son interprétation, Plotin propose une lecture tronquée du passage de la *République* ici analysé. Cette réserve constitue, par choc en retour, la preuve indubitable de l'importance de la formule d'atténuation.

1. Voir « *Epékeina tē̂s ousías* », *Vigiliae Christianae* 23, 1969, p. 102 = *Studies in Platonism and Patristic thought*, London, 1984, n° XIII.

2. J.H. Sleeman et Gilbert Pollet, *Lexicon Plotinianum*, Leiden, Brill / Leuven, University Press, 1980.

ANNEXE 4

Aristoxène de Tarente, *Em. Harm.* II, p. 39-40 Da Rios

Lorsque, au début du livre II de ses *Éléments d'harmonique*, Aristoxène de Tarente, un disciple d'Aristote et un antiplatonicien notoire [1], soutient qu'un auteur pour éviter de plonger son public dans la perplexité, doit exposer le plan et l'objet de son ouvrage, il donne l'exemple suivant :

> Comme Aristote ne se lassait pas de le raconter, c'est ce qu'éprouvèrent la plupart de ceux qui furent les auditeurs de la leçon donnée par Platon *Sur le Bien.* [2] Chacun, racontait Aristote, s'y était rendu, supposant qu'il apprendrait quelque chose sur ce que traditionnellement on considère comme des biens pour l'homme : richesse, santé, force physique, ou n'importe quel autre bonheur merveilleux en général. Mais, lorsqu'il apparut que le propos de Platon portait sur les mathématiques, sur les nombres, sur la géométrie et sur l'astronomie, la conclusion [3] étant que le Bien est un, alors cela, j'imagine, leur sembla quelque chose de tout à fait étrange; aussi les uns éprouvèrent-ils du mépris pour ce qu'ils venaient d'entendre, et les autres manifestèrent-ils leur blâme. (*Elem. Harm.* II, p. 39-40, Da Rios)

1. Pour plus de précisions, voir l'article sur le plagiat, p. 25-41.

2. Pour une interprétation ésotériste, cf. K. Gaiser, « Plato's enigmatic lecture *On the Good* », *Phronesis* 25, 1980, p. 5-37. Pour une position critique, cf. Harold Cherniss, *The riddle of the early academy* [1945], 1962 ; cet ouvrage a été traduit en français par Laurent Boulakia sous le titre : *L'énigme de l'ancienne Académie*, 1993 ; Margherita Isnardi Parente, « Analisi della testimonianza di Alessandro d'Afrodisia sul *Perì tagathoû* di Aristotele », *Rendiconti delle Classe di Scienze morali, storiche e filologiche dell'Accademia dei Lincei* 342, 1995, p. 33-58.

3. Même les tenants de l'interprétation ésotériste accordent maintenant un sens adverbial à l'expression *tò péras*.

Ce témoignage appelle plusieurs remarques.

La première question qui se pose est la suivante : quelle pouvait bien être la doctrine exposée par Platon ? Si, comme le permet la grammaire, on traduit *óti <t'> agathón estin hé̱n* par « que le Bien est un », et non pas par « que le Bien c'est l'Un », ce membre de phrase paraît renvoyer aux livres VI et VII de la *République* et aux passages évoqués dans l'Annexe 3. C'est ainsi que je comprends le texte : tout ce qui est bon dans la réalité remonte à la Forme du Bien qui, parmi les autres Formes, jouit d'une prééminence absolue, sans pour autant devoir être considérée comme un principe productif. Mais, si à l'inverse, on pense que la conclusion de Platon était « que le Bien, c'est l'Un », on se trouve devant une double impossibilité, suivant que l'on comprend que cette leçon fut donnée une seule fois ou qu'elle fut répétée.

S'il y eut plusieurs leçons sur le Bien, l'anecdote perd beaucoup de son piquant ; Platon aurait persévéré dans son erreur, et plusieurs groupes d'auditeurs seraient tombés dans le panneau, pour ne pas s'être informés au préalable de la teneur des propos de Platon. De plus, tout porte à croire que, dans cette perspective, ces leçons étaient destinées à un large public, étant donné que les membres de l'Académie, peu nombreux, n'auraient pas eu besoin d'une longue introduction, si l'on en croit les tenants de l'interprétation ésotériste, qui se fondent sur le témoignage de la *Lettre* VII.

Mais si soutenir qu'il s'agit d'une leçon unique donnant un enseignement oral réservé à un tout petit nombre de disciples choisis paraît encore plus invraisemblable, comment des initiés s'attendant à des révélations sur des doctrines essentielles auraient ils pu s'étonner des propos de Platon ?

ANNEXE 5

Aristote, *De anima* I 2, 404b16-30

Un passage du *De anima* d'Aristote est souvent utilisé par les tenants d'une interprétation ésotériste pour montrer que Platon avait une doctrine des principes selon laquelle toute réalité découle de l'Un par niveaux successifs. Mais on peut donner de ce passage deux interprétations très différentes, suivant que l'on attribue les doctrines évoquées à Platon lui-même ou bien à Xénocrate, le second de ses successeurs à la tête de l'Académie. Voici une traduction de ce passage.

TRADUCTION

[**404b16**] C'est de la même manière aussi que Platon dans le *Timée* fabrique l'âme à partir des éléments : en effet, le semblable est connu par le semblable, et les réalités dérivent des principes.

[**404b18**] De façon similaire aussi, dans l'ouvrage intitulé *Sur la philosophie* [1], il a été établi que le Vivant-en-soi vient de la Forme même de l'Un, de la Longueur première, de la Largeur première et de la Profondeur première, et qu'il en va de même pour le reste. En outre et d'une autre manière, l'intellect est représenté par l'un, alors que la science l'est par le deux, car c'est d'un seul tenant qu'elle progresse vers l'un ; le nombre de la surface, c'est l'opinion, et celui du volume, la sensation. En effet, les nombres sont, on le sait, considérés comme les Formes elles-mêmes et comme les principes, même s'ils dérivent des éléments. Par ailleurs, les réalités

1. De façon générale, la plupart des interprètes s'accordent aujourd'hui pour penser qu'Aristote cite ici son propre dialogue, *Sur la philosophie*.

sont saisies les unes par l'intellect, les autres par la science, d'autres par l'opinion, d'autres enfin par les sens ; et ces nombres, ce sont les Formes des réalités.

[**404b27**] Et puisque l'âme semble bien être quelque chose qui se meut et qui connaît, certains en ont fait une combinaison de ces deux choses, en définissant l'âme comme un nombre qui se meut lui-même [1] (*De anima* I 2, 404b16-30).

Le plan de ce texte difficile peut être construit de deux façons [2]. Les tenants de l'interprétation ésotériste adoptent la construction suivante :

Doctrine de Platon sur l'âme (16-27)
a) Le *Timée* (16-18)
b) Doctrines non écrites (18-27)
Doctrine de Xénocrate sur l'âme (27-30)
Cependant, à la suite de H. F. Cherniss, j'adopte plutôt cette division :
Doctrine de Platon sur l'âme (16-18)
Doctrine de Xénocrate sur l'âme (18-30)
a) Fonction cognitive de l'âme (18-27)
b) Fonction motrice de l'âme (27-30)
Considérons les arguments sur lesquels se fondent l'une et l'autre de ces constructions qui se firent concurrence dès l'Antiquité.

Attribution de cette doctrine à Platon lui-même

Au cours du IVe siècle après J.-C., dans son ouvrage *Sur l'âme* que nous a conservé Stobée [3], le néoplatonicien Jamblique considère les lignes 18 à 27 du *De anima* d'Aristote comme se rapportant à Platon : c'est, semble-t-il, la première fois qu'un lecteur fait cette hypothèse, qui va dans le sens de la position philosophique de Jamblique, lequel fait de Platon le promoteur d'une doctrine globale dont Pythagore est le précurseur et Aristote l'héritier le plus prestigieux. Mais Jamblique n'en donne pas la moindre justification.

1. Définition de l'âme par Xénocrate ; cf. Plutarque, *De anim. procr.* 1, 1012d, cf. aussi Aristote, *De anima* 408b32.

2. On trouvera les détails de cette discussion dans Henri Dominique Saffrey, *Le Perì philosophías d'Aristote*, Philosophia antiqua 7, Leiden, Brill, 1955. Ce livre a fait l'objet d'un important compte rendu critique par H. F. Cherniss dans *Gnomon* 31, 1959, p. 36-51. Ces pages sont imprimées à la fin de la seconde édition (1971) du livre de H. D. Saffrey.

3. *Perì psukhē̂s* (chez Stobée, *Ecl. phys.* I 49, 32, p. 363.26-364.18 Wachsmuth).

Plus tard, près de huit siècles après la rédaction par Aristote du *De anima*, Simplicius [1] et Philopon [2], expliquent que le titre *Sur la philosophie* (*Perì philosophía*) désigne l'ouvrage d'Aristote intitulé *Sur le Bien* (*Perì tagathoû*) [3]. Pourtant, ni Simplicius ni Philopon n'avaient un accès direct à ces deux ouvrages. Or, paradoxalement, c'est précisément sur les témoignages qui viennent d'être évoqués que les tenants de l'interprétation ésotériste de Platon fondent leur argument [4].

Il est à noter, et la chose est importante pour les propos qui sont ici tenus, que ceux qui rapportent à Platon la doctrine évoquée par Aristote en *De anima* 404b18-24, c'est-à-dire Jamblique, Simplicius et Philopon, sont tous des néoplatoniciens qui avaient intérêt à fonder leur doctrine sur celle de Platon par l'intermédiaire de l'enseignement non écrit. On ne doit donc

1. Simplicius, qui composa ses commentaires après 529, écrit : « En fait, par *Sur la philosophie*, Aristote entend son *Sur le bien* composé à partir de l'enseignement de Platon, et dans lequel il rapporte les doctrines pythagoriciennes et platoniciennes sur les êtres. » (*In De anima* 28.7-9 Hayduck).

2. Philopon (qui vécut approximativement entre 490 et 570) écrit : « Par *Sur la philosophie*, Aristote entend l'ouvrage intitulé *Sur le bien*, dans lequel il rapporte l'enseignement non écrit de Platon. Cet ouvrage est authentique, et il rapporte la doctrine de Platon et celle des Pythagoriciens sur les êtres et leurs principes » (*In De anima* 75.34-76.1 Hayduck).

3. À la suite de H. F. Cherniss (Cherniss 1944, p. 199, n. 77), le père Saffrey (*Le Perì philosophías d'Aristote*, 1955, p. 11-12, 45-46, et surtout la note 1, p. 12) estime que ni Simplicius ni Philopon ne connaissaient directement aucun des deux ouvrages cités. Pourtant, pour arriver à soutenir qu'il s'agit tout de même d'un résumé fidèle de la doctrine de Platon, le père Saffrey est amené à faire l'hypothèse suivante. On pourrait soutenir que, par l'expression *en toîs Perì philosophías legoménois*, Aristote ferait référence à son ouvrage, le *Perì philosophías*, dont, par voie de conséquence, *De anima* 404b18-24 serait une citation. Or, toujours suivant le père Saffrey, dans le second livre du *Perì philosophías*, Aristote avait fait de Platon le personnage principal de son dialogue, et surtout avait mis dans la bouche de son protagoniste un résumé qu'il avait proposé, dans son propre *Perì toû agathoû,* de la leçon de Platon *Sur le Bien*. Si l'on accepte ce scénario de transmission (leçon de Platon *Sur le Bien*, résumée par Aristote dans son *Perì toû agathoû*, mise dans la bouche de Platon dans le *Perì philosophías*), le texte du *Perì philosophías* évoqué dans le passage du *De anima* qui nous intéresse serait une reformulation par Platon lui-même de la doctrine du *Timée* dans le cadre de son enseignement non écrit.

4. L'article le plus récent sur le sujet est celui de Carl Friedrich von Weiszäcker, « Platon. Ein Versuch », *Polis und Kosmos. Naturphilosophie und politische Philosophie bei Platon*, hrsg. von Enno Rudolph, Darmstadt, WBG, 1996, p. 123-143. En fait, Carl Friedrich von Weizsäcker reprend les thèses exprimées par G. Reale, dans la traduction allemande [1993] de son livre, *Per una nuova interpretazione di Platone* [1984]. Du reste, dans la vingtième édition italienne de cet ouvrage, en 1997, G. Reale réagit favorablement à l'article de Carl Friedrich von Weiszäcker [dans l'Appendice XII, p. 855-858]. Cela dit, G. Reale, qui semble ne pas connaître le livre de Saffrey, reprend les thèses exposées par K. Gaiser dans *Platons ungeschriebene Lehre*, 1963, 1968². Dans *L'enseignement oral de Platon*, 1986, Marie-Dominique Richard expose l'essentiel de la doctrine de K. Gaiser en la remettant dans son contexte ; sur le passage qui nous intéresse, on lira les pages 118 à 129.

pas s'étonner que le seul « commentateur » qui n'ait pas eu ce réflexe, car il rapporte la doctrine en question à l'ancienne Académie en se fondant sur le témoignage de Xénocrate, soit Thémistius, que l'on ne peut classer parmi les néoplatoniciens.

Attribution de cette doctrine à Xénocrate

Membre influent de la classe sénatoriale à Byzance, Thémistius (317-388 apr. J.-C.) est l'auteur du premier commentaire du *De anima* qui nous soit parvenu, un commentaire qui se présente en fait sous la forme d'une paraphrase[1]. Avant cette paraphrase, avait été composé un commentaire important du *De anima* dû à Alexandre d'Aphrodise (actif vers 200 ap. J.-C.), dont malheureusement il ne subsiste plus rien. Lorsqu'il arrive au passage du *De anima* (I 2, 404b16-30) d'Aristote qui vient d'être cité en traduction, Thémistius écrit :

> [**11.18**] De façon similaire aussi, dans l'ouvrage intitulé *Sur la philosophie*, il a été établi que le Vivant-en-soi vient de la Forme de l'Un, de la Longueur première, de la Largeur première et [**11.20**] de la Profondeur première, et qu'il en va de même pour les autres <natures> [2].
> En fait, ces philosophes[3] supposaient que la nature incorporelle[4] est éloignée de la quantité continue, puisqu'elle ne se trouve pas dans la masse, alors qu'elle est apparentée à la quantité discontinue. En effet, ils supposaient que, pour cette nature aussi[5], il existait une pluralité constituée de plusieurs unités véritables, et non pas des unités du genre de celles que nous utilisons dans le cas des corps, et dont aucune [**11.25**] n'est purement et simplement une, chacune d'elles étant, en réalité, multiple, et bien plus, en nombre indéfini. Voilà pourquoi ils appelaient ce Nombre « Nombre-Forme[6] », puisqu'il est composé de Formes, et ils posaient que ces Nombres étaient les Formes des êtres. « Tout ressemble au nombre[7] ».

1. Exercice qui consiste à modifier la formulation d'un texte sans en changer la pensée ; sur le sujet, cf. Aelius Théon (*Progymnasmata*, chap. 15).

2. En *De anima* 404b21, Aristote écrit *tà d'álla*, que Thémistius reprend avec un *tàs d'állas*. Je suppose un *phúseis* en fonction de la suite.

3. L'expression *hoi ándres hekeînoi* peut être considérée comme une formule idiomatique pour faire référence à un seul philosophe ; on en trouve un parallèle dans Thémistius (cf. 32.24-31, où la doctrine de Xénocrate est présentée à l'aide d'une formule au pluriel).

4. Terme d'origine stoïcienne adapté au contexte platonicien.

5. C'est-à-dire la nature incorporelle.

6. J'aurais tendance à comprendre par *arithmòs eidētikós* le Nombre-Forme dont parlait Xénocrate.

7. Slogan attribué aux pythagoriciens par Plutarque (*De anim. procr.* 1029f) et par beaucoup d'auteurs postérieurs. Il s'agit là d'une adaptation d'Homère, *Iliade* XXII 71.

Cela étant, les éléments premiers du Vivant-en-soi, c'est-à-dire du monde intelligible [1], ils considéraient que c'étaient, parmi les Nombres-Formes, la Forme de l'Un, la Forme de la Dyade première, **[11.30]** la Forme de la Triade première, et la Forme de la Tétrade première. En effet, puisqu'il faut que, dans le monde intelligible, se retrouvent dans leur totalité les principes du monde sensible, et puisque, d'entrée de jeu, le monde sensible dérive de la Longueur, de la Largeur et de la Profondeur, ils soutenaient que la Forme de la Longueur est la Dyade première, car la longueur va d'un à un, c'est-à-dire d'un point à un autre; que de même **[11.35]** la Triade première est la forme de la Longueur et de la Profondeur, car le triangle est la première des figures planes; et enfin que la Tétrade première est la Forme de la Longueur, de la Largeur et de la Profondeur, car la pyramide est le premier des solides.

On peut apprendre tout cela **[12.1]** en lisant l'ouvrage de Xénocrate *Sur la nature*. Le Vivant-en-soi, c'est-à-dire le monde intelligible, ils le fabriquaient donc à partir des premiers principes, et les parties du Vivant-en-soi, à partir des principes subordonnés. En sorte que, en effet, les choses sensibles entretiennent entre elles des relations mutuelles similaires à celles qu'entretiennent les Formes entre elles.

[12.5] Ils développaient aussi le même argument dans une autre direction. En effet, puisque l'âme fait appel à plusieurs facultés pour saisir les êtres : l'intellect, la science, l'opinion et la sensation, ils disaient que par définition l'âme tient l'intellect de la Forme de l'Un et la science, de la Dyade première. La science en effet s'étend de l'un vers l'un, car elle va des prémisses vers la conclusion. **[12.10]** L'opinion par ailleurs vient de la Triade première dans la mesure où elle est aussi, on l'a dit, le Nombre de la surface. En effet, la vérité et la fausseté de l'opinion viennent des prémisses où elles se trouvent déjà. La perception sensible vient de la Tétrade première, dont vient aussi la forme du corps solide; c'est en effet au sujet d'un corps de cette sorte qu'il y a sensation.

En effet, le principe de tous les êtres ce sont les Formes et le Nombre-Forme; or les éléments de ce Nombre, **[12.15]** ce sont l'Un et la Dyade, Dyade qu'ils posaient sous l'Un pour assurer l'engendrement de la pluralité des Nombres. En effet, de l'Un lui-même, si réellement il est un, rien d'autre ne saurait résulter, et, pour que la pluralité existe dans les Formes, il faut une autre nature sous-jacente à l'Un. C'est de cette nature, qu'ils appelaient « Dyade indéfinie », que vient la pluralité : il s'agit d'une Dyade, puisqu'elle est divisible en parties et déjà capable de produire la pluralité, et elle est indéfinie, parce qu'elle n'a pas **[12.20]** de limite propre. Pour chaque Forme, la limite est fournie par l'Un, et c'est à l'aide de cette nature qui existe de concert avec l'Un que le Nombre-Forme est

1. Cette glose (ici et en 12.1-2) pourrait venir de la tradition doxographique, car tout porte à croire que Xénocrate ne pouvait prendre le terme Vivant-en-soi en ce sens.

pluralisé. En outre, la matière présente dans les corps est une image de la Dyade, tout comme la Forme qui est dans la matière est une image de l'Un. Ils soutenaient par suite que l'âme était fabriquée à partir d'un mélange des mêmes principes que le Nombre-Forme, qu'elle est composée non pas du fait qu'elle est issue d'un mélange[1], **[12.25]** mais du fait qu'elle a une position intermédiaire, elle qui fait apparaître les natures divisibles dans les corps[2]. Et, comme elle est fabriquée à partir des mêmes principes que les Nombres-Formes, il est normal que l'âme connaisse les êtres[3]. Cela étant, c'est de cette façon aussi que Timée chez Platon et Platon lui-même[4] expliquent notre appréhension des choses par l'affinité de notre âme à l'égard des êtres.

[12.30] Mais, pour produire l'âme, ceux du second groupe[5] combinent ces deux propriétés : le fait de mouvoir et le fait de connaître, comme le philosophe[6] qui prétendait que l'âme était un nombre qui se meut lui-même. Il rendait compte de la capacité de l'âme à connaître à l'aide du nombre et la capacité à mouvoir par le fait que ce nombre se mouvait lui-même. (*In De anima*, 11.18-12.33 Heinze)

Voici une analyse de la structure de ce passage.

– 11.18-20 Citation de la phrase visée du *De anima* d'Aristote.
– 11.20-12.33 Paraphrase de Thémistius.
– 11.20-27 Les Nombres sont les Formes de tous les êtres.
– 11.27-12.13 Les Nombres sont les éléments :
– 11.27-30 pour le monde intelligible ;
– 11.30-37 pour le monde sensible.
[Source de Thémistius, 11.37-12.1].
[Récapitulation de ce qui précède, 12.1-4] :
– 12.5-13 L'âme.
– 12.13-33 Les Nombres-Formes sont eux aussi constitués d'éléments.
– 12.13-20 Ces éléments sont l'Un et la Dyade indéfinie.
– 12.20-33 Le rôle des éléments aux différents niveaux de l'être :
– 12.20-21 au niveau de l'intelligible ;
– 12.21-23 au niveau du sensible ;
– 12.23-33 au niveau de l'âme.

1. Allusion à *Timée* 35a-b.

2. Suivant le processus d'émanation enseigné par les néoplatoniciens.

3. Suivant le principe : le semblable est connu par le semblable.

4. Thémistius ne veut pas établir une distinction entre Platon et son porte-parole.

5. C'est ainsi que je traduis le *héteroi hoi* de 12.31, en le mettant en rapport avec le *hoi ándres hekeînoi* de 11.21. Dans le premier cas, il s'agit des membres de l'Académie qui se réclament strictement du *Timée*, alors que, dans le second, il s'agit des membres de l'Académie qui adhèrent à l'interprétation de Xénocrate.

6. Il s'agit de Xénocrate.

– 12.23-30 Timée et Platon.
– 12.30-33 Xénocrate.

Que conclure de tout cela?

Dans ce passage, les verbes sont au pluriel. Il est difficile de savoir s'il s'agit d'un véritable pluriel ou d'une formule rhétorique pour désigner un philosophe et ses disciples; je suis enclin à penser que ce pluriel désigne les membres de l'Académie. De toute façon, Thémistius cite Xénocrate[1] explicitement lorsqu'il parle de la constitution de la réalité dans son ensemble, et implicitement, lorsqu'il évoque la constitution de l'âme du monde (11.31-12.1, 12.30-33). Par ailleurs, il semble que Thémistius distingue deux groupes, l'un représenté par le *hoi ándres ekeînoi* de 11.21, et l'autre par le *héteroi hoi* de 12.31. Dans le premier groupe, il faut situer ceux qui, sur le problème de la constitution de l'âme, s'en remettent exclusivement au *Timée* de Platon. Et dans le second groupe, il faut situer ceux qui suivent Xénocrate, lequel veut associer l'aspect cinétique de l'âme à son aspect cognitif. Cela dit et pour le reste, en dépit de leur divergence sur la définition de l'âme, les deux groupes paraissent partager les mêmes idées en ce qui concerne la structure de la réalité dans son ensemble.

Si l'on accepte cette lecture, on parvient aux conclusions suivantes. Tous les membres de l'Académie semblent s'être entendus sur les points énumérés ci-dessous.

1) Les principes suprêmes sont l'Un et la Dyade indéfinie.

2) Ce sont les principes des Nombres-Formes : l'Un, la Dyade, la Triade et la Tétrade premières.

3) Ces Nombres-Formes jouent à leur tour le rôle d'éléments constitutifs pour le Vivant-en-soi qui est le monde intelligible, c'est-à-dire le monde des Formes.

4) L'âme, qui est une réalité intermédiaire entre le sensible et l'intelligible, doit être constituée des mêmes éléments que les objets qu'elle appréhende en tant que sujet connaissant. De là vient que l'intellect est associé à la Forme de l'Un, et la science à la Dyade première : la science en effet s'étend de l'un vers l'un, car elle va des prémisses vers la conclusion. L'opinion, elle, se trouve associée à la Triade première qui par ailleurs est le Nombre de la surface; la vérité et la fausseté de l'opinion viennent des prémisses où elles se trouvent déjà. La perception sensible enfin est

1. H.F. Cherniss a répliqué aux cinq objections de H.D. Saffrey contre l'attribution de la doctrine du *De anima* à Xénocrate et à l'Académie dont il était le chef, et a aussi examiné les relations du présent texte avec d'autres passages de la *Métaphysique*. Les réponses de H.F. Cherniss sont trop argumentées pour être exposées ici; mais elles me paraissent déterminantes.

associée à la Tétrade première, dont vient aussi la forme du corps solide; c'est en effet sur les corps solides que porte la sensation.

5) Comme le monde sensible participe au monde intelligible, on doit retrouver dans le monde intelligible quelque chose qui corresponde aux éléments constitutifs du monde sensible, lequel dérive de la Longueur, de la Largeur et de la Profondeur: par suite, la Forme de la Longueur est la Dyade première, car la longueur va d'un à un, c'est-à-dire d'un point à un point, de même que la Triade première est la forme de la Longueur et de la Profondeur, car le triangle est la première des figures planes, et que la Tétrade première est la forme de la Longueur, de la Largeur et de la Profondeur, car la pyramide est le premier des solides.

6) Dans le monde sensible, l'Un correspond à la forme et la Dyade indéfinie correspond à la matière.

Bref, *De anima* I 2, 404b16-30 paraît bien être une citation du *Perì philosophías* où Aristote évoquait les interprétations qui avaient alors cours dans l'Académie du passage du *Timée* (35a-b) décrivant la constitution de l'âme; des interprétations qui s'intégraient par ailleurs dans une structure du réel sur laquelle s'entendaient les membres de l'Académie et que Xénocrate avait évoquée dans son ouvrage *Perì phúseo̱s*, mentionné explicitement par Thémistius comme étant sa source.

Suivant cette hypothèse de lecture, on trouve donc en *De anima* I 2, 404b16-30, des interprétations du *Timée* de Platon qui, issues de l'Académie, tentent de répondre aux critiques qu'Aristote a adressées à la mathématisation de l'univers par Platon. D'où, sur le plan philosophique, les conséquences suivantes.

1) Disparition de la figure du démiurge. C'est là une conséquence immédiate de la critique aristotélicienne, qui refuse de relier l'origine du monde à la décision d'un personnage et donc à un processus d'ordre temporel[1]. À la différence d'Aristote qui rejette purement et simplement la figure du démiurge, certains partisans des doctines non écrites considèrent le démiurge comme le Bien et l'identifient à l'Un, principe de toute réalité[2].

1. Le meilleur exposé sur le sujet reste celui de Joseph Moreau, *L'âme du monde de Platon aux stoïciens* [1939], Hildesheim, Olms, 1968 [réimpression].

2. Suivant l'axiome formulé par G. Reale dans les termes suivants : « The supreme Good is the One, which is the supreme Measure of all things », axiome qu'il développe ainsi : « The Good understood as the One is the supreme impersonal Measure. The Demiurge or supreme Intelligence is he who fully actualises the One and Measure at all levels of reality and so is Measure in the personal sense. The Good-One is Measure as the supreme model; the Demiurge is Measure as the perfect way to make that model actual. » (G. Reale, « Plato's doctrine of the origin of the world, with special reference to the *Timaeus* », *Interpreting the Timaeus-Critias*, 1997, p. 160-161).

2) Déduction de l'ensemble de la réalité à partir de deux principes : l'Un et la Dyade indéfinie. Cette recherche des principes n'est pas platonicienne, mais résulte d'une pratique mise en œuvre dans l'Académie, si on en croit le témoignage d'Aristote.

3) Assimilation de certaines Formes à des Nombres, ce que l'on ne retrouve jamais chez Platon.

4) À l'égard de l'âme et du corps, les mathématiques ne jouent plus un rôle descriptif; elles deviennent un réservoir de principes métaphysiques. Par voie de conséquence, les mathématiques réelles, dans ce qu'elles ont de technique et avec ce qu'elles comportent de limites en Grèce ancienne, cèdent la place à des mathématiques que je qualifierais de « métaphoriques », qui de ce fait jouent non plus un rôle descriptif sur le plan de la physique, mais un rôle constitutif sur le plan de la métaphysique. D'où la floraison de l'arithmologie et de la numérologie, dans les siècles qui ont suivi, chez les néopythagoriciens et chez les néoplatoniciens.

ANNEXE 6

Aristote, *Physique* IV 2, 209a31-210a13

Les tenants d'une interprétation ésotériste de Platon citent souvent ce passage, qui est le seul dans toute l'œuvre d'Aristote où est évoqué « ce qu'on appelle les doctrines non écrites ».

L'idée-force que je voudrais développer ici est la suivante. Aristote traduit en des termes soigneusement définis, dans le cadre de sa propre philosophie, des termes utilisés de façon peu rigoureuse par Platon dans le *Timée*. Ce faisant, il change le sens même des termes utilisés par Platon. Le mécanisme de cette « traduction », qui équivaut à une distorsion dont les conséquences sont particulièrement importantes parce que le vocabulaire aristotélicien a longtemps prévalu dans le domaine de la physique, sera ici minutieusement décrit, pour arriver à en montrer les conséquences philosophiques.

CONTEXTE

Dans le chapitre 1 du livre IV, Aristote, après avoir évoqué l'importance et les difficultés de l'étude du lieu (*tópos*), pose le problème en ces termes : on s'accorde généralement sur le fait que le lieu existe, mais on éprouve les pires difficultés à définir ce qu'il est. Aussi le chapitre 2 est-il consacré à montrer que le lieu ne peut être identifié ni à la forme (209a31-b5) ni à la matière (209b5-17), comme l'aurait malencontreusement fait Platon, et à avancer six raisons qui montrent pourquoi le lieu ne peut être identifié ni à la forme ni à la matière (209b17-210a13).

TRADUCTION

[209a31] Si on dit que ceci est par référence à soi et que cela est par référence à autre chose, il faut aussi parler du lieu commun, celui dans lequel se trouvent tous les corps, et du lieu propre, celui dans lequel ils se trouvent d'abord[1]. Je dis par exemple que, en ce moment, tu te trouves dans l'univers[2], parce que tu te trouves dans l'air, et que l'air se trouve dans l'univers; et que tu te trouves dans l'air, parce que tu te trouves [209a35] sur la terre. De même, tu te trouves sur la terre parce que tu es dans ce lieu-ci [209b1] qui ne contient rien de plus que toi. Si effectivement le lieu est ce qui contient d'abord chaque corps[3], il sera une limite, en sorte que le lieu paraîtra être la forme et la figure[4] de chaque chose, ce par quoi est délimitée sa grandeur[5], je veux dire[6] ce par quoi est délimitée la matière de sa grandeur[7]. Car la grandeur[8] est [209b5] la limite de chaque chose.

Cela étant, pour ceux qui considèrent qu'il en va ainsi, le lieu est la forme de chaque chose; mais, dans la mesure où le lieu semble être l'extension[9] de

1. La définition aristotélicienne du lieu est la suivante : « Par suite, la limite immobile immédiate de ce qui contient (*tò toû periékhontos péras akíneton prôton*), voilà ce qu'est le lieu » (*Physique* IV 4, 212a20-21, qui reprend et précise IV 4, 212a5-6). Cela dit, Aristote fait la distinction suivante. Le lieu propre d'un corps, c'est le lieu dans lequel un corps se trouve d'abord, c'est-à-dire celui qu'il remplit *hic et nunc*. Le lieu commun est le lieu dans lequel il se trouve lui-même avec tous les autres corps, c'est-à-dire l'univers, que ce soit de façon immédiate ou de façon médiate, parce que le corps en question se trouve dans le lieu A, qui se trouve dans le lieu B, lequel se trouve dans le lieu C. Voir l'exemple qui suit.

2. Traduction de *ouranós* qui s'appuie sur *Physique* IV 5, 212b17-18.

3. Définition du lieu propre.

4. Définition de *eîdos* et de *morphḗ*. Ces deux termes peuvent être pris en un sens ordinaire, « contour », « figure », ou en un sens philosophique, « forme », c'est-à-dire l'ensemble des caractères distincts d'une chose. Mais l'ambiguïté est profonde. Prenons l'exemple d'une sphère : sa « figure » et son « contour » équivalent à sa forme au sens philosophique du terme. Cette « figure » et ce « contour » sont distincts du matériau dont est faite la sphère. Ce matériau, qui s'étend dans l'intervalle compris entre les limites de la sphère, correspond à sa matière. D'où une nouvelle ambiguïté.

5. Définition de *mégethos*, qui peut donc être une ligne, une surface ou un volume. Cette définition est reprise en *Physique* IV 2, 209b4-5. S'il est ce qui contient directement un corps, le lieu propre apparaît comme la forme de ce corps, une limite pour sa grandeur, c'est-à-dire pour la matière de cette grandeur, car la forme de cette grandeur constitue, on vient de le dire, sa limite.

6. Je donne un sens explicatif à *kaì*.

7. Cf. le livre de H. Happ, *Hyle*, Berlin, de Gruyter, 1971, p. 606-609.

8. Je considère que *toûto* remplace *tò mégethos*.

9. Le terme *diástēma* désigne l'éloignement entre deux limites, c'est-à-dire l'extension, compte non tenu des limites. Aussi, dans un cercle comme dans une sphère, *diástēma* peut-il faire référence au rayon (Euclide, *Élém.* I 1). Ici, il désigne tout naturellement les trois dimensions. Par voie de conséquence, on pourrait se représenter ainsi la chose. Soit une sphère : le lieu, comme limite, équivaut à son enveloppe et peut ainsi être assimilé à sa forme. Mais dans

la grandeur, c'est la matière. En effet, l'extension[1] est autre chose que la grandeur. C'est ce qui est enveloppé, c'est-à-dire ce qui est limité, par la forme, par exemple une surface, c'est-à-dire une limite. Or, telle est la matière, c'est-à-dire l'indéterminé. Une fois **[209b10]** en effet que la limite et les caractéristiques[2] de la sphère ont été supprimées, il ne reste rien, sauf la matière. Voilà bien pourquoi Platon, dans le *Timée*, dit que la matière et la *khō̱ra* c'est la même chose. En effet, le *metale̱ptikón*[3] et la *khō̱ra* sont une seule et même chose. Même si, dans le *Timée*, Platon désigne[4] le *metale̱ptikón* d'une autre manière que dans ce qu'on appelle **[209b15]** « les doctrines non écrites[5] », il n'en reste pas moins qu'il a déclaré que le lieu et la *khō̱ra* c'est la même chose[6]. Tout le monde en effet dit que le lieu est quelque chose, mais Platon est le seul qui ait essayé de dire ce qu'il est.

On peut comprendre qu'il paraîtra difficile, à ceux qui mènent leur examen à partir de ce point de vue, de comprendre ce qu'est le lieu, de savoir si, puisque le lieu est l'une ou l'autre, c'est la matière ou si c'est **[209b20]** la forme. D'ailleurs, la question occupe la place[7] la plus élevée, et en outre, il n'est pas facile de comprendre la forme indépendamment de la matière.

En revanche, il est facile de voir qu'il est impossible[8] que le lieu soit la forme ou la matière.

1) En effet, la forme et la matière ne se séparent pas de la chose, alors que le lieu le peut. Car dans le lieu où il y avait de l'air, dans ce lieu il vient ensuite de **[209b25]** l'eau, comme nous le disions[9], l'air et l'eau prenant la place l'un de l'autre ; et il en va de même pour les autres corps, en sorte que

la mesure où le lieu contient cette sphère, il correspond aussi à tout ce qui se trouve délimité par son enveloppe ; il peut ainsi être assimilé à la matière de la sphère, c'est-à-dire à son extension.

1. Le pronom *toûto* renvoie à *diáste̱ma*.

2. Le terme *tà páthe̱* définit les propriétés mathématiques de la sphère en question et les attributs correspondant au matériau dont elle est faite.

3. Je proposerai une traduction pour ce terme dans le commentaire.

4. Il faut donner ce sens à *légo̱n* si l'on veut comprendre quelque chose. Mais les conséquences en sont importantes. Cela signifie que la doctrine reste la même dans les deux cas, et donc que le changement n'affecte que la terminologie.

5. Ce en quoi consiste cette différence terminologique est évoqué plus bas en *Physique* IV 2, 209b33-210a2 : Platon y appelait la *húle̱, tò méga kaì tò míkron*. Je donne un sens neutre à *legoménois*, en le traduisant non pas par « soi-disant », mais par « ce qu'on appelle ».

6. En fait, Aristote ne mentionne ce changement de terminologie que pour montrer que son interprétation du *Timée* n'est pas invalidée pour si peu ; ce qui, soit dit en passant, est une objection dirimante à l'interprétation « ésotériste », car, suivant Aristote lui-même, le *Timée*, un dialogue écrit, reste la référence ultime pour comprendre ce que Platon dit de la matière.

7. Comme au théâtre (cf. Eschine, *Sur l'ambassade infidèle* [II] 55 ; Démosthène, *Sur la couronne* [XVIII] 28 ; Plutarque, *Flamininus* 19,8).

8. C'est ainsi que j'essaie de traduire *allà mè̱n... ge*.

9. Cf. *Physique* IV 1, 208b2-6.

le lieu n'est ni une partie ni un état[1] de chacun, mais qu'il en est distinct. Oui, il semble bien que le lieu soit quelque chose comme un vase, car le vase est un lieu transportable[2]. Or, le vase **[209b30]** n'est rien de la chose. Cela étant, dans la mesure où le lieu est séparable de la chose, dans cette mesure il n'est pas sa forme[3], et dans la mesure où il contient (la chose), il est différent de sa matière[4].

2) L'opinion commune veut que toujours ce qui est quelque part soit en tant que tel quelque chose[5], et qu'il y ait quelque chose de différent en dehors de lui[6].

3) À Platon, pourtant, il faut demander, si l'on nous permet cette digression, pourquoi les Formes et **[209b35]** les nombres ne sont pas dans un lieu, dans l'hypothèse où le *metheктikón*[7] c'est le lieu, que le *metheктikón* soit le grand **[210a1]** et le petit ou que ce soit la matière, comme pour ainsi dire[8] il l'écrit dans le *Timée*[9].

4) En outre, comment pourrait se produire le transport vers le lieu de la chose[10], si le lieu était la matière ou la forme ? En effet, ce qui n'a rien à faire avec[11] le mouvement ou même avec la distinction du haut et du bas ne peut être un lieu. Il s'ensuit que c'est parmi les choses qui présentent ces attributs[12] **[210a5]** que doit être cherché le lieu.

1. Le terme *héxis* désigne une disposition permanente inhérente à un substrat ; Aristote le considère (*Physique* II 1, 193a25) comme un synonyme de *pathós* et de *diáthesis*. Comme il en est séparable, le lieu ne peut être considéré ni comme une partie ni comme un état de la chose. L'exemple qui illustrera la définition du lieu sera celui du vase.

2. Le vase ne peut pourtant pas être identifié au lieu, et cela pour deux raisons : 1) le vase peut être transporté, alors que le lieu ne le peut pas ; 2) Le vase est distinct de son contenu, dans la mesure où il est séparable. Pour ces distinctions, cf. IV 4, 212a14-21.

3. Résumé de IV 2, 209b21-30.

4. Résumé de IV 2, 209a31-b5.

5. Cf. *Timée* 52b.

6. Ce qui prouve que le lieu est séparable de la chose, et ne peut, de ce fait, être identifié à sa forme ou à sa matière.

7. Ici Aristote utilise le terme *metheктikón*, comme synonyme du *metalēptikón* de 209b12-13.

8. Contrairement aux autres traducteurs, je donne à *hṓsper* un sens limitatif, car, dans le *Timée*, on ne trouve, consigné par écrit, rien de ce que vient d'écrire Aristote.

9. Il est précisé que le *Timée* est un texte écrit. Cela dit, on ne trouve rien de tel dans le *Timée*, où n'interviennent ni « le grand et le petit » ni la « matière ».

10. C'est-à-dire vers le lieu propre, suivant la définition du début.

11. Je construis la phrase ainsi : *esti* + génitif. En effet, on ne peut traduire « ce dont il n'y a pas de mouvement », puisque de toute façon il n'y a pas de mouvement du lieu. Les choses qui n'ont rien à voir avec le mouvement et même avec la distinction du haut et du bas, ce sont la forme et la matière.

12. Les choses qui ont à voir avec le mouvement et même avec la distinction du haut et du bas.

5) Si d'autre part le lieu est dans la chose même[1] (il le faut en effet, si le lieu est forme ou matière), le lieu sera dans un lieu. En effet, c'est en même temps que la chose que se transforment et sont mus et la forme et l'indéterminé[2]; ils ne restent pas au même endroit, mais ils se trouvent là même où est la chose. Ainsi y aura-t-il un lieu du lieu.

6) En outre, chaque fois que, à partir d'air [**210a10**] est engendrée de l'eau, le lieu est détruit. Car le corps engendré ne se trouve pas dans le même lieu. Qu'est-ce donc que cette destruction[3]?

On a donc donné les raisons pour lesquelles il est nécessaire que le lieu soit quelque chose, et par ailleurs celles pour lesquelles on se trouve dans l'embarras concernant ce qu'il est.

COMMENTAIRE[4]

L'importance de ce chapitre de la *Physique* réside donc dans le fait qu'il s'agit du seul endroit, dans tout le corpus aristotélicien, où des *ágrapha dógmata* sont attribués à Platon pour être explicitement opposés à un dialogue particulier, en l'occurrence le *Timée*.

Dans un premier temps, il faut d'abord tenter de comprendre 209b11-17 : « Voilà bien pourquoi Platon, dans le *Timée*, dit que la matière et la *khọ́ra* c'est la même chose. En effet, le *metalẹptikón* et la *khọ́ra* sont une seule et même chose. Même, si, dans le *Timée*, Platon désigne le *metalẹptikón* d'une autre manière que dans ce qu'on appelle “les doctrines non écrites”, il n'en reste pas moins qu'il a déclaré que le lieu et la *khọ́ra* c'est la même chose. Tout le monde en effet dit que le lieu est quelque chose, mais Platon est le seul qui ait essayé de dire ce qu'il est. » Trois remarques : 1) En ce qui concerne le lieu, Platon a fait preuve d'originalité. Alors que ses prédécesseurs se contentaient de dire que le lieu doit exister, Platon a entrepris de dire ce qu'est le lieu ; 2) dans le *Timée*, Platon dit que la matière et la *khọ́ra* sont une seule et même chose. Et comme le lieu et la *khọ́ra* doivent être identifiés, Aristote en déduit que Platon pensait que la matière et le lieu étaient une seule et même chose. Ce qu'il s'emploie à réfuter par la

1. Comme Ross, qui suit Simplicius, j'interprète *autội* comme *autọi tội prágmati*.

2. C'est-à-dire la matière.

3. L'explication la plus simple, inspirée d'Aspasius (cf. Simplicius, *In Phys.* 549.12), semble être la suivante. Lorsqu'un corps (composé de forme et de matière) se contracte, par exemple lorsqu'un gaz se transforme en liquide, le lieu qu'il occupe désormais n'est plus le même que celui qu'il occupait auparavant et dont on peut dire qu'il a été détruit. Il en va de même pour les corps qui se dilatent (cf. *Physique* IV 1, 209a27-29).

4. Ce passage (*Physique* IV 2, 209a31-210a13) est analysé dans Cherniss 1944, p. 112-124.

suite; 3) cette réfutation présente un caractère général, car ce que Platon appelle *khṓra* dans le *Timée*, c'est-à-dire le *metalēptikón*, il l'appelle « le grand et petit » dans les « doctrines non écrites ».

Que penser de tout cela ? Reprenons le texte par le détail.

khṓra = húlē

Aristote affirme d'abord (209b11-12), et il y reviendra plus loin (210a1-2), que, dans le *Timée*, Platon aurait écrit que la *khṓra* est la *húlē*. Cela ne peut être le cas, car, dans le *Timée* (69a6), Platon n'utilise qu'une seule fois, et de surcroît dans un sens métaphorique, le terme *húlē*.

Même si elle est dépourvue de tout fondement textuel, l'identification de la *khṓra* à la *húlē* met en lumière un présupposé interprétatif : Aristote considère que la démarche qui a amené Platon à faire l'hypothèse de la *khṓra* est la même que celle qui l'a amené lui-même à faire l'hypothèse de la matière première : ce qui n'est pas le cas. Car, pour Aristote, la nécessité de l'existence d'une matière première découle d'une description de l'altération[1], alors que, pour Platon, la nécessité de la *khṓra* résulte d'un raisonnement dont le cours est le suivant : toute chose sensible est une image et cette image doit se trouver en quelque chose, aussi faut-il supposer un troisième terme, distinct à la fois des formes intelligibles et des choses sensibles, qui en sont les images, un troisième terme qui doit être le lieu où ces images sensibles apparaissent et dont elles disparaissent[2].

La matière première est le substrat de tous les contraires, en se présentant potentiellement comme le contraire de sa détermination actuelle (*Physique* IV 9, 217a21-25); aussi doit-elle être considérée sous deux aspects fondamentaux : celui du substrat et celui de la privation. Or, prenant pour acquise cette identification, Aristote reproche à Platon de ne pas avoir su faire une telle distinction :

> Nous, nous disons en effet que la matière et la privation sont des choses différentes, et que de ces deux choses l'une est un non-être par accident, la matière, alors que l'autre, la privation, est un non-être en soi[3]. L'une est près d'être une substance d'une certaine manière, c'est la matière, tandis que la privation n'est substance d'aucune manière. Pour eux[4] en revanche, le non-être équivaut au grand et au petit, qu'ils prennent le grand et le petit en bloc ou qu'ils le scindent. Par conséquent, leur triade[5] est totalement

1. *Physique* IV 4, 211b29-36, qui semble s'inspirer de *Timée* 49b-50a.
2. *Timée* 52a-c.
3. Je considère que *tò ouk òn eînai* est sous-entendu.
4. C'est-à-dire Platon et certains platoniciens.
5. Un, grand, petit.

différente de la nôtre[1]. En effet, ils sont bien allés jusqu'à voir qu'il faut une nature qui joue le rôle de substrat, mais ils l'ont faite unique. Car même si on[2] en fait une dyade, en disant que cette dyade c'est le grand et le petit, cela revient à la même chose, car on néglige l'autre nature[3]. (*Physique* I 9, 192a3-12)

Ceux qui ne distinguent pas entre substrat et privation sont, selon Aristote, forcés d'identifier la matière, considérée sous son aspect de non-être, au faux (*Métaphysique* N 2, 1089a20-21) et surtout au mal (*Métaphysique* N 4, 1091a31-1095a5).

metaleptikón = khóra

Considérée sous son aspect de substrat, la *khóra* est identifiée au *metaleptikón*.

Dans le *Timée* (52a8, 52d3), Platon reconnaît donc la nécessité d'un troisième terme pour rendre compte du sensible. Ce troisième terme il l'appelle notamment « réceptacle » (*hupodokhé* 49a5, *pandekhés* 51a7, cf. 50b6), alors qu'Aristote utilise le terme *metaleptikón* (*Phys.* 209b 12-13), auquel il donnera plus loin pour synonyme *methektikón* (*Phys.* 209b35).

On ne peut comprendre ce qui va suivre si l'on ne garde pas en mémoire ces deux choses : 1) les termes *metaleptikón* et *methektikón* sont pratiquement des hapax dans le corpus aristotélicien, *methektikón* n'étant utilisé qu'une seule autre fois ; 2) dans la *Physique*, ces deux termes, qui sont des dérivés en *-ikós*[4], présentent non pas la valeur d'état, à laquelle on s'attendrait, « ce qui se trouve dans l'état de participation », mais une valeur causale, « ce qui fait participer, ce qui permet la participation ».

On verra plus loin que *methektikón* présente ces deux sens chez Aristote. En ce qui concerne *metaleptikón*, Simplicius (*In Phys.* 542.11) estime que, si Aristote utilise ce terme pour désigner la *khóra*, c'est qu'il pense à ce membre de phrase du *Timée* : *metalambánon aporótatá pei toû noetoû* (51b1). Si on retient la suggestion de Simplicius, l'interprétation que donne Aristote de cette phrase constituerait un grossier contresens, car on ne peut tirer de ce membre de phrase le terme *metaleptikón* pris dans sa valeur d'état ou de cause. Pour Platon en effet, la *khóra* « participe de l'intelligible d'une façon particulièrement déconcertante ». Parce

1. Forme, privation, matière.

2. Le *tis* renvoie à Platon, cf. 209a33 *sq.*

3. La privation.

4. Sur ce type de dérivés, cf. Pierre Chantraine, *La formation des noms en grec ancien*, Paris, Champion, 1933, p. 392-393 et 394-395. Pierre Chantraine donne comme exemple de cette ambiguïté sémantique : *brotikós,* qui signifie à la fois « vorace » et « ce qui excite l'appétit ».

qu'elle n'est pas perceptible par les sens et que, étant immuable, elle est la seule chose qu'on peut désigner en ce monde par le déictique « ceci », terme réservé à la désignation des Formes. Dans cette perspective, la *khṓra* présente certains des traits caractéristiques de l'intelligible : 1) en tant que condition de possibilité du sensible, la *khṓra* ne peut être sensible ; 2) et en tant que support du devenir, elle ne peut être soumise au devenir. C'est pour ces raisons que la *khṓra* peut être dite « participer » de l'intelligible.

Pour sa part, le terme *methektikón* ne se retrouve qu'une seule autre fois dans tout le corpus aristotélicien, dans ce passage du *De generatione et corruptione* :

> Mais à ces deux causes [matérielle et finale], il faut ajouter une troisième [formelle]. Cette troisième cause, tous les penseurs l'entrevoient comme dans un rêve, mais personne ne la nomme. Les uns, comme le Socrate du *Phédon* [99c-101c], ont cru que les Formes étaient une cause suffisante du devenir. Socrate, en effet, reprochant aux autres de n'avoir rien dit sur cette question, suppose que, parmi les corps et les êtres qui existent, les uns sont des Formes, et que les autres ont part à ces Formes (*tà mèn eídē tà dè methektikà tō̂n eîdōn*), et encore que chaque être est dit exister d'après sa Forme, entrer dans l'existence par suite de sa participation à cette Forme et disparaître de l'existence par suite de la perte de cette Forme, de façon que, si tout cela est vrai, la pensée de Socrate est que les Formes sont nécessairement la cause de la génération et de la destruction. (*De gen. et corr.* II 9, 335b7-17)

Là encore trois remarques s'imposent : 1) ce texte fait référence à un dialogue précis, mais il s'agit cette fois du *Phédon* et non pas du *Timée* ; 2) dans ce passage du *De generatione et corruptione*, on trouve un pluriel *tà dè methektikà tō̂n eîdōn*, qui de toute évidence désigne les choses sensibles, lesquelles participent aux Formes. Par suite, *methektikón*, tout comme ce devrait être le cas pour *metalēptikón*, désigne « ce qui se trouve dans un état de participation aux Formes », et non point « ce qui permet la participation », comme le laisse entendre Aristote ; 3) dans le texte du *Phédon* visé, le grand et le petit interviennent, mais dans un contexte radicalement différent.

Le grand et le petit y sont invoqués pour illustrer les paradoxes qui surviennent dans le monde sensible, quand on ne fait pas intervenir la participation aux Formes. Dans le monde sensible en effet, une chose est grande et petite tout à la fois, grande par rapport à une chose, et petite par rapport à une autre. Or toutes les choses sensibles peuvent se voir attribuer des prédicats contraires, si elles participent de deux Formes qui entretiennent entre elles un rapport de contrariété. En revanche, il semble que dans le texte cité (*Physique* IV 2, 209b33-210a2), l'expression *tò méga kaì tò mikrón* ne désigne ni des prédicats attribués à des choses sensibles ni des Formes, mais le substrat même de la participation, tout comme *metal͟eptikón*.

Comment le substrat de la participation a-t-il pu être appelé *tò méga kaì tò mikrón* dans les « doctrines non écrites » ? On pourrait suggérer cette réponse, en s'aidant du chapitre de la *Physique* que je viens de traduire :

> Si effectivement le lieu est ce qui contient d'abord chaque corps, il sera une limite, en sorte que le lieu paraîtra être la forme et la figure de chaque chose, ce par quoi est délimitée sa grandeur, je veux dire ce par quoi est délimitée la matière de sa grandeur. Car la grandeur est la limite de chaque chose. (*Physique* IV 2, 209b1-5)

Dans la mesure où l'on assimile la grandeur à la limite, et donc à la figure, la matière de cette grandeur, c'est ce qui s'étend entre les limites qui bornent une figure, et donc, d'un point de vue géométrique, ce qui peut être grand et petit suivant le cas. Dans ce contexte, l'expression « le grand et le petit » devient synonyme de « matière de la grandeur », et donc de « matière » tout court, en tout cas chez un Platon pour qui la totalité de la réalité sensible est géométrisée.

Si tel est bien le sens de l'identification *húl͟e = tò méga kaì tò mikrón*[1], nous sommes renvoyés à une discussion sur la nature de la participation des choses sensibles aux Formes qui eut probablement pour point de départ la doctrine des Formes telle qu'elle est exposée dans le *Phédon* et dans les dialogues de la maturité[2] ; or, suivant Aristote, Platon, même s'il a changé de terminologie, a sur le sujet, dans le *Timée*, la même doctrine que dans ses doctrines non écrites (*en toîs legoménois agráphois dógmasin*).

À quoi pourraient faire référence ces doctrines non écrites (*en toîs legoménois agráphois dógmasin*) ? Simplicius (*In Phys.* 454.23-25) pense à la leçon *Sur le Bien* (*Perì tagathoû*). Mais il est évident que ce n'est que par l'intermédiaire d'Alexandre et de Porphyre[3] que Simplicius (453.30-31 ; 454.17-22 ; 151.6) connaissait cet ouvrage, dont il est impossible par

1. Je n'ai pas le temps de considérer le fameux passage de la *Métaphysique* (A6, 987b20-988a14) sur le rôle joué au niveau des Formes et des Nombres par *tò méga kaì tò mikrón*. Mais, à mes yeux, ce passage ne contredit pas ce que j'explique ici.

2. Cf. sur le sujet John Malcolm, *Plato on the self-predication of Forms. Early and middle dialogues*, Oxford, Clarendon Press, 1991.

3. Cf. la longue note 77 de Cherniss 1944, p. 119-121. Pour la position opposée, cf. Konrad Gaiser, « Plato's enigmatic lecture *On the Good* », 1980, p. 5-37. Cet article que je n'ai pas le temps de critiquer ici présente l'intérêt de bien poser le problème et de donner une traduction anglaise et un commentaire des témoignages les plus sérieux.

ailleurs de savoir à qui il était attribué[1] et donc s'il était authentique. Par voie de conséquence, il est plus raisonnable de penser que, par les mots *en toîs legoménois agráphois dógmasin*, Aristote voulait faire référence à des discussions qui avaient eu lieu dans le cadre de l'ancienne Académie, sans avoir été consignées par écrit.

Quoi qu'il en soit, l'argumentation d'Aristote paraît être la suivante. Si on interprète la participation en termes de « présence », comme cela semble être le cas dans le *Phédon*, alors les Formes et les Nombres doivent être présents dans le substrat qui rend possible la participation et qui présente des caractéristiques contraires aux Formes.

Cette interprétation de la participation particulièrement primitive ne peut plus être invoquée après une lecture de la première partie du *Parménide*, et notamment de 131a-132b. Comment, dès lors, expliquer qu'Aristote la retrouve dans le *Timée*? On pourrait penser que le *Timée* n'est pas un dialogue tardif comme le pensent, dans leur écrasante majorité, les commentateurs. Même si tel était le cas, ce qui n'est pas ma conviction, force est de reconnaître que, dans le *Timée* même, Platon récuse une telle conception de la participation. Il déclare explicitement que la forme intelligible « n'entre en aucune autre chose où que ce soit » (52a2) et que, si l'on accepte l'hypothèse de l'existence de formes intelligibles et de la *khóra*, il faut admettre que « tant que de deux choses l'une est ceci et l'autre cela, l'une ne peut jamais venir à l'être en l'autre, puisqu'une chose ne peut être en même temps deux choses » (52c5-d1), et enfin que ce qui entre et sort de la *khóra*, ce sont les *mimḗmata* des formes (52a4-7, 52c2-5, 50c2-6). Si l'on considère que le *Timée* est un dialogue tardif, on peut expliquer la position d'Aristote en ces termes. Aristote comprenait la participation platonicienne telle qu'elle avait été exposée dans le *Phédon*. Cette version de la participation, qui avait sans doute suscité d'innombrables discussions dans l'Académie, devait avoir été revue par Platon qui, à partir du *Parménide*, semble avoir répondu à ses objecteurs et modifié ainsi sa doctrine. Et si Aristote maintint la version du *Phédon*, alors même que Platon devait y avoir renoncé, c'est probablement qu'il souhaitait établir que Platon, en dépit des modifications qu'il avait pu y apporter, n'avait finalement pas fondamentalement modifié sa doctrine au moment où il rédigeait le *Timée*.

Encore fallait-il justifier cette position. Voici comment aurait pu être développée cette interprétation singulière du *Timée*. En *Physique* III 1, 201b20-21, Aristote nous apprend que certains (*hénioi*) avaient défini le mouvement comme *heterótēs kaì anisótēs kaì tò mḕ ón*. Pour sa part,

1. Sur la foi de Porphyre, Simplicius (*In Phys.* 453.29-30) attribue à Platon des propos tenus dans une « conférence », *Perì tagathoû*, à laquelle auraient assisté Aristote, Héraclide, Hestiée et d'autres disciples qui auraient alors pris des notes.

Eudème, si on en croit Simplicius (*In Phys.* 431.8-9) prétendait que, pour Platon, le mouvement était *tò méga kaì tò mikròn kaì tò mḗ òn kaì tò anṓmalon*. Aristote en utilisant *anisótēs* et Eudème en utilisant *anṓmalon* semblent faire référence à cette phrase du *Timée* sortie de son contexte : « Ainsi donc, nous poserons que le repos réside toujours dans l'uniformité, et que le mouvement est passage à l'absence d'uniformité. De plus, la cause de l'absence d'uniformité, c'est l'inégalité; or, nous avons déjà décrit (57c-d) comment était engendrée l'inégalité » (*Timée* 57e-58a, voir 52d-53a). Bref, Aristote et Eudème arrivaient à utiliser ce passage du *Timée* pour montrer que, pour Platon, « le grand et le petit », assimilé à la *húlē*, se trouvait en mouvement. Il s'ensuivait tout naturellement que, si, en fonction d'une certaine conception de la participation, les Formes se trouvaient dans « le grand et le petit », elles étaient forcément en mouvement.

khṓra = tópos

À la critique qui s'attache à l'identification de *khṓra* à *tópos*, s'en ajoute une autre qui s'attache à l'identification de *khṓra* à *methektikón* : « À Platon, pourtant, il faut demander, si l'on nous permet cette digression, pourquoi les Formes et les nombres ne sont pas dans le lieu, dans l'hypothèse où le *methektikón* c'est le lieu, que le *methektikón* soit le grand et le petit ou que ce soit la matière, comme il l'écrit pour ainsi dire dans le *Timée* » (*Physique* IV 2, 209b33-210a2). Tentons de comprendre ce qu'Aristote veut dire ici, en nous débarrassant de tout préjugé.

Comme Aristote donne au terme *tópos* un sens technique précis que ne connaissait pas Platon, l'identification de *tópos* avec *khṓra* ne va aucunement de soi. Il faut bien admettre que la terminologie platonicienne n'est ni précise ni fixée; dans certains passages du *Timée* (52b4, 57c1) en effet, la signification des termes *tópos* et *khṓra* est très proche. Il n'en reste pas moins que, pour Platon, *khṓra* semble être l'étendue en général, alors que *tópos* semble plutôt désigner toute section dimensionnelle de cette étendue, section dimensionnelle définie par le phénomène particulier qui y advient; ce qui revient à dire que la caractérisation de la *khṓra* par différentes qualités sensibles à un moment donné produit des *tópoi* (*Timée* 52a4-52b5, cf. 51a-b)[1]. Dans cette perspective, on pourrait être tenté de considérer que le couple *khṓra*/*tópos* chez Platon peut être superposé au couple lieu propre/lieu commun chez Aristote. Mais cette superposition est impossible, en raison de la précision technique de la définition aristotélicienne du lieu : « Par suite, la limite immobile immédiate de ce qui contient (*tò toû periékhontos péras akíneton prȏton*), voilà ce qu'est le

1. Brisson 1974, p. 212-214. Et maintenant, Jean-François Pradeau, « Être quelque part, occuper une place. *Tópos* et *khṓra* dans le *Timée* », *Études Philosophiques*, 1995, p. 375-399.

lieu» (*Physique* IV 4, 212a20-21). On ne trouve rien dans le *Timée* qui laisse penser que Platon aurait pu admettre une telle définition du lieu.

Par ailleurs, identifier la *khṓra* au *tópos* d'Aristote amène à identifier le lieu au vide (IV 7, 214a11-14), suivant une déduction qui, dans un contexte aristotélicien, se développe ainsi. Si, comme le prétend Aristote (IV 2, 209b9-11), Platon identifie *khṓra* et matière en faisant abstraction de toute forme et de toute caractéristique, et si, comme chez certains, le vide est défini comme le lieu privé de matière (IV 4; IV 7, 214a11-14; 214a16-17; cf. 214a12), il s'ensuit que la matière et le vide sont une seule et même chose. Il n'est pas indifférent que cette identification de la *khṓra* platonicienne avec le vide se trouve dans la proximité de ce que dit Aristote du «vide» (*kenón*) pythagoricien identifié au «souffle illimité» (*ápeiron pneúma*) (*Physique* IV 6, 213b22-29). Dans la *Métaphysique* (A7, 988a23-32), où il fait un inventaire de ce qui a été dit de la «cause matérielle», Aristote range «le grand et le petit» de Platon du côté de l'«illimité» des «Italiens», qu'il prend comme exemples d'un principe matériel conçu comme «incorporel». Or, Platon, en plusieurs endroits du *Timée* (60c, 79b, 80c), dénie explicitement l'existence du vide.

Dans le *De generatione et corruptione* (II 1, 329a3-24), Aristote arrive au même résultat, mais par une autre voie. Comme les éléments correspondent à des polyèdres formés à partir de surfaces, la substance des corps se réduit à ces surfaces. Or, étant donné que, suivant Aristote, il correspond à la matière, le réceptacle doit être la somme de ces surfaces. Mais la matière ne peut être incorporelle. D'où la contradiction.

Si l'on prend en considération tous ces points, deux conclusions s'imposent.

1) Aristote parle de Platon soit en utilisant des termes autres que ceux que son maître avait utilisés, soit en utilisant les mêmes termes mais en leur donnant un sens différent. Or, c'est la terminologie d'Aristote qui a prévalu; force est donc de revenir aux termes employés par Platon et au sens qu'il voulait leur donner. Ainsi deviendra-t-il possible de distinguer chez Aristote témoignage et inférence critique, pour éviter de tomber dans les pires contresens concernant non seulement Platon, mais aussi Socrate, les sophistes et les autres.

2) Les commentaires d'un auteur aussi subtil et intelligent que Simplicius demandent à être lus attentivement certes, mais toujours avec un esprit critique. À la limite, ses prises de position sont, la plupart du temps, aussi discutables que celles de nos collègues contemporains que nous ne nous privons pas de critiquer.

DEUXIÈME PARTIE

LA MYTHOLOGIE PLATONICIENNE

SUR LE *PROTAGORAS*
LE MYTHE DE PROTAGORAS
ET LA QUESTION DES VERTUS

Le mythe de Protagoras (320c-322d)[1] illustre une doctrine éthique et politique très élaborée, qui s'oppose à celle de Platon, ne fût-ce que comme une ébauche. Pour montrer ce qu'il en est, je procéderai en trois étapes.

Tout d'abord, je ferai apparaître les trois oppositions pertinentes qui traversent le mythe de Protagoras, tout en déterminant le rôle des connecteurs qui assurent l'articulation de son organisation dramatique. Puis je montrerai comment le mythe de Protagoras s'intègre dans le *Protagoras* comme la contrepartie de la doctrine platonicienne, sur le plan de l'éthique et de la politique tout à la fois. Car, sur ce plan, le *Protagoras* récapitule et organise les résultats des recherches amorcées dans les dialogues antérieurs, annonçant par là la *République*. Et enfin, je chercherai à déterminer

1. L'article qui m'a servi de base ici a été publié en 1975. Depuis, un certain nombre d'articles ont été consacrés au mythe de Protagoras : Alessandro Lami, « Il mito del *Protagora* ed il primato della politica », *Critica Storica* 12, 1975, p. 169-176 ; Clyde Lee Miller, « The Prometheus Story in Plato's *Protagoras* », *Interpretation* 7, 1978, p. 22-32 ; Marks J. Edwards, « Protagorean and Socratic myth », *Symbolae Osloenses* 67, 1992, p. 89-102 ; Hans Achterthuis, « Techniek als utopie », *Kennis Methode* 19, 1995, p. 9-28 ; Paul Demont, « Le *Protagoras* de Platon, Hérodote et la providence », *Actas del VIII Congreso Español de Estudios Clásicos*, 1994, t. II, 1994, p. 145-158 ; Ruth Dölle-Oelmüller, « Der Mythos von Üeberleben und guten Leben des Menschen. Platon : *Protagoras* 320b-323a », *Zeitschrift für Didaktik der Philosophie* 13, 1991, p. 41-56 ; Stratos Geragotis, « Justice et pudeur chez Protagoras », *Revue de Philosophie Ancienne* 13, 1995, p. 187-197 ; André Motte, « Un mythe fondateur de la démocratie (Platon, *Protagoras* 319c-322d) », *Mythe et Politique*, études rassemblées par F. Jouan et A. Motte, Bibliothèque de la Faculté de philosophie et lettres de l'université de Liège, 1990, p. 218-229. Pour le mythe et pour le reste du dialogue, les ouvrages les plus récents sont : Platon, *Protagoras*, traduction inédite, introduction et notes par Frédérique Ildefonse, GF 761, Paris, Flammarion, 1997 et Platon, *Protagoras*, Übers. und Komm. von Bernd Manuwald, Göttingen, Vandenhoeck und Ruprecht, 1999.

de quelle pratique sociale il tire son origine et de quel conflit réel l'affrontement, que révèlent le mythe de Protagoras et la *République*, est l'image.

La première opposition : dieux/mortels

Le mythe de Protagoras s'ouvre sur cette phrase : « C'était au temps où les dieux existaient, mais où n'existaient pas les races mortelles[1]. » L'opposition dieux/mortels équivaut dans cette phrase à l'opposition immortels/mortels : l'immortalité en question signifiant, avant tout, une durée indéfinie, c'est-à-dire dépourvue de cette fin qui définit la vie des mortels.

De façon implicite, l'opposition immortels/mortels en appelle une autre : êtres ayant une existence indépendante et non dérivée/êtres ayant une existence dépendante et dérivée. Dans le mythe de Protagoras en effet, l'existence des dieux est donnée d'entrée de jeu, alors que c'est aux dieux que les êtres mortels doivent la leur. Les dieux façonnent la substance des êtres mortels à l'intérieur de la terre, à partir d'un mélange de feu, de terre et de tout ce qui peut entrer en composition avec ces deux éléments[2]. À des époques fixées par le destin, ils les font monter à la lumière ; d'abord les bêtes, puis les hommes (320d3-7). Et ils leur envoient des délégués chargés de leur distribuer les puissances qui doivent mener à son terme leur organisation (320d4-7, 322c1-2). En définitive, les dieux assurent aux mortels leur existence, en intervenant pour constituer leur substance, pour les faire paraître à la lumière et pour les munir de leurs puissances. On remarquera que les deux premières interventions semblent intéresser tous les dieux et se produire directement, sans intermédiaire, alors que la dernière s'accomplit par l'intermédiaire de délégués et implique, dans le cas de l'homme, la tripartition fonctionnelle du monde des dieux[3].

Pour le moment, il ne sera pas fait mention de ces délégués. Je m'attacherai plutôt à mettre en lumière la tripartition fonctionnelle qui, dans le mythe de Protagoras, affecte le monde des dieux, modèle de la cité humaine,

1. *Protagoras* 320c8-d1. Une expression similaire introduit le mythe des cigales dans le *Phèdre* (259b).

2. *Protagoras* 320d. Cette phrase entretient des rapports évidents avec une autre qui se trouve dans le mythe du *Politique* (274a).

3. Sur la tripartition fonctionnelle, cf. Georges Dumézil, *L'idéologie tripartie des Indo-européens*, collection Latomus 31, Bruxelles, 1958 ; *Mythe et épopée* I. *L'idéologie des trois fonctions dans les épopées des peuples indo-européens*, Paris, Gallimard, 1968. Cette « idéologie » introduit dans le panthéon, dans la société et dans les différents actes importants de la vie en communauté une distinction entre trois « fonctions » : 1) la souveraineté, dans son aspect magique et violent, juridique et pacifique, 2) la puissance guerrière et la force physique, et enfin 3) la fécondité et la production de la nourriture et des richesses sous toutes leurs formes.

comme nous le verrons plus loin. Zeus représente le souverain par excellence, détenteur de l'art politique (321d5). Il est protégé par de redoutables gardiens (321d7). Pour leur part, Héphaistos et Athéna font partie des dieux de la fonction productrice : Héphaistos se présente comme le détenteur de l'art du feu, alors qu'Athéna apparaît comme la déesse qui préside à toute une série d'autres arts (321e2-3). Une tripartition spatiale recouvre cette tripartition fonctionnelle, en la renforçant. En effet, Zeus réside sur une acropole (321d5-6). Ce qui nous laisse supposer que ses gardiens doivent se trouver dans les alentours immédiats de cette acropole durant leur service, et, durant leur repos, sur les pentes de l'éminence que couronne cette acropole. Et selon toute vraisemblance, c'est au pied de cette éminence qu'on peut situer la demeure commune d'Héphaistos et d'Athéna.

Face aux dieux, apparaissent les mortels, qui leur doivent leur existence. Ces êtres mortels se divisent en deux groupes : les bêtes, qui sont dépourvues de raison (321c1), et les hommes qui, comme nous le verrons, sont investis de raison et doivent vivre en cité (321c2, 3).

La seconde opposition : hommes/bêtes

Les êtres mortels se divisent donc en deux groupes : les bêtes et les hommes. Les bêtes se distinguent des hommes en ce qu'elles sont dépourvues de raison, ce qui les bloque au niveau d'un déterminisme total. Les hommes, parce qu'ils sont doués de raison, et donc investis de savoir, peuvent au contraire pratiquer divers arts. Et cela est d'autant plus évident que, pour Protagoras, savoir équivaut nécessairement à savoir technique, aussi bien au niveau de la démiurgie qu'à celui de la politique[1]. Voilà pourquoi les hommes échappent au déterminisme total propre aux bêtes et sont capables d'innovation.

Les bêtes, sujets de la distribution d'Épiméthée, voient la sécurité de leurs espèces assurée par l'équilibre qui règne entre elles. En effet, les bêtes faibles compensent par leur vitesse leur manque de force (320d8-e1). Et les bêtes dépourvues de moyens de défense, si leur grosseur ne suffit pas à assurer leur protection (320e3-4), peuvent trouver refuge dans une fuite ailée ou dans un abri souterrain (320e3-4). Par ailleurs, l'« équipement », dont ils ne peuvent se passer, leur est, en quelque sorte, incorporé (321a7). D'une part, les bêtes sont revêtues de peaux solides ou de poils épais qui, le

1. On notera l'expression *te̲n éntekhnon sophían* (321d1), et le parallélisme, d'une part, entre *tè̲n mén oûn perì tòn bíon sophían* (321d4) et *kaì he̲ de̲miourgikè̲ tékhne̲ pròs mén trophè̲n hikanè̲ boethòs ê̲n* (322b3-4) et, d'autre part, entre *tè̲n de politikè̲n* [*sophían*] *ouk eîkhen* (321d4-5) et *politikè̲n gàr tékhne̲n* (322b5).

jour, les protègent contre la chaleur et le froid et qui, la nuit, leur servent de couvertures (321a3-7). Et d'autre part, elles sont chaussées soit de sabots soit de peaux solides (321a7). Enfin, la nourriture leur vient spontanément, en vertu d'une harmonie préétablie entre la faune et la flore. Certaines espèces de bêtes sont végétariennes et mangent soit de l'herbe, soit des fruits, soit des racines (321b3-4), alors que les autres sont carnivores (321b4) : toutefois, une fécondité restreinte a été attribuée à ces dernières espèces (321b5), alors que les premières se caractérisent, au contraire, par l'abondance de leur progéniture (321b5-6). En définitive, le monde des bêtes est un monde clos, où tous les besoins sont toujours déjà satisfaits. Les bêtes vivent au passé. Chez elles, le déterminisme remplace la raison.

En ce qui concerne la satisfaction immédiate des besoins fondamentaux, la condition humaine est, de loin, inférieure à celle des bêtes, fait sur lequel insiste le passage où Prométhée, se rendant compte de la bévue d'Épiméthée, prend la mesure de la situation humaine. Les hommes sont complètement désarmés (321c6); ils sont nus, dépourvus de cet équipement que constituent couvertures et chaussures (321c5-6); en outre, même si rien n'est dit concernant leur nourriture, on peut conjecturer qu'ils éprouvent des difficultés à s'approvisionner. Puisqu'en effet ils ne peuvent chasser (322b1-3), ils en sont réduits à être végétariens, c'est-à-dire à manger l'herbe, les fruits et les racines qui leur tombent sous la main, sans pouvoir intervenir soit par l'agriculture soit par la cuisine. Par conséquent, le monde des hommes est un monde où aucun besoin n'est d'emblée satisfait. Dans un tel monde, la satisfaction des besoins, loin d'être immédiate, passe par la médiation d'un savoir technique dont la condition est l'usage de la raison.

Pour se protéger, les hommes devront maîtriser la technique politique, dont dérive la technique militaire. Pour se procurer l'équipement qui leur est nécessaire, ils devront faire usage de la technique démiurgique sous tous ses aspects. Et pour trouver une nourriture qui leur convienne, ils devront connaître l'agriculture. Ce que l'espèce humaine perd au niveau du déjà donné, elle le gagne ainsi au niveau du possible. Et cela, parce que, chez l'homme, la raison supplée le déterminisme.

besoins	nature		culture
	bêtes	hommes	
sécurité	équilibre	désarmés	technique politique technique militaire
équipement	incorporation	nus	démiurgie
nourriture	harmonie faune-flore	difficultés	agriculture

Ce tableau illustre bien comment, à ces trois niveaux, les bêtes s'opposent aux hommes.

Cette fois encore, l'un des termes de l'opposition étudiée n'a été considéré que comme le revers de l'autre : le monde des hommes n'est intervenu que comme repoussoir de celui des bêtes. Mais une troisième opposition pertinente doit être prise en considération, qui permet justement de décrire, en détail, le monde des hommes.

La troisième opposition : technique démiurgique/technique politique

Le monde des hommes s'oppose à celui des bêtes, comme le domaine de la raison et de l'innovation à celui du déterminisme et de l'absence de raison. En outre, la raison implique le savoir qui, pour Protagoras, est avant tout savoir technique. Toutefois, au sein du savoir technique, s'inscrit une opposition fondamentale entre démiurgie et politique.

Pour faire apparaître le sens de cette opposition, pour en mettre en lumière la nature et pour en distinguer les implications, il faut une fois encore évoquer la tripartition fonctionnelle, elle-même réductible à une division bipartite. Des traces d'une tripartition fonctionnelle ont déjà été relevées dans le monde des dieux. Or, cette tripartition fonctionnelle se reflète au niveau de la cité humaine. Aucune cité ne peut être formée sans la maîtrise de la politique (322c3). Par ailleurs, l'art militaire constitue une partie de l'art politique (322b5). Enfin, on ne saurait imaginer une cité sans un secteur productif impliquant, d'une part la démiurgie (322b3-4), et d'autre part l'agriculture (322a7-8). Cette tripartition fonctionnelle peut aussi être reliée à l'analyse des besoins conduite dans la section précédente. Les besoins les plus fondamentaux sont la sécurité, l'équipement et la nourriture. Or, comme l'homme n'est pas soumis au déterminisme qui caractérise les bêtes, il doit pallier ce désavantage par son initiative. La technique militaire, qui n'est donc qu'une partie de la politique, lui assure la sécurité. La démiurgie lui procure l'équipement dont il a besoin, et l'agriculture lui fournit sa nourriture.

Dans cette perspective, une tendance se fait néanmoins sentir qu'il nous faut maintenant mettre en lumière. En effet, la tripartition fonctionnelle de la société implique une bipartition plus fondamentale. Ce qui est relativement clair dans le mythe de Protagoras, où la technique militaire se résorbe dans la politique. En effet, les gardes du corps de Zeus, figures anonymes, n'ont de relief que par leur proximité avec le roi des dieux (321d7). Par ailleurs, la fonction productrice a tendance à se réduire à la démiurgie. En effet, Protagoras ne mentionne qu'une seule fois l'agriculture (322a7-8). Cela se comprend dans le cadre d'un mythe sur l'apparition des techniques : car, pour les Grecs, l'agriculture n'est pas une technique [1]. Bref, la tripartition fonctionnelle, dont les traces ont été repérées dans ce mythe, se réduit, pour les besoins de la cause, à une division bipartite, qui engendre l'opposition démiurgie/politique.

Cette opposition passe par Prométhée, qui procure aux hommes la démiurgie, et par Hermès, qui leur apporte la politique. En effet, après avoir fait le bilan de la situation, désastreuse pour l'homme, qu'a créée la négligence d'Épiméthée distribuant aux bêtes la totalité des puissances reçues des dieux, Prométhée décide d'agir. Son intervention est ainsi décrite d'abord en *Protagoras* 321d1-3 : « [Prométhée] vole le savoir technique propre à Athéna et à Héphaistos, en même temps que le feu – car sans le feu il n'y avait pas moyen d'acquérir et de faire usage de ce savoir –, et, après avoir volé le feu, il en fait don à l'homme » ; puis en 321e1-3 : « et ayant volé et la technique du feu propre à Héphaistos et le reste des arts propres à Athéna, il en fait don à l'homme. » L'intervention de Prométhée comprend donc deux moments : d'abord, un vol qui s'accomplit aux dépens des dieux ; puis un don qui profite aux hommes [2].

Ce que Prométhée vole à Héphaistos et à Athéna, et ce dont, par la suite, il fait don aux hommes, c'est beaucoup moins le feu lui-même – feu du sacrifice, feu technique, feu de cuisine – que l'art démiurgique en général, dont l'acquisition et l'usage sont rendus possibles par ce feu aux fonctions protéiformes. Voilà pourquoi on ne peut comprendre la suite du mythe de Protagoras sans se rappeler que, dans la littérature grecque, le terme *dēmiourgós* est investi de significations diverses [3]. En effet, il désigne aussi bien le héraut homérique, qui officie durant les sacrifices et qui sert aux repas, que les divers maîtres de la parole, et que tous les spécialistes qui exercent un art libéral ou un artisanat quelconque.

1. Toutefois, on notera que, dans *l'Euthydème* (291e), l'agriculture (*geōrgía*) est considérée comme la technique « qui procure la nourriture qui vient de la terre ». C'est loin d'être toujours le cas en Grèce ancienne, comme le font remarquer : Jean-Pierre Vernant, « Travail et nature dans la Grèce ancienne » [1955] et « Prométhée et la fonction technique » [1952], repris dans *Mythe et pensée chez les Grecs*, 1965 ; Pierre Vidal-Naquet, « Étude d'une ambiguïté : les artisans dans la cité platonicienne » [1979], *Le chasseur noir*, 1981, p. 307-308.

2. Dans le mythe du *Politique* (cf. p. 188-190) les techniques apparaissent comme un don des dieux, ce qui est conforme au postulat suivant lequel les dieux sont bons (cf. p. 228-231). Ici, Prométhée vole le feu avant de le remettre aux hommes, épisodes qui corresponde à ceux évoqués par Hésiode : sur le sujet, voir Jean-Pierre Vernant, « Le mythe prométhéen chez Hésiode », *Mythe et société en Grèce ancienne*, Paris, Maspero, 1974, p. 177-194. Ce détail important permet d'avancer l'hypothèse que Platon entend bien se distinguer du récit qu'il met dans la bouche du sophiste.

3. Sur le mot, cf. Françoise Bader, *Les composés grecs du type de « dēmiourgos »*, Paris, Klincksieck, 1965 ; sur la chose : Brisson 1974, chapitre 1.

Voici d'ailleurs ce qu'on lit après la description du vol perpétré par Prométhée et du don que, subséquemment, il vient de faire aux hommes : « Puisque l'homme participait au lot divin[1], d'abord il fut, en raison de sa parenté avec les dieux[2], le seul des êtres vivants à honorer les dieux, et il entreprit d'ériger des autels et des représentations des dieux. » (322a3-5). Selon toute vraisemblance, mention est faite dans cette phrase non seulement du feu technique, qui permet l'érection d'autels et la fabrication de représentations des dieux, mais aussi du feu du sacrifice. Ainsi le don que Prométhée vient de faire à l'homme permet-il à ce dernier de participer effectivement au « lot divin », et donc d'établir, par l'intermédiaire du culte et de la vénération, une certaine relation entre son monde et celui des dieux. Le texte se poursuit ainsi : « Puis rapidement il développa la technique qui consiste à articuler sons et mots, et découvrit comment fabriquer des habitations, des vêtements, des chaussures et des couvertures, et comment tirer les aliments de la terre. » (322a5-8). Cette phrase est peut-être la plus importante et la plus difficile du mythe de Protagoras. Alors que la démiurgie a déjà permis l'établissement de certaines relations entre le monde des hommes et celui des dieux, il rend maintenant possible des relations entre les hommes, relations bien imparfaites toutefois et qui, par conséquent, devront prendre appui sur autre chose pour que soit possible la vie en cité.

La fabrication d'habitations, de vêtements, de chaussures et de couvertures se situe dans la sphère de l'artisanat et implique, de ce fait, l'utilisation du feu technique. Ainsi atteint-on le noyau essentiel et le trait le plus stable du mythe de Prométhée. Toutefois, ici, l'artisanat n'est qu'un élément de cet ensemble plus vaste que constitue la démiurgie. On voit, par là, comment Protagoras s'est approprié un récit traditionnel, pour le transformer, dans la perspective de l'Athènes dans laquelle il vit, afin de lui faire servir la promotion de sa doctrine éthique et politique.

Le mythe évoque enfin l'agriculture. L'agriculture n'est certes pas une technique. Toutefois, en tant qu'activité intégrée dans le cadre d'une société, elle implique, ne fût-ce qu'au second degré, l'intervention de l'arti-

1. Il s'agit de la *theía moíra*, qui est aussi évoquée dans le *Phèdre* 230a, l'*Apologie de Socrate* 33c et l'*Ion* 534c. Sur le sujet, cf. Joseph Souilhé, « La *theîa moîra* chez Platon », *Mélanges J. Geyser*, Regensburg, J. Habbel, 1930, p. 11-25.

2. On a voulu supprimer *dià tē̲n toû theoû suggéneian* comme une glose interpolée (cf. C. W. Mueller, « Protagoras über die Götter », *Hermes* 95, 1967, p. 140-159), en invoquant l'argument suivant lequel ce membre de phrase entrerait en contradiction avec l'agnosticisme qu'aurait professé Protagoras (voir Diogène Laërce IX 51) et qui lui aurait valu d'être expulsé d'Athènes à la suite d'un procès en impiété similaire à celui intenté à Socrate. À la suite de K. J. Dover (« The freedom of the intellectual in Greek society » [1976], *The Greeks and their legacy*, Oxford, Blackwell, 1988, p. 135-158), je doute de l'historicité de ce procès, tout comme G. B. Kerferd, *Le mouvement sophistique* [1981], traduction de l'anglais par A. Tordesillas et D. Bigou, Paris, Vrin, 2000, Annexe I.

sanat, puisque, pour travailler la terre de façon efficace, il faut des instruments, c'est-à-dire au moins une pièce de bois dont l'extrémité a été durcie au feu. Et par ailleurs, on doit remarquer que l'expression *tàs trophás* fait implicitement référence au feu de cuisine auquel renvoyait aussi, d'une certaine façon, *bo̱moús*.

Actes religieux, langage, artisanat et agriculture, tout cela découle de la démiurgie, dont le feu permet, globalement, l'acquisition et l'usage. Toutefois, cela ne suffit pas à fonder une cité. En effet, la démiurgie (322b3) implique la spécialisation (322c6-7), et même la répartition des tâches. Ce qui engendre une division que ne peuvent résorber ni le langage, qui institue bien une relation entre les individus, mais une relation manquant de permanence comme de profondeur, ni les actes religieux, dont le caractère collectif peut être réduit à son expression la plus simple. Voilà pourquoi les hommes, même munis de l'art démiurgique, n'en demeurent pas moins incapables de fonder une cité (322b1). Ils vivent dispersés (322b1, 8). Et dès qu'ils tentent de se réunir, l'injustice qui marque leur comportement les force à se séparer de nouveau (322b6-8). Or, la faiblesse qui leur est inhérente (322b2) fait des hommes dispersés des proies faciles pour les bêtes (322b1-3).

Seule la technique militaire leur permettrait de résister victorieusement aux bêtes (322b4)[1]. Mais la formation d'une armée, soumise à une discipline rigoureuse, implique comme condition *sine qua non* la constitution d'une cité réglée par des lois précises. En plus de l'art démiurgique qui leur assure équipement et nourriture, les hommes ont donc besoin de la politique pour assurer leur sécurité. Zeus le sait bien, qui « envoie Hermès porter aux hommes *l'aidó̱s* et la *díke̱*[2], afin qu'ils soient les principes organisateurs des cités et les liens unificateurs de l'amitié » (322c1). Ce qui revient à dire que la politique trouve son fondement dans *l'aidó̱s* et la *díke̱*.

Et, puisque l'art politique s'oppose à l'art démiurgique en ce que le second implique la spécialisation et donc la division, alors que le premier rend possible l'intégration et donc l'union, l'*aidó̱s* et la *díke̱* doivent s'opposer aux puissances propres à la démiurgie, en ce que, alors que les secondes sont l'apanage d'un nombre restreint d'individus, les premières sont communes à tous. C'est en effet en ce sens qu'il faut comprendre la réponse de Zeus à Hermès qui s'enquiert du mode de distribution des deux vertus qui lui ont été confiées : « Dois-je, demande Hermès, les [l'*aidó̱s* et la *díke̱*] répartir de la même façon que les autres ont été réparties ? Celles-ci

1. Pour une étude des rapports entre la guerre et la chasse en Grèce ancienne, voir Alain Schnapp, *Le chasseur et la cité : chasse et érotique en Grèce ancienne*, Évolution de l'Humanité 120, Paris, Albin Michel, 1997.

2. Pour une définition de ces deux notions qui sont des vertus, cf. *infra*, p. 126-132.

ont été réparties ainsi : un seul médecin suffit à plusieurs individus qui ne le sont pas; de même les autres démiurges. Eh bien, l'*aidó̱s* et la *díke̱* dois-je les établir ainsi dans les hommes ou dois-je les répartir entre tous ? Entre tous, répondit Zeus, et que tous soient du nombre de ceux qui en participent. En effet, il n'y aurait pas de cités si seul un petit nombre d'entre eux y participaient, comme aux autres arts. En outre, institue en mon nom cette loi : que celui qui ne peut participer à *l'aidó̱s* et à la *díke̱* soit mis à mort comme s'il s'agissait d'une maladie (*nóson*) qui frappe la cité » (322c3-d5). Ce texte pose des problèmes redoutables, qui cependant ne seront pas évoqués ici [1].

Je me borne pour l'instant à rappeler ce qui vient d'être dit au sujet de cette seconde opposition : art démiurgique/art politique. L'art démiurgique assure aux hommes équipement et nourriture, alors que l'art politique, dont dérive l'art militaire, est la condition de leur sécurité. En outre, alors que l'art démiurgique se caractérise essentiellement par la spécialisation qui produit l'habileté, l'art politique se présente comme le principe d'intégration qui permet l'agrégation des hommes en cité. Voilà pourquoi, alors que les diverses branches de l'art démiurgique sont toujours le fait d'un nombre restreint d'individus, qui font bénéficier plusieurs autres individus de leurs services, l'*aidó̱s* et la *díke̱,* vertus qui fondent l'art politique, doivent être partagées par tous.

art	besoin	conséquence	caractère
art démiurgique	nourriture équipement	spécialisation	particulier
art militaire art politique	sécurité	intégration	général

Et c'est à partir de cette opposition fondamentale art démiurgique / art politique, ainsi développée, que le mythe de Protagoras prend son véritable sens, et que peut être compris, dans son ensemble, le projet du *Protagoras*.

Le mythe de Protagoras se présente comme un mythe d'origine de la cité. Aussi en explique-t-il et, de ce fait, en fonde-t-il la division essentielle.

1. Ce passage que j'ai tenu à traduire littéralement fait problème. Comment expliquer qu'il puisse y avoir des exceptions, si la distribution de l'*aidó̱s* et de la *díke̱* est universelle ? Plusieurs solutions ont été proposées; elles sont recensées par Frédérique Ildefonse dans la note à sa traduction de ce passage. La solution qui me semble la plus satisfaisante, même si elle est simpliste, est la suivante : Protagoras doit tenir compte du fait qu'il existe des criminels dans toutes les sociétés; ces derniers doivent donc être dépourvus de l'*aidó̱s* et de la *díke̱*. Ce défaut les assimile à une maladie dont la cité serait victime, et dont il convient de se débarrasser. Il faut mettre ce passage en rapport avec *Protagoras* 324a-b. Dans un article (« Punishment in Plato's *Protagoras* », *Phronesis* 40, 1995, p. 1-19), R.F. Stalley s'interroge sur la nature de la doctrine de la punition impliquée et sur son attribution au Protagoras historique.

Toutefois, il est impossible de décrire l'origine de la cité sans évoquer sa situation dans l'ensemble de la réalité, et donc sans déterminer ses rapports avec ce qui se trouve au-delà et en deçà d'elle. Voilà pourquoi la première opposition pertinente a pour termes les dieux et les mortels, et la seconde les bêtes et les hommes. Et cette seconde opposition en appelle une autre qui constitue le fondement de ce mythe : art démiurgique/art politique. Le schéma suivant illustre bien ce mouvement gérénal :

dieux	bêtes	démiurgie
mortels	hommes	techniques militaire et politique

Nous verrons plus loin l'importance de la dernière opposition.

Mais, avant de procéder à cet examen, il faut s'intéresser aux intermédiaires qui se présentent comme les connecteurs entre les termes des trois oppositions analysées. En effet, sans Épiméthée, Prométhée et Hermès, le mythe de Protagoras se présenterait comme un agencement de pièces séparées, et non comme une organisation dramatique. Voilà pourquoi on doit mettre en lumière les relations et les oppositions qui caractérisent ces personnages, aussi bien sur le plan de leur nature que sur celui de leur action.

LES CONNECTEURS : ÉPIMÉTHÉE, PROMÉTHÉE ET HERMÈS

Épiméthée, Prométhée et Hermès sont, tous les trois, des immortels. Par ailleurs, ils se présentent, dans la mythologie grecque en général, comme des intermédiaires entre les immortels et les mortels[1]. Voilà pourquoi, en plus d'être inférieurs, d'une certaine façon, aux autres immortels[2], ils sont essentiellement ambigus[3].

1. Épiméthée introduit la femme auprès des hommes (Hésiode, *Les Travaux et les Jours* 83-89). Prométhée leur apporte le feu (*Les Travaux et les Jours* 50-54). Et Hermès se présente comme le messager des dieux, et spécialement de Zeus (*Odyssée*, I 38-42 ; X 27-29 ; Hésiode, *Théogonie* 939).

2. Sur l'infériorité des dieux de la troisième fonction, et sur le mépris qu'éprouvent à leur égard les dieux des autres fonctions, qui leur reprochent d'avoir des contacts trop étroits et trop fréquents avec les mortels, cf. G. Dumézil, *L'idéologie tripartie des indo-européens*, 1958, p. 86-88.

3. Jean-Pierre Vernant fait bien ressortir cette ambiguïté dans « Le mythe prométhéen chez Hésiode », *Mythe et société en Grèce ancienne*, 1974, p. 177-194. La fraude de Prométhée, qui consacre la séparation des hommes et des dieux en instituant le repas sacrificiel dans sa forme normale (aux dieux les os et la graisse, aux hommes la chair), entraîne

Là s'arrêtent les ressemblances entre Épiméthée, Prométhée et Hermès. En effet, Épiméthée et Prométhée diffèrent d'Hermès sur le plan de leur généalogie et par le mode de la distribution dont ils procèdent. Épiméthée et Prométhée appartiennent à la troisième génération des dieux, et Hermès, à la quatrième [1]. On pourrait voir là un indice du fait que les puissances naturelles et les diverses espèces d'art démiurgique, qui en sont les suppléants au niveau de la culture, constituent un stade plus primitif ontologiquement et/ou historiquement que la politique et que la technique militaire qui lui est associée. Par ailleurs, Épiméthée et Prométhée distribuent à chacun l'une seulement des puissances naturelles ou techniques dont ils sont les dépositaires, contrairement à Hermès qui communique à tous l'*aidôs* et la *díke*.

Épiméthée et Prométhée s'opposent cependant par l'intermédiaire de leurs noms qui décrivent leurs caractères respectifs. Si « Épiméthée » et « Prométhée » ont un radical commun, ce radical est affecté de préfixes opposés, qui distinguent les deux frères jumeaux comme les deux faces d'un même personnage. D'Épiméthée, « celui qui comprend après coup », il est dit qu'« il n'est pas particulièrement avisé » (321b7); ce trait de caractère s'accorde bien avec le fait qu'il s'occupe des bêtes « dépourvues de raison ». En revanche, Prométhée, « celui qui réfléchit à l'avance » (321c1), est un personnage plein de ressources; ce qui s'accorde cette fois avec le fait qu'il est toujours présenté, dans la mythologie grecque, comme un personnage pourvu de *mètis* [2]. En outre, dans le mythe de Protagoras, Prométhée apporte l'art démiurgique aux hommes pourvus de raison.

La nature différente d'Épiméthée, de Prométhée et d'Hermès se reflète encore sur le plan de leur action. L'action d'Épiméthée, en tant que telle, s'apparente à celle d'Hermès, et s'oppose à celle de Prométhée. En effet, de même qu'Épiméthée reçoit des dieux en général (320d4-6) les puissances naturelles qu'il répartit entre les bêtes (320d6-8), de même Hermès reçoit de Zeus (322c2) l'*aidôs* et la *díke* qu'il distribue aux hommes (322c3-d5); alors que Prométhée vole à Héphaistos et à Athéna la technique du feu et la démiurgie qui en dérive (321d1-3, e1-2) pour, par la suite, les répartir entre

trois conséquences : le vol du feu, le don de la femme associée au mariage qui implique la naissance par engendrement et la mort, la culture céréalière et le travail.

1. Voici un tableau généalogique :

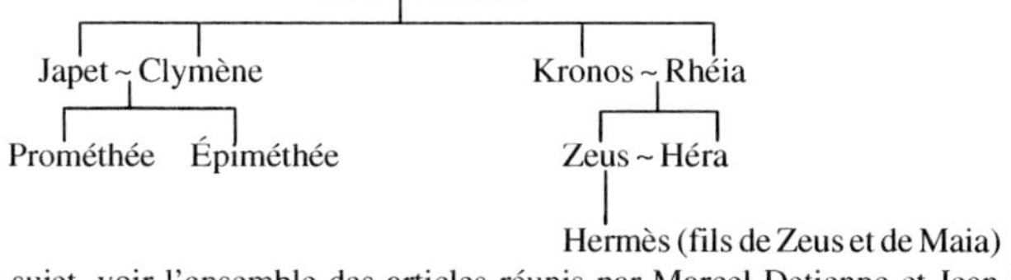

2. Sur le sujet, voir l'ensemble des articles réunis par Marcel Detienne et Jean-Pierre Vernant dans *Les ruses de l'intelligence. La mètis des Grecs*, Paris, Flammarion, 1974.

les hommes. Par conséquent, la connotation des actions d'Épiméthée et d'Hermès est positive, tandis que celle de l'action de Prométhée est négative.

Cela dit, seule l'intervention d'Hermès est absolument positive, car elle est le fait d'un protagoniste pourvu de *mètis* qui accomplit une action dont la connotation est positive. Les interventions d'Épiméthée et de Prométhée sont, pour leur part, marquées au coin de l'ambiguïté, que ce soit, comme dans le cas d'Épiméthée, à cause d'un manque de *mètis* ou, comme dans le cas de Prométhée, à cause de la connotation négative de son action. La politique est ainsi finalement la seule *tékhne̱* investie d'un caractère résolument positif. Et cela montre bien que la valorisation de la *tékhne̱* par les sophistes en général et par Protagoras en particulier ne s'étend pas également à tous ses aspects indistinctement.

L'ENJEU HISTORIQUE DU MYTHE DE PROTAGORAS

En racontant ce mythe, Protagoras veut démontrer le caractère naturel du système démocratique en vigueur dans l'Athènes des Ve et IVe siècles avant J.-C.[1], et donner du même coup une légitimité à sa propre activité de sophiste. Aussi soutient-il que l'*aidō̱s* et la *díke̱* sont communes à tous les citoyens et que, de ce fait, chaque citoyen est apte à se mêler de politique : c'est là le principe de base de la démocratie. Mais cette aptitude demande à être développée ; et c'est à cette fin que Protagoras propose ses services, en présentant son enseignement comme un apprentissage de cette *tékhne̱* qu'est la politique.

Pour sa part, Platon s'oppose radicalement à la démocratie en usage dans l'Athènes des Ve et IVe siècles avant J.-C., et il entreprend d'imposer, en théorie, une nouvelle forme d'aristocratie fondée non plus, comme l'ancienne dont il tire son origine, sur la naissance et la richesse, mais sur la connaissance comprise comme science de l'intelligible. Pour Platon, en effet, la politique n'est pas une *tékhne̱*, c'est-à-dire un savoir se fondant sur l'opinion, dont l'objet est le sensible, qui est persuasive et à laquelle peuvent effectivement participer tous les hommes ; mais une science se fondant sur l'intellection, dont l'objet est l'intelligible (du moins dans la *République*), qui peut être véritablement enseignée et à laquelle ne peuvent participer que les dieux et un tout petit nombre d'hommes.

1. Le meilleur ouvrage sur le sujet pour l'instant est celui de Mogens Herman Hansen, *La démocratie athénienne à l'époque de Démosthène. Structure, principes et idéologie* [1991], traduction de Serge Bardet avec le concours de Philippe Gauthier, Paris, Les Belles Lettres, 1993.

De ce refus de considérer la politique comme une *tékhnẹ* dérivent deux conséquences. Puisque la politique est une science, elle ne peut être le fait que d'un très petit nombre d'hommes apparentés aux dieux. Voilà pourquoi, pour Platon, la cité doit être dirigée par une nouvelle aristocratie formée par les philosophes-gouvernants, qui, au terme d'un long entraînement, peuvent contempler le monde intelligible, dont le Bien est le foyer. Et puisqu'elle est une science, elle est l'objet d'un enseignement, alors que la *tékhnẹ* ne peut être que l'objet de la persuasion. Dans cette perspective, l'activité de Protagoras perd tout statut et relève même de l'imposture.

À la démocratie en exercice dans l'Athènes des Ve et IVe siècles avant J.-C., où les sophistes prétendent enseigner à tous les citoyens l'art politique, Platon veut donc substituer un régime, où les détenteurs du savoir le seraient aussi du pouvoir. Dans le *Protagoras*, s'affrontent trois notions de la vertu associées à trois représentations de la cité et à trois conceptions différentes de l'éducation : une conception traditionnelle, celle transmise par les poètes, et deux conceptions nouvelles : celle proposée par les sophistes, et celle proposée par Platon.

LA CONCEPTION TRADITIONNELLE

L'analyse du poème de Simonide (*Protagoras* 338e-347a)[1] illustre la conception traditionnelle. L'apprentissage de la vertu passe par la lecture des poètes : « J'estime, pour ma part, Socrate, dit Protagoras, que pour un citoyen mâle (*andrì*) la partie la plus importante de l'éducation (*paideías*) consiste à être redoutable (*deinón*) en poésie. Or, cela réside dans la capacité que l'on a de comprendre, à propos des choses qu'ont exprimées les poètes, quelles sont celles qui ont fait l'objet d'une poésie correcte et quelles sont celles pour lesquelles ce n'est pas le cas, de savoir faire la distinction et d'en rendre raison si on vous le demande. Tout naturellement, ma question portera maintenant sur le sujet même de notre entretien présent, à savoir la vertu (*perì aretệs*) » (*Protagoras* 338e-339a). On trouve ici énumérées les composantes d'une position traditionnelle. L'homme, c'est-à-dire le citoyen mâle (*anẹ́r*), peut acquérir la vertu (*aretẹ́*) à la faveur d'une éducation (*paideía*) dispensée par les poètes. Ainsi se trouve mise en avant l'image du poète, éducateur de la Grèce (*République* X 606e)[2]. Agent de

1. L'analyse la plus récente et la plus complète de ce passage important a été proposée par Glenn W. Most, « L'ode di Simonide a Scopas nei suo contexti » [trad. di Fabio Massimo Giuliano], *Poesia Greca*, a cura di Graziano Arrighetti, Ricerche di Filologia Classica 4, Biblioteca di Studi Antichi 72, Pisa, Giardini, 1995, p. 137-169.

2. Platon est explicite : *légousin họ̀s tẹ̀n Helláda pepaídeuken hoûtos ho poiẹtẹ́s*.

transmission, dans le cadre d'une communauté donnée, d'un mémorable susceptible de l'éloge et du blâme, le poète dispense une éducation fondée sur l'imitation et la répulsion, il fabrique un récit qui indique, pour des auditeurs en quête d'identification, ce qu'ils doivent faire ou ne pas faire.

Dans les livres II et III de la *République*, Platon critiquera ce type d'éducation. Pour sa part, Protagoras adopte à l'égard des poètes une attitude ambiguë. D'une part, il reconnaît leur rôle éducatif en citant nommément Homère, Hésiode et Simonide (*Protagoras* 316d); aussi tente-t-il de les annexer à sa cause, en leur reprochant d'avoir cherché à dissimuler qu'ils étaient des sophistes. On peut pourtant penser que, en ce qui concerne la méthode, Protagoras n'aurait pas été d'accord avec les poètes; la *tékhne* que les sophistes pratiquent se fonde sur l'application rigoureuse de règles précises transmises dans le cadre d'un enseignement rémunéré.

Les conceptions nouvelles

Deux notions nouvelles de la vertu sont avancées dans le *Protagoras*, qui se fondent sur une certaine idée de l'éducation, celle proposée par le sophiste Protagoras, et celle proposée par le philosophe Socrate.

Le sophiste : Protagoras

Lorsque Socrate demande au sophiste Protagoras de définir l'objet de son enseignement, celui-ci lui répond : « L'objet de mon enseignement (*máthema*), c'est le bon conseil (*euboulía*) touchant aussi bien les affaires domestiques – savoir comment administrer au mieux sa maison –, que touchant les affaires de la cité – savoir comment avoir sur les affaires de la cité le plus de pouvoir par l'action et par la parole (*prâttein kaì légein*). » (*Protagoras* 318e-319a). L'objet de l'enseignement (*máthema*) de Protagoras – Socrate parlera quelques lignes plus bas de *tékhnema* –, porte donc sur deux choses : l'administration de sa maison et celle de la cité. En fait, Protagoras se présente comme un professeur de vertus, domestique et politique.

Cette déclaration ne satisfait pas Socrate qui conteste que la vertu politique puisse s'enseigner, et cela pour deux raisons : alors que la pratique d'une *tékhne* exige un apprentissage, tous les citoyens, sans être spécialistes en la matière, expriment pourtant spontanément leur avis sur la marche de la cité; en outre, les meilleurs citoyens s'avèrent incapables de transmettre leur vertu, ne serait-ce qu'à leur fils.

À la première objection, Protagoras réplique par un *mûthos* dont l'objet est de montrer pourquoi, chacun ayant part à l'*aidós* et à la *díke*, qui sont le fondement de la vertu politique, tous, sans être spécialistes en la matière, peuvent exprimer leur avis sur la marche de la cité; et pourquoi sont retranchés de la cité ceux dont le comportement est dépourvu d'*aidṓs* et de *díkē*. Cette dernière constatation montre bien que tout le monde estime que la vertu politique n'est pas le fait de la nature ou du hasard et qu'elle est l'objet d'un entraînement; on ne fait en effet grief à personne d'être petit et faible ou de ne pas pratiquer tel ou tel métier.

À la seconde objection, Protagoras rétorque par un *lógos* qui fait valoir que la prétendue impuissance de l'éducation à assurer la transmission de la vertu politique ne dépend pas de l'éducation, mais du fait que les individus sont, à cet égard, plus ou moins doués.

L'argument de Protagoras se fonde sur un certain nombre de présupposés. La vertu domestique et politique peut faire l'objet d'un enseignement (*máthēma*), car elle est une technique (*tékhnē*).

Les différentes techniques, celles qui ressortissent à l'artisanat notamment, apparaissent comme des savoirs spécialisés, c'est-à-dire comme des savoirs réservés au petit nombre de ceux qui en connaissent les règles et qui ont la capacité d'appliquer ces règles. Or, selon Protagoras, il existe sur ce point une différence radicale entre la politique et la technique militaire d'une part, et les diverses compétences qui ressortissent à la démiurgie d'autre part. La politique est à la portée de tous les êtres humains, car les vertus sur lesquelles elle se fonde doivent être partagées par tous; c'est d'ailleurs la possession de ces vertus qui permet de définir ce qu'est un être humain. Et, pour illustrer cette position paradoxale, Protagoras raconte un mythe.

Dans le mythe qu'il raconte, Protagoras commence par montrer comment actes religieux, langage, artisanat et agriculture, qui ressortissent tous à la démiurgie, dont le feu permet l'acquisition et l'usage, ne suffisent pas à fonder une cité. Zeus en est conscient. Voilà pourquoi « il envoie Hermès porter aux hommes l'*aidṓs* et la *díkē*, afin qu'ils soient les principes organisateurs des cités (*póleōn kósmoi*) et les liens unificateurs de l'amitié (*kaì desmoì philías sunagōgoí*) » (*Protagoras* 322c). Mais comment définir l'*aidṓs* et la *díkē*? Voici ce qu'écrivait Louis Gernet : « Zeus octroye aux hommes deux vertus qui leur seront distribuées à tous, et non plus réparties suivant le principe de la division du travail : l'*aidṓs* et la *díkē*. – Le second de ces termes est assez clair : la *díkē*, c'est la justice, telle qu'elle se manifeste avant tout dans le jugement – par suite, dans la condamnation, dans l'exécution – et aussi, par référence implicite et explicite à un autre terme, quelque chose comme le *jus strictum*. Le mot *aidṓs*, lui, n'est guère traduisible (comme il arrive le plus souvent pour les maîtres mots qui sont les mots témoins par excellence) : mais à travers la multiplicité de ses emplois, on peut dire qu'il désigne un sentiment de respect ou de retenue qui se rapproche au moins de la révérence religieuse – qui, en fait, peut avoir pour objet la divinité – mais vaut essentiellement dans l'ordre des relations humaines où il commande certaines abstentions ou certaines attitudes vis-à-vis d'un parent, d'un être d'une éminente dignité, d'un suppliant… ; sentiment à la fois social et moral puisque l'*aidṓs* est à la fois soucieuse de l'opinion publique dont elle apparaît souvent comme la contre-partie et préoccupée, dans un sens volontiers aristocratique, de ce que le sujet se doit à lui-même. Il est certain que, dans le mythe de Protagoras, cette notion multiforme, déjà connue sous sa forme mythique chez Hésiode, se détermine plus ou moins en fonction de celle de *díke̲* avec laquelle elle forme binôme : notons d'ailleurs que, par le don du feu, l'homme a déjà pu accéder à une condition proprement humaine où la religion est constituée ; il s'agit maintenant d'une organisation des rapports entre les hommes, par conséquent de la justice au sens large où, en dehors même de l'observation de la règle pour elle-même, il faut faire place à un sentiment plus intime, plus personnel, mais dont la vie même du droit ne laisse pas de participer [1]. » En définitive, l'*aidṓs* est ce sentiment d'obligation réciproque qui assure le maximum de solidarité à l'intérieur d'un même groupe humain comme entre plusieurs groupes différents, un sentiment d'obligation dans lequel prend racine la *díke̲* qui, se manifestant surtout dans le jugement, assure l'ordre à l'intérieur d'un groupe humain. Plus primitif que la *díke̲*, l'*aidṓs* semble en outre être d'application plus large, puisque la notion englobe les relations d'un groupe humain avec ce qui lui est étranger.

Si l'on admet que l'art politique, c'est-à-dire « la pratique correcte de la vie en cité », est quelque chose d'inné, on pourrait croire que, en la matière, l'enseignement ne présente aucun caractère de nécessité. Protagoras n'est cependant pas de cet avis, qui tient à justifier sa position de façon argumentée, c'est-à-dire par un *logós*. L'impuissance de l'enseignement et de l'éducation à transmettre la vertu politique ne dépend ni de l'enseignement ni de l'éducation, mais du fait que les individus à qui s'adressent cet enseignement et cette éducation sont plus ou moins doués. Bref, même si la vertu politique est innée, elle a besoin d'être confortée et développée par un enseignement, dont le sophiste se prétend le professeur par excellence.

Le philosophe : Socrate

En racontant ce mythe et en développant cette argumentation, Protagoras exprime une conviction profonde : le système démocratique en

1. Louis Gernet, « Droit et prédroit en Grèce ancienne » [1951], dans *Anthropologie de la Grèce antique*, 1968, p. 180-181.

vigueur dans l'Athènes des Vᵉ et IVᵉ siècles s'enracine dans la nature même de l'être humain. Puisque l'*aidṓs* et la *díkē* se trouvent partagées par tous les citoyens, chaque citoyen est apte à intervenir dans les affaires de l'État. Voilà la conviction sur laquelle se fonde la pratique de la démocratie, à Athènes notamment. À l'Assemblée du peuple, tout citoyen peut exprimer son avis, et voter. Toutefois, les projets de loi ne sont présentés et surtout défendus que par ceux qui possèdent une certaine habileté à s'exprimer et donc à persuader leurs concitoyens. D'où la nécessité d'un enseignement qui développe des qualités naturelles[1].

Le Protagoras

Devant la contre-attaque de Protagoras, Socrate se sent obligé d'amener le sophiste sur le terrain qu'il a choisi, lui, en élargissant le débat. Profitant du fait que, dans son réquisitoire, le sophiste a mentionné la vertu en général, Socrate presse Protagoras de déterminer quelles sont les relations, d'une part, entre cette vertu et les diverses vertus particulières, et d'autre part entre ces diverses vertus particulières : condition *sine qua non* d'une définition de la vertu en général.

Protagoras s'empresse de répondre à cette requête : « la vertu est une et les vertus [...] en sont les parties » (329d). Socrate soumet alors cette assertion à un examen critique. Il examine successivement ces couples de vertus : la *díkē* et l'*hosiótēs*, la *sophía* et la *sōphrosúnē*, l'*andreía* et la *sophía*. Ainsi le *Protagoras* réalise-t-il une première synthèse, provisoire, des résultats partiels obtenus au terme des discussions mises en œuvre, respectivement, dans l'*Euthyphron* qui porte sur l'*hosiótēs*, dans le *Charmide* qui porte sur la *sōphrosúnē*, dans le *Lachès* qui porte sur l'*andreía*, et surtout dans le *Ménon* qui s'intéresse aux rapports entre la *sophía*, l'*epistḗmē* et la vertu en général ; car, en dépit de leur caractère aporétique, ces dialogues expriment un certain nombre de convictions qui ne seront jamais reniées dans le reste du corpus platonicien. Or, cette synthèse correspond en gros à l'organisation générale que développe la *République*, qui a pour thème la *díkē*.

Et même la conclusion paradoxale à laquelle aboutit Socrate dans le *Protagoras* à la suite de cet examen critique trouve son explication ultime dans la *République*. Les vertus particulières ne sont pas radicalement distinctes, car elles ont toutes pour fondement l'*epistḗmē*, qui permet de définir la vertu en général. La seconde partie de cette conclusion confine au paradoxe. Protagoras soutient que la vertu s'enseigne, tout en niant qu'elle soit une science, alors que Socrate, qui définit la vertu comme une science,

1. Voir *Phèdre* 269e-270a, analysé p. 135-150.

maintient qu'on ne peut l'enseigner. Ce paradoxe n'est qu'apparent, car il exploite l'ambiguïté liée à l'usage des termes *sophía* et *sophós*.

Jusqu'à Platon en effet, le terme *sophía* peut recevoir n'importe quel contenu, dans la mesure où la *sophía* n'est, dans le monde sensible, liée à aucun contenu particulier. Être *sophós* dans ce contexte, c'est dominer son activité, se dominer soi-même et dominer les autres; voilà pourquoi peuvent être déclarés *sophoi* le charpentier, le médecin, le devin, le poète, le rhéteur, le sophiste, etc. Peut donc se trouver qualifié de *philosophós* (qui aspire à devenir *sophós*) quiconque fait l'apprentissage d'une *sophía*, quelle que soit la nature de l'activité impliquée; et c'est le même individu qui, lorsqu'il aura acquis cette *sophía*, pourra être qualifié de *sophós*.

Chez Platon, en revanche, le terme *philosophía* ne désigne plus l'apprentissage d'une *sophía* humaine, dont le contenu peut varier à l'infini. La *philosophía* devient aspiration à une *sophía* qui dépasse les possibilités humaines, dans la mesure où le but de cette *sophía* est la contemplation d'un domaine constitué d'objets, les formes intelligibles, dont le monde des choses sensibles, où a chu l'âme humaine provisoirement, n'est qu'une image. Comme l'explique Socrate dans le *Phèdre*, ce savoir auquel aspire le philosophe, « ce n'est ni celui qui est sujet au devenir, ni celui qui change suivant les objets qu'à présent nous trouvons réels, mais celui qui est vraiment savoir de "ce qui est réellement être" » (*Phèdre* 247d-e). Certes, on ne trouve dans le *Protagoras* de Platon aucune allusion explicite à la doctrine des formes intelligibles; mais l'approche que privilégie Socrate dans le *Protagoras* trouve son aboutissement ultime dans la doctrine des vertus exposée dans la *République*.

La République

La discussion sur les quatre couples de vertus qui constitue la seconde partie du *Protagoras* forme en quelque sorte le socle sur lequel se développe l'argumentation du livre IV de la *République*, où les trois groupes fonctionnels de la cité : producteurs, gardiens et philosophes-dirigeants politiques, sont mis en rapport avec les trois espèces d'âme : espèce désirante, espèce agressive, espèce rationnelle. Pour que la *díkḛ*, qui globalement résulte de l'harmonie entre les différents groupes fonctionnels (*République* IV 434c-d), règne dans la cité, il faut que chaque individu de chaque groupe accomplisse sa tâche sans jamais s'en écarter (*République* IV 433a-b). Pour parvenir à ce résultat, le dernier groupe fonctionnel, celui des producteurs, doit faire preuve de « modération (*sǫphrosúnḛ*) », le second, celui des gardiens, de modération et de courage (*andreía*), et le premier, celui des philosophes-gouvernants, doit ajouter au savoir (*sophía*) la pratique du courage et de la modération.

On remarque entre la *République* et le *Protagoras* une profonde similitude, une différence surprenante et une opposition radicale.

Voici comment se répartissent les vertus dans la *République*, où la justice ne peut régner dans la cité que si elle règne en chaque individu de chacun des différents groupes fonctionnels qui doivent pratiquer ces vertus déterminées :

Cité	Vertus
producteurs	justice + modération
gardiens	justice + modération + courage
philosophes	justice + modération + courage + science

Dans cette perspective, on constate que les trois groupes fonctionnels entre lesquels se répartissent les citoyens pratiquent en commun deux vertus : la justice (*díke*), en accomplissant leur tâche et seulement leur tâche, et la modération (*sophrosúne*), qui s'impose à tous. D'où un curieux parallélisme avec l'*aidós* et la *díke* du mythe de Protagoras, parallélisme renforcé par le fait que la *sophrosúne* « s'étend absolument à toute la cité et produit l'accord entre tous les citoyens » (*République* IV 432a). La *sophrosúne*[1], qui peut être définie comme une retenue à l'égard des plaisirs et des passions, est une conséquence de la connaissance de soi. Tout comme dans le *Charmide*, où à un moment donné (161b ; cf. aussi 162a et 163a) sa définition s'apparente à celle de la justice, dans la *République* la *sophrosúne* forme couple avec la *díke* pour chaque groupe fonctionnel. Qui plus est, on notera que la tripartion fonctionnelle, tout à fait explicite dans la *République*, est sous-jacente dans le mythe de Protagoras[2]. Zeus représente le souverain par excellence, détenteur de l'art politique. Il est protégé par de redoutables gardiens. Enfin, Héphaistos et Athéna font partie des dieux de la fonction productrice.

Cela dit, l'*hosiótes*, qui joue un rôle non négligeable dans le *Protagoras*, est absente de la *République*. Mais qu'entendre par *hosiótes* ? Selon H. Jeanmaire, « Si l'homme qui se conduit justement à l'égard de ses semblables est *díkaios*, l'homme qui se conduit justement à l'égard des dieux, *qui a accompli tous ses devoirs à leur égard*, est *hósios*. L'homme *hósios* est celui qui a donné aux dieux tout ce qui leur revient, et qui, en conséquence, est pur et sans tache. [...] D'un autre point de vue, on peut dire qu'est *hósios* l'homme qui a accompli toutes ses obligations à l'égard

1. Cf. H. F. North, *Sophrosyne : self-knowledge and self-restraint in greek literature*, New York, Cornell Univ. Press, 1968. On lira aussi les nombreuses remarques faites sur le sujet par M.-F. Hazebroucq dans *La folie humaine et ses remèdes*. Platon, *Charmide ou De la modération*, traduction nouvelle et commentaire de M.-F. Hazebroucq, Paris, Vrin, 1997.

2. Le fait avait déjà été relevé par J.-P. Vernant, « Prométhée et la fonction technique » [1952], dans *Mythe et pensée chez les Grecs*, 1965, p. 190-191.

des dieux, auquel, par conséquent, les dieux n'ont rien à réclamer, – *qui est donc libre à l'égard des dieux*. Cet homme, nous pouvons le dire pur, si nous prenons l'expression au sens positif, mais aussi non *hierós*, non sacré, profane, si nous considérons l'autre aspect de l'idée. Car l'homme qui est *hierós*, sanctifié, consacré, est lié aux dieux; ils ont un droit sur lui[1]. » Or, dans la *République*, seuls semblent être pris en considération les rapports des êtres humains entre eux; les rapports entre les êtres humains et les dieux sont passés sous silence. D'ailleurs, l'unique texte qui, dans ce dialogue, porte directement sur la religion proprement dite de la cité propose de prendre conseil auprès de l'Apollon de Delphes en ce qui concerne toutes les prescriptions religieuses (*République* IV 427b-c); façon élégante d'éluder la question pour s'en remettre à une autorité reconnue en la matière.

En définitive, la véritable opposition entre Protagoras et Platon porte sur la possession et l'exercice de cette science à laquelle se réduit toute vertu. Pour le Platon de la *République*, la vertu est science. Mais la science ne peut être atteinte au terme d'un apprentissage du genre de celui auquel on se soumet pour acquérir la maîtrise d'une technique; elle est la conséquence d'un long entraînement qui consiste à se dépouiller du sensible, pour se tourner vers l'intelligible. Dans la cité, le pouvoir doit donc être réservé au petit nombre de ceux qui sont en mesure de pratiquer toutes les vertus et donc d'atteindre à la science qui permet de les définir, c'est-à-dire aux philosophes. Les autres citoyens ne peuvent donc pratiquer la vertu que partiellement, et ils doivent s'en remettre, pour toute justification, aux philosophes.

Le Timée *et le* Critias

Cette cité idéale qu'il décrit dans la *République*, Platon va tenter de la fonder en nature dans le *Timée* et dans le *Critias*. Dans ces deux dialogues, il commence par indiquer que la cité décrite par Socrate dans la *République* a correspondu historiquement à une cité réelle, l'Athènes ancienne, qui s'opposa aux menées impérialistes de l'Atlantide. Puis il entreprend de décrire l'origine du monde sensible : celle de l'homme et celle de la cité, le sensible n'étant que la copie de l'intelligible. En fait, le démiurge fabrique un monde où la connaissance et la pratique de la vertu seront possibles.

Pour assurer des fondements inébranlables à la vertu politique, les dirigeants de la cité devront contempler non seulement le monde des formes intelligibles, mais aussi le monde sensible qui n'en est qu'une copie, mais dont la permanence et la régularité constituent un modèle à

1. H. Jeanmaire, « Le substantif *HOSIA* et sa signification comme terme technique dans le vocabulaire religieux », *Revue des Études Grecques* 58, 1945, p. 66-89.

suivre pour l'individu et la cité. Bref, éthique et politique se trouvent garanties par la métaphysique et la cosmologie.

En reliant l'éthique et la politique à la métaphysique, Platon ne fait pas preuve de modernité. Max Weber, qui analyse la modernité en termes de rationalisation, estime que cette rationalisation, qui porte sur les problèmes techniques, a pour premier effet une dissociation des différentes sphères de la pensée et de l'activité qui deviennent autonomes les unes par rapport aux autres, dans la mesure où elles obéissent à un ensemble de règles et de procédures propres, l'exemple le plus flagrant dans nos sociétés étant celui de l'Administration. À cet égard, il peut être intéressant de noter que, dans la *République*, les philosophes gouvernent sans s'appuyer sur une Administration et dans une illégalité absolue, étant donné l'absence de toute législation. Il leur suffit de contempler l'univers et surtout son modèle, les Formes, pour savoir à quoi s'en tenir et quoi faire. C'est ce savoir qui, en dernière analyse, justifie leur fonction de dirigeants.

Par ailleurs, Platon ne semble en aucune façon prêter attention aux vertus que doit pratiquer l'individu en tant qu'individu. Seules comptent pour lui les vertus dont l'exercice doit permettre à un individu de trouver sa place dans une société harmonieuse, où n'intervient aucun changement. Cet aspect déconcertant pour un contemporain s'explique essentiellement par le fait que, à l'époque de Platon, des notions comme celles de « volonté », « liberté » et « personne », n'avaient pas encore été thématisées [1].

Mais ce que la pensée de Platon présente d'insolite à nos yeux fait ressortir à rebours à la fois l'originalité et (donc) le caractère arbitraire qui marquent l'orientation générale des systèmes éthiques dont nous continuons d'être tributaires à un titre ou à un autre aujourd'hui.

1. Sur ce point on lira J.-P. Vernant, « Aspects de la personne dans la religion » [1960], dans *Mythe et pensée chez les Grecs*, 1965, p. 267-282.

L'UNITÉ DU *PHÈDRE* DE PLATON

Le *Phèdre* se mesure à deux des critiques que « le grand nombre » fait communément au philosophe. À l'instar de Thalès raillé par une servante pour être tombé dans un puits alors qu'il contemplait le ciel étoilé[1], le philosophe, dont l'étude porte sur la nature et qui scrute « ce qui est en l'air », est considéré comme une « tête en l'air », un « bon à rien », un « beau parleur ». Par ailleurs, le philosophe, qui se désintéresse du sensible pour contempler l'intelligible, est considéré, à l'instar de l'amoureux, comme un fou que sa passion conduit à transgresser les normes établies par et pour le grand nombre.

Le but de l'étude qui suit est double : commenter le plus clairement possible un passage particulièrement difficile du *Phèdre* (269e-270a), après avoir replacé ce passage dans son contexte ; puis montrer comment le dialogue en son entier n'atteint à une certaine unité que lorsque la question de la rhétorique y est envisagée dans une perspective étendue non seulement à la psychologie et à la dialectique, mais aussi à la cosmologie et à la métaphysique.

LE CONTEXTE

De façon générale, on peut dire que le *Phèdre* se présente comme une critique de la rhétorique pratiquée à la fin du Ve et au début du IVe siècle avant J.-C. à Athènes. Cette critique, Socrate l'individualise en la faisant

1. Ce passage fait allusion à une anecdote que l'on racontait dans l'Antiquité à propos de Thalès : « On dit que conduit hors de la maison par une vieille femme pour observer les astres, il tomba dans un trou et que la vieille dit, en l'entendant se lamenter : Eh bien, Thalès, tu n'es pas capable de voir où tu mets les pieds et tu prétends connaître les choses du ciel ! » (Diogène Laërce, I 34, traduction par Richard Goulet, Paris, Hachette, 1999, voir aussi les notes ; cf. DK^6 11 A 1, où est mentionnée l'allusion faite par Platon dans le *Théétète* en 174a).

porter sur le fond (237a-257b) et sur la forme (257b-279b) d'un discours écrit par Lysias, qui l'aurait prononcé le matin même dans le cadre de son enseignement rhétorique, et que Phèdre lit à Socrate au début du dialogue (230e-234c).

La critique de Socrate vise d'abord le sujet traité par Lysias, sujet paradoxal comme on aimait en développer à l'époque[1] : il faut accorder ses faveurs à celui qui n'est pas amoureux, parce que l'amoureux se trouve sous l'emprise d'une folie qui le rend désagréable et dangereux. Lysias s'est trompé, car il n'a pas analysé les différents sens du terme « folie », terme qui peut certes désigner une folie d'origine humaine, cette folie condamnable que Socrate décrit dans son premier discours (237a-241d), mais qui peut aussi nommer une faveur divine, semblable à celle dont Socrate fait l'éloge dans son second discours (243e-257b). Cette folie, qui est l'effet de la possession d'un homme par un dieu, est aussi bien celle qui affecte l'enthousiasme mantique, l'exaltation télestique, l'inspiration poétique et surtout l'activité philosophique : l'aspiration au beau que suscite l'amour se confondant alors avec l'aspiration au vrai. Dans ce cas, l'amour est bien une folie, mais une folie qui permet à l'être humain de s'assimiler immédiatement à ce qu'il y a de divin en lui, pour contempler, en compagnie des démons et des dieux, la réalité véritable qui se trouve au-delà du sensible.

Lysias, qui se flatte de parler et d'écrire en appliquant les règles d'une technique (*tékhnē*), celle de la rhétorique, a aussi commis de grossières erreurs formelles[2]. Comme tous les rhéteurs, Lysias s'en est tenu au vraisemblable, en considérant la recherche du vrai comme une perte de temps, comme quelque chose d'inutile. D'où l'imprécision de son propos et l'impression de fouillis que laisse son argumentation. Lysias ne maîtrise donc pas la technique du discours, c'est-à-dire la rhétorique (259d-269d), qu'il prétend pourtant enseigner. Le passage sur lequel je voudrais attirer l'attention se trouve parmi les pages décisives dans lesquelles Socrate, avant d'aborder le problème de l'écriture (274b-279b), définit les conditions de la véritable rhétorique (269d-272b).

À travers Phèdre et Socrate, ce sont deux conceptions de la rhétorique qui s'opposent. Pour Phèdre, la rhétorique est un art de la parole qui s'exerce surtout dans les tribunaux (261b) et dont Lysias, qui écrit des plaidoyers destinés à être lus au cours de procès, est le représentant le plus

1. Par exemple, Isocrate, dans son *Busiris*, composé quelques années après 390 av. J.-C., répond à l'éloge paradoxal fait par Polycrate, un Athénien établi à Chypre, de Busiris, ce roi mythique, fils de Poséidon, qui symbolisait le caractère inhospitalier des Égyptiens. Pour une présentation complète de cette œuvre, voir p. 153, n. 1.

2. Cf. John Lyons, *Structural semantics. And analysis of the vocabulary of Plato*, Publications of the Philological Society 20, Oxford, Blackwell, 1963. On ne peut cependant extrapoler en étendant les conclusions de l'auteur à tous les domaines de la *tékhnē*.

brillant. Socrate, lui, élargit considérablement le champ d'action de la rhétorique, en la définissant comme l'art d'avoir une influence sur les âmes (*psukhagōgía*) par le moyen du discours lors de réunions publiques ou privées (261a-b). Cette définition de la rhétorique permet à Socrate de lancer le débat sur un plan à la fois épistémologique et éthique, et de s'opposer ainsi aux rhéteurs de son époque.

Les rhéteurs ne s'intéressent qu'à l'efficacité du discours; ils ne ressentent pas le besoin de s'interroger sur sa référence. Il suffit que le discours emporte la conviction de l'auditoire, quel que soit cet auditoire, à une réserve près toutefois : pour mieux convaincre son auditoire, l'orateur doit en effet prendre en considération certains des traits qui caractérisent ceux qui composent cet auditoire: rang social, richesses, intérêts, etc. Socrate pour sa part maintient qu'on ne peut parler sans se poser la question de savoir s'il existe un rapport de conformité entre le discours et l'objet sur lequel porte ce discours, et si l'objet du discours est bien adapté au destinataire, c'est-à-dire à un certain type d'âme. Ainsi se trouve posé le problème de la vérité du discours et de la transmission la plus claire possible de cette vérité. La connaissance du vrai, pour l'être humain du moins, n'est pas immédiate. Elle exige l'application d'une méthode : la dialectique. C'est dans le *Phèdre* (265c-266b) qu'on trouve, pour la première fois [1], la description des procédés de division et de rassemblement qui seront utilisés de façon systématique dans le *Politique* et dans le *Sophiste*. Méthode heuristique, la dialectique permet de procéder à une analyse de l'intelligible auquel participe le monde sensible, qui, bien évidemment, se trouve être, pour l'âme humaine incarnée, le champ d'application premier de cette méthode.

Une fois défini l'objet sur lequel porte le discours, une fois assurée la conformité entre le discours et cet objet, il convient de faire correspondre ce discours à l'âme à laquelle il s'adresse. Pour y parvenir, il faut déterminer de quelle nature est telle ou telle âme. Mais définir la nature d'une âme particulière revient, d'une part, à définir l'âme en général, et d'autre part à déterminer la place de cette âme dans une hiérarchie psychique qui va de l'âme du monde à celle de l'huître (*Phèdre* 248c-249d et 250c; cf. *Timée* 90e-92c), pour apprécier jusqu'à quel point l'âme considérée est simple, et jusqu'à quel point elle est complexe; suivant ce principe, une âme est d'autant plus complexe qu'elle se situe très bas dans l'échelle des âmes. Et, puisque la rhétorique se voit définie comme « l'art d'avoir une influence

1. Dans la mesure où l'on place la composition du dialogue après celle du *Banquet* et de la *République* et avant celle du *Sophiste*, du *Politique*, du *Timée* et du *Philèbe*. Sur le sujet, on lira dans *Understanding the Phaedrus. Proceedings of the II Symposium Platonicum*, ed. by Rossetti Livio, International Plato Studies n° 1, Sankt Augustin, Academia Verlag, 1992, les articles de Th. M. Robinson, « The relative dating of the *Timaeus* and *Phaedrus* », p. 23-30, et de Chr. J. Rowe, « La data relativa del *Fedro* », p. 31-39.

sur les âmes (*psukhagogía*) », l'orateur doit savoir si c'est vers le haut ou vers le bas qu'il compte entraîner les âmes auxquelles il s'adresse. L'usage de la rhétorique ne peut donc jamais être neutre moralement.

Platon refuse ainsi à la rhétorique son autonomie : elle dépend d'une autre technique, la dialectique, qui s'efforce d'atteindre au vrai, dont dépend le vraisemblable que recherche la rhétorique ; et elle dépend d'un système de valeurs qui est de l'ordre de l'intelligible, non du sensible.

Voilà pourquoi, selon Socrate (*Phèdre* 269d), il faut réunir trois conditions pour devenir un bon orateur, qu'on s'exprime oralement ou par écrit :

a) être naturellement doué ;

b) avoir acquis un savoir (*epistéme*) ;

c) et mettre le tout en pratique.

Il y a peu de chose à dire sur le don naturel et sur la pratique de l'art oratoire. En revanche, la définition du savoir représente un enjeu de taille, puisqu'elle doit justifier la prééminence de ce savoir sur cet art du discours qu'est la rhétorique.

Le texte

C'est pour introduire cette définition que Socrate est amené à établir un lien entre le talent oratoire de Périclès et les recherches d'Anaxagore sur la nature de la raison (*noûs*) :

> Socrate — Il est fort probable, mon cher, que Périclès fut, de tous les orateurs, le plus accompli.
> Phèdre — Comment cela ?
> Socrate — Tous les arts, je veux dire ceux qui ont de l'importance, exigent, en sus, bavardage et spéculation sur la nature (*adoleskhías kaì meteorologías*) ; de là vient, semble-t-il, cette élévation de pensée et cette perfection du travail sur tous les points qu'on y trouve. Voilà effectivement ce que Périclès a acquis et ce qu'il a joint à ses qualités naturelles. La raison en est, je crois, que, le hasard lui ayant fait rencontrer Anaxagore, lequel était un homme de cette espèce, Périclès se gorgea de spéculations et pénétra la nature de la raison aussi bien que la nature de ce qui échappe à la raison (*meteorologías… epì phúsin noû te kaì anoías*), sujets sur lesquels précisément Anaxagore s'exprima longuement. C'est de là qu'il a tiré pour l'art oratoire ce qui lui était utile. (*Phèdre* 269e-270a)

Que peut bien vouloir dire Socrate dans ces quelques phrases, où abondent des termes rares qui attirent l'attention ? Dans ce passage, Socrate s'emploie à définir la seconde des trois conditions nécessaires pour devenir un bon orateur : don naturel, savoir, pratique ; voilà pourquoi il n'est pas inutile de préciser en quoi peut bien consister chacune de ces conditions.

Que Périclès ait été doué pour l'art oratoire, Socrate lui-même vient de le reconnaître en assimilant, dans le cadre d'un petit jeu de devinettes, Périclès à « Adraste aux paroles de miel[1] » (*Phèdre* 269a). Si Socrate émet des réserves à chaque fois qu'il loue le talent d'orateur de Périclès, et la chose est courante, il s'en abstient ici.

Les réserves faites dans le *Banquet* et dans le *Ménexène* le sont sur un ton enjoué et sans acrimonie apparente. Dans le *Ménexène,* Platon se moque du « plus distingué [des orateurs] de la Grèce, Périclès, fils de Xantippe », en prétendant que c'est Aspasie de Milet, sa seconde épouse, laquelle n'était pas une Athénienne, qui aurait formé Périclès à l'art oratoire (*Ménexène* 235e); bien plus, c'est Aspasie qui aurait composé la célèbre oraison funèbre prononcée par Périclès[2] en 440 av. J.-C. (*Ménexène* 236b). Et, dans l'apologie qu'il fait de Socrate à la fin du *Banquet*, Alcibiade, qui l'eut comme tuteur de 447 à 434/433 av. J.-C., loue Périclès pour son talent oratoire (*Banquet* 215e), qu'il compare à celui de Nestor et d'Anténor[3] (*Banquet* 221c-d); mais aussitôt il ajoute que l'impression produite sur lui par les discours de Périclès ne fut rien à côté de celle provoquée par les propos de Socrate.

Toutefois la moquerie peut faire place à une critique acerbe. Dans le *Protagoras,* Périclès et les orateurs politiques se trouvent assimilés à des livres qui ne maîtrisent pas le savoir qu'ils prétendent transmettre : comme ils se montrent incapables de répondre et de questionner, ils ressemblent encore à des bronzes qui résonnent (*Protagoras* 329a-b)[4]. Et, dans le *Ménon* (94a-b), Socrate reproche à Périclès de n'avoir pas su transmettre

1. Formule empruntée au poète Tyrtée (frag. 9.8 Diehl et Prato). D'après la tradition, Adraste, roi d'Argos, est considéré comme « l'orateur » dans le cycle thébain. Il intervient à ce titre dans *Les Suppliantes* d'Eschyle; ce devait aussi être le cas dans *Les Femmes d'Éleusis*, autre pièce d'Eschyle aujourd'hui perdue. Cette formule apparaît dans le cadre d'un petit jeu de devinettes qui consiste à associer le nom d'un personnage célèbre à celui d'une figure mythique.

2. C'est le premier discours du genre « *epitáphios* » prononcé en l'honneur des Athéniens tombés au cours de la guerre contre Samos ; il est rapporté par Thucydide (II 34-46).

3. Anténor est, du côté des Troyens (*Iliade* III 148, 203 *sq.* ; VII 347-353, etc.), ce qu'est, du côté des Grecs, Nestor (*Iliade*. I 247 *sq.*, 336-368, 432-440, etc.) : un orateur avisé et disert. On trouve ici un exemple du petit jeu de devinettes évoqué plus haut.

4. Ce passage évoque irrésistiblement la critique habituellement faite par Platon à l'écrit, qui ne peut ni répondre ni se défendre quand on lui pose des questions ou qu'on soulève des objections contre lui. On lira sur le sujet, dans *Understanding the Phaedrus. Proceedings of the II Symposium Platonicum*, 1992, l'article de Thomas A. Szlezák, « Was heißt " dem Logos zu Hilfe kommen" ? Zur Struktur und Zielsetzung der Platonischen Dialoge », p. 93-107. On notera cependant que, dans le passage visé du *Protagoras*, il s'agit de discours oraux qui ne peuvent être aidés oralement; à l'inverse, dans le *Parménide* (128c-d), le livre de Zénon apporte un secours à la thèse développée par Parménide dans son *Poème*, l'écrit venant en aide à l'écrit. Bref, il est faux de dire que c'est toujours le discours oral qui doit porter secours au discours écrit, incapable de se défendre.

ses talents aux fils, Paralos et Xantippe, que lui avait donnés sa première épouse athénienne. Enfin, dans le *Gorgias* (503c-d), Socrate porte le problème sur un plan éthique et reproche à Périclès de n'avoir pas rendu les Athéniens meilleurs par ses merveilleux discours.

Dans le *Phèdre,* Socrate reconnaît sans hésitation ni réserve un don naturel à Périclès, en lui accordant de surcroît la possession d'un savoir acquis sous l'influence d'Anaxagore. L'acquisition d'un savoir permet de hisser l'art oratoire du rang de savoir-faire à celui de technique, d'art. Le savoir-faire (*empeiría*), qui n'est que routine (*tribé*), se distingue de la technique, de l'art (*téchne*), en ceci qu'il n'implique pas la connaissance de la nature (*phúsis*) de l'objet sur lequel il porte[1]. Voilà l'idée que semble exprimer cette phrase : « Tous les arts, je veux dire ceux qui ont de l'importance, exigent, en sus, bavardage et spéculation sur la nature (*adoleskhías kaì meteorologías phúseos péri*) ; de là vient, semble-t-il, cette élévation de pensée et cette perfection du travail sur tous les points qu'on y trouve. » (*Phèdre* 269e-270a)[2]. Encore faut-il déterminer en quoi consiste le savoir acquis par Périclès et quelle a bien pu être la part de responsabilité d'Anaxagore dans l'acquisition de ce savoir. Pour répondre à cette question, je vais concentrer mon analyse sur chaque partie de ce membre de phrase : *adoleskhías kaì meteorologías phúseos péri*[3].

Le savoir acquis par Périclès porte sur la *phúsis.* D'où la question : Quel sens donner à *phúseos péri* ? Question à laquelle on ne peut répondre, sans au préalable avoir défini le sens du terme *phúsis.* Pour Platon, la *phúsis* d'une chose est révélée par sa *dúnamis,* sa « puissance ». Or, la « puissance » de cette chose se manifeste de deux manières : en déployant une certaine activité (*érgon*), principe d'action ou de mouvement, qu'on découvre en déterminant ce sur quoi la chose agit (*poieîn, drân*) ; et en présentant un certain état (*páthos*), principe de passivité et de résistance (*páskhein*), qu'on connaît en s'interrogeant sur ce par quoi la chose peut être affectée[4].

1. Voir *Gorgias* 463b, 465a, 501a ; *Philèbe* 55e ; *Lois* IV 720b, XI 938a.

2. Voici le passage en grec : *Pâsai hósai megálai tôn teknôn prosdéontai adoleskhías kaì meteorologíais phúseos péri. Tò gàr hupselónoun toûto kaì pántei telesiourgòn éoiken enteûthén pothen eisiénai.* Il est à noter que, dans la dernière phrase, on trouve les seules occurrences de *hupselónoun* et de *telesiourgòn* de tout le corpus platonicien.

3. Plutarque fait allusion à ce passage dans sa *Vie de Périclès* (5,1), en le reprenant presque mot pour mot. Cela dit, on lira l'anecdote qui illustre ce passage et que Plutarque raconte au chapitre suivant pour montrer comment la science de la nature (*ho phusikòs lógos*) que lui avait enseignée Anaxagore permit à Périclès de s'élever au-dessus de la superstition (*deisidaimonía*), qui « naît de l'effroi inspiré par les phénomènes célestes aux hommes qui n'en connaissent pas la cause (*tò pròs tà metéora energázetai toîs autôn te toúton tàs aitías agnooûsi*) » (*Vie de Périclès* 6, 1).

4. Sur cette notion, cf. le livre de Joseph Souilhé, *Étude sur le terme dúnamis dans les dialogues de Platon*, Paris, Alcan, 1919.

À quelle *phúsis* doit donc s'intéresser un orateur comme Périclès ? À la *phúsis* de l'âme humaine bien entendu, dès lors que la rhétorique se trouve définie comme *psuchagogía.* De même, un médecin comme Hippocrate, qui veut agir sur le corps humain, doit s'interroger sur la nature du corps (*Phèdre* 270b). Mais s'interroger sur la nature de l'âme et sur la nature du corps conduit à s'interroger sur la nature de l'ensemble des âmes et sur la nature de l'ensemble des corps, c'est-à-dire sur la nature de l'univers. La chose est surtout vraie pour l'âme. D'où cette question qu'adresse Socrate à Phèdre : « Mais la nature de l'âme, crois-tu qu'il est possible de la concevoir de façon satisfaisante sans connaître la nature de l'univers (*toû hólou*)[1] ? » (*Phèdre* 270b-c) ; même Hippocrate, l'exemple type du médecin qui s'occupe des corps, conviendrait de la chose, poursuit Socrate[2]. L'identification de *phúsis* à *psukhé*, au livre X des *Lois* (892c), vient donner un fondement théorique à cette exigence, qui se manifeste dans la définition générale de l'âme comme principe de mouvement (*Phèdre* 245c-246a).

METEOROLOGÍA[3]

Mais on ne peut s'interroger sur la nature de l'âme sans s'interroger sur celle du tout. Voilà ce qu'établit une recherche lexicale portant sur les termes apparentés à *meteorología,* dont c'est ici l'unique occurrence de tout le corpus platonicien.

Une remarque d'ordre morphologique tout d'abord. Le suffixe *-ia* indique une qualité, celle de *meteorológos,* un composé formé, au second terme, de *lógos,* « qui parle de, qui étudie, qui s'intéresse à », et, au premier terme, de *metéoros.* Ce premier terme, qui se rattache au verbe *aeíro,* « élever, soulever, tenir suspendu », désigne de façon très générale « ce qui se trouve en l'air ». Un *meteorológos,* c'est donc quelqu'un « qui s'intéresse à ce qui se trouve en l'air ».

On comprend dès lors que la *meteorología* soit indissociable de l'*ouranós,* du ciel au sens large, comme on le constate en relisant le *Cratyle.*

1. Deux articles qui se répondent ont été écrits par G. J. de Vries, « A note on Plato, *Phaedrus* 270a-c », et par W. J. Verdenius, « Another note on Plato, *Phaedrus* 270a-c », dans *Mnemosyne* 35, 1982, p. 333-335, pour montrer qu'il faut prendre *phúsis* dans le sens très général de « nature en soi ».

2. Sur les problèmes que pose cette assertion de Socrate, cf. la note 397 à ma traduction du *Phèdre*, où je renvoie à l'article de synthèse de R. Joly, « Platon, *Phèdre* et Hippocrate : vingt ans après », *Formes de pensée dans la Collection hippocratique. Actes du IVe Colloque International Hippocratique* [Lausanne, 21-26 septembre 1981], Genève, Droz, 1983, p. 407-422.

3. Sur le sujet, cf. Claude Gaudin, « Remarques sur la "météorologie" de Platon », *Revue des Études Anciennes* 72, 1970, p. 332-343.

Pour le Socrate du *Cratyle* en effet, les mots ne dérivent pas d'une convention purement artificielle. Ils ont été institués par des législateurs, par analogie avec la nature même des choses qu'ils sont destinés à exprimer, comme l'indique l'étymologie. Or, en ce monde sensible, le ciel et les corps qui s'y meuvent présentent, en raison de la régularité de leurs mouvements, une supériorité absolue qui les assimile au divin. Et, comme les législateurs qui ont institué les noms ont tenu compte du ciel et de tout ce qui s'y trouve, ils se voient tout naturellement qualifiés de *meteorológoi :*

> Il y a des chances au moins, mon bon Hermogène, que ceux qui ont les premiers établi les noms n'aient pas été des esprits grossiers, mais des gens qui s'intéressaient plutôt « à ce qui se trouve en l'air » et des « beaux parleurs » (*Kinduneúousi goûn… hoi prôtoi tà onómata tithémenoi ou phaûloi eînai, allà meteorológoi kaì adoléskhai tinés*). (*Cratyle* 401b)

Ayant formulé ce postulat, Socrate va donner des exemples en commençant par Hestia (*Cratyle* 401b), à qui on offre les prémices des sacrifices et qui se trouve assimilée à la Terre, centre de l'univers.

Le nom d'Ouranos présente une rectitude parfaite puisqu'« on donne le nom de "céleste" (*ouranía*) à cette vision qui s'élève vers la région d'en haut, "qui voit les choses qui se trouvent en haut" (*horôsa tà áno*) » (*Cratyle* 396c). Par ailleurs, cette vision « produit la pureté de la raison (*tò katharòn toû noû*) » (*Cratyle* 396b), selon une expression qui fait allusion au nom de Kronos[1], le fils qu'a produit Ouranos. Et malicieusement, le législateur, qui s'intéressait à « ce qui se trouve en l'air (*meteorologôn*) », « a, sous le nom d'Héra (*Héran*), dissimulé l'air (*aéra*), en mettant le commencement à la fin[2] » (*Cratyle* 404c)[3].

L'intérêt porté à « ce qui se trouve en l'air » doit cependant dépasser les apparences sensibles pour atteindre les explications causales, qui seules intéressent le philosophe. Voilà ce qu'explique Timée dans un passage comique sur la transmigration des âmes, qui pourrait faire allusion aux *Oiseaux* d'Aristophane[4] :

> L'espèce des oiseaux, elle, provient de la transformation – il leur pousse des plumes au lieu de poils – d'hommes dépourvus de méchanceté

1. *Katharòs noûs* = *K…ró.no.s.*

2. C'est-à-dire en mettant, d'une part, le *a* au début du nom de la déesse et, d'autre part, à la fin du nom de l'élément.

3. L'étymologie fantaisiste du nom Héra, qui exploite très habilement l'étymologie du terme *metéoros*, semble avoir été connue d'Aristophane. Dans les *Nuées* (265), Aristophane met dans la bouche de Socrate l'invocation suivante : « Ô maître souverain, air infini, qui soutiens la terre suspendue dans l'espace (*hô déspot' ánax amétret' aér hòs ékheis tèn gên metéoron*). »

4. On trouve une allusion transparente aux *Oiseaux* dans le mythe raconté par Aristophane dans le *Banquet*.

(*akákon*), mais légers (*koúphon*), intéressés par les choses « qui sont en l'air » (*meteorologikôn*), mais qui estiment dans leur naïveté (*di' euetheían*)[1] que les démonstrations les plus assurées à leur sujet s'obtiennent par la vue. (*Timée* 91d-e)

Comme l'a expliqué Timée bien avant, la vision sensible doit mener à l'observation de la régularité des corps célestes, qui « nous ont procuré l'invention du nombre, fourni la connaissance du temps, et permis des recherches sur la nature de l'univers (*perí te tês toû pantòs phúseos zêtesin*) » (*Timée* 47a). Cette obligation est vitale, dans la mesure où les mouvements périodiques du *noûs* dans le ciel permettent de stabiliser les mouvements de notre *noûs,* qui a naturellement tendance à errer. Et seul un *noûs,* dont les mouvements sont stabilisés, peut contempler la réalité véritable.

Or, c'est très précisément pour illustrer ce point de vue, qui implique la prise en compte de l'âme, et surtout de la raison (*noûs*), comme principes d'explication et des phénomènes célestes et de l'activité humaine, qu'intervient la référence à Anaxagore[2].

Anaxagore de Clazomènes (500?-428 av. J.-C.) aurait été invité à Athènes par Périclès (495-429 av. J.-C.). Il y séjourna trente ans. Mais, à la suite de l'impopularité dans laquelle était tombé son protecteur, le philosophe, qu'on accusait d'impiété en raison de ses recherches dans le domaine de la cosmologie et donc de l'astronomie, dut s'enfuir à Lampsaque (Diogène Laërce II 14 ; Plutarque, *Vie de Périclès* 32, 2 ; Platon, *Apologie* 26d)[3].

Dans le corpus platonicien, le nom d'Anaxagore n'apparaît que dans quatre dialogues, en plus du *Phèdre* : l'*Apologie de Socrate*, le *Gorgias,* le *Cratyle* et le *Phédon*. Et le témoignage le plus intéressant est sans contredit l'autobiographie intellectuelle que Platon, dans le *Phédon*, met dans la bouche de Socrate (96a-99d). Cette autobiographie comprend trois parties.

1) Passionné par ce qu'on appelle « enquête sur la nature (*perì phuseôs historía*) », Socrate constate la faillite de ce type de recherche (*Phédon* 96a-97c).

1. Cf. Claude Gaudin, « *Euetheía*. La théorie platonicienne de l'innocence », *Revue Philosophique de la France et de l'Étranger* 171, 1981, p 145-168.

2. Sur le sujet, cf. Daniel Babut, « Anaxagore jugé par Socrate et Platon », *Revue des Études Grecques* 91, 1978, p. 44-76. Ce long article réunit et analyse l'ensemble des témoignages sur Anaxagore dans le corpus platonicien. À ce titre, il est très utile, mais la thèse, suivant laquelle Socrate, dans le *Phédon* (96a-99d), révélerait une double divergence entre Platon et Socrate à propos de la place à accorder à la recherche sur la nature et sur le rôle d'Anaxagore, paraît fragile.

3. Sur la prudence avec laquelle il faut considérer cette tradition, cf. Platon, *Apologie de Socrate/Criton*, introduction, traduction et notes par Luc Brisson, GF 848, Paris, Flammarion, 1997, p. 44-46.

2) C'est alors que la découverte du livre d'Anaxagore lui redonne espoir, parce que l'on peut y lire : « C'est en définitive la raison qui met tout en ordre, qui est cause de toutes choses (*hos ára noûs estin ho diakosmôn te kaì pánton aítios*) » (*Phédon* 97c).

3) Mais cet espoir est rapidement déçu (*Phédon* 98b-99b) lorsque Socrate, poursuivant sa lecture, découvre en Anaxagore « un homme qui ne fait rien de la raison, qui ne lui attribue aucun rôle pour expliquer l'ordre des choses (*tôi mèn nôi oudèn khrómenon oudé tinas aitías epaitiómenon eis tò diakosmeîn à prágmata*), mais qui, en revanche, en attribue un à l'éther, à l'air, à l'eau, et allègue mille autres explications bizarres » (*Phédon* 98b-c ; cf. aussi *Lois* XII 966e-967d).

Pour se faire une idée générale de la cosmogonie d'Anaxagore, il faut aussi prendre en considération la formule « toutes choses ensemble (*homoû pánta khrémata*) » (*Phédon* 72c), formule rapidement évoquée dans le *Gorgias* (465d, cf. aussi *Lois* X 895a). La cosmogonie d'Anaxagore comprendrait donc deux moments : 1) un état primitif d'indistinction sur lequel la raison interviendra pour constituer l'univers ; 2) lequel apparaîtra au terme d'un processus de division de plus en plus poussé[1]. Dans le *Cratyle* (400a), la mise en ordre et le maintien en l'état de toutes les choses sont assurés non seulement par la raison, mais aussi par l'âme ; mais Aristote (*De Anima* I 2, 404b) fait remarquer qu'Anaxagore tantôt identifie les deux choses, tantôt les distingue. En fait, Socrate reproche à Anaxagore de n'avoir pas donné à la raison (*noûs*) un rôle assez important, accusation dont il est impossible d'apprécier pour l'instant le bien-fondé.

Il n'en reste pas moins que, dans son livre, Anaxagore parlait du Soleil et de la Lune pour dire « du soleil que c'est une pierre, de la lune, que c'est une terre » (*Apologie* 26d), et pour manifester son accord avec une thèse soutenue avant lui et selon laquelle « la lune reçoit du soleil sa lumière » (*Cratyle* 409b). En niant aussi brutalement la divinité du Soleil et de la Lune, Anaxagore ne pouvait que choquer le sentiment religieux traditionnel ; d'où l'accusation d'impiété, à laquelle il échappa par la fuite.

Au cours de son propre procès[2], Socrate assura qu'il ne partageait pas cette opinion d'Anaxagore (*Apologie* 26d). La protestation de Socrate paraît tout à fait sincère, si on la rapporte à la place privilégiée accordée à l'astronomie dans le groupe des sciences préparatoires à la dialectique au livre VII de la *République* (529a-531c)[3], dialectique qui caractérise l'acti-

1. Ainsi s'expliquerait l'expression *nûn te kaì anoía* (*Phèdre* 270a). La raison agit sur ce qui est dépourvu de raison.

2. Voir Platon, *Apologie de Socrate/Criton*, introduction, traduction et notes par Luc Brisson, 1997.

3. Voir les discussions sur l'interprétation de ce passage dans *Science and the sciences in Plato*, ed. and with an introd. by John P. Anton, New York, Caravan Books, 1980.

vité philosophique. Ainsi comprise, l'astronomie, qui s'intéresse aux corps célestes qui sont des êtres divins, constitue une voie privilégiée vers le salut (*Timée* 90d).

Dans le *Phédon,* dans la *République* et surtout dans le *Phèdre,* la réalité véritable se situe hors de l'*ouranós*; aussi, pour arriver à l'apercevoir, les âmes, celles des êtres humains qui l'ont mérité, celles des démons et celles des dieux, doivent-elles accomplir une ascension qui les mène à la limite de l'*ouranós*. Dans le *Phèdre*, ce sont les deux verbes *meteōroporeîn* (246c) et *meteōrízein* (246d)[1] qui décrivent cette ascension. Pour entreprendre ce voyage, une âme doit être au fait de la structure du ciel, avec laquelle d'ailleurs elle présente une véritable parenté, dans la mesure où, comme nous l'apprend le *Timée,* l'âme humaine n'est qu'un résidu de l'âme du monde (*Timée* 41d-e), et dans la mesure encore où leurs structures sont similaires, notamment en ce qui touche les cercles du Même et de l'Autre (*Timée* 42e-44b).

Dans ce contexte, « l'intérêt porté à ce qui se trouve en l'air » ne présente pas seulement une fonction théorique; il a aussi et surtout un rôle salvateur. Il prépare l'âme à la dialectique et lui fait connaître la structure du ciel à travers lequel elle doit s'élancer pour aller contempler les formes intelligibles. En subordonnant tout à l'activité philosophique considérée comme l'acquisition libératrice d'un savoir relatif au ciel, à ce qu'il contient et même à ce qui se trouve au-delà de lui, Platon mène à ses conséquences ultimes une idée partagée par la majorité des gens en Grèce ancienne : la *meteōrología* caractérise la démarche philosophique.

Mais celui « qui s'intéresse à ce qui se trouve en l'air » provoque, chez ceux qui ne partagent pas cet intérêt, le rire, le sarcasme et même l'hostilité.

Platon ne se fait-il pas ainsi l'écho de l'anecdote relative à Thalès, dans un passage du *Théétète* (174a-b), où le philosophe, qualifié de *metéōros*, est décrit comme une « tête en l'air » qui, tout à la contemplation du ciel, tombe dans un puits ?

La moquerie devient sarcasme, lorsqu'Aristophane, dans les *Nuées*, s'attaque à Socrate (225 *sq.*) qui, le temps d'une scène, se retrouve suspendu « en l'air » dans un appareil d'où il observe le ciel; et lorsque, dans son discours *Sur l'Échange* (259-269, et surtout 261-266), Isocrate s'en prend à Platon et aux membres de l'Académie considérés comme des *meteōrológoi*, des « bons à rien » (*akhrēstoi*) et des « beaux parleurs » (*adoléskhai*; on trouve déjà ce double sarcasme en 262).

Platon lui-même évoque ces sarcasmes au début du livre VI de la *République* :

1. *Cratyle* 406e et *Timée* 63c.

> Mais en comparant ceux qui, présentement, commandent dans les États à ces matelots dont nous parlions tout à l'heure, tu ne te méprendras pas, et, aussi, en comparant ceux qu'ils appellent des « bons à rien », des « têtes en l'air » (*akhréstous kai meteoroléskhas*). (*République* VI 489c)

Pour donner tout son sens au second membre de ce parallèle, il faut remonter de quelques lignes et revenir là où se trouve décrite une mutinerie au cours de laquelle les marins accusent le capitaine d'être un « tête en l'air » (*meteoroskópos*), autre synonyme pour *meteorológos*, un « bon à rien » (*ákhrestos*), un « beau parleur » (*adóleskhes*)[1] (*République* VI 488e-489a).

Comme on l'a vu, dans le passage du *Phèdre* considéré (270a) et dans les passages du *Cratyle* (401b) et de la *République* (VI 489a) cités plus haut, celui qui « s'intéresse à ce qui se trouve en l'air » se voit, de façon plus ou moins systématique, qualifié de « beau parleur ». Dans le *Phédon* (70c), Socrate se présente, peut-être en écho à Aristophane, comme un « beau parleur », alors qu'il s'apprête à raconter un mythe eschatologique dans lequel la cosmologie tient une place importante.

De même, dans le *Théétète* (195b, c), Socrate, après avoir admis son échec à rendre compte du jugement faux, se traite lui-même, et par deux fois, de « beau parleur ». Dans le *Sophiste* (225d), les choses se compliquent : c'est l'éristique, pratique à laquelle se trouve rattaché le nom de Socrate[2], qui est considérée comme un bavardage. En fait, à travers l'éristique, c'est la dialectique qui, de toute façon, se trouve visée. Parménide ne donne-t-il pas ce conseil à Socrate : « L'élan est beau et divin, sache-le, qui t'emporte ainsi vers les arguments. Mais exerce-toi, entraîne-toi à fond dans ces exercices qui ont l'air de ne servir à rien (*akhréstou*) et que la multitude appelle bavardage (*kaì kalouménes hupò pollôn adoleskhías*). » (*Parménide* 135d). Tout comme la cosmologie et l'astronomie, la dialectique est ainsi regardée par le plus grand nombre comme une perte de

1. Le terme *adóleskhes* est composé de *ádos*, une forme dorienne pour *hêdos* « plaisir » et de *léskhe*, terme qui dérive de *légo* et qui signifie notamment « discours, conversation ». Se trouve qualifié de *adoléskhes* celui qui aime parler, sans trop se soucier de la référence et des conséquence de ce qu'il dit ; d'où la traduction idiomatique par « beau parleur ». On retrouve *léskes* au second terme du composé dans *meteoroléskhes*. On notera les réserves de Chantraine (s.v. *adoléskhes*) sur l'interprétation à donner au premier terme du composé. Pour une description de ce type de comportement, cf. Théophraste, *Caractères* III. Par ailleurs, dans ses *Réfutations sophistiques* (13, 173a31-b16), Aristote donne à ce terme un sens technique qui l'apparente au « psittacisme ».

2. Ce passage est très difficile à comprendre. La cinquième définition assimile la sophistique à l'éristique. Mais, en 225d, une distinction est introduite entre le sophiste, qui réclame un salaire, et l'éristique, qui ne le fait pas : c'est ce dernier qui est alors qualifié de « beau parleur ». L. Campbell a voulu identifier ce « beau parleur » avec Socrate, A. Diès avec le véritable dialecticien, et F. M. Cornford avec un mégarique, suivant en cela F. Susemihl.

temps, un bavardage. La critique reste la même. Dès lors que le discours n'est plus considéré sous son aspect utilitaire, comme moyen d'avoir une influence dans l'Assemblée, au Tribunal ou ailleurs, et que l'on veut s'en servir pour décrire et expliquer des réalités qui n'ont aucun rapport avec les préoccupations de la majorité des gens : le ciel et les corps qui s'y meuvent par exemple, il est tenu pour un bavardage inutile.

Or, s'interroger sur l'âme en général et chercher, en s'aidant de la dialectique, à déterminer quel type de discours vrai convient à chaque âme individuelle, voilà, pour un rhéteur qui veut avoir une influence immédiate dans l'Assemblée du peuple, au Tribunal, ou même, tout simplement, dans une assemblée privée, quelque chose d'inutile, un bavardage pour simple d'esprit. D'où l'association de *adóleskhe̱s* avec *meteo̱rológos*.

Mais l'intérêt porté à ce qui se trouve en l'air peut aussi déclencher chez la multitude un sentiment d'hostilité qui mène dans certains cas jusqu'à l'accusation d'impiété, le plus grand nombre soupçonnant alors celui qui s'intéresse à ce qui se trouve en l'air de menacer l'existence des dieux traditionnels, ou même de remettre en cause leurs représentations, le Soleil et la Lune étant tenus pour des dieux à Athènes (*Apologie* 26d). Dans l'*Apologie,* Platon veut expliquer comment on en est venu à porter contre Socrate ce type d'accusation, et de quelle façon Socrate a cherché à y répondre.

> Ces accusateurs-là [les premiers, et notamment Aristophane dans les *Nuées,* cf. 19c] sont encore plus redoutables, Athéniens, car par l'influence qu'ils ont exercée sur plusieurs d'entre vous depuis que vous êtes enfants, ils vous ont convaincus en lançant contre moi l'accusation suivante qui ne présente pas un soupçon de vérité : il existe un certain Socrate, un savant (*sophòs ané̱r*), un « penseur » qui s'intéresse aux choses qui se trouvent en l'air (*tá te metéo̱ra phrontisté̱s*), qui mène des recherches sur tout ce qui se trouve sous la terre et qui de l'argument le plus faible fait l'argument le plus fort. (*Apologie* 18b ; *cf.* 19b) [1]

La même accusation est reprise à peu près dans les mêmes termes un peu plus loin (*Apologie* 23d). Elle est même évoquée dans le *Politique,* sous un mode satirique qui en fait ressortir toute l'absurdité. L'Étranger d'Élée demande à Socrate le Jeune d'imaginer la situation suivante. Tous les ans, des spécialistes pratiquant des arts comme la médecine ou la navigation seront obligés de rendre compte de leur activité devant un tribunal, dont les membres, tirés au sort, pourront leur reprocher de n'avoir pas respecté la lettre écrite ou les vieilles coutumes des ancêtres. Si quelqu'un a innové,

1. Sur le sens de cette déclaration, cf. Platon, *Apologie de Socrate / Criton*, introduction, traduction et notes par Luc Brisson, 1997.

> … on commencera par lui refuser le nom de spécialiste en médecine ou en conduite de navires; puis on dira au contraire que c'est quelqu'un qui s'intéresse à « ce qui se trouve en l'air », un Sophiste « beau parleur » (*meteọrológon, adoléskhẹn tinà sophistḗn*). Après quoi, qui voudra parmi ceux qui en ont le droit, ayant dressé un acte d'accusation contre lui, le fera comparaître devant ce qui précisément est un tribunal; et, si l'on y juge qu'à l'encontre des règles établies par écrit, il persuade, soit la jeunesse, soit les gens âgés, on lui infligera comme châtiment les peines les plus sévères. (*Politique* 299b-c)

On retrouve là, exprimée sur un ton ironique, l'idée formulée en *Phèdre* 270a. S'ils ne sont pas rattachés à la *meteọrología,* tous ces arts deviennent de pures routines; malheureusement, l'intérêt porté à la *meteọrología* suscite l'hostilité de la foule qui traite le *meteọrológos* de sophiste « beau parleur ».

Cela dit, son assimilation à un sophiste qui s'intéresse à ce qui se trouve en l'air ne devait pas choquer les contemporains de Socrate. Les sophistes, auxquels Socrate se trouvait apparenté par l'intermédiaire de l'éristique, s'intéressaient eux aussi au ciel et aux corps qui s'y meuvent. Ne lit-on pas dans le *Protagoras :* « Il était visible qu'ils étaient en train d'interroger Hippias sur la physique et sur certains problèmes astronomiques du domaine des hautes spéculations (*perì phúseọ́s te kaì tộn astronomiká*). » (*Protagoras* 315c; cf. *Timée* 80a). Le terme *astronomiká* est peut-être une glose interpolée, mais, même dans ce cas, le sens de la phrase ne se trouve pas radicalement modifié. Par ailleurs, dans son *Éloge d'Hélène* (DK^6 82 B 11, § 13), Gorgias donne pour exemple de la puissance de persuasion du discours celle du discours des *meteọrológoi.*

Qu'il s'agisse de Thalès, des sophistes, d'Anaxagore, de Socrate, de Platon ou des membres de l'Académie, l'activité philosophique se trouve caractérisée, pour le plus grand nombre des Athéniens des Ve et IVe siècles, par « un intérêt pour ce qui se trouve en l'air », recherche qui fait qualifier ceux qui s'y adonnent de « bons à rien » et de « beaux parleurs », sarcasmes dont témoignent les auteurs de comédie, à commencer par Aristophane. Voilà le type de réactions auxquelles fait allusion le terme *adoléskhía* en *Phèdre* 269e[1].

Cet intérêt pour ce qui se trouve en l'air, que lui communiqua Anaxagore, permit à Périclès d'étayer une éloquence naturelle qui fit maintes fois ses preuves. Dans le *Gorgias,* Socrate en donne un exemple,

1. En Grèce ancienne, l'attrait pour les choses invisibles se situant au-delà des apparences, pour tout ce qui est *metéọros*, suscite une profonde méfiance. Sur cette ambiguïté, cf. Louis Gernet, « Choses visibles et choses invisibles » [1956], dans *Anthropologie de la Grèce antique*, Paris, Maspero, 1968, p. 405-414, et surtout p. 411-412.

lorsqu'il déclare qu'il entendit l'intervention de Périclès en faveur de la construction du « Mur du milieu » :

> GORGIAS — Certes, ce que je tenterai de faire, Socrate, c'est de te révéler, avec clarté, toute la puissance de la rhétorique. Car tu as, toi-même, fort bien ouvert la voie. Tu n'ignores sans doute pas que les arsenaux dont tu parles, les murs d'Athènes et l'aménagement de ses portes, on les doit, les uns, aux conseils de Thémistocle, les autres, à ceux de Périclès et non pas aux conseils des hommes qui eurent à les construire.
> SOCRATE — On le dit de Thémistocle, Gorgias. Pour Périclès, je l'ai moi-même entendu parler de la construction du mur intérieur. (*Gorgias* 455d-e) [1]

L'information est intéressante, car elle nous ramène aux alentours de l'année 441 av. J.-C., c'est-à-dire vingt-cinq ans avant la scène qui est censée être décrite dans le *Phèdre*. Or, entre le moment où il fut élu stratège pour la première fois en 441 et sa mort en 429 lors de la grande peste, Périclès resta le personnage politique le plus important d'Athènes.

En ce qui concerne la pratique, Socrate formule un peu plus loin une exigence qui peut déconcerter. Après avoir énuméré les conditions nécessaires pour que la rhétorique devienne une technique vraiment efficace et soit fondée sur la vérité (*Phèdre* 273c-e), Socrate pose une nouvelle condition : l'orateur devra chercher à plaire aux dieux (*Phèdre* 273e-274a). Qu'est-ce à dire ? Que l'être humain doit être considéré comme un esclave dont les dieux seraient les maîtres [2] ? Que les normes que doit respecter la rhétorique relèvent en dernière analyse, non de l'humain, mais du divin ; ce qui revient à dire que l'homme n'est pas la mesure de toutes les choses, et que l'orateur doit rendre des comptes non seulement à la cité, mais aussi à une instance supérieure.

Périclès fut un bon orateur, parce qu'il remplissait ces trois conditions : il était doué, il avait acquis un savoir sur l'âme et sur la raison auprès d'Anaxagore, et surtout il avait mis en pratique, avec succès, ce talent et cette compétence. Reste une question importante : pourquoi Périclès et Anaxagore, systématiquement critiqués dans les autres dialogues, sont-ils ici proposés en exemple, pratiquement sans réserve [3] ? La réponse tient

1. Sur la construction des fortifications d'Athènes, cf. E. Will, *Le monde grec et l'Orient I : Le Ve siècle* (510-403), Paris, PUF, 1972 ; sur les problèmes de chronologie que pose le témoignage de Socrate, voir la note de E. R. Dodds, que suit M. Canto.

2. Les dieux sont des « maîtres » (*despótai*) pour les hommes (cf. *Phèdre* 265c ; *Phédon* 62b, 63a, c ; *Critias* 109b ; *Lois* V 726a, X 902c) qui sont leurs esclaves.

3. Suivant Chr. J. Rowe (Plato, *Phaedrus*, with translation and commentary by Chr. J. Rowe, Warminster, Aris & Philips, 1986, note à sa traduction de ce passage), une seule alternative est possible : ou bien Platon a changé d'avis à l'égard de Périclès et d'Anaxagore, ou bien le passage est ironique. Or, aucun indice ne permet de penser que Platon a changé d'avis à l'égard de Périclès. Socrate fait donc ici preuve d'ironie. Cette interprétation a le

probablement à la stratégie adoptée par Platon dans le *Phèdre*. Ce qui intéresse ici Platon, c'est la formation intellectuelle de Périclès, non pas son action politique et les conséquences qu'elle entraîna pour Athènes; il examine le rôle joué par un philosophe comme Anaxagore dans la formation d'un orateur politique, et non la doctrine d'Anaxagore en tant que telle.

Suivant l'interprétation proposée dans cette étude, l'allusion à Périclès et à Anaxagore en *Phèdre* 269e-270a illustre la doctrine exprimée dans le membre de phrase: *adoleskhías kaì meteọrologías phúseọs péri*, qui résume l'attitude de Platon à l'égard de la rhétorique dans le *Phèdre*. Définie comme l'art qui permet d'avoir une influence sur les âmes au moyen du discours, la rhétorique doit s'interroger sur la nature de l'âme en général et se poser la question de la vérité. Même Hippocrate qui, comme médecin, s'intéresse au corps, doit prendre en considération la nature de l'univers et la vérité. Puisqu'elle est subordonnée à une autre technique – la dialectique –, qu'elle doit prendre en considération un système de valeurs fondées sur une ontologie, et qu'elle doit plaire aux dieux qui sont les maîtres des hommes, la rhétorique ne peut prétendre à l'autonomie complète qu'elle revendique. Elle reste subordonnée à la philosophie. En d'autres termes, aucun discours ne peut privilégier le rapport à ses destinataires, aux dépens de son rapport aux choses, c'est-à-dire sans prendre en compte le vrai et le bien[1].

On peut considérer cette attitude comme un refus de la modernité. Et l'accusation porte en partie. Mais pour en mesurer exactement la portée, il faut bien poser le problème. Platon ne mène pas un combat d'arrière-garde en dénigrant systématiquement la rhétorique qu'il voudrait voir dépourvue du statut de technique. Il rappelle avec insistance que cette technique ne peut se soustraire à deux normes: le vrai et le bien. Or, il est difficile, voire impossible, pour une société, quelle qu'elle soit, d'admettre un usage public de la parole qui ne se préoccuperait ni de sa validité ni de sa finalité, la véritable modernité se trouvant dans une définition souple de cette validité, de cette finalité.

mérite de la clarté. Mais elle enlève presque tout intérêt à ce passage, qui, si on le prend au sérieux, permet de rendre compte du mythe central. En définitive, si on considère que Platon y développe un argument *a fortiori*, on peut échapper à l'alternative dans laquelle Chr. J. Rowe tente d'enfermer le lecteur du *Phèdre*. Périclès fut un bon orateur qui eut beaucoup de succès, parce qu'il avait acquis d'Anaxagore un savoir sur la nature. *A fortiori*, un orateur qui voudrait être techniquement et moralement meilleur que Périclès devrait acquérir un savoir sur la nature supérieur à celui d'Anaxagore qui ne donne pas à la raison (*noûs*) une place assez importante.

1. Sur le sujet, cf. Michel Patillon, *Éléments de rhétorique classique*, Paris, Nathan, 1990.

L'ÉGYPTE DE PLATON

La connaissance que Platon a de l'Égypte est très variée : elle concerne aussi bien la géographie, l'histoire, la religion, l'organisation politique et sociale, les arts et l'éducation, que les mœurs. En outre, Platon fait allusion aux momies[1], il parle d'élevages de poissons sur les rives du Nil[2] et il connaît même le prix du voyage en bateau entre Athènes et l'Égypte[3].

Est-ce à dire que Platon a visité l'Égypte ? Il est impossible de le savoir. Rien n'empêchait Platon d'aller en Égypte : ni le manque d'argent, ni le manque de temps, ni l'ignorance, ni le manque d'intérêt. Pourtant, les premiers témoignages relatifs à un tel voyage[4] sont postérieurs de plusieurs

1. « Réfléchis à ceci, dit Socrate : une fois que l'homme est mort, sa part visible, son corps, qui a sa place dans le lieu visible, bref ce qu'on appelle cadavre et qui est fait pour se dissoudre, se désagréger, s'évaporer, ne subit aucun de ces accidents immédiatement ; cela résiste au contraire pendant un temps assez long. Ce temps peut même être tout à fait considérable si, au moment de la mort, le corps est plein de vitalité et se trouve dans l'épanouissement de la jeunesse. Et je ne parle même pas du corps émacié et décharné à la façon des momies d'Égypte, car lui se conserve quasi entièrement pendant un temps inimaginable. » (*Phédon* 80c, traduction par M. Dixsaut).

2. L'Étranger d'Élée s'adresse à Socrate le Jeune, alors qu'il distingue l'élevage d'animaux terrestres de celui d'animaux aquatiques : « Ceci, dont tu as, je pense, entendu parler maintes fois. Car je sais bien qu'évidemment tu n'as pas pu voir de tes yeux les poissons qu'on élève au bord du Nil ou dans les étangs du Grand Roi. Mais peut-être en auras-tu vu dans des fontaines ? » (*Politique* 264b-c, trad. par A. Diès). Le « Grand Roi » est le roi de Perse.

3. Socrate s'adresse à Calliclès en ces termes : « Quand la science du gouvernail nous ramène sans détour d'Égine, sains et saufs, elle se fait payer deux oboles, je crois ; si c'est de l'Égypte ou du Pont, si c'est de très loin – et alors qu'elle nous rend un immense service puisque, comme je l'ai dit tout à l'heure, elle nous sauve la vie, à nous-mêmes, à nos enfants, à nos richesses et à nos femmes –, elle demande au plus un paiement de deux drachmes au moment de débarquer sur le rivage. » (*Gorgias* 511d, trad. par M. Canto). Le prix du voyage correspond à deux jours du salaire d'un ouvrier spécialisé dans l'Athènes de l'époque. Ce n'est pas très cher pour une traversée qui embarque une famille entière.

4. Ce voyage n'est pas mentionné dans l'*Academicorum Philosophorum Index Herculanensis* [Ier siècle av. J.-C.]. En ce domaine, Cicéron (*De Republica* [composé en 54-

siècles à la mort de Platon, ils sont parsemés de détails curieux, et surtout ils ressortissent à un *topos* (lieu commun) traditionnel des vies de philosophes[1]. Par ailleurs, un rapide coup d'œil jeté sur l'ensemble des allusions faites à l'Égypte qu'on trouve dans l'œuvre de Platon permet de constater que ces allusions se multiplient dans les œuvres de maturité, où leur importance est bien plus considérable que dans les œuvres de jeunessse. C'est notamment le cas dans le *Timée*, le *Critias* et les *Lois*[2], où elles sont nombreuses. Or, la chose ne laisse pas d'étonner, dans la mesure où ceux qui croient en la réalité d'un voyage de Platon en Égypte placent ce voyage avant 388/387 av. J.-C., c'est-à-dire avant la rédaction des dialogues de maturité. De plus, la très grande majorité des renseignements que donne Platon sur l'Égypte semble provenir d'une lecture d'Hérodote[3], le reste devant faire partie du bagage culturel d'un Athénien cultivé. Enfin et surtout, l'engouement de Platon pour l'Égypte participe d'un mouvement d'intérêt général pour cette contrée dans l'Athènes de la fin du Ve et de la première moitié du IVe siècle av. J.-C.; un intérêt alimenté par une lecture du livre II d'Hérodote, qui se rendit en Égypte peu après 449 av. J.-C.

Dans les *Oiseaux*, comédie représentée en 414 av. J.-C., Aristophane parodie certaines descriptions faites par Hérodote de l'Égypte. L'année suivante, l'auteur comique donne les *Danaïdes*, dont le climat, d'après ce qui nous reste de cette comédie, baignait dans un exotisme égyptien. À la fin de son *Électre*, Euripide annonce qu'il situera en Égypte les aventures

51 av. J.-C.] I 10, 16; et *De finibus* [composé en 45 av. J.-C.] V 29, 87) et Diodore de Sicile (*Bibliothèque historique* [composé entre 60 et 50 av. J.-C.] I 96, 2) sont nos sources les plus anciennes. Un inventaire complet des sources a été dressé par Theodor Hopfner, dans *Über Isis und Osiris* [1941] II, Darmstadt, Wissenschaftliche Buchgesellschaft, 1967 [réimpression], p. 86-87.

1. Sur le sujet, cf. Theodor Hopfner, *Orient und griechische Philosophie*, Leipzig, Hinrichs, 1925, et Alan B. Lloyd, *Herodotus*, book II, t. I, Introduction, EPRO 43, Leiden, Brill, 1975, p. 49-60. On lira mon commentaire sur Diogène Laërce III 6-7 dans *Aufstieg und Niedergang der Römischen Welt* II 36,5, p. 3641-3642.

2. Le fait a été relevé par Christian Froidefond, *Le mirage égyptien dans la littérature grecque d'Homère à Aristote*, Aix-en-Provence, Ophrys, 1971, p. 267-268. On a voulu expliquer l'intérêt croissant manifesté par Platon pour l'Égypte par l'influence d'Eudoxe de Cnide, astronome et philosophe, qui fréquenta l'Académie vers 368 av. J.-C., après avoir séjourné dans la vallée du Nil vers 373 av. J.-C. Sur tout cela, lire *Die Fragmente des Eudoxos von Knidos*, hrsg., Übers. und Komm. von François Lasserre, Berlin, de Gruyter, 1966 T 7 = D.L. VIII 86, et comm. p. 139-143).

3. C'est l'avis de Christian Froidefond (*Le mirage égyptien*, 1971) et de François Hartog, « Les Grecs égyptologues », *Annales ESC*, septembre-octobre 1986, n° 5, p. 953-967. Pour le début du *Timée* et pour le *Critias*, cf. P. Vidal-Naquet, « Athènes et l'Atlantide » [1964], *Le chasseur noir*, Paris, La Découverte/Maspero, 1983², p. 335-360, et plus récent, Jean-François Pradeau, *Le monde de la politique, Sur le récit atlante de Platon, Timée (17-27) et Critias*, IPS Series 8, Sankt Augustin, Academia Verlag, 1997.

d'Hélène; présentée en 412, son *Hélène*[1] sera, l'année suivante, parodiée par Aristophane dans les *Thesmophories*. Mais c'est avec le *Busiris*[2] d'Isocrate que le mouvement d'idéalisation de l'Égypte atteint son paroxysme. Dans sa partie centrale, le discours d'Isocrate, composé vers 385 av. J.-C., développe les quatre *tópoi* qui figureront dans tout éloge ultérieur de l'Égypte: le pays (§ 11-14), la division du corps social en groupes fonctionnels (§ 15-20), l'organisation artistique et intellectuelle (§ 21-23), et la piété (§ 24-29).

Je voudrais montrer ici comment et pourquoi, chez Platon[3], dont l'activité littéraire se situe très probablement entre 399 et 348/347 av. J.-C., l'éloge, sur ces quatre points, est indissociable du blâme, et expliquer pourquoi il en est ainsi.

LE PAYS : LE NIL SAUVEUR

Au début du *Timée* et dans le *Critias*[4], Platon reprend un thème bien connu, celui du Nil qui assure la sauvegarde des Égyptiens. Mais ce thème, Platon le transforme en fonction de ses objectifs. L'Égypte, épargnée par les catastrophes naturelles périodiques, devient la Mère et la Gardienne de la civilisation, et, parce que l'écriture y est d'un usage très ancien, elle peut être considérée comme la Mémoire de l'humanité. Relisons Platon alors qu'il pastiche Hérodote :

> Il y a en Égypte, reprit Critias, dans le Delta, qu'entoure, en se divisant à son sommet, le flot du Nil, un « nome » appelé Saïtique[5]. De ce nome, la

1. Pour une description de l'intrigue, cf. *infra*, note 166, note 2.

2. Le *Busiris* est une réponse à l'« éloge paradoxal » de Busiris composé par Polycrate, un Athénien établi à Chypre. Busiris, ce roi mythique, fils de Poséidon, qui symbolisait le caractère inhospitalier des Égyptiens, était une figure bien connue des Athéniens : Euripide l'avait mis en scène dans un drame satyrique (*TGF*², 313-315 Nauck), et la peinture sur vase (cf. F. Brommer, *Vasenlisten zur griechische Heldensage*, Marburg, Elwert, 1973³) l'avait souvent représenté dans sa lutte contre Héraclès (cf. Apollodore, *Bibliothèque* II 5, 11). Par goût du paradoxe, les sophistes voulurent en faire un bienfaiteur de l'humanité ; c'est d'ailleurs dans cette tradition que s'insère l'éloge de Busiris composé par Polycrate, cf. p. 136, note 1.

3. Sur le sujet, cf. Christian Froidefond (*Le mirage épyptien*, 1971) qui étudie le phénomène d'Homère à Aristote. Et sur les rapports entre Platon et l'Égypte, les articles les plus récents sont celui de Whitney M. Davis, « Plato and the Egyptian art », *Journal of Egyptian Archaeology* 65, 1979, p. 121-127 ; celui de Henry Joly, « Platon égyptologue », *Silex*, 1979, n° 13, p. 34-42 = *Revue Philosophique de la France et de l'Étranger*, 1982, p. 255-266 ; et celui de Aikaterini Lefka, « Pourquoi des dieux égyptiens chez Platon ? », *Kernos* 7, 1994, p. 159-168.

4. Sur le sujet, on peut lire J. Mc Evoy, « Platon et la sagesse de l'Égypte », *Kernos* 6, 1993, p. 345-275.

5. *Nómos* est le terme dont se sert Hérodote pour désigner des circonscriptions de l'Empire perse (III 90) et de l'Égypte (II 164-166), qui, il faut le rappeler, resta sous la

> ville la plus importante est Saïs[1], – dont est justement originaire le roi Amasis[2]. Si on en croit les habitants de Saïs, la divinité fondatrice de la ville est une déesse, qui a pour nom, en langue égyptienne, Neith[3], et, en langue grecque, à ce qu'ils prétendent, Athéna. Ils ont une grande amitié pour les Athéniens et déclarent être en quelque sorte leurs parents. Dans cette ville où l'avait conduit son voyage, Solon disait qu'on lui avait témoigné beaucoup de considération. (*Timée* 21e-22a)

Platon commence par situer la scène dans l'espace et dans le temps.

On se trouve en Basse-Égypte vers 600 av. J.-C., à Saïs[4], ville située sur la branche occidentale du delta du Nil, et qui, au cours de la XXVIe dynastie (de 663 à 525 av. J.-C.) – dynastie à laquelle appartint effectivement Amasis qui régna de 570/569 à 526 av. J.-C. –, fut promue au rang de ville royale. Or, puisque Saïs fut fondée par Neith, déesse identifiée à l'Athéna des Grecs, les gens de Saïs sont en droit de se considérer, en quelque sorte, comme des « parents » des gens d'Athènes qui sont aussi des descendants d'Athéna (*Timée* 23e1-2). Ce lien de parenté explique l'amitié que portent les gens de Saïs aux Athéniens et la considération qu'ils témoignent à Solon.

Après avoir donné ces précisions d'ordre géographique et « historique », Platon met en scène les personnages : d'un côté, Solon, et de l'autre, les prêtres du temple de Neith-Athéna :

> Et, racontait-il entre autres, un jour qu'il interrogeait sur les choses du passé les prêtres les plus versés en la matière, il lui apparut que ni lui ni

domination perse de 525 à 404 av. J.-C. (cf. n. 1, p. 162). Toujours selon Hérodote (II 165), le « nome » appelé « Saïtique » était l'un des nomes des Hermotybies (= guerriers) dont était originaire Amasis (II 172) et qui fut le berceau de la royauté de Psammétique (II 152).

1. Hérodote parle souvent (II 59, 62, 130-132, 163, 169, 170, 171, et III 16 notamment) de cette ville où il s'était lui-même rendu.

2. Hérodote (I 29-30) écrit : « Après avoir donné des lois aux Athéniens, il [= Solon] s'était absenté pour dix années… il alla en Égypte chez Amasis. » Tout porte à croire qu'il faut placer l'activité législative de Solon sous son archontat en 594/3 av. J.-C. Or, Amasis ne monta pas sur le trône d'Égypte avant 570/569 av. J.-C. Par voie de conséquence, Solon ne put le rencontrer et même lui emprunter une loi (cf. Hérodote II 177) entre 594/593 et 584/583. D'où un anachronisme flagrant. Peut-être Platon s'est-il rendu compte de cet anachronisme et a-t-il tenté de l'éviter. En effet, si on interprète *Timée* 21e4 (« dont justement est originaire le roi Amasis ») comme une incise, et si on comprend *Timée* 21c6-7 (« et si à cause des séditions et par suite des autres maux qu'il trouva ici à son retour… »), on peut penser que Platon situe le voyage de Solon en Égypte aux alentours de 600 av. J.-C.

3. Christian Froidefond (*Le mirage égyptien*, 1971, p. 268, n. 18) rappelle que l'orthographe des noms de Neith et de Theuth retenue par Platon, est étrangère à la phonétique grecque et volontairement épyptianisante.

4. À Saïs, nous apprend Hérodote (II 59), il y avait un célèbre sanctuaire d'Athéna (= Neith), où était célébrée, lors de l'une des grandes panégyries annuelles de l'Égypte (II, 59), la fête des « lampes ardentes (*lukhnokaíe̱*) » (II 62).

> aucun autre Grec ne savait pour ainsi dire presque rien sur la question. Or, comme il souhaitait amener les prêtres à parler de l'antiquité, il se mit à évoquer ce qui chez nous remonte à la plus haute antiquité. Il raconta le mythe de Phoronée, qu'on dit être le premier homme, et de Niobé; puis celui qui décrit comment Deucalion et Pyrrha survécurent au déluge. Il fit aussi la généalogie de leurs descendants, et il essaya de calculer à combien d'années remontaient les événements qu'il évoquait, en se remettant en mémoire leur âge. (*Timée* 22a-b)

Solon, qui vient de prendre conscience de son ignorance des « choses du passé », cherche à obtenir les confidences des prêtres égyptiens en leur racontant ce qui, pour les Grecs, est le souvenir le plus ancien, celui du premier homme et de la première femme. La « généalogie » de leurs descendants doit lui donner une chronologie où situer les événements passés[1].

Platon donne alors la parole à un prêtre de Saïs, un prêtre très âgé[2], qui va renseigner Solon sur ses propres « sources archéologiques », en lui apprenant pourquoi les Grecs sont si ignorants de leur histoire conservée en Égypte :

> C'est alors qu'un prêtre dont l'âge était particulièrement avancé, l'interrompit : « Solon, Solon, vous autres Grecs restez toujours des enfants : vieux, un Grec ne peut l'être. » Sur ce, Solon s'enquit : « Que veux-tu dire par là ? » Et le prêtre de répondre : « Jeunes, vous l'êtes tous par l'âme, car vous n'avez en elle aucune vieille opinion transmise depuis l'antiquité de bouche à oreille ni aucun savoir blanchi par le temps ». (*Timée* 22b)

Mais pourquoi les Grecs sont-ils restés des enfants dans leur âme ?

Suivant le prêtre égyptien, cet oubli s'explique par les catastrophes qui, en Grèce, détruisent périodiquement les avancées de la civilisation et empêchent l'établissement et la généralisation de l'usage de l'écriture :

> Bien des fois et de bien des manières, le genre humain a été détruit, et il le sera encore. Les catastrophes les plus importantes sont dues au feu et à l'eau, mais des milliers d'autres causes provoquent des catastrophes moins importantes.
>
> Prenons par exemple cette histoire qu'on raconte chez vous. Un jour, Phaéton, le fils du Soleil, attela le char de son père, mais comme il n'était pas capable de conduire en suivant la route de son père, il mit le feu à ce qui se trouvait à la surface de la terre et périt lui-même foudroyé. Ce récit n'est qu'un mythe; la vérité la voici. Les corps qui, dans le ciel, accomplissent

1. La scène rappelle celle où les prêtres égyptiens raillent Hécatée de Milet qui prétend descendre d'un dieu à la seizième génération (Hérodote II 143-144).

2. Sur la valorisation, chez Platon, de l'âge, en ce qui concerne la transmission d'informations concernant le passé, et sur ses justifications, cf. Brisson 1982, p. 68-69.

une révolution autour de la terre sont soumis à une variation, qui se reproduit à de longs intervalles ; ce qui se trouve à la surface de la terre est alors détruit par un excès de feu.

À ces moments-là, tous les êtres humains qui sont établis sur des montagnes et en des lieux élevés ou secs périssent en plus grand nombre que ceux qui habitent au bord des fleuves ou près de la mer. Nous, c'est le Nil, notre sauveur en d'autres circonstances qui, en cette situation difficile aussi, nous sauve par sa crue. Quand, en revanche, les dieux, pour purifier la terre, provoquent un déluge, ce sont les habitants des montagnes qui sont épargnés, bouviers et pâtres, tandis que ceux qui, chez vous, habitent dans des cités sont entraînés vers la mer par les fleuves. Mais, dans notre pays, pas plus à ce moment-là qu'à aucun autre, ce n'est d'en haut que sur nos sillons ruisselle l'eau ; bien au contraire c'est d'en bas que toujours elle sourd naturellement. De là vient et par là s'explique, dit-on, que les événements dont le souvenir est ici conservé remontent à la plus haute antiquité. Effectivement, dans tous les lieux où ni un froid excessif ni une chaleur brûlante ne l'empêche, on trouve toujours des êtres humains, en plus ou moins grand nombre. (*Timée* 22c-23a)

Le genre humain est donc périodiquement détruit, soit par le feu, soit par l'eau. C'est le déluge, évoqué plus haut par Solon (22a-b) qui constitue le meilleur exemple d'une destruction par l'eau. Voilà pourquoi le prêtre égyptien, lui, insiste sur la destruction par le feu, qu'illustre chez les Grecs le mythe de Phaéton[1], auquel le prêtre donne une explication de type astronomique[2]. Les Grecs sont chaque fois décimés par ces destructions par l'eau et par le feu, alors que les Égyptiens y échappent.

Pour comprendre ce qui va suivre, il faut rappeler ce que Platon considère comme une donnée de fait dans le domaine de la géographie humaine, du moins en Grèce. Les habitants des montagnes, bouviers et pâtres, trop occupés à se procurer les choses nécessaires à la vie dont ils manquent sans cesse, restent des illettrés étrangers aux Muses. En revanche, c'est près des fleuves et près de la mer que s'élèvent les cités où le loisir permet l'épanouissement d'une civilisation favorisant le développement de l'écriture et rendant possible « le fait de raconter des mythes

1. Selon une version bien connue en Grèce, Phaéton, le fils du Soleil et de l'Océanide Clyménè, fut élevé par sa mère dans l'ignorance de l'identité de son père. Mais, devenu adolescent, sa mère lui révéla sa véritable origine. Il se rendit alors chez son père, et lui demanda de lui laisser conduire son char. Le Soleil accepta. Mais, n'arrivant pas à suivre la route habituelle, Phaéton, en descendant trop bas, brûla ce qu'il y avait sur la terre. Pour éviter une conflagration universelle, Zeus le foudroya et le précipita dans le fleuve Éridan.

2. Il convient de signaler que, suivant Socrate dans le *Phèdre*, c'est Theuth qui « découvrit le nombre et le calcul et la géométrie et l'astronomie » (274c-d). Par ailleurs, l'auteur de l'*Épinomis* (986e *sq.*) explique par la pureté du ciel de leur pays le fait que les Égyptiens et les Syriens ont découvert l'astronomie avant les Grecs.

(*muthologia*) et la recherche sur les choses du passé (*anazêtêsis tôn palaiôn*) » (*Critias* 110a3-4). Or, lors d'une destruction par le feu provoquée par une modification de la course des corps célestes, ce sont bien évidemment ceux qui habitent les lieux les plus élevés et les plus secs qui périssent, c'est-à-dire les montagnards ; en revanche, lorsque se produit une destruction par l'eau qui tombe du ciel, ce sont ceux qui habitent près des fleuves et près de la mer qui sont touchés, c'est-à-dire les citadins. Dans cette perspective, une destruction par l'eau élimine pratiquement toute trace de civilisation qui, après chaque déluge, doit renaître en Grèce. Ce qui n'est pas le cas en Égypte grâce au Nil[1]. La crue du Nil protège les Égyptiens d'une destruction par le feu ; et, comme l'eau dont ils ont besoin leur vient du sol et non du ciel, car il ne pleut pratiquement jamais sur leur pays, les Égyptiens n'ont pas à redouter un déluge. Par suite, leurs cités ne sont jamais détruites. C'est pourquoi l'Égypte est devenue le berceau de la civilisation et la mémoire de l'humanité tout entière. Comme l'écriture n'y a jamais connu d'éclipse, l'Égypte a conservé un nombre considérable d'informations sur son passé ainsi que sur celui de tous les peuples.

Voici d'ailleurs comment le prêtre présente la chose :

> Aussi tout ce qui est arrivé chez vous, ici ou en quelque autre lieu, et dont nous avons été informés pour en avoir entendu parler, si, pour une raison ou pour une autre, c'est quelque chose de beau, de grand ou de remarquable à quelque autre titre, tout cela a, depuis l'antiquité, été consigné par écrit dans nos temples et conservé. Mais, chez vous et ailleurs, à peine se trouve constitué ce qui touche à l'écriture et à toutes les autres choses dont les cités ont besoin, chaque fois, à des intervalles réglés, revient, comme une maladie, le flot du ciel qui fond sur vous ; et il n'épargne que ceux d'entre vous qui sont illettrés et étrangers aux Muses, en sorte que vous repartez du début comme si vous étiez redevenus jeunes, ignorant tout ce qui est arrivé chez vous et ici, dans l'ancien temps. (*Timée* 23a-b)

Le prêtre égyptien qui est l'informateur de Solon assigne, comme sources à son récit, des écrits conservés depuis la plus haute Antiquité dans le temple de Neith-Athéna (23a4-5) à Saïs, et cela même s'il n'a pas le loisir de les consulter cette fois-ci (24a1-2). Ces écrits, contemporains de la fondation de la ville datent donc de huit mille ans (23e3-4) et relatent une tradition qui s'est transmise oralement, c'est-à-dire exclusivement de bouche à oreille, pendant près de mille ans. Enfin, il est à noter que, à partir de là, commence une transmission orale qui, à Athènes, est censée s'étendre sur une période de deux cent cinquante ans, de Solon à Platon. Qu'est-ce à dire ?

1. Ces allusions aux crues et aux sources du Nil pourraient bien s'inspirer de ce que dit Hérodote (II, 19-33) du fleuve d'Égypte.

1) La version écrite sur laquelle se fonde le prêtre dépend elle-même d'une version qui a été auparavant transmise oralement pendant près de mille ans.

2) Le prêtre égyptien se réfère à cette version écrite, mais il n'en fait pas lecture à Solon, car il la connaît par cœur; dans ce contexte, l'écriture permet un contrôle – au sens étymologique du terme : « contre-rôle : registre tenu en double » – d'une tradition orale qu'elle ne supplée jamais. Ainsi et même pour le prêtre égyptien, l'écriture tient lieu d'instrument de remémoration, la véritable mémoire se trouvant ailleurs, dans l'âme qui s'exprime directement par la parole.

L'attitude ambiguë du prêtre égyptien à l'égard de l'écriture rappelle l'ambiguïté des réactions de Thamous dans le mythe raconté à la fin du *Phèdre*, lorsque Theuth lui présente ses inventions, au nombre desquelles compte l'écriture[1] :

> Eh bien ! j'ai entendu dire que, du côté de Naucratis en Égypte, il y a une des vieilles divinités de là-bas, celle-là même dont l'emblème sacré est un oiseau qu'ils appellent, tu le sais, l'ibis. Le nom de cette divinité est Theuth[2]. C'est donc lui qui, le premier, découvrit le nombre et le calcul et la géométrie et l'astronomie, et encore la *petteía* et les dés (*kubeía*)[3], et enfin et surtout l'écriture. Or, en ce temps-là, régnait sur l'Égypte entière Thamous[4], qui résidait dans cette grande cité du haut pays, que les Grecs appellent Thèbes d'Égypte, comme ils appellent le dieu (Thamous) Ammon.
>
> Theuth, étant venu le trouver, lui fit une démonstration de ces arts et lui dit qu'il fallait les communiquer aux autres Égyptiens. Mais Thamous lui demanda quelle pouvait être l'utilité de chacun de ces arts; et, alors que Theuth donnait des explications, Thamous, selon qu'il les jugeait bien ou

1. Le système d'écriture alors évoqué se compose, selon le *Philèbe* (18b-d), de l'ensemble des lettres de l'alphabet grec et non du système des hiéroglyphes égyptiens.

2. Theuth, qu'on trouve aussi mentionné dans le *Philèbe*, c'est Thot, le dieu d'Hermopolis, que les Grecs identifiaient à Hermès. En tant qu'ibis, Thot couve l'œuf dont sort l'univers.

3. Seule occurrence du terme *kubeía* dans tout le corpus platonicien : Platon fait allusion à ce jeu en *République* X 604b et en *Lois* XII 968e. On ne sait rien du jeu désigné par le terme *petteía*, qui revient souvent dans le corpus platonicien (*Charmide* 174b; *Rép.* I 333b, II 374c, VI 487c, X 604c; *Politique* 299e; *Lois* V 739a, VII 820c, X 903d).

4. Thamoûs c'est Amoûs, le dieu Ammon, roi solaire et père des dieux. Le grand dieu égyptien Ammon, couramment appelé Zeus par Hérodote, était souvent représenté avec une tête de bélier (II 42; VI 181). Il avait, à Thèbes, un vaste sanctuaire; un temple (le temple de Karnak) y renfermait un grand nombre de statues (II 143); des femmes étaient consacrées au service du dieu, et l'une d'elles couchait dans le temple (I 182); il y avait là, semble-t-il, un oracle (II 54, 57). Slobodan Dusanic (« Athenians politics in Plato's *Phaedrus*. Principles and topical themes », *Understanding the Phaedrus. Proceedings of the II Symposium Platonicum*, 1992, p. 229-232) voit en Thamous une allusion au roi égyptien du même nom, qui partagea le pouvoir avec Nectanebo I en 365 av. J.-C avant de lui succéder trois ans plus tard.

> mal fondées, prononçait tantôt le blâme tantôt l'éloge. Nombreuses, raconte-t-on, furent assurément les observations, que, sur chaque art, Thamous fit à Theuth dans les deux sens, et dont une relation détaillée ferait un long discours.
> Mais, quand on en fut à l'écriture :
> « Voici, ô roi, dit Theuth, le savoir qui fournira aux Égyptiens plus de savoir, plus de science et plus de mémoire ; de la science et de la mémoire le remède a été trouvé. »
> Mais Thamous répliqua : « Ô Theuth, le plus grand maître ès arts, autre est celui qui peut engendrer un art, autre est celui qui peut juger quel est le lot de dommage et d'utilité pour ceux qui doivent s'en servir. Et voilà maintenant que toi, qui est le père de l'écriture, tu lui attribues, par complaisance, un pouvoir qui est le contraire de celui qu'elle possède. En effet, cet art produira l'oubli dans l'âme de ceux qui l'auront appris, parce qu'ils cesseront d'exercer leur mémoire : mettant, en effet, leur confiance dans l'écrit, c'est du dehors, grâce à des empreintes étrangères, et non du dedans, grâce à eux-mêmes, qu'ils feront acte de remémoration ; ce n'est donc pas de la mémoire, mais de la remémoration que tu as trouvé le remède. Quant à la science, c'en est la semblance que tu procures à tes disciples, non la réalité. Lors donc que, grâce à toi, ils auront entendu parler de beaucoup de choses, sans avoir reçu d'enseignement, ils sembleront avoir beaucoup de science, alors que, dans la plupart des cas, ils n'auront aucune science ; de plus, ils seront insupportables dans leur commerce, parce qu'ils seront devenus des semblants de savants, au lieu d'être vraiment des savants ». (*Phèdre* 274c-275b)

En effet, après en avoir fait le récit, Socrate propose de ce mythe un commentaire qui insiste sur deux points capitaux : 1) l'écriture ne peut se substituer à la mémoire, car elle se borne à la susciter et à assurer son bon fonctionnement ; 2) comme l'écriture n'est qu'une image de la science, elle ne doit pas être considérée comme la science elle-même : ce n'est pas parce qu'elle est reçue sous telle ou telle forme qu'une information est comprise. Et un peu plus loin (*Phèdre* 278b-e), il porte sur ceux qui écrivent un jugement qui dépend de leur attitude à l'égard de l'écriture : peut être qualifié de « philosophe » (*philósophos*) tout écrivain, qu'il soit « poète » (*poie̱té̱s*), « rédacteur de discours judiciaire » (*logográphos*) ou « rédacteur de lois » (*nomográphos*), qui considère l'écrit non comme une fin en soi, mais comme un instrument permettant d'accéder non d'entrée de jeu, mais par l'intermédiaire d'un processus cognitif compliqué, à une connaissance du monde des formes intelligibles[1].

Dans la *Lettre* VII, Platon va encore plus loin, en donnant à une critique généralisée du langage un fondement épistémologique et ontologique

1. Voir l'Annexe 1, p. 74-76.

(342e-343a, cf. 341c-d). Platon n'y conclut pas à l'incommunicabilité de toute connaissance intelligible, qui devrait dès lors être assimilée à une illumination mystique; il rappelle tout simplement que le langage, *oral* ou *écrit*, ne peut, parce qu'il ressortit au monde des choses sensibles, exprimer adéquatement ce qu'appréhende l'intellect. Croire le contraire reviendrait à affliger l'intelligible de cette déficience qui caractérise le langage; c'est le langage qui est déficient, non ce qu'il exprime.

Le langage est donc toujours déficient, lorsqu'il s'agit d'exprimer ce qu'appréhende l'intellect. Mais, lorsqu'il s'agit de décrire le monde sensible, et notamment les choses du passé, le problème se pose différemment, dans la mesure où il s'agit moins d'expression que de transmission[1]. Une transmission exclusivement orale implique une transformation incessante du message transmis, la dernière version étant la seule disponible, et tout contrôle impossible. Et puisque, dans le cadre d'un face-à-face, la fabrication d'un message, son émission et sa réception, sont indissociables, la nature même du message se voit affectée par les défauts de l'agent de transmission – ou par les pressions qu'exerce sur lui un public qui exige d'entendre telle ou telle chose plutôt que telle autre. Or, chez les Grecs, l'usage de l'écriture, qui seule donne les moyens de contrôler une transmission orale, est périodiquement remis en cause; voilà pourquoi c'est en Égypte, où l'usage de l'écriture remonte le plus loin dans le temps, que les Grecs doivent se rendre pour apprendre leur propre histoire.

De façon surprenante, le prêtre, qui connaît aussi bien l'histoire de Saïs que celle de sa demi-sœur, Athènes, réserve à cette dernière une primauté non seulement historique, puisqu'elle fut fondée mille ans avant Saïs, mais encore de la valeur, du fait de l'excellence de ses lois et de l'importance de ses succès militaires :

> « En tout cas, les généalogies concernant les gens de chez vous que tu viens, Solon, de passer en revue, diffèrent bien peu des mythes destinés aux enfants. D'abord, vous ne gardez le souvenir que d'un seul déluge sur terre, alors que plusieurs sont survenus auparavant. En outre, la plus belle et la meilleure communauté parmi l'espèce humaine, vous ne savez pas que c'est dans votre pays qu'elle est née; c'est d'eux que vous descendez, toi et l'ensemble de la cité qui est aujourd'hui la tienne, parce que jadis un peu de semence s'en est conservée. Mais vous avez perdu le souvenir de tout cela parce que, pendant plusieurs générations, ceux qui furent épargnés, moururent sans avoir livré leur voix à l'écriture. Oui, autrefois, Solon, avant la destruction la plus importante que causèrent les eaux, la cité, qui est aujourd'hui celle des Athéniens, était la meilleure pour la guerre et, à tous égards, celle qui avait les meilleures lois, et cela à un point

1. Sur le sujet, cf. Brisson 1982, p. 32-49.

> remarquable. Cette cité a accompli les exploits les plus beaux, et ses institutions politiques surpassèrent en beauté toutes celles dont sous le ciel nous avons recueilli l'écho. »
> Or, Solon disait avoir été émerveillé par ce qu'il avait entendu et avoir éprouvé le désir le plus vif de demander aux prêtres de passer en revue, pour lui, pas à pas et par le détail, tout ce qui concernait ses concitoyens d'autrefois. (*Timée* 23b-d)

Ce retournement de situation, qui permet à Platon de renverser les rôles et de rendre à Athènes le premier rang, qui paraissait devoir revenir à Saïs, montre bien combien l'éloge de l'Égypte s'accompagne toujours, chez le philosophe, du blâme, et cela même en ce qui concerne le pays.

Dans les *Lois*, Platon reprend une critique colportée à Athènes par Aristophane (*Thesmophories*, 920-922)[1] : les Égyptiens se caractérisent par leur rouerie. Alors qu'il défend la nécessité d'inscrire les mathématiques au programme de l'éducation des citoyens, Platon anticipe sur l'objection qu'il devine, et affirme :

> Mais, s'il n'en est pas ainsi, l'effet qu'au lieu de la sagesse on aura réalisé à son insu, ce sera ce qu'on appelle la rouerie (*panourgían*) ; un effet qu'il est aujourd'hui possible de constater chez les Égyptiens, chez les Phéniciens et chez beaucoup d'autres peuples, qui sont devenus ainsi, parce que leurs occupations et notamment celle qui consiste à amasser des richesses ne sont pas des occupations d'hommes libres. S'ils en sont là, c'est à cause soit d'un mauvais législateur, soit d'un fâcheux destin, soit même d'une influence naturelle du genre que voici. (*Lois* V 747c-d)

La rouerie des Égyptiens est donc la conséquence d'une mauvaise législation (*Lois* V 747b-c), mais aussi d'un mode de vie déplorable (*Lois* V 747d-e), lui-même tributaire de l'influence qu'exercent sur le caractère les conditions physiques de la situation géographique de ce peuple. Ce qui laisse entendre que, pour lui, les rives du Nil ne sont pas un lieu si bénéfique qu'on veut bien le croire.

La division du corps social en groupes fonctionnels

Il en va de même pour la division du corps social en groupes fonctionnels, qui n'assure pas forcément et partout (notamment en Égypte)[2] un bon fonctionnement du système politique. Revenons au récit du prêtre de Saïs :

1. Platon l'avait déjà reprise à son compte dans la *République* IV 436a.

2. L'Égypte « castée », dans laquelle Platon croyait retrouver la tripartition de la cité idéale de la *République*, est une Égypte qui, depuis le milieu du second millénaire, a subi une

> Eh bien, les lois de tes concitoyens d'alors, considère-les en les mettant en regard des nôtres. En effet, aujourd'hui, tu trouveras ici plusieurs exemples des lois qui étaient alors en vigueur chez vous. En premier lieu, le groupe des prêtres s'y trouve à part, séparé des autres. Puis vient le groupe des démiurges – chaque espèce de démiurge exerce son métier séparément, sans se mêler à aucune autre –, le groupe des bergers, celui des chasseurs, celui des paysans. Pour sa part, le groupe des guerriers, sans doute l'as-tu constaté, se trouve ici séparé de tous les autres groupes, la loi prescrivant à ses membres de ne s'occuper de rien d'autre que de ce qui concerne la guerre. En outre, la nature de leur armement constitué de boucliers et de lances, et dont, parmi les peuples d'Asie, nous avons été les premiers à être équipés, c'est la déesse qui nous en a montré l'usage, comme ce fut le cas pour vous, qui fûtes les premiers à en être équipés dans la région du monde que vous habitez. Enfin, pour ce qui est de la pensée, tu vois sans doute à quel point ici la loi s'en est préoccupée dès le début, suivant cet ordre : elle <nous> a tout appris depuis la divination et la médecine qui a en vue la santé, en partant de ces savoirs divins pour arriver à leurs applications humaines, et elle <nous> a pourvus de tous les autres savoirs qui découlent de ceux-là.
>
> Voilà donc quels étaient alors au total votre organisation et votre système, et c'est chez vous les premiers que la déesse a établi cette organisation quand elle a fondé votre cité, en choisissant le lieu où vous êtes nés, car elle y avait remarqué l'heureux mélange des saisons qui devait produire les hommes les plus intelligents.
>
> Parce que la déesse aimait la guerre et le savoir, elle a choisi ce lieu, qui était susceptible de porter les êtres humains présentant avec elle la ressemblance la plus étroite, et elle fonda votre cité en premier. C'est donc là que vous étiez, régis par de telles lois et mieux policés encore, l'emportant dans tous les domaines de l'excellence sur tout le reste du genre humain, comme il sied à des gens qui ont été engendrés et éduqués par les dieux. Nombreux sont donc les exploits de votre cité, qui ont été consignés ici et qui suscitent notre admiration. (*Timée* 24a-d)

L'exploit auquel il est fait ici allusion est celui qu'évoque le mythe de l'Atlantide. Mais le renversement est total. Solon se rend dans le pays qui fut le berceau de la civilisation, pour finalement y découvrir l'Athènes archaïque qui, aux yeux des Égyptiens eux-mêmes, est le modèle de toute civilisation ! En effet, en observant la Saïs actuelle, qui conserve la trace de l'Athènes ancienne, aujourd'hui disparue, y compris dans la mémoire des

forte influence indo-européenne. Vers 525 av. J.-C., l'Égypte fut d'ailleurs soumise par Cambyse (*Ménexène* 239e, cf. Hérodote (III 1-13)) et elle resta sous la domination perse jusqu'en 404 av. J.-C. Et c'est par les Perses qu'une petite troupe de Grecs qui avait débarqué six mois plus tôt sera vaincue en Égypte en 456 av. J.-C. (*Ménexène* 241e, cf. Thucydide, I 109 *sq*). Sur la tripartition fonctionnelle en Égypte, cf. Georges Dumézil, *L'idéologie tripartie des Indo-Européens*, coll. Latomus 31, Bruxelles, 1958, p. 16-17.

Athéniens actuels, c'est l'image de la cité idéale décrite dans la *République* que contemple Solon.

À cette différence près cependant que ses dirigeants sont des prêtres (*Timée* 24a) et non des philosophes. Pour Platon, il s'agit là d'une différence capitale. Car, dans le *Politique*, on trouve une critique acerbe du régime politique égyptien. Parmi ceux qui rivalisent avec l'homme royal, Platon range les devins et les prêtres. Ces derniers tirent trop de gloire et d'orgueil de leur fonction, dont l'importance est grande certes, car ils sont les intermédiaires entre les dieux et les hommes, mais qui reste inférieure au pouvoir politique dont elle doit demeurer un adjuvant. Or, c'est en Égypte que Platon trouve un exemple de cette promotion illégitime du sacerdoce :

> … en Égypte un roi ne peut régner s'il n'a la dignité sacerdotale, et, s'il s'est, par hasard, élevé par la force en partant d'une autre classe, il devra finalement en venir à se faire admettre dans cette dernière classe. (*Politique* 290d-e)

Ce passage développe deux idées : 1) en Égypte, on ne peut être roi si on n'a pas la dignité sacerdotale ; 2) par suite, si son autorité est illégitime, celui qui s'est emparé de la royauté doit la rendre acceptable et légale par l'investiture sacerdotale.

La première idée témoigne d'une pratique qui remonte à la fin de l'ère ramesside. La seconde a soulevé la perplexité d'un certain nombre de commentateurs [1]. Ce refus de toute ingérence sacerdotale dans les affaires politiques, Platon le maintient dans les *Lois* où, même s'il abandonne l'idée d'une tripartition fonctionnelle de la cité, c'est un Collège de veille (*Nukterinòs súllogos*) dont les membres ont reçu une formation philosophique qu'il érige en instance suprême.

L'ORGANISATION ARTISTIQUE ET INTELLECTUELLE

La tripartition fonctionnelle, dont le prêtre égyptien engage Solon à observer les manifestions dans l'Egypte d'alors et qui aurait déjà été à la base de l'organisation sociale de l'Athènes ancienne, correspond en gros à celle sur laquelle s'appuie la cité idéale décrite de façon détaillée dans la *République* et en résumé au début du *Timée*. Bref, en parlant de l'Égypte,

1. Voir John Gwyn Griffiths, « Plato on priests and kings in Egypt », *Classical Review* 15, 1965, p. 156-157. Ce spécialiste, se fondant sur un parallèle avec Plutarque (*De Iside et Osiride* 9, *Moralia* 354b-c), propose comme références historiques possibles deux noms : celui de Hérihor (qui régna vers 1085-1054 av. J.-C., XXIe dynastie), et celui de Horemheb (qui régna vers 1320-1308 av. J.-C., XVIIIe dynastie).

Platon parle de la Grèce, et, plus précisément, il parle de lui-même, de ses conceptions politiques. Mais comment expliquer cette permanence qui fait de la Saïs actuelle une image assez ressemblante de l'Athènes ancienne?

Par une réglementation sévère de tout ce qui relève de l'imitation – c'est-à-dire de tout ce qui ressortit à la fabrication d'images qui se trouvent éloignées de deux degrés de l'être véritable –, comme le recommandait la *République* (III 395b-403c, X 595c-608b)[1]. En Égypte, toute production artistique est soumise, depuis la plus haute Antiquité, à un canon immuable et absolument contraignant :

> Il y a fort longtemps en effet, semble-t-il, qu'a été reconnu chez les Égyptiens le bien-fondé du discours que je tiens maintenant : à savoir que c'est à de belles formes et à de beaux airs que doit avoir affaire dans sa vie de tous les jours la jeunesse des cités. Or, lorsqu'ils eurent déterminé quels devaient être ces formes et ces airs et de quelle nature ces formes et ces airs devaient être, les Égyptiens en proposèrent des modèles dans leurs temples. Ces modèles, il n'était permis ni aux peintres, ni à aucun de ceux qui produisent des formes ou quoi que ce soit du genre, de s'en écarter pour innover ou encore d'en imaginer d'autres qui différassent de ce qu'avaient établi leurs pères; et maintenant encore la chose n'est pas permise que ce soit en ce domaine[2] ou dans celui de la musique prise dans son ensemble. Du reste, à l'examen, tu trouveras que les peintures et les sculptures qui ont été faites dans ce pays il y a des millénaires – et que quand je dis des millénaires ce n'est pas une façon de parler, mais réalité – ne sont ni plus belles ni plus laides que celles qui sont à présent faites et qu'elles ont été réalisées suivant la même technique. (*Lois* II 656d-657a)

Réglementé, l'art est aussi sacralisé. De fait, toute production dans le domaine de la danse et de la musique y est consacrée à un dieu ou à un démon selon un calendrier où chaque fête trouve sa place, comme l'explique l'Étranger d'Athènes qui, désirant que la cité des Magnètes se conforme à cet exemple, loue les Égyptiens pour :

> … avoir consacré toute danse et tout air, d'abord en réglant les fêtes d'après un calendrier établissant, pour l'année, à quel moment doivent être fêtés chaque divinité, leurs enfants et les démons; puis en fixant quel hymne on doit chanter dans chaque cas en sacrifiant aux divinités, et quelle sorte de danse est chaque fois digne du sacrifice en question. Cette réglementation sera d'abord confiée à quelques-uns, mais, une fois qu'elle aura été établie, tous les citoyens en commun, après avoir offert un sacrifice aux Moires et à toutes les autres divinités, consacreront, en faisant des libations, chaque

1. Selon Pierre-Maxime Schuhl, *Platon et l'art de son temps* [1933], Paris, Alcan, 1952², p. 18-20 notamment, Platon aurait voulu s'opposer à certaines innovations récentes dans le domaine des arts plastiques en Grèce ancienne.

2. Celui des représentations figurées ?

> chant à chacune des divinités et à chacun de tous les autres êtres (qui leur sont apparentés). S'il arrive à un citoyen de contrevenir à cette réglementation en présentant en l'honneur de quelque dieu d'autres hymnes ou d'autres danses, les prêtres et les prêtresses auxquels se joindront les gardiens des lois l'excluront (du sacrifice), conformément à la loi religieuse et à la loi civile; et si celui qui a été sanctionné ne se soumet pas de bon gré à son exclusion, il sera pendant toute sa vie exposé à être, par qui l'aura souhaité, poursuivi pour impiété. (*Lois* VII 799a-b)

Mais, dans les cités dont il décrit l'organisation, ce n'est pas aux prêtres que Platon confie le contrôle de la production artistique. Dans la *République* (X 607b-608b, cf. II 378e-379a), ce contrôle est exercé par les philosophes-gouvernants; et dans les *Lois* (VII 799b), il est notamment du ressort des gardiens des lois, qui doivent agir « les uns, suivant la pensée (*dià phronḗseōs*) et les autres, suivant l'opinion vraie (*di' alēthoûs dóxēs*) » (*Lois* I 632c), mais de façon à faire toujours prévaloir l'intellect (*noûs*).

Toutefois, Platon manifeste aussi un grand intérêt pour la pédagogie égyptienne, qui permet d'enseigner les mathématiques aux enfants comme s'il s'agissait d'un jeu :

> Disons donc que, de chacune de ces sciences, un homme de condition libre doit apprendre autant qu'en apprend, en même temps que leurs lettres, la masse innombrable des enfants d'Égypte. Commençant par le calcul, les Égyptiens ont inventé, à l'usage d'enfants qui ne savent rien, des méthodes pour les instruire, où se mêlent jeu et plaisir : ce sont par exemple des fruits ou des couronnes à partager en un nombre de lots plus ou moins grands de manière à en avoir toujours au total le même nombre; ce sont aussi, à la boxe et à la lutte, l'alternance et la succession selon la règle de ces jeux, de celui qui restera assis et de ceux qui feront la paire [1]. De même, toujours par jeu, les maîtres mêlent des gobelets d'or, de cuivre, d'argent et d'autres matières analogues, qu'ensuite les élèves répartissent de diverses manières en lots. En adaptant à un jeu, ainsi que je l'ai dit, la pratique des opérations mathématiques indispensables, ils rendent ceux à qui ils enseignent aptes aussi bien à régler un campement, à diriger une armée et à organiser une expédition militaire qu'à administrer une maison, et, de toute façon, ils les rendent plus capables de se tirer eux-mêmes d'affaire, et ils en font des gens davantage éveillés. (*Lois* VII 819a-c)

Cet éloge doit cependant être tempéré, puisque la rouerie des Égyptiens [2] qui, selon Platon, est la conséquence d'un défaut législatif,

1. Pour une illustration de cette façon de faire, cf. Lucien, *Hermotime* 40.

2. Sur l'art du calcul chez les Égyptiens dans son rapport avec les mathématiques des Grecs, cf. Maurice Caveing, *La constitution du type mathématique de l'idéalité dans la pensée grecque*, t. I [1982], Paris, PUF, 1998[2]. On y lira notamment une interprétation de ce texte des *Lois*, qu'il faut mettre en rapport avec une scholie à *Charmide* 165e, voir aussi Maurice Caveing, *op. cit.*

résulte de leur incapacité à accompagner la science des nombres des pratiques qui permettraient de supprimer la mesquinerie et la cupidité qui définissent précisément la rouerie (*Lois* V 747b-c).

Car, en ce qui concerne l'origine de la philosophie, Platon prend le contre-pied d'Isocrate. Dans le *Busiris* (§ 22) en effet, on lit que les prêtres égyptiens ont inventé, pour le corps, la médecine, et que « pour les âmes, ils révélèrent la pratique de la philosophie qui peut à la fois fixer des lois (*nomothetḗsai*) et chercher la nature des choses (*kaì tḕn phúsin tō̂n óntōn zētē̂sai dúnatai*) ». Or, dans le *Timée* (24c-d), le prêtre de Saïs qui, pour Solon, est un informateur, déclare : « Et parce que cette déesse [=Athéna] aimait à la fois la guerre et le savoir (*philopólemos te kaì philósophos hē theòs oûsa*), voulant que ce lieu [= le territoire d'Athènes] portât les hommes les plus faits à sa ressemblance, c'est lui qu'elle a choisi et peuplé d'abord. » Dans cette perspective, la philosophie n'est pas d'origine sacerdotale et égyptienne, mais d'origine divine et athénienne.

Platon semble être allé encore plus loin. Car ce double antinomique du philosophe qu'est le sophiste, Platon, dans l'*Euthydème* (288b), en trouve le paradigme mythique en Égypte. C'est en effet à Protée[1], qualifié de « sophiste égyptien » (*aigúptios sophistés*), que Socrate assimile Euthydème et Dionysodore ; pour les maîtriser, il se donne le rôle qui est celui de Ménélas dans un célèbre passage de l'*Odyssée* (IV 349-570).

La piété des Égyptiens

La piété célébrée par Isocrate (§ 24-29) prend, chez les Égyptiens, un visage particulièrement inquiétant, puisqu'un Busiris y fait intervenir, outre la xénophobie, le sacrifice humain et l'anthropophagie[2].

1. Dans l'*Odyssée*, Protée est un dieu de la mer chargé de faire paître les troupeaux de phoques et d'autres animaux marins qui appartiennent à Poséidon. Il réside habituellement dans l'île de Pharos, près de l'embouchure du Nil ; d'où son rapport avec l'Égypte. Il a le pouvoir de prendre toutes les formes qu'il désire, pouvoir dont il use pour se soustraire à ceux qui veulent lui poser des questions. Même s'il possède le don de prophétie, il refuse de répondre aux mortels qui l'interrogent. Ménélas (*Odyssée* VI 349 *sq.*) va le consulter et ne le laisse pas s'échapper, en dépit de ses métamorphoses successives, si bien qu'à la fin il parle. C'est à cet épisode que fait allusion Platon dans l'*Euthydème*. Pour sa part, Hérodote (II 112-120) en fait un roi d'Égypte, contemporain de Ménélas ; il aurait même séquestré Hélène jetée sur les côtes d'Égypte avec Pâris, lequel fut rapidement renvoyé en Troade. Voilà pourquoi, après la prise de Troie, les Grecs ne trouvèrent pas Hélène dans la ville ; ils durent la réclamer à Protée, qui la rendit à son mari. Cette version est celle que reprit Euripide dans son *Hélène*.

2. Sur le sujet, c'est-à-dire sur le mythe de Busiris surtout, cf. J. Gwyn Griffiths, « Human sacrifices in Egypt : the classical evidence », *Annales du Service des Antiquités de l'Égypte* 48, 1948, p. 409-423.

Alors que l'Égypte avait connu de mauvaises récoltes, Phrasios, un devin venu de Chypre, avait conseillé au roi, Busiris, de sacrifier chaque année un étranger à Zeus, afin d'apaiser le dieu et de ramener la prospérité. Voilà ce que fit Busiris en commençant précisément par Phrasios. Lorsque Héraclès passa par l'Égypte, Busiris le prit, l'attacha de bandelettes, le couronna de fleurs, et le mena à l'autel comme une victime. Mais le héros se dégagea de ses liens, tua Busiris et extermina tous ceux qui assistaient au sacrifice. Or, c'est bien à ce mythe que semble faire allusion ce passage des *Lois* : « ... en quoi nous honorons Zeus hospitalier, au lieu de pratiquer le "bannissement des étrangers" soit en les immolant et en les mangeant comme le font aujourd'hui les nourrissons du Nil, soit en recourant à de sauvages édits. » (*Lois* XII 953e)[1].

L'attitude de Platon à l'égard de l'Égypte est donc particulièrement ambiguë. Et cela, parce que l'Égypte lui permet avant tout de définir, en un double mouvement d'admiration et de répulsion, ce qu'aurait dû être l'Athènes dans laquelle il vit. Par sa permanence, l'Égypte s'apparente à l'intelligible, mais le fait que la religion y tient le rôle qui doit être dévolu à la philosophie lui enlève toute prétention à servir de modèle et rappelle qu'elle reste une contrée empêtrée dans les contradictions de l'histoire.

Même s'il dispose à son propos de renseignements relativement nombreux et assez précis, Platon ne perçoit pas l'Égypte en elle-même, mais à travers l'image, plus ou moins inversée, de la Grèce en général, et d'Athènes en particulier, qu'elle lui renvoie. Voilà pourquoi il vaut mieux parler de l'Égypte de Platon que de l'Égypte selon Platon.

1. La traduction et l'interprétation de ce passage se fondent sur une remarque de L. A. Post, dans ses « Notes on Plato's *Laws* », *American Journal of Philology* 60, 1939, p. 103-104. En général, on interprète ce passage en termes de tabous alimentaires et religieux : « ... au lieu, comme font aujourd'hui les nourrissons du Nil, de pratiquer dans le repas et les sacrifices le "bannissement de l'étranger"... » (trad. L. Robin); « ...au lieu d'interdire aux étrangers notre table et nos sacrifices, comme font maintenant les nourrissons du Nil... » (trad. par A. Diès). Si j'ai raison, Platon rejette ici une position semblable à celle que soutient Isocrate lorsqu'il tance Polycrate pour avoir affirmé que Busiris « sacrifiait pour les dévorer les étrangers qui arrivaient chez lui » (*Busiris* § 31, trad. par G. Mathieu et C. Brémond).

INTERPRÉTATION DU MYTHE DU *POLITIQUE* (268D-274D)[1]

Après avoir fait usage de la méthode dialectique de la division, l'Étranger d'Élée est arrivé à cette définition de la technique royale et politique : « celle qui consiste à paître les hommes » (267c), laquelle ne le satisfait pas. Pour remettre en cause cette définition, il décide de faire appel au mythe[2]. Or, l'évocation de lambeaux de mythes fait apparaître que la figure du roi, pasteur et nourricier du troupeau humain, appartient à une époque antérieure et désormais révolue de l'histoire des hommes – comme de celle du monde. C'est la raison pour laquelle il devient nécessaire de rechercher une nouvelle définition.

L'efficacité de ce recours au mythe repose sur un certain nombre de prémisses qu'il convient de rendre explicites : 1) l'Étranger d'Élée est le porte-parole de Platon[3] ; si tel n'était pas le cas, on ne pourrait pas savoir ce

1. On trouvera une traduction du mythe dans l'Annexe, p. 191.

2. Lorsque commence le mythe, le processus dialectique s'interrompt ; d'ailleurs l'opposition entre récit d'un mythe et démonstration par le moyen de la dialectique est rappelée à la fin du récit (274d-e). Comparé à un être vivant (272d), le mythe est assimilé à un jeu et associé à l'enfance (268d-e) ; il doit être défendu contre l'incrédulité (271a-b) ; et, pour ce faire, un soin extrême est apporté à l'identification des agents de transmission (271b-c). Sur tous ces points, cf. Brisson 1982.

3. Suivant Giuseppe Agostino Roggerone (*La crisi del Platonismo nel* Sofista *e nel* Politico, Lecce, Milella, 1983) notamment, dans le *Sophiste* et dans le *Politique*, Socrate représenterait Platon, tandis que l'Étranger d'Élée exposerait les positions du jeune Aristote fréquentant encore l'Académie. Suivant Robert S. Brumbaugh (« Diction and dialectic. The language of Plato's Stranger from Elea », *Language and thought in early greek philosophy*, La Salle [Ill.], Monist Library, 1983, p. 266-276 ; repris dans *Platonic studies of greek philosophy*, Albany, SUNY, 1989, p. 103-111), l'Étranger d'Élée serait une invention de Platon pour réfuter les sophistes à partir d'une position intermédiaire entre la sophistique et l'Académie. En revanche, suivant Tuija Jatakari (« Die jüngere Sokrates », *Arctos* 24, 1990, p. 19-45), derrière Socrate le Jeune, se cacherait Platon. J'estime pour ma part que ces tentatives sont vaines. On retrouve ici le problème de l'anonymat (voir note 1, p. 19). Ne pouvant

que Platon rejette ou accepte de ce que dit l'Étranger d'Élée et, par voie de conséquence, on ne verrait pas quel rôle joue le *Politique* dans le cadre de l'évolution de la pensée politique de Platon; 2) même si les éléments mythiques évoqués par l'Étranger d'Élée conservent leur statut épistémologique, il faut leur accorder une véritable créance, sous peine de détruire l'argumentation même du dialogue, où ils jouent un rôle essentiel; 3) dès lors, le *Politique* doit être mis en rapport avec plusieurs autres dialogues platoniciens: avec le *Timée*, le *Critias*, les *Lois*, la *République* et le *Protagoras* essentiellement, mais aussi avec le *Gorgias* et le *Phèdre*. Force est alors de reconnaître que les doctrines politiques de Platon ont évolué, et que le *Politique* constitue une étape essentielle de cette évolution.

LES DIFFICULTÉS LIÉES À L'INTERPRÉTATION TRADITIONNELLE

Suivant l'interprétation traditionnelle de ce mythe, l'univers connaît deux cycles[1] qui se répètent indéfiniment et auxquels correspondent les règnes de Zeus et de Kronos, considérés comme deux époques historiques successives:

Intervention divine	le dieu dirige	le dieu abandonne
Marche des astres	d'ouest en est	d'est en ouest
Marche des âges	vieux puis jeune	jeune puis vieux
Règne	Kronos	Zeus

– Dans le premier cycle, le dieu suprême s'occupe de tout, en intervenant directement sur le mouvement circulaire de l'univers et indirectement, par l'intermédiaire de divinités secondaires, sur chacune des parties du monde sensible. Alors plantes, bêtes et êtres humains surgissent spontanément du sol. Le travail, la famille et la cité n'existent pas, car les divinités secondaires pourvoient à tous les besoins des bêtes et des hommes, qui naissent vieux et meurent jeunes. Suivant l'interprétation traditionnelle, il s'agit là du règne de Kronos, qui correspond au cycle immédiatement antérieur au nôtre, au cours duquel l'univers allait dans le sens contraire de celui qui est aujourd'hui le sien.

– Dans le second cycle, l'univers est laissé à lui-même, abandonné par le dieu. Les plantes continuent de surgir du sol, mais leur culture, leur récolte et leur transformation exigent du travail et de la peine, comme elles impliquent la maîtrise de certaines techniques. Les bêtes et les hommes

plus faire parler Socrate, pour des raisons de vraisemblance probablement, Platon donne la parole à un Étranger d'Élée.

1. J'entends par « cycle » une période d'un nombre déterminé d'années à la fin de laquelle certains phénomènes astronomiques qui se produisent dans le même ordre se répètent.

doivent s'engendrer les uns les autres; désormais, ils naissent jeunes et meurent vieux. Comme la nourriture est devenue rare, le travail s'impose à des êtres humains qui, de surcroît, doivent se défendre contre certaines bêtes que la pénurie de nourriture a rendues agressives; c'est ainsi que la famille et la cité font leur apparition lors du règne de Zeus, qui correspond à l'état actuel de l'univers.

Voilà comment la très grande majorité des commentateurs a, depuis la plus haute Antiquité[1], compris ce passage du *Politique*.

Une relecture attentive de ce texte ne peut cependant manquer de susciter un certain nombre de questions, que je considère comme autant d'objections contre l'interprétation traditionnelle.

1) Il est pour le moins surprenant que l'Étranger d'Élée place sous le règne de Zeus, qui est tout de même un dieu[2], cet univers abandonné à lui-même, en l'opposant à un univers dominé par la divinité, situé sous le règne de Kronos (272b-d). Or, dans ce monde laissé à lui-même, Prométhée, Héphaistos, Athéna, Dionysos, Déméter et Triptolème interviennent pour faire don aux hommes des techniques qui leur permettront de survivre (273e-274e). En outre, le règne de Zeus, qui devrait être un âge sans dieu, se trouve plus estimé que celui de Kronos, dans la mesure où l'usage de la raison y permet le développement de certaines techniques, mais aussi la pratique de la philosophie (272b). Sous Kronos au contraire, l'homme n'est rien de plus qu'une bête douée de parole et de sentiments. Bref, au cours de la période qui est la nôtre et où le monde est censé avoir été abandonné à lui-même, les dieux sont singulièrement présents et interviennent beaucoup.

2) Lorsqu'il décrit le monde à l'abandon, l'Étranger d'Élée laisse entendre que le mal ne s'y insinue que progressivement. Au début (*kat' arkhás*, 273b2), en effet, l'univers se conforme avec assez d'exactitude à l'enseignement du démiurge, la confusion ne gagnant que progressivement; aussi, dans le temps qui suit immédiatement (*tòn eggútata khrónon*) son abandon, l'univers continue-t-il de mener toutes les choses au mieux (273c4-5). Or, lorsqu'il est censé décrire les conséquences de cet abandon pour la condition de l'homme, l'Étranger d'Élée tient ce discours : « En effet, étant donné qu'ils ne pouvaient plus compter sur la providence du démon qui nous possédait et qui nous paissait et comme toutes les bêtes qui présentaient une nature agressive étaient redevenues sauvages, les hommes, qui étaient faibles et qui se trouvaient dépourvus de protection

1. Cf. John Dillon, « The neoplatonic exegesis of the *Statesman* myth », *Reading the Statesman. Proceedings of the III Symposium Platonicum*, ed. by Chr. J. Rowe, International Plato Studies 4, Sankt Augustin, Academia Verlag, 1995, p. 364-374.

2. L'atténuation de 272b2, *tònde d'òn lógos epì Diós eînai*, ne change rien au problème. L'Étranger d'Élée semble vouloir indiquer que le fabricant de l'univers prend plusieurs noms suivant les cycles considérés.

étaient mis en pièces par ces bêtes sauvages. En outre, dans les premiers temps (*katà toûs prōtous khrónous*, 274c1-2), ils étaient dépourvus d'industrie et de technique, du fait que, alors que leur alimentation n'était plus assurée spontanément, ils ne savaient pas encore comment se la procurer, parce qu'aucune nécessité ne les y avait contraint jusqu'alors. Pour toutes ces raisons, ils étaient plongés dans de grandes difficultés. » (274b-c) Si, comme le suppose l'interprétation traditionnelle, il s'agit bien là d'une description de la condition humaine dans un monde laissé à lui-même, la contradiction saute aux yeux. Dans les premiers temps de son abandon, le monde avait la situation bien en main, et l'homme n'avait pas à souffrir, dans la mesure évidemment où il s'était adapté aux bouleversements consécutifs au renversement du cycle cosmique. Si en revanche, comme je le pense, l'Étranger d'Élée décrit la condition dans laquelle se trouvait l'homme, au moment où Zeus restaura l'immortalité de l'univers (dont la situation s'était dégradée alors qu'il était abandonné à lui-même), le récit devient alors beaucoup plus clair. À condition toutefois de comprendre qu'il ne s'agit pas là d'une deuxième, mais d'une troisième période.

3) En ce qui concerne les êtres humains, l'interprétation traditionnelle implique que le mécanisme de la génération soit indissociable de la marche des âges : quand le dieu règne, l'être humain naît de la terre et passe de la vieillesse à l'enfance, et, quand le monde est laissé à lui-même, l'être humain naît d'une femme et passe de l'enfance à la vieillesse. Mais rien dans le texte ne vient corroborer ce présupposé. Si le mode de génération peut être dissocié de la marche des âges, la reproduction sexuelle, qui apparaît sous le règne de Zeus, instaure une asymétrie insurmontable. L'inversion de la marche des âges n'est possible que dans l'éventualité où les vivants surgissent de terre, comme c'est le cas sous le règne de Kronos (272a), ou encore lorsque le monde est abandonné à lui-même (270d-271b) ; elle n'est plus possible morphologiquement lorsque les vivants sont engendrés sexuellement, comme c'est le cas cette fois sous le règne de Zeus (274a-b, cf. 271a-b).

4) Enfin, lorsqu'il décrit l'univers sous le règne de Kronos, l'Étranger d'Élée déclare : « Alors en effet, la révolution du ciel elle-même, c'était le dieu qui commençait à la commander, donnant ses soins à l'ensemble de ce mouvement ; comme c'est le cas maintenant par endroits, toutes les parties du monde se trouvaient distribuées entre des dieux qui les régentaient. » (271d)[1]. En revanche, lorsqu'il décrit l'établissement d'un univers laissé à lui-même, l'Étranger d'Élée déclare : « Alors donc tous les dieux qui, région par région, partageaient le pouvoir avec la divinité la plus impor-

1. Ce texte recèle plusieurs problèmes textuels importants, qui sont évoqués dans la traduction de ce passage en Annexe, p. 199-200.

tante, comprirent ce qui désormais se produisait et abandonnèrent à leur tour les parties du monde où s'exerçait leur surveillance. » (272e-273a). Et enfin, lorsqu'il décrit l'univers dans lequel nous vivons, sous le règne de Zeus donc, l'Étranger d'Élée déclare : « Et tout ce sur quoi la vie humaine peut compter en matière d'équipement résulta de ces techniques [cf. 274c], lorsque les hommes furent privés de la providence qu'assuraient les dieux, comme je viens [cf. 274b] de le dire. » (274d). À notre époque, la divinité principale s'occupe de la marche de l'univers dans son ensemble, alors que les divinités secondaires ne régentent plus l'univers région par région.

Si l'on dissocie le mode de génération du sens du cours des corps célestes, on se retrouve alors avec les deux mêmes cycles, mais associés à trois époques[1] au moins, dont la dernière est nôtre : a) le règne de Kronos, où le dieu s'occupe de la révolution du ciel dans son ensemble, et où des divinités secondaires s'occupent de l'univers région par région; b) un univers laissé à lui-même, où la divinité la plus importante ne s'occupe plus de la révolution du ciel dans son ensemble, et où les divinités secondaires abandonnent aussi la région de l'univers qu'ils avaient reçue en partage; c) le règne de Zeus, où le dieu s'occupe de nouveau de la révolution du ciel dans son ensemble, mais où les divinités secondaires n'interviennent plus directement dans la région de l'univers qu'ils ont reçue en partage[2]. Une telle reconstruction s'impose avec plus de force encore si on lit tout ce passage à rebours.

Partant de la fin, remontons au début. Les parallèles qu'il est possible de déceler entre 273e-274e, le mythe du *Progagoras*, et ce qu'on trouve au début du *Timée* et dans le *Critias*, amènent à penser que ces lignes décrivent notre monde, c'est-à-dire le règne de Zeus. En 273e5-8, l'état actuel des

1. Une « époque » est une période historique déterminée par des événements importants caractérisés par un état de choses particulier.

2. Cette interprétation permet de résoudre une difficulté soulevée par G. E. L. Owen (« The place of the *Timaeus* in Plato's dialogues » [1953], dans *Logic, science and dialectic*. Collected papers in Greek Philosophy, ed. by Martha Nussbaum, Ithaca [NY], Cornell Univ. Press, 1986, p. 66-84) qui voudrait que le *Critias* précède le *Sophiste*, parce qu'on y retrouve l'idée des bergers divins. En effet, on ne peut pas ne pas mettre en parallèle 271d5-6 avec *Critias* 109b1-2, et 271d6-7 avec *Critias* 109b6-7 (cf. P. Friedländer, *Plato* I : *An introduction*, Bollingen series 59, trans. by Hans Meyerhoff, New York, Pantheon Books, 1958, p. 373, n. 37). Les similitudes sur le plan des idées et même sur celui du vocabulaire sont telles que lorsqu'il écrivait le second de ces passages, quel qu'il fût, Platon ne pouvait pas ne pas penser à l'autre. Toutefois, comme le fait remarquer Chr. Gill (« Plato and politics : The *Critias* and the *Politicus* », *Phronesis* 24, 1979, p. 148-167), il ne s'agit pas de la même espèce de bergers et leur fonction n'est pas la même. Dans le *Politique*, il suffit d'établir ce rapport : ce que les dieux sont aux hommes, les hommes le sont aux animaux. *Critias* reprend la même idée, mais il y introduit cette différence : les dieux ne dirigent pas les hommes comme les hommes dirigent les animaux, par la force brute, mais, comme le pilote le fait pour un navire, ils les guident en agissant sur leur âme au moyen de la persuasion.

choses est clairement opposé à l'état antérieur[1]; or le démiurge vient tout juste de reprendre en main un monde abandonné à lui-même décrit en 272d6-273e4. Par suite, ce monde laissé à lui-même ne peut se mouvoir que dans le sens contraire de celui correspondant au règne de Kronos et qui est décrit avant lui en, 271c2-272d6. Si tel est bien le cas, le monde décrit en 270b3-271c1 est un monde abandonné à lui-même, peut-être celui qui a précédé le règne de Kronos; mais rien ne s'oppose au fait qu'il s'agisse de celui qui a suivi ce règne, puisque dans les deux cas le sens est le même.

Une telle lecture semble être scandée par trois marqueurs. En 273e4-6, on lit: «Nous n'en dirons pas plus sur cette question. Mais si nous rattachons cette "démonstration" au précédent exposé, c'en sera assez pour montrer ce qu'il en est du roi.» L'Étranger d'Élée met fin à sa description des deux cycles antérieurs, pour s'intéresser au règne de Zeus, le nôtre, auquel doit s'appliquer la définition du roi recherché. Après avoir décrit le renversement du sens de la révolution de l'univers et ses conséquences sur le mode de la génération et sur la marche des âges des vivants de notre époque, il enchaîne en déclarant: «Or ce en vue de quoi tout ce récit fut entrepris, nous y voici maintenant parvenus.» (274b1-2). Il explique alors que les divinités inférieures ne nous paissent plus comme avant, pour terminer sur ces mots: «Sur ce, mettons un point final à ce mythe, et faisons en sorte de l'utiliser pour voir l'étendue de la faute que nous avons commise en définissant l'homme royal et politique dans notre exposé antérieur.» (274e1-4). Il s'agit de tirer la leçon du mythe pour la période qui est la nôtre, et qui est différente des deux autres, même si l'homme reste un microcosme qui imite le macrocosme.

Si tel est le cas, on se trouve donc bien en présence d'une alternance, dans le sens de la révolution du monde, mais d'une alternance où interviennent au moins trois périodes différentes: le règne de Kronos; un monde abandonné à lui-même; le règne de Zeus[2].

1. L'idée de succession et celle de répétition sont marquées par le *aû* de 273e6 et le *aû pálin* de 273e7.

2. J'ai défendu cette interprétation dans Brisson 1974, p. 478-496. Anticipée par Arthur O. Lovejoy et George Boas, *Primitivism and related ideas in Antiquity*, Baltimore, Johns Hopkins Press, 1935, p. 156-159, cette interprétation n'a été reprise que par Anne-Marie Dillens («De la philosophie politique au mythe. À propos des lambeaux de légendes rassemblées dans le *Politique* de Platon», dans *Qu'est-ce que Dieu ? Philosophie/Théologie*, Hommage à l'abbé Daniel Coppieters de Gibson (1929-1983), Bruxelles, Faculté Univ. Saint-Louis, 1985, p. 207-225. Cela dit, Hans Herter («Gott und die Welt bei Platon. Eine Studie zum Mythos des *Politikos*» [1958], *Kleine Schriften*, München, Fink, 1975, p. 325) semble avoir adopté une position similaire. L'interprétation que je propose a été soumise à une critique radicale de Pierre Vidal-Naquet, «Le mythe du *Politique*, les ambiguïtés de l'âge d'or et de l'histoire», *Pour Émile Benveniste*, Paris, Seuil, 1975, p. 374-390, article repris dans *Le chasseur noir*, Paris, Maspero, 1981, 1983[2], p. 361-380 et traduit en anglais sous le

UNE NOUVELLE INTERPRÉTATION

Cette nouvelle interprétation se fonde sur une appréciation plus fine de la structure du mythe et appelle une nouvelle évaluation de la place et de la signification de chacun de ses éléments. Voici le plan de ce long passage.

Introduction (268d5-e7)
Développement (268e8-274e4)
A. Les trois éléments mythiques (268e8-269b4)
- a) Atrée et Thyeste (268e8-269a6) :
  dimension cosmique
- b) Le règne de Kronos (269a7-b1) :
  dimension politique
- c) Les êtres humains nés de la terre (269b2-4) :
  dimension anthropologique

B. Explication de ces éléments mythiques (269b5-274e4)
- a) Cause (269b5-270b2)
  - 1) Description de l'état considéré (269c4-d3)
  - 2) Cause de cet état (269d4-270b2)
- b) Effets (270b3-274d7)
  - 1) Les deux cycles (270b3-c3)
  - 2) Les trois époques (270c4-271c2)
    - 1. Le règne de Kronos (271c3-272d6)
    - 2. Le monde laissé à lui-même (272d6-273e4)
    - 3. Le règne de Zeus (273e4-274d7)

Conclusion (274e1-4)

Ce passage est donc très bien construit, et l'Étranger d'Élée y présente une argumentation qui ne manque pas de rigueur.

LES TROIS ÉLÉMENTS MYTHIQUES ÉVOQUÉS

Le mythe du *Politique* répond à la même exigence que celle exprimée au début du *Timée* (22c-d), lorsque le prêtre égyptien propose une

titre : « Plato's myth of the *Statesman*. The ambiguities of the golden age and of history », *Journal of Hellenic Studies* 98, 1978, p. 132-141. À tous ces titres, il faut ajouter maintenant : *Reading the* Statesman. *Proceedings of the III Symposium Platonicum*, 1995, et surtout Plato, *Statesman*, with translation and commentary by Chr. J. Rowe, Warminster, Aris & Phillips, 1995. Chr. J. Rowe semble maintenant, pour l'essentiel, adopter une interprétation très similaire à la mienne.

explication astronomique du mythe de Phaéton : trouver une explication cosmologique à un mythe traditionnel[1].

L'Étranger d'Élée commence par évoquer trois éléments mythiques, qui lui serviront plus loin à justifier telle ou telle pièce du dispositif qu'il met en place pour prouver que la définition de la technique royale, ou politique, comme celle qui consiste à paître les hommes, appartient non pas à notre époque, mais à une époque antérieure :

– La querelle entre Atrée et Thyeste (268e-269a), dont seul un élément est retenu : le renversement du cours des corps célestes[2], évoqués dans les deux volte-face décrites en 270c-d et en 273e.

– Le règne de Kronos (269a), qui aurait été un âge d'or[3] et dont une description se trouve donnée en 271c-272d.

– Les êtres humains nés de la terre (269b), phénomène dont une description est donnée en 270c-271c et en 271e-272a[4], et qui, suivant l'interprétation que je propose, vaut aussi bien pour le règne de Kronos[5] que pour le monde abandonné à lui-même ; ce qui permet d'établir une opposition définitive, fondée sur une asymétrie radicale, impliquée par les modes de génération, entre le règne de Zeus et ces deux périodes cosmiques qui le précèdent.

1. Sur le sujet, voir l'étude « L'Égypte de Platon », p. 151-167.

2. Hermès a maudit la race des Pélopides en punition du meurtre de son fils Myrtile par Pélops (*Cratyle* 395c-d). Le premier effet de cette malédiction est la naissance, dans les troupeaux d'Atrée, d'un agneau à la toison d'or. À la mort de Pélops, Atrée, qui veut justifier ses prétentions au trône, interprète ce prodige comme la marque d'une préférence divine. Mais Thyeste a réussi à se faire céder l'agneau par sa belle-sœur. Alors Zeus, pour rétablir la fortune d'Atrée, renverse la marche du Soleil et des Pléiades et les ramène du couchant au levant (voir la scholie à Euripide, *Oreste* 986 *sq.* et *Électre* 734). On rapprochera aussi cet élément de ce que prétend avoir entendu Hérodote (II 142) de la bouche de prêtres égyptiens : « Au cours de ces années, disaient-ils, le Soleil changea quatre fois de demeure, deux fois se levant là où maintenant il se couche et deux fois se couchant là où maintenant il se lève, sans que rien en Égypte subît alors de changement, ni ce que la terre ni ce que le fleuve donnait aux habitants, ni le régime des maladies ni les conditions de la mort. » (trad. Legrand). On remarquera que les prêtres égyptiens insistent sur le fait que l'Égypte est épargnée par les bouleversements astronomiques, comme on le prétend aussi dans le *Timée* (22b-23a).

3. Second élément mythique, qui sera précisé plus loin. Il s'agit du genre de vie mené sous le règne de Kronos. Platon pourrait ici faire allusion à Hésiode, *Les Travaux et les Jours* 111-122.

4. Pour d'autres allusions à des *gegeneîs* dans le corpus platonicien, cf. *Banquet* 190b (êtres humains primitifs formés de deux êtres de sexe féminin) ; *Ménexène* 237b (autochtonie des Athéniens ; cf. *Timée* 23e et *Critias* 109c) ; *République* III 414d-e (autochtonie pour assurer l'union, mythe des races qui est un mensonge noble) ; *Sophiste* 248c (où les êtres sortis de la terre sont des géants, matérialistes, violents et bornés).

5. J'appuie cette position sur la déclaration de l'Étranger d'Élée : « … la période au cours de laquelle toutes choses naissaient spontanément pour les hommes, cela n'a aucun rapport avec la marche actuellement instaurée, mais cela aussi (*kaì toûto*) relevait de la marche antérieure » (271c-d).

Par l'intermédiaire de ces trois éléments mythiques, peut être établi un rapport entre la cosmologie, l'anthropologie et la politique. La conviction qu'il existe bien un rapport entre ces trois domaines constitue la prémisse primordiale acceptée par l'Étranger d'Élée.

L'EXPLICATION PROPOSÉE

L'Étranger d'Élée veut mettre en évidence « la condition [1] qui est la cause de tous ces faits » (269b-c). Cet état qui exprime, sur le mode du pâtir, l'être de l'univers, c'est-à-dire sa nature, dépend de la constitution de cet univers, et donc de sa fabrication ; d'où la nécessité d'un retour à la cosmogonie.

Lorsque l'Étranger d'Élée évoque le monde à l'origine (*kat' arkhás* 269d2) [2], ce qu'il dit correspond à ce que l'on retrouve dans la cosmologie du *Timée* :

– L'univers reçoit plusieurs noms, qui correspondent à ceux qui le désignent dans le *Timée* : *pân* (269c4, 270b6, 270d2, 272e3-4) ; *ourános* (269d7, 270c1, 273c1) ; *kósmos* (269e, 271d5, 273a1, 273b6, 273e6, 274a4, 274d6).

– L'univers est une réalité corporelle, soumise au changement et au mouvement, et non pas une réalité intelligible, toujours identique et totalement immuable (269d-e, cf. aussi 285d-286a).

– L'univers, qui, parce qu'il est sensible, est venu à l'être, a été fabriqué, c'est-à-dire mis en ordre, par un dieu qui reçoit les mêmes noms que dans le *Timée* : *theós* (269c5, 269e9, cf. 272e7) ; *d<u>e</u>miourgós* (270a5, 273b1) ; *pat<u>ḗ</u>r* (273b1). L'activité de ce dieu correspond à celle du démiurge dans le *Timée* : il assemble (*sunthéntos*, 273b7) [3], il met en ordre (*katakosmoú-*

1. C'est ainsi que je traduis *páthos* et *páth<u>e</u>ma*. Pour Platon, c'est la *dúnamis* d'une chose qui révèle sa nature (*phúsis*), son être (*ousía*). Or cette « puissance » se manifeste de deux façons. C'est d'une part une activité (*érgon*), principe d'action ou de mouvement, qu'on découvre en déterminant ce sur quoi agit (*poieîn*, *drân*) la chose en question. Mais c'est aussi un état (*páthos*), principe de passivité et de résistance (*páskhein*), qu'on détermine en s'interrogeant sur ce par quoi la chose peut être affectée. Probablement par un souci de variation stylistique, *páthos* se trouve quelquefois remplacé par *páth<u>e</u>ma*.

2. À la différence de Richard D. Mohr (« The formation of the cosmos in the *Statesman* myth », *Phoenix* 27, 1978, p. 250-252), je n'utilise pas cette expression pour prendre position pour ou contre une interprétation littérale de la fabrication du monde dans le *Timée*. Et cela, même si l'on peut invoquer 273b à l'appui d'une interprétation littérale. Cette question est intéressante en soi, mais elle n'est pas pertinente pour le propos qui est ici le mien.

3. Il est peut être aidé par des dieux inférieurs qui, semble-t-il, fabriquent les hommes sous la terre (271b6, 274a3-4). Voir aussi le *Protagoras* (320c-d).

menos, 273a7, cf. aussi 273d, e), il produit un assemblage harmonieux (*sunarmósantos,* 269d1) et il engendre (*gennēsantos,* 269d9).

– L'univers ainsi constitué résulte d'une nature primitive désordonnée, mise en ordre par le démiurge (273b2-c1). Tout ce qu'il y a de mauvais et d'injuste dans l'univers vient de cette nature primitive, alors que tout ce qu'il y a de beau vient du démiurge (273b-c). On peut estimer que cette part sombre du réel explique le danger de dissolution qui menace l'univers (273d-e).

– L'univers a un corps (269d), qui, étant donné ce qu'il en est dit par la suite, doit présenter la forme d'une sphère comme dans le *Timée*. Cependant, tout comme dans le *Timée*, l'univers a, dès l'origine, reçu en partage l'intelligence (269d), et une âme (269e) qui en est le support; voilà pourquoi c'est un être vivant qui se meut de sa propre initiative (*autómaton* 269c7) d'un mouvement circulaire, celui des mouvements qui est le plus approprié à un vivant doté d'intelligence (269d-e; cf. *Timée*, 34a1-5), le dixième mouvement décrit dans les *Lois* (X 894c-d) [1].

– Dans le *Politique*, l'hypothèse de la destruction de l'univers, sauvé au dernier moment par la divinité (273d-e), correspond à une idée exprimée dans le *Timée*; même s'il est susceptible de l'être parce qu'il est né (38b), l'univers ne sera pas détruit en raison exclusivement de la bonté de celui qui l'a fabriqué (41a). On pourrait même se demander si la description de la « nécessité » en *Timée* 52d-53b ne correspondrait pas à la reprise en mains par le démiurge d'un monde laissé à l'abandon. Dans cette hypothèse, le double mouvement de l'âme du monde, celui du Même et de l'Autre (*Timée* 36c-d), pourrait être interprété, sans trop forcer les choses, comme un indice de l'alternance du sens de la révolution du monde sensible, dont il faut bien reconnaître que l'hypothèse n'est jamais formulée dans le *Timée*.

Il n'en reste pas moins que l'image de l'univers donnée par l'Étranger d'Élée dans le mythe présente un certain nombre de différences par rapport au modèle de l'univers que propose le *Timée*. Le monde sensible, dans le *Politique*, ressemble beaucoup plus à un être humain que le vivant total du *Timée*. Dans le premier, la réflexion (*phrónēsis*, 269d1) s'oppose à une inclination, un désir (*epithumía*, 272e6) mis en rapport avec le corporel. Voilà pourquoi l'univers est susceptible d'oublier l'enseignement de son père et démiurge (263a7*sq.*) lorsqu'il est laissé à lui-même. D'ailleurs, après son abandon par ce père et démiurge, l'univers est soumis à une multitude croissante de troubles, décrits (273a1-7) en des termes qui s'apparentent à ceux qu'emploie le *Timée* lorsqu'il évoque le désordre consécutif à l'union de l'âme et d'un corps chez l'enfant (43a-44b).

1. Sur le sujet, cf. J. B. Skemp, *The theory of motion in Plato's later dialogues*, Cambridge, Univ. Press, 1942.

L'univers est soumis au changement, mais, parce qu'il est pourvu d'une âme douée de raison et qui par là l'apparente à l'intelligible, ce changement doit être le plus minime possible[1]; voilà pourquoi il se réduit à un renversement[2] du sens de rotation[3] de la sphère en quoi consiste son corps (269d).

Quatre hypothèses sont envisagées par l'Étranger d'Élée pour expliquer le renversement périodique de la marche de l'univers, renversement qui a d'importantes répercussions sur l'être humain, dont le mode de génération et la marche des âges s'inversent. Ce renversement exige plus d'une cause, que cette cause soit l'âme du monde ou le dieu qui a fabriqué l'univers. Car ni le principe du mouvement de l'univers, c'est-à-dire l'âme (*Lois* X 896d10-e2), ni le dieu qui a fabriqué l'univers, ne peuvent engendrer un mouvement alternatif (269e) en des sens opposés. D'où la nécessité d'invoquer deux causes distinctes, mais lesquelles? Le renversement du mouvement de l'univers ne peut s'expliquer par l'intervention de deux dieux dont les pensées s'opposeraient (270a1)[4], car, dans la

1. La seule autre occurrence du terme *párallaxis* dans tout le corpus platonicien se trouve en *Timée* 22d1, où un prêtre égyptien propose une explication astronomique du mythe de Phaéton: «Ce récit n'est qu'un mythe; la vérité la voici. Les corps qui, dans le ciel, accomplissent une révolution autour de la terre sont soumis à une variation, qui se reproduit à de longs intervalles; ce qui se trouve à la surface de la terre est alors détruit par un excès de feu.» (*Timée* 22c-d). Le terme *párallaxis* désigne un phénomène astronomique qui se produit à intervalles réguliers et qui se situe dans le cours normal des choses, même s'il provoque des catastrophes sur terre. Pour sa part, le verbe *paralláttein* n'apparaît qu'une seule fois dans toute l'œuvre de Platon et cela bien évidemment dans un contexte astronomique (*République* VII 530b3). L'Étranger d'Élée semble vouloir dire ceci : comme l'univers tourne sur lui-même et au même endroit, c'est-à-dire autour du même axe, le mouvement de rétrogradation représente certainement la variation la plus minime par rapport à ce mouvement; il s'agit du même mouvement sous tous les rapports, mais dans le sens contraire.

2. Les *tropaí* (*Timée* 39d8, 40b6) sont à proprement parler les renversements de route du Soleil aux solstices. Il s'agit de ces changements dans la direction de la marche apparente des planètes que, dans le cas du Soleil, on appelle «solstice», et qui se produisent aux «deux tropiques» du cercle zodiacal, c'est-à-dire aux points où «tourne» l'astre. Mais les révolutions que les solstices produisent dans les saisons ne sont rien comparées au bouleversement qui affecte l'univers entier, et auquel fait aussi allusion le *Timée* 39d7-8 : *tô̲n ástro̲n hósa di' ouranoû poreuómena hésken tropás*. Le mot désigne aussi (270d4, 271c5) l'état de choses auquel aboutit ce renversement.

3. C'est la seule occurrence du terme *anakúkle̲sis* dans tout le corpus platonicien. Le seul usage du verbe correspondant se trouve en *Timée* 37a5 : *aute̲ te anakukloumène̲ pròs hauté̲n*, où *anakukloumène̲* pourrait indiquer que, du fait des deux cercles qui la composent et qui vont dans un sens opposé, l'âme se trouve doté d'un mouvement de « rétrogadation circulaire » par rapport à elle-même, ce que préciserait l'expression *pròs hauté̲n*.

4. Peut-être une allusion, pour en rejeter le principe, à la religion zoroastrienne ou chaldéenne, comme l'a remarqué notamment W. J. W. Koster, *Le mythe de Platon, de Zarathoustra et des Chaldéens*, Leiden, Brill, 1951. Plus probablement, une critique d'Empédocle et des cycles cosmiques qui scandent sa cosmologie; cf. Denis O'Brien, *Empedocles' cosmic cycles*, Cambridge, Cambridge Univ. Press, 1969.

doctrine platonicienne, un dieu doit être bon[1]. Or, si un dieu s'opposait à ce dieu bon qu'est le démiurge, cet autre dieu ne pourrait être que méchant. Le renversement qui l'affecte en son entier s'explique par le fait que tantôt l'univers suit son impulsion propre et que tantôt c'est le dieu qui, mettant hors jeu cette impulsion, dirige le mouvement de l'univers (270a), en lui imprimant une révolution dans le sens opposé.

Le mécanisme du renversement

On peut proposer de ce renversement une représentation mécanique. Et cela d'autant plus facilement que Platon devait avoir sous les yeux une sphère armillaire, c'est-à-dire un appareil bien équilibré représentant les mouvements du ciel (*Timée* 40d2-3, *République* IV 436d, e ; *Lois* X 898a, b). L'appareil en question, en même temps qu'il repose par le bas sur un pivot, doit être suspendu à un crochet, par l'intermédiaire d'un fil, comme en témoigne le mythe d'Er[2].

Le comportement du modèle mécanique considéré illustre bien le mouvement alternatif de la révolution cosmique. Le dieu met l'appareil en mouvement avec sa main, d'un geste analogue à celui des Moires dans la *République* (X 617c) ; la machine tourne, le fil auquel elle est suspendue se tord ; quand le dieu éloigne sa main, le fil se détord. Le mouvement antérieur se poursuit d'abord ; puis, après un moment de trouble où les deux impulsions s'opposent (272e-273a) et s'équilibrent, la sphère, qui s'est arrêtée un instant, repart dans l'autre sens. Maître « autocrate » de son mouvement (274a), l'univers se meut alors de lui-même en sens contraire (269c), et ce mouvement se poursuit longtemps, car la sphère, parfaitement équilibrée, repose sur un « pied » extrêmement fin (270a), qui réduit de façon considérable le frottement susceptible de freiner le mouvement inertiel ainsi induit[3].

Comme c'est le cas pour toute comparaison, celle-ci ne s'applique à son objet qu'imparfaitement[4]. En effet, comme le monde sensible est doté

1. Voir *République* II et III, ainsi que l'étude sur *phthónos*, p. 219-233.

2. P.-M. Schuhl, « Autour du fuseau d'Ananké » [1930], *La fabulation platonicienne*, Paris, Vrin, 1968², p. 71-78.

3. P.-M. Schuhl, « Sur le mythe du *Politique* » [1932], *La fabulation platonicienne*, Paris, Vrin, 1968², p. 79-98.

4. Voir les critiques en ce sens faites à P.-M. Schuhl : par A. Diès (Introduction au *Politique*, p. XXXI) ; Hans Herter, « Gott und die Welt bei Platon. Eine Studie zum Mythos des *Politikos* », *Bonner Jahrbücher* 158, 1958, p. 106-117, repris dans ses *Kleine Schriften*, München, Fink, 1975, p. 316-329 ; et T. M. Robinson, « Demiurge and the world soul in Plato's *Politicus* », *American Journal of Philology* 88, 1967, p. 64, n. 26.

d'une âme, l'expression *súmphutos epithumía* ne peut faire référence à une force purement mécanique; le renversement de la révolution cosmique s'explique par le mouvement de l'âme du monde qui se trouve, elle, sous l'influence du corps[1].

La comparaison nautique

Cela dit, le dieu n'abandonne jamais totalement l'univers. On en voudra pour preuve la métaphore nautique qui prend le relais de la description cosmologique, et qui assimile l'univers à un navire. Lorsque le dieu intervient directement, il tient en main la barre des gouvernails qui se trouvent à la poupe (à l'arrière) du navire[2]. En revanche, lorsque le dieu veut se mettre en retrait, il se retire à la proue (à l'avant) du navire, dans une espèce de vigie[3], d'où il peut prévenir les dangers (272e, 273d). Bref, même lorsqu'il

1. Reste une question qui ne revêt pas de pertinence pour notre propos, même si elle présente un certain intérêt. Quelle pourrait être la durée de ces cycles qui, semble-t-il, correspondent à une « grande année » (*Timée* 39d) ? Peut-être 10 000 ans, comme le laissent entendre le *Phèdre* (248e, cf. 256e-257a) et le mythe de l'Atlantide (*Timée* 23d-e). Nous serions donc à la fin d'un cycle. Mais tout cela n'est que spéculation et repose sur des hypothèses qui elles-mêmes reposent sur d'autres hypothèses. Dans une annexe à son édition commentée du livre VIII de la *République* [1897], New York/London, Cambridge Univ. Press, 1963, second ed. with introd. by D. A. Rees, James Adam tente de mettre en rapport les cycles du mythe du *Politique* avec les « harmonies » du livre VIII de la *République* (546b-e). Cette tentative reste très incertaine, en dépit de sa subtilité.

2. En grec, *pe̲dalío̲n oíakos* (272e4) fait référence à des termes techniques de navigation. À l'époque, le gouvernail était double, formé de deux rames fixées de chaque côté du navire; d'où le pluriel *pedalíon* (273e1). Le terme *oíax* désigne la partie du gouvernail que le pilote prend en main (Pollux I 89; Eschyle, *Agamemnon* 663. Sur le sujet, cf. Lionel Casson, *Ships and seamanship in the ancient world*, Princeton, PUP, 1973), c'est-à-dire la « barre ». Le gouvernail, situé à l'arrière du bateau, se trouvait manœuvré par un seul homme, le pilote, qui pouvait déléguer ses pouvoirs à d'autres hommes de l'équipage (Plutarque, *Praecepta gerendae reipublicae* 52, *Moralia* XV, 812b-c).

3. En grec, on lit : *eis tḕ̲n hautoû perio̲pḕ̲n apéste̲, tòn de dḕ̲ kósmon pálin anéstrephen heimarméne̲ te kaì súmphutos epithumía* (272e5-6). Je considère que *heimarméne̲* est un adjectif qui, coordonné avec *súmphutos*, qualifie *epithumía*, non comme un substantif, et cela contrairement à A. J. Festugière (je me suis expliqué là-dessus dans une très longue note du *Même et l'autre dans la structure ontologique du Timée de Platon* [1974], 1998³, n. 9, p. 484-487). Par ailleurs, c'est la seule occurrence de *periopé* dans tout le corpus platonicien. Étymologiquement, *periopé* désigne le poste depuis lequel on a une large vue; d'où, dans un contexte maritime (*Iliade* XIV 8, 23, 41; *Odyssée* X 146), comme semblent y introduire ici un certain nombre d'images, la « vigie ». À l'époque, la vigie était une construction plus ou moins sommaire située à l'avant du navire. Pour des détails techniques, cf. Lionel Casson dans son livre cité dans la note précédente. Le terme *perio̲pé̲* désigne la « vigie », c'est-à-dire une construction plus ou moins élaborée sur le devant du navire (la proue), où se tenait l'officier de proue, qui surveillait la marche du navire pour éviter les écueils, les bancs, etc.

n'intervient pas directement, le dieu reste « à la vigie »; il ne quitte donc jamais le navire auquel est comparé l'univers. Aussi, même lorsque le monde est laissé à lui-même, la seconde thèse, que s'emploie à démontrer l'Étranger d'Athènes au livre X des *Lois* (899d-905d), sur l'effectivité d'une providence divine tient toujours, mais se trouve réduite au strict minimum.

Les trois périodes considérées

Sur ces bases, l'Étranger d'Élée va proposer une « histoire » de l'univers, que l'être humain imite en tout : « C'est en imitant ce monde et en le suivant tout le temps que maintenant nous vivons et croissons de cette façon, alors que jadis nous vivions et croissions d'une autre façon. » (274d-e, cf. 273e-274a et déjà 270c-d) Cette prémisse permet de rattacher l'anthropologie à la cosmologie et la politique à l'anthropologie.

Le règne de Kronos (271c2-272d6)

Kronos règne sur la révolution entière de l'univers, dont, par ailleurs, chaque région se trouve sous la domination de divinités particulières (271d-e) qui les régentent. Les vivants ne s'engendrent pas les uns les autres, car, comme les végétaux, ils surgissent spontanément du sol, suivant le cycle normal de l'existence humaine qui va de l'enfance à la vieillesse; ils n'ont donc ni femme ni enfants ni famille[1]. La nourriture et les autres biens de consommation nécessaires aux vivants sont spontanément produits par le sol, sous la forme de végétaux[2]. Les bêtes, dont aucune espèce n'est sauvage puisqu'elles ne sont pas obligées de se procurer de la nourriture, vivent dans la paix et dans l'harmonie, entre elles comme avec les êtres humains. Pour toutes ces raisons et parce des démons les paissent, les êtres humains n'ont besoin ni de travailler ni d'établir une cité; dans cette perspective, les techniques sont inutiles. Les êtres emploient leur loisir à s'entretenir, engageant même la conversation avec les bêtes. Mais ils se bornent à raconter des mythes, incapables qu'ils sont de pratiquer la philosophie.

Peut-être une allusion à ce lieu en *Timée* 42e; cf. aussi Clément d'Alexandrie, *Protreptique* VI 68. En d'autres termes, même lorsqu'il quitte le gouvernail, le pilote surveille la marche du navire pour éviter les obstacles.

1. L'absence de famille, à cette époque, n'a rien à voir avec l'absence de famille chez les gardiens dans la *République*, comme l'a fait très justement valoir Chr. Gill, *Phronesis* 24, 1979, p. 148-167.

2. Cette prescription du végétarisme correspond à ce que l'on trouve en *Timée* 77c et 80d-e.

Les hommes de cette époque vivent en troupeaux sous la direction de dieux qui les paissent[1]. N'ayant aucun souci concernant leur subsistance corporelle, ils ne font aucun usage de la partie rationnelle de leur âme, qui se trouve alors livrée aux sentiments sur lesquels agissent les mythes[2]. Voilà pourquoi ils se distinguent si peu des bêtes avec lesquelles ils peuvent converser. Cette époque est donc loin d'être valorisée par l'Étranger d'Élée.

Le règne de Kronos est aussi brièvement évoqué au quatrième livre des *Lois* (713a-714b), où il est considéré de façon plus positive[3], et à la fin du *Gorgias* (523a-e), où Socrate se montre critique, sur un point au moins[4].

L'univers autonome (272d6-273e4)

L'univers laissé à lui-même par le dieu se trouve décrit de 272d à 273e. Le dieu suprême et les divinités qui l'assistent abandonnent leur poste (272e-273a). L'univers prend donc soin de lui-même et de ce qu'il y a en lui (273a-b), ce qui lui est possible, puisqu'il est doté d'un principe de mouvement autonome. Le sens du mouvement de l'univers s'inverse (272e-273a, cf. 270c-d). Le sens du cycle de la génération des vivants, y compris celui des êtres humains, qui continuent de surgir de la terre, et qui donc ne s'engendrent pas mutuellement, se trouve aussi inversé (271a-c); on va de la vieillesse à l'enfance, du plus grand au plus petit. L'univers, qui au

1. On comprend pourquoi les êtres humains sont alors qualifiés de « nourrissons de *Kronos* (*tróphimoi toû Krónou*) » (271e-272a). La nourriture (*trophḗ*) leur vient spontanément, par une compensation divine en quelque sorte. L'expression n'est pas sans mépris à l'égard de ces êtres, dont seuls les besoins du corps sont pris en considération par les dieux; seuls les mythes semblent occuper leur esprit.

2. Cf. Brisson 1982, chap. 7.

3. Ce passage, qui reprend un certain nombre d'éléments qu'on trouve déjà dans le mythe du *Politique*, juge plus positivement la vie sous le règne de Kronos. Sous Kronos, les hommes vivaient une vie heureuse, où tout leur venait sans travail. Ils ne gouvernaient pas eux-mêmes, car leurs cités (ils ont tout de même des cités) étaient dirigées par des démons. Platon ne dit rien des raisons qui ont entraîné la suppression de cette providence, mais sa conclusion est la suivante : aucune cité ne pourra échapper aux maux si elle est gouvernée par un mortel et non par un dieu. Par conséquent, il faut par tous les moyens, aussi bien dans la vie publique que dans la vie privée, imiter le genre de vie qui existait au temps de Kronos, l'homme obéissant alors à ce qu'il y a d'immortel en lui et ne donnant le nom de lois qu'aux décisions d'une intelligence affranchie de toute passion. Comme le fait remarquer A. Diès dans son introduction au *Politique* (p. XXXVI), le démon que le démiurge met au sommet du corps de l'homme dans le *Timée* (90a), et qui correspond à la raison (*noûs*), est de la même race que les démons que, sous son règne, Kronos met à la tête des cités humaines. D'où un rapport très clair entre raison (*noûs*), loi (*nómos*) et dieu (*theós*). Pour une autre façon de voir les choses, on lira le très riche article de Mauro Tulli, « Età di Crono e richercha sulla natura nel *Politico* di Platone », *Scritti Classici e Orientali* 40, 1990, p. 97-115.

4. Sous le règne de Zeus, les hommes, qui savaient quand ils allaient mourir, étaient jugés avant leur mort; ce qui leur permettait de se livrer à un certain nombre d'irrégularités.

commencement préserve un certain ordre, voit cet ordre se défaire de plus en plus (273c-d), puisque l'oubli le gagne, ce qui ne laisse pas de surprendre dans le cas de l'intellect cosmique.

L'univers tente bien de maintenir l'état antérieur, mais sans succès. On va donc du meilleur au pire, inéluctablement. Pour empêcher la destruction du monde sensible, le dieu qui l'a fabriqué doit alors intervenir.

Le règne de Zeus

Le dieu revient au gouvernail et restaure l'univers dans son immortalité. La course du monde est à nouveau inversée (273e). On en revient donc à celle qui était en vigueur sous Kronos. Le dieu s'occupe de l'ensemble de la révolution de l'univers, mais les démons ne s'occupent plus des régions (274b). Un nouvel ordre des choses s'instaure alors, où tout ne surgit plus spontanément du sol, comme les vivants d'ailleurs, qui maintenant s'engendrent les uns les autres (274a); toutefois, les êtres humains suivent la marche normale de l'âge, en allant de l'enfance à la vieillesse. Poussés par leur besoin de nourriture, certains animaux étaient redevenus méchants (274b-c); d'où la nécessité, pour les dieux, de faire aux hommes des dons qui leur permettront de se nourrir et de se protéger. La révolution de l'univers et le cycle des générations sont ainsi repartis dans le sens que nous connaissons; mais à présent les êtres humains s'engendrent les uns les autres, imitant en cela l'autonomie qui est désormais celle de l'univers; et surtout ils doivent faire appel aux techniques.

Bref, notre monde n'est pas un monde sans dieu, puisque le dieu y est intervenu, mais un monde où, contrairement à ce qui se passait sous Kronos, les démons ne nous paissent plus, même si certains dieux font aux hommes le don des techniques, au nombre desquelles se trouve la politique.

Les volte-face

Ces trois époques sont précédées de deux volte-face, au cours desquelles se produisent les plus grandes destructions qui ont affligé les êtres vivants. Une première volte-face entre le règne de Kronos et l'époque d'un monde laissé à lui-même (269c-d). Et une seconde, entre le règne d'un monde laissé à lui-même et le règne de Zeus (273e).

Ces deux volte-face se produisent de la même façon, comme l'illustre le modèle mécanique retenu. D'abord, un arrêt de la révolution de l'univers et de la marche des âges, qui correspond à un moment d'équilibre entre une impulsion dans un sens et une impulsion dans le sens contraire; puis le démarrage du modèle d'impulsion dans le sens qui restera dominant durant un certain laps de temps.

Une telle explication exige que soient prises en compte à la fois la structure (représentée ici par l'alternance des cycles) et l'histoire[1] (représentée notamment par la succession des règnes). Pour la pensée mythique, toute généalogie est en même temps explicitation d'une structure; d'ailleurs, il n'y a pas d'autre façon de rendre raison d'une structure que de la représenter sous la forme d'un récit généalogique.

Voilà ce qu'a démontré Jean-Pierre Vernant dans l'analyse qu'il a proposée du mythe hésiodique des races (*Les Travaux et les Jours*, 106-201)[2], dont, les commentateurs le reconnaissent, le mythe raconté par l'Étranger d'Élée reprend la structure. Chez Hésiode, on retrouve une opposition structurale entre la Justice et la Démesure, opposition qui se déploie à trois niveaux, correspondant aux trois fonctions qui organisent l'idéologie indo-européenne suivant Georges Dumézil[3].

Dans le mythe du *Politique*, le règne de la Justice correspond à un monde dont la révolution est guidée par un dieu, alors que le règne de la Démesure est un monde abandonné à lui-même. Cela dit, ni dans le mythe du *Politique* ni dans le reste du dialogue, n'affleure l'idéologie indo-européenne; rien n'évoque les représentants de la fonction royale, de la fonction guerrière et de la fonction productrice. Il suffit à l'Étranger d'Élée d'opposer un cycle cosmique à un autre, sans se prononcer sur le nombre des couples alternatifs qui ont pu se succéder jusqu'à lui.

1. Sur cette question, cf. Pierre Vidal-Naquet, « Temps des dieux et temps des hommes » [1960], *Le chasseur noir*, 1983², p. 69-94. On lira aussi Daniel Anthony Dombrowski, *Plato's philosophy of history*, Washington D. C., Univ. Press of America, 1981. L'ouvrage de Konrad Gaiser, *Platon und die Geschichte*, Stuttgart-Bad Cannstatt, Frommann-Holzboog, 1961, maintenant traduit en italien sous le titre : *La metafisica della storia in Platone*, introd. e trad. di Giovanni Reale, Milano, Vita e Pensiero, 1988, présente quant à lui une orientation qui en rend difficile un usage indépendant du contexte des doctrines non écrites.

2. Jean-Pierre Vernant, « Le mythe hésiodique des races. Essai d'analyse structurale » [1960], *Mythe et pensée chez les Grecs*, 1965, p. 19-47. Cet article critique un article de Victor Goldschmidt, « *Theologia* », *Revue des Études Grecques* 63, 1950, p. 20-42, repris dans *Questions platoniciennes*, Paris, Vrin, 1970, p. 141-159, avec un *Addendum*, 159-172. L'article de J.-P. Vernant a pour sa part été critiqué par J. Defradas, « Le mythe hésiodique des races. Essai de mise au point », l'*Information littéraire*, 1965, n° 4, p. 152-156. J.-P. Vernant a répondu en 1966, et cette réponse a été reprise dans *Mythe et pensée chez les Grecs* [1965], 1985³, p. 48-85; dans les pages qui suivent (p. 86-106), on trouve des précisions dans « Méthode structurale et mythes des races », un texte écrit en 1985.

3. D'où ce tableau :

Justice	Démesure	Fonction
race d'or	race d'argent	royale
héros	race de bronze	guerrière
race de fer 1	race de fer 2	productrice

Il n'en reste pas moins vrai que, tout comme la race de fer dans le mythe hésiodique, le règne de Zeus sous lequel nous vivons, et au cours duquel la reproduction sexuelle a été instaurée[1], présente une grande ambiguïté, définie d'abord par la coexistence des contraires : le mâle et la femelle, la naissance et la mort, la jeunesse et la vieillesse, l'abondance et la peine, le bonheur et le malheur, mais encore et surtout par le fait que tout bien trouve en contrepartie un mal. Or, de même que, à ce monde de mélange entre Justice (qui prédomine) et Démesure qui caractérise la race de fer à laquelle il appartient, Hésiode oppose la perspective lugubre d'une vie humaine où la Démesure aurait totalement triomphé, un monde à l'envers où ne subsisteraient que désordre et malheur à l'état pur[2], de même l'Étranger d'Élée, suivant l'interprétation que je propose, doit imaginer, comme suite à notre monde, un univers laissé à lui-même et retombant dans le désordre, jusqu'au moment où son démiurge et père interviendra de nouveau.

Bref, selon la perspective qui est la mienne, le temps se déroule en fonction des relations dialectiques d'un système antinomique, en une succession, irréversible certes, mais qui n'est pas pure répétition et qui comporte plusieurs étapes, que l'Étranger d'Élée ne prend pas la peine de décrire. C'est dans la nécessité de maintenir cette double perspective que se situe la difficulté de l'interprétation que je propose.

Deux conceptions cosmologiques antinomiques sont rejetées dans le mythe du *Politique* : celle d'un univers dominé par la divinité et celle d'un univers abandonné à lui-même, au profit d'une troisième : celle d'un univers où coexistent divinité et hasard, tout comme c'est le cas dans le *Timée* où la raison tente de convaincre la nécessité, sans y parvenir totalement.

Une nature dominée par la divinité

Sous son règne, Kronos, aidé par un certain nombre de divinités, s'occupait de tout : « Alors en effet la révolution du ciel elle-même, c'était le dieu qui commencait à la commander, donnant ses soins (*epimeloúmenos*) à l'ensemble de ce mouvement; comme c'est le cas maintenant par endroit, toutes les parties du monde se trouvaient distribuées entre les dieux qui les régentaient. » (271d3-6).

Cette conception d'un pouvoir politique qui est le relais sur terre de l'action d'une divinité s'occupant directement de la marche de l'univers

1. Il faut insister sur ce détail : les êtres humains des races d'or, d'argent et de bronze, tout comme les héros d'ailleurs, surgissent du sol, mais ce n'est pas le cas des êtres humains de la race de fer qui s'engendrent mutuellement.

2. *Les Travaux et les Jours*, 181-182. « Alors les êtres humains naîtront avec des cheveux blancs et les fils ne ressembleront plus à leurs pères ».

semble appartenir à un certain pythagorisme, lequel pourrait bien s'être inspiré d'Homère, pour qui notamment Agamemnon est le «pasteur des hommes[1] ». La chose est d'autant plus vraisemblable que l'interlocuteur principal du *Politique* est un Étranger qui vient d'Élée, la cité d'origine de Parménide, qui, on le sait, était un farouche opposant au pythagorisme[2].

UNE NATURE LIVRÉE AU HASARD

Lorsque le dieu abandonne son poste, les divinités qui le secondent l'imitent (272e-273a). Tout repart dans le sens inverse, mais sur le même principe qu'auparavant, car l'univers cherche, dans un premier temps, à imiter son démiurge et père (273a-b). Au début, les choses ne vont pas trop mal, mais avec le temps une dégradation s'amorce qui menace l'existence même de l'univers.

Cette représentation de l'univers et de l'être humain qui l'habite paraît pouvoir être mise en rapport avec la doctrine des athées exposée au dixième livre des *Lois* (888d-890b). Cette doctrine se développe en quatre temps. Dans un premier moment (888e), elle affirme que, parmi les choses, les unes sont dues à la nature, d'autres, au hasard, d'autres encore à la technique. Dans un second moment (889a), elle se précise : dépendent de la nature et du hasard les créations primaires, qui sont grandes et belles; les techniques se servent des créations primaires, pour fabriquer des choses petites et artificielles. La théorie atteint son plein épanouissement dans un troisième moment (889b-e). Les quatre éléments résultent exclusivement de la nature et du hasard. Puis sont formés par la nature, le hasard et les quatre éléments : la terre, le soleil, la lune, les astres, le ciel et tout ce qu'il contient, les saisons, les animaux, les plantes, et même la technique. Tout ce qui est dénué de valeur est produit par la technique : peinture, musique, techniques auxiliaires, et même législation. Enfin, trouvent leur origine dans la technique et dans la nature les objets possédant quelque valeur : la médecine, l'agriculture, la gymnastique, et même la politique malgré

1. On trouve, visant Agamemnon, l'expression *poiména laôn* en *Iliade* II 243 et dans plusieurs dizaines d'autres occurrences du même poème; en *Odyssée* IV 532 et dans une dizaine d'autres occurrences du même poème.

2. Sur ce point, *cf.* les commentaires de L. Campbell (p. XXIV-XXVII) et de J. B. Skemp (p. 61-65). J. B. Skemp y voit aussi une attaque contre les théories de Xénophon, et même probablement contre celles de Socrate (Xénophon, *Cyropédie* VIII 2, 14 et I 1, 1-3; *Mémorables* I 2, 32 et III 2, 1). On retrouve la même idée chez A. Diès (traduction du *Politique*, p. 19, n. 1). Pierre Vidal-Naquet (*Le chasseur noir*, 1983[2], p. 368-370) y subodore aussi une attaque contre les cyniques (à la suite de Lovejoy et Boas, voir la note suivante).

le statut de la législation, qui, comme on vient de le voir, ressortit à la technique. Ce qui nous amène au quatrième et dernier moment (889e-890a), où la théorie culmine dans la doctrine selon laquelle les dieux eux-mêmes sont les produits de la technique, c'est-à-dire de certaines lois, alors que le juste et le bien dérivent en grande partie, eux aussi, de la législation.

Telle est l'expression la plus radicale d'un athéisme qui résulte d'une interprétation purement mécaniste, la seule possible dans un monde abandonné à lui-même, à savoir une doctrine qui ne peut que conduire à l'immoralisme sur le plan de l'éthique. Cette doctrine, souvent reprise, a été diversement interprétée par les physiciens et les sophistes[1]. Et le fait que l'univers auquel elle se trouve associée soit, suivant l'Étranger d'Élée à tout le moins, menacé de dissolution constitue en soi une critique radicale de leurs doctrines. On ne voit pas dès lors pourquoi cette théorie serait radicalement réfutée par Platon, si nous vivions dans un monde abandonné à lui-même et correspondant à la description proposée par cette doctrine.

LA NÉCESSITÉ DES TECHNIQUES ET NOTAMMENT CELLE DE LA POLITIQUE

Lorsque le désordre menace dangereusement l'univers, le dieu revient à la barre. La course de l'univers s'inverse encore une fois, de même que la marche des âges chez les vivants. Cela dit, le dieu ne s'occupe plus désormais que de la révolution de l'univers en général (271d4). Les vivants doivent prendre modèle sur le monde, qui dirige lui-même sa marche (274a-b), et ils doivent s'occuper d'eux-mêmes. Et cela, parce que les vivants, hommes et bêtes, sont dissociés des végétaux, qui d'ailleurs ne poussent plus spontanément comme avant[2]. La situation de l'être humain est alors comparable à celle que décrit le mythe du *Protagoras* (320c-322c)[3].

Mal lotis par la nature (*phúsis*), les hommes doivent, pour arriver à survivre, compter sur les techniques (*tekhnaí*) agricoles et démiurgiques (274c-d) que les dieux leur donnent et leur enseignent, techniques que leur

1. Pour une analyse détaillée et une interprétation en ce sens de ce long passage des *Lois*, cf. Wauthier de Mahieu, « La doctrine des athées au Xe livre des *Lois* de Platon. Essai d'analyse », *Revue Belge de Philologie et d'Histoire* 41, 1963, p. 5-24 ; également, n° 42, 1964, p. 16-47. On a aussi pensé aux cyniques, cf. Arthur O. Lovejoy et Georges Boas, *Primitivism and related ideas in Antiquity*, Baltimore, Johns Hopkins Press, 1935, p. 117-152.

2. On relira le passage du *Timée* (76e-77b, 77c) sur les végétaux ; la description de Timée correspond en gros à ce que l'on trouve ici.

3. Pour une analyse de ce mythe, cf. l'étude sur « Le mythe de Protagoras », p. 113-134.

permet d'acquérir le feu apporté par Prométhée [1]; le feu et les techniques sont, on le notera, volés par Prométhée dans le *Protagoras*, tandis que, dans le *Politique*, il s'agit de dons, ce qui ne peut induire qu'une appréciation positive. Par ailleurs, rien n'est dit dans le *Politique* sur la technique politique, qui, dans le mythe du *Protagoras* (322c-d), est donnée aux êtres humains par Zeus et qui surtout doit leur être commune, alors que toutes les autres techniques sont spécialisées; la chose pourrait s'expliquer par le fait que, dans le *Politique*, la politique est définie en fonction de toutes les autres techniques démiurgiques et agricoles, et surtout par le fait que, comme toutes ces autres techniques, elle relève d'une véritable spécialité.

Au second livre de la *République* (372e-373a) et au troisième livre des *Lois* (676a-681d) [2], Platon pourrait bien décrire une société humaine vivant au début de cette période.

Mais une conclusion bien plus importante est tirée au sujet de la technique politique. Lorsque, après avoir raconté le mythe, l'Étranger d'Élée se demande pourquoi la définition obtenue au terme du processus dialectique mis en œuvre plus haut s'avère finalement inacceptable, il déclare: « Comme on nous interrogeait sur ce qu'était le roi et le "politique" du mode de révolution et de génération actuel, nous avons répondu en alléguant celui qui résulte du mode de révolution opposé, le pasteur qui régissait le troupeau humain de ce temps-là, et en cela un dieu et non un mortel; voilà en quoi nous nous sommes largement trompés. » (274e-275a). Cette phrase n'est pas facile à traduire. Mais je crois qu'il faut se garder de faire correspondre terme à terme l'expression *theòn antì thnētoû* avec l'expression *tē̂s enantías periódou* [3]. Dans le monde abandonné à lui-même, qui précédait le règne de Zeus, les hommes ont essayé de se donner comme rois et politiques des « pasteurs d'hommes » qui soient les répliques des pasteurs divins agissant sous le règne de Kronos. Mais ils connurent l'échec, car les êtres humains ne sont pas des dieux. En effet la définition de la politique par le pastorat exige l'existence d'une différence de nature entre le pasteur et ceux qu'il est en train de paître; des moutons ne peuvent avoir pour bergers des moutons, ni des bœufs, des bœufs. Voilà ce sur quoi l'Étranger d'Élée attire l'attention. Sous le règne de Zeus, où l'être humain n'est plus nourri et régenté comme une bête par la divinité, il faut se donner

1. Dans le *Politique*, le rôle de Prométhée est particulièrement réduit si on le compare à son rôle dans le *Protagoras*, où il vole le feu et toutes les techniques démiurgiques (321d1-3).

2. Pour un commentaire détaillé, on lira Raymond Weil, *L'archéologie de Platon*, Paris, Klincksieck, 1959.

3. Le manuscrit Y comporte *ti* après *enantías*.

des lois (300a-c, *deúteros ploûs*) édictées par l'intellect qui, en notre âme, est la partie réellement divine, un *daímon*[1].

L'interprétation que je propose ici s'apparente à celle que proposa un néoplatonicien comme Proclus. À la différence de Proclus, qui estimait que le mythe se borne à dissocier en les mettant dans des temps différents deux états qui de fait coexistent dans notre univers, le règne de Kronos correspondant au règne de l'intelligible et le règne de Zeus correspondant au règne du sensible[2], je persiste à penser que cette alternance doit être replacée dans l'histoire, et plus précisément dans un contexte temporel impliquant un processus en trois étapes: sous le règne de Kronos, le dieu s'occupait de la totalité de l'univers et des démons s'intéressaient à chacune de ses parties; dans un monde autonome, la totalité de l'univers n'est pas plus sous le contrôle du dieu que les régions de cet univers ne sont sous le contrôle d'un démon; et sous le règne de Zeus, le dieu s'occupe de la totalité de l'univers, dont les parties ne sont plus régentées par des démons[3].

1. On rappellera le célèbre passage de la fin du *Timée*: « En ce qui concerne l'espèce d'âme qui en nous domine, il faut se faire l'idée que voici. En fait, un dieu a donné à chacun de nous, comme un démon (*daímon*), cette espèce-là d'âme dont nous disons, ce qui est parfaitement exact, qu'elle habite dans la partie supérieure de notre corps, et qu'elle nous élève au-dessus de la terre vers ce qui, dans le ciel, lui est apparenté » (*Timée* 90a2-5).

2. Règnes qu'il mettait tout naturellement en rapport avec les cycles d'Empédocle (DK[6] 31 B 17), cf. *In Tim.* II 69.23-27 et, plus généralement, John Dillon, « The neoplatonic exegesis of the *Statesman* myth », *Reading the Statesman, Proceedings of the III Symposium Platonicum*, ed. by Chr. J. Rowe, Sankt Augustin, Academia Verlag, 1995, p. 364-374.

3. Je tiens à remercier G. R. F. Ferrari, dont les remarques critiques m'ont permis de corriger un certain nombre d'erreurs et d'imprécisions d'expression, et de formuler plus clairement certains points d'interprétation.

ANNEXE

LE MYTHE DU *POLITIQUE*
Traduction inédite[1] de Luc Brisson

ÉTRANGER D'ÉLÉE

[**268d**] Eh bien, il nous faut donc repartir d'un autre point et suivre une autre voie[2].

SOCRATE LE JEUNE[3]

Laquelle précisement ?

ÉTRANGER D'ÉLÉE

Faire intervenir, si j'ose dire, quelque chose qui tient du jeu[4], car il nous faut utiliser en outre une large portion d'un mythe important[5] ; mais pour le reste bien entendu, procéder comme auparavant, [**268e**] en extrayant sans

1. Le texte traduit est celui établi par E. A. Duke, W. F. Hicken, W. S. M. Nicoll, D. B. Robinson et J. C. G. Strachan, dans *Platonis Opera* I [nouvelle édition], Oxford Classical Texts, Oxford, Clarendon, 1995. J'ai consulté presque toutes les éditions et traductions disponibles, qu'elles soient pourvues ou non de notes et de commentaires. Plato, *Statesman*, edited with an Introduction, translation and commentaty by Chr. J. Rowe, Warminster [England], Aris & Philipps, a constitué pour moi un point de référence constant.

Je tiens à remercier Denis O'Brien qui a fait une lecture critique de cette traduction, dont bien sûr, je revendique l'entière responsabilité.

2. Pour d'autres exemples de l'assimilation entre « tenir un discours » et « faire route », cf. *Critias* 106a. Sur la nécessité d'un nouveau point de départ, cf. *Protagoras* 317e et Aristote, *Eth. Nic.* VII 1,1.

3. Sur ce qu'on peut savoir de cet interlocuteur, cf. la traduction de J. B. Skemp, p. 25-26.

4. Pour des exemples des rapports qu'entretient le mythe avec le jeu et donc avec les enfants, cf. Brisson 1982, p. 94-95.

5. Similarité textuelle avec *Lois* IV 713a.

cesse une partie d'une partie, pour faire que notre recherche arrive à son point culminant[1]. N'est-ce pas ainsi qu'il faut faire ?

SOCRATE LE JEUNE

Eh oui, absolument.

ÉTRANGER D'ÉLÉE

Mais alors, prête toute ton attention à ce mythe, comme le font les enfants[2] ; après tout, il n'y a pas tant d'années que tu as quitté l'enfance[3].

SOCRATE LE JEUNE

Qu'attends-tu pour parler ?

ÉTRANGER D'ÉLÉE

Eh bien, survint jadis, et surviendra encore[4], parmi tous ceux dont on parle depuis la plus haute antiquité, un prodige en particulier, celui qui se rapporte à la querelle qui, raconte-t-on, éclata entre Atrée et Thyeste[5]. Car tu as sans doute entendu parler de ce qui, suivant la tradition, se produisit alors, et tu t'en souviens.

SOCRATE LE JEUNE

Tu veux peut-être parler du signe de la brebis à la toison d'or.

ÉTRANGER D'ÉLÉE

[**269a**] Pas du tout, mais de celui du changement du coucher et du lever du soleil et des autres astres ; effectivement on raconte qu'ils se couchaient alors là d'où ils se lèvent maintenant, et qu'ils se levaient à partir du point opposé[6]. Et c'est précisément à cette occasion que, pour témoigner en

1. Description de la méthode dialectique, telle qu'elle a été définie et appliquée dans ce qui précède.

2. Les enfants sont les destinataires par excellence des mythes, cf. Brisson 1982, p. 76-79. D'où le rapport avec le jeu (cf. n. 2), rapport rendu explicite dans le *Sophiste* (224d) et surtout dans le *Phèdre* (265d).

3. J'accentue *paidiá*. Ce Socrate, homonyme du maître de Platon, est qualifié de jeune (257c). Comme le jeune Aristote est l'interlocuteur de Parménide dans la seconde partie du *Parménide* (cf. mon article « Les réponses du jeune Aristote dans la seconde partie du Parménide de Platon. Essai de classification », *Revue* XX, 1, 1984 [1986], p. 59-79), le jeune Socrate, sur lequel on ne sait rien de précis, est, dans le *Politique*, l'interlocuteur docile de l'Étranger d'Élée.

4. Rapprocher de Thucydide I 22. Par ailleurs, on notera l'affirmation du renouvellement de ce phénomène d'inversion de la marche de l'univers. L'imparfait *ên* marque le début d'une histoire (*Phèdre* 237a). Pour le futur, cf. *Timée* 22e, où la répétition des catastrophes est affirmée.

5. Voir p. 176, note 2.

6. On trouve une pratique similaire, impliquant un recours à une explication astronomique pour rendre compte d'un mythe, dans le *Timée* (36c-d). Un prêtre égyptien explique à Solon à quel phénomène astronomique se rapporte le mythe de Phaéton.

faveur d'Atrée, le dieu aurait établi, en les interchangeant, la configuration actuelle du ciel[1].

SOCRATE LE JEUNE

C'est là aussi de fait une chose qu'on raconte.

ÉTRANGER D'ÉLÉE

Par ailleurs, nous avons entendu beaucoup de gens parler du règne de Kronos[2].

SOCRATE LE JEUNE

[**269b**] Un très grand nombre assurément.

ÉTRANGER D'ÉLÉE

Mais quoi encore[3], que les hommes d'autrefois naissaient de la terre et ne s'engendraient pas les uns les autres[4] ?

SOCRATE LE JEUNE

Cela aussi est l'une des choses dont on parle depuis la plus haute antiquité.

ÉTRANGER D'ÉLÉE

Or donc, l'ensemble de ces faits résulte de la même condition, sans parler de milliers d'autres plus étonnants encore. Mais, en raison de la masse du temps qui a passé, les uns se sont éteints, alors que les autres, c'est disséminés les uns indépendamment des autres qu'on les raconte[5]. [**269c**] Quant à la condition[6] qui est la cause de tous ces faits personne n'en a

1. Je précise ainsi le *autó*, qui doit faire référence au lever et au coucher du Soleil et de tous les autres corps célestes. En grec ancien, *skhêma* présente le sens de figure géométrique dans un contexte ressortissant à un modèle astronomique. Par voie de conséquence, avant la querelle d'Atrée et de Thyeste, le ciel tournait dans le sens inverse de celui dans lequel il tourne maintenant; et c'est Zeus qui l'a établi dans le sens actuel. Il s'agit là d'une adaptation, car, dans le mythe d'Atrée et de Thyeste, le renversement du cours des corps célestes ne dure qu'un jour. Pour une adaptation astronomique d'un autre mythe traditionnel, cf. *Timée* 22c-d qui fait allusion au mythe de Phaéton.

2. Second élément mythique, qui sera précisé plus loin. Il s'agit du genre de vie sous le règne de Kronos. Platon pourrait ici faire allusion à Hésiode, *Les Travaux et les Jours* 111-122.

3. *Tí dé*. Formule d'explicitation ou formule de transition ? Dans le second cas, cette formule servirait à introduire un troisième élément mythique : les êtres nés de la terre (cf. la note suivante).

4. Pour d'autres allusions, dans le corpus platonicien, à des *gegeneîs*, voir l'étude précédente, p.176, et note 4.

5. Conséquence inéluctable d'une transmission exclusivement orale du mémorable. Cf. Brisson 1982, p.43-44, et plus généralement sur l'opposition parole/écriture comme moyen de transmission de l'information, p. 32-49. Le passage parallèle le plus pertinent est *Timée* 21d.

6. Sur le sens de *páthos*, voir l'étude précédente, p. 177 et note 2.

parlé[1]. Or, c'est justement le temps d'en parler, car, une fois évoquée, elle permettra de montrer ce qu'est le roi.

SOCRATE LE JEUNE

On ne peut mieux dire. Parle sans rien omettre.

ÉTRANGER D'ÉLÉE

Écoute. Cet univers-ci[2], tantôt le dieu lui-même l'accompagne dans sa marche et dans sa révolution[3]; tantôt au contraire le dieu l'abandonne[4], chaque fois que les révolutions ont enfin atteint en durée la mesure qui lui convient[5]; alors de lui-même l'univers se remet à tourner dans le sens contraire, **[269d]** puisque c'est un vivant et qu'il a reçu de celui qui l'a ordonné[6] au point de départ l'intelligence en partage[7]. Or, cette disposition à la marche rétrograde lui est nécessairement innée, pour la raison que voici.

SOCRATE LE JEUNE

Pour quelle raison, dis-moi?

ÉTRANGER D'ÉLÉE

Rester identique et conserver une même et pareille manière d'être, cela ne convient qu'aux choses les plus divines de toutes[8], et ce qui est

1. On remarquera la similitude entre cette déclaration et celle du prêtre égyptien, lorsqu'il propose une explication astronomique du mythe de Phaéton (cf. *Timée* 22c-d).

2. En grec, *tò pân tóde* désigne le monde sensible dans son ensemble. Expression identique dans le *Timée* (29d7-e1).

3. Dans tout le corpus platonicien, le verbe *sumpodēgeî* n'apparaît qu'en deux endroits, ici et en 270a5. Le préfixe *sun-* semble marquer ici l'association, l'auxiliarité. L'idée que Platon paraît vouloir exprimer est la suivante. L'univers est doté d'un principe de mouvement indépendant qui lui est propre; mais son mouvement, sans être annihilé, puisqu'il se manifeste de nouveau lorsque cesse l'intervention du dieu, est mis en veilleuse par le dieu qui imprime à l'univers un mouvement en sens inverse durant une certaine période de temps; il n'en reste par moins que, comme me l'a fait remarquer le Prof. Dillon, la réitération de *sun-* est pour le moins surprenante, dès lors que l'on veut décrire l'inversion d'un mouvement. Le verbe *podēgeîn* a pour sujet l'âme du monde en *Lois* X 899a4 et le professeur de philosophie dans la *Lettre* VII 340c7.

4. Le verbe *anêken* semble pouvoir être expliqué comme un aoriste marquant un instant dans le temps, comme le suggère d'ailleurs Campbell qui renvoie à *Théétète* 150c.

5. Il y a ici un problème textuel; à quoi peut bien se rapporter le *autôi*, à l'univers (*tò pân*) ou aux dieux (*ho theós*) ? Peut-être une allusion à la « grande année » du *Timée* (39d). Pour plus de précisions, cf. *Phèdre* 248e, 256e-257a, et *Timée* 23d-e.

6. *Timée* 48a5.

7. Le monde est donc doté d'une âme pourvue d'une intelligence, comme la chose est explicitement dite dans le *Timée* (30a-b). Cf. aussi *Sophiste* 248e.

8. Les Formes. On rappellera l'opposition ontologique évoquée dans le *Timée* (28e-29a), et plus particulièrement en 29a1-2. Depuis le *Phédon*, cette expression est très fréquente dans le corpus platonicien pour désigner les Formes.

corporel[1] n'est point de cet ordre. Or, l'être auquel nous avons donné le nom de ciel et de monde[2], même s'il a été comblé de dons bienheureux par celui qui l'a engendré[3], ne laisse point, c'est évident, de participer aussi au corps. **[269e]** Par suite, il ne saurait être totalement exempt de changement, même si dans la mesure du possible il est animé d'un seul mode de mouvement qui s'exerce dans le même lieu et qui reste identique[4]. Voilà pourquoi il a reçu en partage le mouvement de révolution circulaire[5], qui introduit dans son mouvement la plus petite variation possible[6]. Or s'imprimer sans cesse lui-même à lui-même une rotation, cela n'est, peut-on dire, possible pour aucun être, sauf pour celui qui entraîne à sa suite tout ce qui à son tour se meut[7] ; pourtant, à cet être il n'est pas permis de mouvoir tantôt dans un sens tantôt dans le sens contraire. Pour toutes ces raisons, il ne faut dire du monde ni qu'il est sans cesse l'auteur de sa propre rotation ni non plus inversement que sans aucune interruption un dieu imprime au monde en sa totalité une rotation qui s'inverse périodiquement, **[270a]** ni encore que ce mouvement de rotation est dû à je ne sais quel couple de dieux dont les pensées s'opposeraient. Mais, comme je le disais tout à l'heure, l'unique solution qui reste, c'est que le monde est tantôt accompagné par une cause étrangère[8], un dieu, et qu'il acquiert alors à nouveau la vie en recevant de son démiurge une immortalité restaurée[9], et que tantôt, quand il a été laissé à lui-même, il suit son impulsion propre, alors qu'il a été lâché au bon moment pour qu'il parcoure en sens inverse plusieurs milliers de

1. Formule que Platon utilise fréquemment dans le *Timée* (30a, 30b, 32b, 37d, 38c, 42e, 53b, 65c, 71d, 89d), pour rappeler les limites auxquelles se heurte l'intervention du démiurge.

2. Cf. le *Timée* 28b2-3 pour un usage des deux mêmes termes : *ouranós* et *kósmos*. Cf. aussi *Phèdre* 246b.

3. Expression parallèle en *Timée* 37c.

4. La ressemblance est frappante avec *Timée* 34a1-5, où on lit concernant le mouvement de la sphère en quoi consiste le corps du monde : « En effet, des sept mouvements appropriés à un corps, il lui a donné en partage celui qui entretient le plus de rapports avec l'intellect et avec la pensée. Voilà pourquoi, en lui imprimant un mouvement de rotation uniforme dans le même lieu et sur lui-même (*katà tautà en tō̱i autō̱i kaì en heautō̱i periagagō̱n*), il l'a fait se mouvoir d'un mouvement circulaire ; et il l'a privé de l'ensemble des six autres mouvements, faisant en sorte qu'il ne connût pas les errements de ces mouvements. »

5. Sur la seule occurrence du terme *anakúkle̱sis* dans tout le corpus platonicien, cf. la note 3, p. 179.

6. Sur la seule autre occurrence du terme *parállaxis* dans tout le corpus platonicien, cf. la note 1, p. 179.

7. Probablement l'âme du monde : *Lois* X 894c, XII 966e.

8. Cf. 269c.

9. Dans le *Timée* (41a), l'immortalité du monde dépend du démiurge, qui jamais cependant ne la restaure. La seule autre occurrence du verbe qui en grec désigne cette idée se trouve au livre V des *Lois* (738b6), où il présente le même sens. Cf. 273e.

révolutions, car, l'univers, dont la taille est énorme et qui est parfaitement bien équilibré, va reposant sur un pied extrêmement petit[1].

SOCRATE LE JEUNE

[270b] En tout cas, tout ce que tu viens d'exposer semble tout à fait vraisemblable.

ÉTRANGER D'ÉLÉE

Dès lors, en partant de ce qui vient d'être dit, essayons de concevoir la condition, qui, avons-nous déclaré, est la cause de tous ces prodiges. Voici de fait en quoi consiste cette affection.

SOCRATE LE JEUNE

En quoi ?

ÉTRANGER D'ÉLÉE

En ce que la marche[2] de l'univers est portée tantôt dans le sens actuel de sa rotation, tantôt dans le sens opposé.

SOCRATE LE JEUNE

Comment cela ?

ÉTRANGER D'ÉLÉE

[270c] Il faut considérer que ce renversement[3] est, de tous les changements de direction[4] qui se produisent dans le ciel, le plus important et le plus complet.

SOCRATE LE JEUNE

Cela en a l'air du moins.

1. Comme le pied (270a, 285e, 286a) est extrêmement petit, le frottement est réduit au minimum. Cette allusion au pivot sur lequel reposerait la sphère en quoi consiste le monde sensible ne contredit pas ce que dit Timée sur le fait que l'univers se trouve dépourvu de pieds (*Timée* 33e). On rappellera l'explication mécanique proposée par P.-M. Schuhl (« Sur le mythe du *Politique* » [1932], repris dans *Études sur la fabulation platonicienne*, Paris, Vrin, 19682, p. 79-98). Il faut rattacher cette image à celle de la toupie (*Rép.* IV 436d, e; *Lois* X 898a, b). Car il est tout à fait possible, comme le pense P.-M. Schuhl, que, en tout ceci, Platon ait à l'esprit une sphère armillaire, reposant sur un pivot d'une extrême petitesse, et suspendue à un crochet par un fil ; quand la main met la sphère en mouvement, le fil se tord ; quand la sphère est abandonnée par la main, le mouvement continue encore quelque temps dans le même sens, déjà troublé cependant par la tendance du fil à se détordre ; et il ne tarde pas à prendre une direction inverse de celle que lui communiquait la main. Il faut se rappeler qu'il s'agit d'un modèle mécanique qui ne peut donc décrire de façon adéquate le mouvement de l'univers qui est un vivant.

2. En grec on lit *toû pantòs phorán*, ce qui renvoie à 269e3.

3. On trouve là une définition de la *metabolḕ*.

4. Sur le sens à donner à *tropaí*, voir dans l'étude qui précède, la note 2, p. 179.

ÉTRANGER D'ÉLÉE

Il faut donc penser que se produisent alors aussi les renversements les plus importants pour nous qui habitons au-dedans de cet univers.

SOCRATE LE JEUNE

Voilà encore qui est vraisemblable.

ÉTRANGER D'ÉLÉE

Ne savons-nous pas que les êtres vivants supportent difficilement que se produisent simultanément des renversements importants, nombreux et divers ?

SOCRATE LE JEUNE

Comment ne le saurions-nous pas ?

ÉTRANGER D'ÉLÉE

Alors, c'est forcé, les êtres vivants sont détruits en grand nombre, et en particulier il ne subsiste que très peu d'hommes[1]. **[270d]** Et entre autres affections nombreuses, surprenantes et inattendues que subissent ces derniers, voici la plus importante, consécutive à la rétrogradation[2] de l'univers quand survient le renversement contraire à celui qui règne maintenant.

SOCRATE LE JEUNE

Quelle est cette affection ?

ÉTRANGER D'ÉLÉE

L'âge qu'avait chacun des vivants commença par s'arrêter chez tous, et tout ce qu'il y avait de mortel cessa d'évoluer dans le sens d'apparaître toujours plus vieux, puis se remettant à évoluer, mais en sens contraire, ils devenaient pour ainsi dire plus jeunes et plus tendres. **[270e]** C'est-à-dire que les cheveux blancs de ceux qui étaient plus âgés se mirent à noircir ; de même, les joues de ceux qui avaient de la barbe recommençaient à devenir lisses, et ramenèrent chacun à la fleur fanée de son printemps ; quant à ceux qui en étaient à la puberté[3], devenant plus lisses et plus petits de jour en jour et de nuit en nuit, ils retournaient à l'état de nouveau-né, leur âme et leur corps se conformant à cet état. À partir de là, leur déclin allant dès lors jusqu'à son terme, ils disparaissaient complètement. Quant à ceux qui

1. On relira ce qui est dit des catastrophes qui détruisent périodiquement le genre humain au début du *Timée*, dans le *Critias* et au quatrième livre des *Lois*. Voir « L'Égypte de Platon », p. 151-167.

2. Le terme grec est *aneílixis* ; cf. 286b9, pour le seul autre usage du même terme dans tout le corpus platonicien.

3. Le *tà sṓmata* en 270e4-5 est vide (voir LSJ, s.v. II, 1, périphrase) et n'a pas à être traduit.

mouraient de mort violente en ces temps-là, [**271a**] leur cadavre subissait rapidement la même série d'affections[1] et se désagrégeait[2] rapidement, jusqu'à devenir invisible en peu de jours.

SOCRATE LE JEUNE

Mais, Étranger, de quelle façon naissaient alors les êtres vivants ? Et de quelle manière s'engendraient-ils les uns les autres ?

ÉTRANGER D'ÉLÉE

Il est clair, Socrate, que l'engendrement mutuel n'était pas inscrit dans la nature d'alors[3]; mais cette race née de la terre, dont on a dit[4] qu'elle exista dans le passé, c'était celle qui en ce temps-là ressortait du sein de la terre; race dont le souvenir a été conservé par les premiers de nos ancêtres, ceux qui avoisinaient le temps qui suivit immédiadement la fin de la révolution précédente, [**271b**] et qui naissaient au commencement de la révolution actuelle[5]. Car ce sont eux qui furent pour nous les hérauts de ces récits[6], récits qui sont aujourd'hui à tort l'objet de l'incrédulité du grand nombre. Je pense en effet qu'il faut réfléchir à ce qui découle de ce que nous venons de dire. En effet, étant donné que les vieillards redevenaient des enfants, il s'ensuivait que, à leur tour, ceux qui étaient morts et qui gisaient dans la terre, étaient reconstitués[7] là[8] et remontaient à la vie, entraînés qu'ils étaient par ce renversement de la génération qui, ayant subi une volte-face, se faisait dans le sens contraire; et, puisque c'est de cette façon qu'ils naissaient nécessairement du sein de la terre, [**271c**] tels furent leur

1. Ils rajeunissent et rapetissent rapidement avant de disparaître.

2. Voir, pour une construction semblable, 272a7, *álupon ekékrato*, et 274a2-3, *mímēma suneípeto*.

3. Ce *tóte* fait, dans l'interprétation qu'est la mienne, référence à un passé englobant les deux cycles de l'univers, comme le laisse entendre la suite. Cela signifie que sous le règne de Kronos la marche des âges se faisaient dans le même ordre que maintenant et que, dans un monde sans dieu comme celui qui aurait précédé le règne de Zeus, cette marche était inversée.

4. Cf. *supra*, 269b-c et 270d-e.

5. C'est ainsi, me semble-t-il, qu'il faut expliciter *tēsde* [*periphorâs*]. Sur ce passage cf. Brisson 1982, p. 44 ; pour le soin mis à définir les agents de transmission cf. *Timée* 22a *sq.* Il s'agit de rendre le mythe crédible, en précisant quels en furent les agents de transmission. Cela dit, ces informateurs appartenaient au cycle précédent, qui était l'inverse de celui-ci, cycle décrit en 270d-e. Plus précisément, un certain nombre d'êtres humains ont survécu au renversement qui a mené au cycle actuel. Ce sont eux qui ont raconté ce qui se passait dans le cycle antérieur, car ils ont été les témoins directs de cet état de choses.

6. À mettre en rapport avec le *mēnutēs* de 272d3.

7. Cf. 274a4.

8. Je pense que le *ekeî* signifie « sous la terre ».

nom et leur histoire [1], pour tous ceux qu'un dieu n'a pas ravis vers une autre destinée [2].

SOCRATE LE JEUNE

Eh oui, ma parole, voilà bien ce qui découle de la situation antérieure [3]. Mais le genre de vie qui avait cours, dis-tu, sous le règne de Kronos [4], se place-t-il à la suite de ces changements-là de direction ou à la suite de ces changements-ci de direction [5] ? Il est bien clair en effet que le renversement qui affecte les astres et le soleil vient à se produire lors de chacun de ces deux changements de direction [6].

ÉTRANGER D'ÉLÉE

Tu as bien suivi le fil de mon exposé.

[**271d**] Mais, pour répondre à ta question relative à la situation où toutes choses naissaient spontanément pour les hommes, cela n'a aucun rapport avec la marche actuellement instaurée, mais cela aussi [7] relevait de la marche antérieure. Alors en effet, la révolution du ciel elle-même, c'était le dieu qui commençait à la commander [8], donnant ses soins à l'ensemble de ce mouvement; comme c'est le cas maintenant [9] par endroits, toutes les parties du monde se trouvaient [10] distribuées entre des dieux qui les

1. En grec ancien, *g<u>e</u>geneîs* « engendrés-de-la-terre ».

2. Sans doute ces êtres humains exceptionnels, dont il est question en *Phédon* 82b-c ou *Phèdre* 248c-249a.

3. Quel sens donner à *toîs émprosthen* ? Je donne à l'expression un sens neutre, car l'adverbe n'est pas spécifié comme en 269b2 : *tous émprosthen g<u>e</u>geneîs*, en 271d3 : *t<u>ê</u>s emprosthen* [*phorâs*], et en 273b7 : *t<u>ê</u>s emprosthen héxe<u>o</u>s*. Je pense qu'il faut rattacher cet *émprosthen* au *enteûthen* de 271b4.

4. Sur Kronos, cf. *Lois* IV 713c *sq.* ; on relira aussi *République* II 377e-378a. Pour ce qui est des changements de direction, voir la note suivante.

5. Étant donné que les *tropaí* ne peuvent signifier les changements de direction eux-mêmes, mais l'état consécutif à ces changements de direction, je me suis permis de traduire *en* par « à la suite de ».

6. Il faut le prendre non comme un événement, mais comme la condition inaugurée par ce mouvement. Par ailleurs, le pluriel *tropaí* indique que, dans le cadre de l'alternance, il y a plusieurs périodes de l'univers où le dieu intervient, et plusieurs où l'univers est laissé à lui-même : d'où le passage aux temps du passé événementiel ou descriptif (aoriste et imparfait).

7. Voir le *kaì toûto* en 272d1.

8. Cette traduction se fonde sur les remarques de Mortimer Chambers, « Androtion F6, *tóte pr<u>ô</u>ton* », *Journal of Hellenic Studies* 99, 1979, p. 151-152, qui invoque deux autres passages platoniciens (*Parménide* 127c et *Timée* 53b) à l'appui de son interprétation. Le *tóte* renvoie à ce qui vient d'être dit.

9. Je traduis le texte des manuscrits qui ont *h<u>o</u>s nûn*. Et je construis ce *h<u>o</u>s nûn* en le rapportant à *tautòn toûto* et en comprenant: « de la même manière que maintenant ».

10. Au lieu du *pant<u>ê</u>i* des manuscrits, j'accepte la correction de Stallbaum : *pánt' <u>ê</u>n*. Il faut en effet rendre compte du *dieilemména* et, pour ce faire, lire *pánt' <u>ê</u>n* au lieu de *pant<u>ê</u>i* constitue la solution la plus économique, car il nous fournit un verbe. En outre, il permet d'opposer le *katà tópous* de maintenant au *pantà mér<u>e</u>* d'alors. Sur tous ces points, on lira la

régentaient. Et tout naturellement, des génies divins avaient réparti les vivants par race et par troupeau, comme s'ils les paissaient[1]. Chacun suffisait par lui-même à tous les besoins de ceux qu'il paissait, si bien qu'il n'y avait pas d'espèce sauvage et qu'une espèce n'en mangeait pas une autre; [271e] il n'y avait ni guerre ni soulèvement d'aucune sorte. Et toutes les autres conséquences, il y en aurait des milliers à mentionner, si on voulait énumérer tous les bienfaits qui découlaient d'une telle organisation des choses.

Mais pour revenir à ce qu'on raconte des hommes, voilà comment on peut expliquer le fait que tout leur venait spontanément. C'est un dieu qui les paissait[2] et qui les régentait[3] eux en personne, de la même façon qu'aujourd'hui les hommes, qui sont une espèce de vivant différente et plus divine, paissent les autres espèces animales qui leur sont inférieures[4]. Comme ce dieu les paissait, les hommes n'avaient pas de constitution politique et ne possédaient ni femmes ni enfants[5]. [272a] Car, du sein de la terre, ils remontaient tous à la vie[6], sans garder aucun souvenir de ce qui s'était passé avant. Voilà pour tout ce qu'ils n'avaient pas[7]; en revanche, ils avaient à profusion des fruits que donnaient les arbres et une très riche végétation, des fruits qui poussaient sans qu'on ait besoin de les cultiver, car la terre les produisait spontanément[8]. Sans vêtement, sans lit, ils vivaient le plus souvent en plein air; c'est que par la façon dont les saisons étaient

discussion, qui se veut strictement philologique, de Rémi Brague, « L'isolation du sage. Sur un aspect du mythe du *Politique* », *Du temps chez Platon et Aristote*, Paris, PUF, 1982, p. 73-95. Cette analyse, avec laquelle je ne suis pas d'accord, perd beaucoup de son intérêt dès lors que l'on rapporte 271d à un passage parallèle (272e-273a).

1. Cf. *Lois* IV 713c-d, où Kronos donne pour rois aux cités non des hommes, mais des démons (appelés dieux en 272e), espèce plus divine et plus parfaite qu'eux, de même que nous, race supérieure aux bœufs et aux chèvres, les commandons nous-mêmes, sans déléguer nos pouvoirs à d'autres bœufs, à d'autres chèvres.

2. Cf. *Lois* IV 713c.

3. Cf. *Gorgias* 523c.

4. Pour un texte parallèle, cf. *Lois* IV 713c-d.

5. Comparer avec d'autres représentations de la vie primitive : celle que, dans le *Protagoras* (322a *sq.*), Platon met dans la bouche du sophiste, ou celle de la *République* (II 372a *sq.* et ici en 274b-d). L'absence de propriété et de famille, caractéristique de l'État idéal, y serait, on le voit, une survivance de la condition normale de tout groupement, même non politique. Voir aussi *Lois* V 739e *sq.*

6. Cf. *supra*, 271b.

7. C'est-à-dire Constitution, famille et engendrement sexuel.

8. Hésiode, *Les Travaux et les Jours* 233; Homère *Odyssée* XIX 111; *République* II 363a-b. En définitive, tous les vivants sont assimilés aux plantes qui, à cette époque, surgissent du sol spontanément, c'est-à-dire sans travail agricole, et fournissent donc à ces vivants abri, équipement et nourriture : ce dernier détail implique que tous les vivants – bêtes et êtres humains – se nourrissent exclusivement de plantes et s'abstiennent donc de toute nourriture carnée. On comprend dès lors pourquoi les bêtes ne sont pas « sauvages ».

tempérées[1], ils étaient préservés d'en souffrir, et leur couche était molle, car elle était faite d'herbe que produisait à profusion la terre[2].

[272b] Tu viens donc d'apprendre, Socrate, le genre de vie que l'on menait sous Kronos. Quant à celui que Zeus[3], dit-on, régit, celui de maintenant, tu le connais bien car tu en as l'expérience. Or, de ces deux genres de vie serais-tu de taille et d'humeur à décider lequel est le plus heureux[4] ?

SOCRATE LE JEUNE

Pas le moins du monde.

ÉTRANGER D'ÉLÉE

Acceptes-tu donc, alors, que ce soit moi qui en décide pour toi, en quelque manière ?

SOCRATE LE JEUNE

De grand cœur.

ÉTRANGER D'ÉLÉE

Eh bien, suppose que les nourrissons de Kronos, ainsi pourvus d'un loisir abondant et de la faculté de lier conversation non seulement avec les êtres humains, mais aussi avec les animaux[5], [272c] mettaient à profit tous ces avantages pour pratiquer la philosophie, en parlant avec les bêtes et en discutant les uns avec les autres, suppose qu'ils s'informaient auprès de toute créature pour le cas où l'une, douée d'un pouvoir particulier, aurait une perception supérieure à celle des autres pour enrichir en quelque point la pensée, en ce cas, il est aisé de répondre que ceux d'alors surpassaient mille fois ceux de maintenant pour ce qui est du bonheur. Suppose au contraire que, occupés à se gorger de nourriture et de boisson, ils se racontaient les uns aux autres et aux bêtes des mythes[6] du genre de ceux

1. *Odyssée* IV 565-568 ; Hérodote I 142 ; Platon, *Lois* V 747b-e.

2. Il était donc inutile de pratiquer les techniques.

3. Dans la suite, se trouve défini par défaut le règne de Zeus.

4. Condamnation d'un paradis qui serait un mode de vie animal comme dans la *République* (II 372a *sq.*).

5. Une frontière nette entre êtres humains et animaux n'est pas encore bien établie. Peut-être à mettre en relation avec la notion de transmigration.

6. Dévaluation des mythes, en regard des arguments philosophiques. Le mythe s'adresse à la partie de l'âme la plus basse, celle qui ne perçoit que plaisir et peine. On se demande d'ailleurs pourquoi des êtres humains qui n'ont pas besoin de mettre en œuvre arts ou techniques (*tekhnaí*) feraient usage de la partie la plus haute de leur âme, la partie rationnelle. Je ne suis pas Frederick Williams (« Articulate beasts in Plato and Babrius », *Museum Philologicum Londiniense* 4, 1981, p. 207-209), qui s'appuie sur les lignes 5-7 du papyrus P. Boriant I et lit *hoîa* et non *hoîoi*.

qu'aujourd'hui notamment on raconte à leur sujet[1], dans ce cas encore[2] il sera facile, **[272d]** s'il me faut là-dessus faire connaître mon opinion, de répondre à la question posée.

Quoi qu'il en soit, laissons de côté ces considérations, jusqu'à ce que se manifeste à nous un informateur[3] qui soit en mesure de nous dire si les désirs que les gens de ce temps-là avaient du savoir et des récits étaient ceux-ci ou ceux-là.

Mais quel fut notre but en tirant du sommeil ce mythe[4], il faut le dire, afin, après cela, de donner un terme à ce qui suit.

En effet, lorsque fut passé le temps que devaient durer toutes ces choses et que fut arrivée l'heure d'un changement, et en particulier lorsque fut épuisé tout le capital des naissances issues de la terre, **[272e]** quand chaque âme se fut acquittée de toutes ses générations, après être tombée dans la terre en autant de semences qu'il le lui était prescrit[5], alors celui qui est le pilote de l'univers, après avoir pour ainsi dire lâché la barre du gouvernail[6], se retira à son poste d'observation[7], tandis qu'une inclination prédestinée et native remettait le monde en marche dans le sens inverse. Alors donc tous les dieux, qui région par région partageaient le pouvoir avec la divinité la plus importante[8], comprirent ce qui désormais se produisait et abandonnèrent à leur tour les parties du monde où s'exerçait leur surveillance. **[273a]** Quant au monde, le fait qu'il se retournait[9] et que, dans son élan nouveau, il mettait en conjonction les élans contraires du mouvement qui commençait et de celui qui s'achevait, produisit en lui-même une énorme

1. C'est-à-dire le genre de mythe que raconte ici l'Étranger d'Élée sur les êtres humains sous le règne de Kronos, et même des « fables » mettant en scène des animaux. Sur l'emploi de *mûthos* dans le sens de « fable », cf. *Phédon* 61b.

2. Le *kaì toûto* rappelle la première question posée par Socrate en 271c.

3. Tous les autres emplois de *mēnutḗs* se trouvent dans les *Lois*. On notera que, au livre III (680d), Homère est considéré comme le *mēnutḗs* qui parle du genre de vie mené par les Cyclopes.

4. Le mythe est assimilé à un être vivant, qu'on peut réveiller. Cf. sur le sujet Brisson 1982, p. 70-75, et surtout p. 75.

5. Allusion probable à la « roue des générations » dans le *Phédon*, au cycle des renaissances. Entre ces renaissances, l'âme paie la peine de ses fautes, ou reçoit la récompense temporaire d'une bonne conduite de laquelle la philosophie est absente (voir les mythes eschatologiques du *Gorgias*, du *Phédon* et du livre X de la *République*). Pour l'ensemencement des âmes, cf. *Timée* 41e *sq.* Tout de même que l'univers ne peut faire, dans cette phase, qu'un nombre limité de révolutions, de même, il faut le noter, chaque âme n'accomplit qu'un nombre limité et bien déterminé de naissances.

6. Sur le sens de ce passage, cf. l'étude précédente, p. 181, n. 2.

7. Sur le sens de ce passage, cf. l'étude précédente, p. 181, n. 3.

8. Cf. *supra*, 271d. Voir aussi *Timée* 41a, *Lois* X 903b *sq.*, *Epinomis* 981c *sq.*

9. Cf. *l'anakúklēsis* de *supra*, 269e.

secousse provoquant, cette fois encore, une nouvelle destruction de toutes sortes d'êtres vivants[1].

Après quoi, au bout d'un laps de temps convenu, lorsqu'il eut calmé ces troubles et ce tumulte et lorsqu'il eut apaisé les secousses qui l'agitaient, le monde poursuivit d'un mouvement ordonné sa course habituelle, celle qui était la sienne, veillant et régnant lui-même sur les choses qui se trouvent en lui et sur lui-même, **[273b]** parce qu'il se souvenait de l'enseignement qu'il avait reçu de celui qui était son démiurge et son père[2], dans la mesure où il le pouvait[3]. Au début donc, il s'y conformait avec assez d'exactitude, à la fin d'une façon plus confuse. La cause de cette dérive réside en ce qui le concerne dans le caractère corporel de sa composition[4], dans ce qui était lié foncièrement à son antique nature, car celle-ci participait d'un grand désordre avant de venir à l'ordre actuel[5]. C'est en effet de celui qui le constitua qu'il a reçu tout ce qu'il a de beau[6]; **[273c]** tandis que toutes les choses mauvaises et injustes qui dans le ciel proviennent de sa condition antérieure, c'est de là qu'il les tient lui-même et qu'il les produit dans les vivants[7]. Cela étant, aussi longtemps que c'est avec le concours de son pilote qu'il assurait le développement des vivants en lui-même, il y engendrait très peu de maux et beaucoup de biens. En revanche, une fois séparé du démiurge, pendant le temps qui suit immédiatement cet abandon, il continue de mener toutes choses au mieux, mais plus le temps passe et plus l'oubli s'installe en lui, plus s'affirme l'absence d'harmonie qui marquait sa condition primitive et qui, **[273d]** à la fin, se remet à fleurir[8]; et comme au mélange qui le constitue, il mêle des biens infimes à côté d'une grande abondance de maux, il court le risque de se détruire lui-même et de détruire les choses qui sont en lui. Voilà donc bien pour quelle raison le dieu qui avait déjà assuré l'ordre, constatant qu'il était dans une situation inextricable et craignant que, ballotté et disloqué par la tempête, il ne sombre dans

1. Cf. *supra*, 270c.

2. On retrouve la même expression dans le *Timée* (29c) ; voir aussi 42e.

3. Formule d'atténuation qu'on retrouve sous des formulations diverses plusieurs fois dans le *Timée*, cf. la note 1, p. 259.

4. Cf. 269d. Rapport avec le *Timée* 32b-d.

5. Cf. 269d et le *Timée* 48a (cf. 30a), et surtout à propos de la cause errante (52d-53c, surtout 53b). Le désordre qui précède la formation du monde est un état naturel, dès lors que le dieu manque. Cf. aussi *Lois* X 896e·

6. Allusion au *Timée* (30a-b et 53b).

7. L'Étranger d'Élée considère le corps comme une source positive du mal, la seule en fait. On ne trouve pas cette idée dans le *Timée*.

8. En grec, on trouve le verbe *exantheî*. La seule autre occurrence de ce verbe, dans le corpus platonicien, se trouve dans ce même dialogue, en 310d8. Ce verbe peut vouloir dire « fleurir » et « passer fleur ». Ici on comprend que c'est l'état chaotique qui est dans l'éclat de sa fleur ; sur un usage négatif de ce terme, cf. Eschyle, *Perses* 821.

l'océan indéterminé de la dissimilitude[1], revient s'asseoir près du gouvernail, remet d'aplomb ce qui a souffert et ce qui a été détruit au cours de la révolution antérieure du monde livré à lui-même, [273e] il le remet en ordre et en le redressant il le rend immortel et sans vieillesse[2].

Nous n'en dirons pas plus sur cette question[3]. Mais, si nous rattachons cette « démonstration[4] » au précédent exposé, c'en sera assez pour montrer ce qu'il en est du roi. En effet, quand le monde se remit à tourner dans le sens qui conduit au mode de génération actuel[5], alors de nouveau le cours des âges s'arrêta et tout repartit à l'envers pour les gens d'alors[6]. En effet, ceux des vivants qui en raison de leur extrême petitesse allaient disparaître se mirent à grandir, alors que les corps qui venaient de naître de la terre avec des cheveux blancs[7] connaissaient de nouveau la mort et rentraient dans la terre[8]. [274a] Et tout le reste changeait, imitant et suivant la condition de l'univers; en particulier, engendrer, naître et nourrir, tout cela se conformait nécessairement à l'allure de toutes choses. Car il n'était plus possible que le vivant naisse dans la terre d'autres êtres qui le constituaient[9], mais tout comme il était prescrit au monde d'être le maître de sa propre marche, et même à ses parties aussi il était prescrit, dans la mesure où la chose était possible, de concevoir par elles-mêmes, d'engendrer et de nourrir par l'effet d'une semblable impulsion.

[274b] Or ce en vue de quoi tout ce récit fut entrepris, nous y voici maintenant parvenu. En effet, en ce qui concerne les bêtes, il y aurait à raconter beaucoup de choses et qui prendraient beaucoup de temps, pour

1. Sur la fortune de cette image, cf. P. Courcelle, « La région de la dissemblance », dans *Connais-toi toi-même*, Paris, Études Augustiniennes, t. III, 1975, p. 519-530. Les images du pilote, du gouvernail et de la vigie sont naturellement associées à celles de l'océan déchaîné, dont l'*Odyssée* donne des descriptions particulièrement frappantes. On notera cependant que les commentateurs ont *pónton* alors que les manuscrit ont *tópon*.

2. Cf. le *Timée* (33c-d). Cf. aussi 270a.

3. Je traduis ainsi une phrase qui pourrait être encore traduite de la sorte : « Voilà donc la fin de toutes ces tribulations. »

4. On trouve, en grec, le terme *apódeixis*, qui signifie « démonstration » non pas au sens de démonstration rigoureuse, mais au sens de preuve rhétorique qui peut faire intervenir le mythe, comme ici.

5. La marche des âges est donc l'inverse de celle actuellement établie. Or, comme l'Étranger d'Élée vient de parler d'un monde abandonné à lui-même, on peut dire que c'est dans ce cycle que se manifeste cette marche inversée.

6. Je traduis ainsi *kainà tanantía apedídou toîs tóte*.

7. Comme l'a remarqué A. Diès, on peut mettre ces *polià phúnta* en rapport avec les *poliokrótatoi* d'Hésiode (*Les Travaux et les Jours* 181). Or, suivant l'interprétation que je propose, l'incohérence par rapport à Hésiode relevée par Diès disparaît (cf. l'Introduction de A. Diès au *Politique*, p. XXXIV).

8. Mettre en rapport avec 271a-b.

9. Peut-être des divinités particulières qui produiraient mystérieusement la vie à l'intérieur de la terre. On retrouve quelque chose de semblable dans le *Protagoras* (320c-d).

dire à partir de quelles conditions et pour quelles raisons chacune des espèces a changé. Mais en ce qui concerne les hommes, l'exposé sera plus bref et plus à propos. En effet, étant donné qu'ils ne pouvaient plus compter sur la providence du démon qui nous possédait et qui nous paissait[1] et comme toutes les bêtes qui présentaient une nature agressive étaient redevenus sauvages, les hommes, qui par eux-mêmes étaient faibles et qui se trouvaient dépourvus de protection, étaient mis en pièces par les bêtes sauvages. [**274c**] En outre, dans les premiers temps, ils restaient dépourvus d'industrie et de technique, du fait que, alors que leur alimentation n'était plus assurée spontanément, ils ne savaient absolument pas comment se la procurer, parce que aucune nécessité ne les y avait contraints jusqu'alors. Pour toutes ces raisons, ils étaient plongés dans de grandes difficultés[2].

Voilà pourquoi, ces dons, qu'une tradition antique évoque, ont été faits par les dieux, qui y joignirent l'enseignement et l'apprentissage indispensables : le feu par Prométhée, les techniques par Héphaistos et par celle qui est son associée en ce domaine[3], les semences enfin et les plantes par d'autres divinités[4]. [**274d**] Et tout ce sur quoi la vie humaine put compter en matière d'équipement résulta de ces techniques, lorsque les hommes furent privés de la providence qu'assuraient les dieux, comme je viens de le dire[5]. C'est pour cette raison que les hommes durent apprendre à se conduire par eux-mêmes et à veiller sur eux-mêmes, comme le fait le monde en son entier. C'est en imitant ce monde et en le suivant pour tout le temps que maintenant nous vivons et croissons de cette façon, [**274e**] alors que jadis nous vivions d'une autre façon.

Sur ce, mettons un point final à notre mythe[6], et faisons en sorte de l'utiliser pour voir l'étendue de la faute que nous avons commise[7] en définissant l'homme royal et politique dans notre argumentation précédente.

1. Cf. 271d.

2. Dans le cadre de l'interpétation proposée ici, le début du règne de Zeus commence dans une condition de mal maximal, là où s'arrête la révolution d'un monde sans dieu sur le point de se disloquer. Le mythe du *Protagoras* mentionne aussi le péril des bêtes fauves (322b), les dons divins (321c-d). La pénurie est évoquée en *Lois* I 630e, VI 782e *sq.* Cf. aussi Démocrite chez Diodore de Sicile I 8, 5-7.

3. Athéna, cf. *Timée* 23d-24e ; *Protagoras* 321e ; *Lois* XI 921d.

4. Dionysos, Déméter et Triptolème notamment, cf. *Lois* VII 782b.

5. Cf. 272e-273a et 274b. Il faut mettre tout cela en rapport avec la définition de l'homme « politique » (267d8, 276b2).

6. Sur l'expression, *Phédon* 77c ; *Lois* IV 717e

7. Cf. *supra*, 268b, c.

TROISIÈME PARTIE

LE MONDE, SES DIEUX ET SES ÂMES

LE DISCOURS COMME UNIVERS ET L'UNIVERS COMME DISCOURS

PLATON ET SES INTERPRÈTES NÉOPLATONICIENS

N'y a-t-il pas un lien nécessaire entre la représentation du discours, de son fabricant et de sa fabrication, et celle de l'univers, de son producteur et de sa production? À une question d'une telle ampleur, il est impossible de donner ici une réponse globale. Mais la tâche qui consiste à vérifier la validité de cette hypothèse chez Platon et chez ses interprètes néoplatoniciens peut, dans les limites de cette étude, être menée à bien.

Une étude attentive du vocabulaire de Platon [1] permet de discerner une homologie entre les vocables relatifs à la production du *kósmos*, entendu dans le sens d'« univers », et ceux relatifs à la fabrication du *mûthos*. D'abord manifeste au niveau des actions décrites par les mêmes verbes, cette homologie s'étend aux sujets de ces actions, qualifiés, l'un comme l'autre, de *poietḗs* ou *patḗr*, mais aussi et encore aux objets qui résultent de leur activité.

Dans le *Timée,* le *dēmiourgós*, qui produit le *kósmos*, est qualifié de *poietḗs kaì patḗr* (*Timée* 28c3). Parallèlement, alors que dans le *Phédon* (61b3, 4) et dans le second livre de la *République* (II 377d5) celui qui fabrique des mythes est appelé *poietḗs*, dans le *Théétète* (164e2), Platon, faisant alors un usage figuré du vocable *mûthos*, dit de Protagoras qu'il est le père (*patḗr*) de ce « mythe » qu'est la doctrine d'après laquelle la connaissance et la perception sont la même chose.

Rapporté au *mûthos* ou au *kósmos*, le vocable *poietḗs* indique une production d'ordre artificiel, que Platon décrit à l'aide des mêmes verbes : *pláttō*, *suntíthēmi* et *poiéō*.

1. Brisson 1982. Cette enquête sur le *mûthos* prolonge l'autre enquête menée sur le *kósmos* dans Brisson 1974.

Dans son sens premier, *plátt<u>o</u>* désigne l'action de façonner, de modeler, de donner une forme déterminée à des matériaux malléables, par exemple de l'or, de la cire ou de l'argile. Ainsi, dans le *Timée*, sont façonnés : 1) le corps humain (*Timée* 42d6, 78c3), qui se compose de moelle, de ce mélange de moelle et de terre dont sont faits les os, et de chair ; 2) l'encéphale (*Timée* 73c8), qui est fait d'une portion de moelle ayant la forme d'une sphère ; 3) et les vertèbres (*Timée* 74a2), dont le matériau de base est cette espèce d'argile qui entre dans la composition des os. Par ailleurs, l'usage du verbe *plátt<u>o</u>*, pour désigner la production de *mûthos*, remonte à Xénophane, lequel qualifie les combats que se livrent Titans, Géants et Centaures de « façonnages des anciens (*plásmata t<u>ô</u>n protér<u>o</u>n*) » (DK⁶ 21 B 1.22 = Athénée XI 462 f). De son côté, Platon parle de *múthous plasthéntas* (*République* II 377b6) et de *plasthénta mûthon* (*Timée* 26e4).

Le verbe *suntíth<u>e</u>mi*, lui, désigne, dans son sens premier, l'action de construire quelque chose avec des matériaux qui se présentent comme des pièces à assembler suivant une certaine technique. Dans le *Timée*, sont ainsi construits : 1) le *kósmos*, c'est-à-dire l'« univers », à partir des quatre éléments (*Timée* 33d2) ; 2) l'âme mortelle (*Timée* 69d6), qui comporte nombre de passions ; 3) et l'être humain (*Timée* 72e5), qui résulte de l'association d'une âme et d'un corps. Transposée sur le plan littéraire, une action de ce type équivaut à la « composition ». Ainsi, tout comme les poètes en général (*République* II 377d6), Ésope « compose-t-il » des mythes (*Phédon* 60c2).

Mais le verbe le plus utilisé par Platon pour décrire à la fois l'action du démiurge produisant le *kósmos*[1] et celle du poète produisant un *mûthos*[2] est *poié<u>o</u>*. D'une façon générale, ce verbe signifie « faire ». Par là, il s'apparente à *prátt<u>o</u>* et à *drá<u>o</u>*, sans pour autant en être un synonyme. D'un côté, en effet, *prátt<u>o</u>* implique l'effort vers un achèvement et présente une orientation subjective. Et de l'autre, *drá<u>o</u>*, qui, pour le sens, est proche de *prátt<u>o</u>*, exprime l'idée d'agir avec, chez Homère, la spécification du service rendu et, en attique, celle de la responsabilité prise plutôt que celle de la réalisation d'un acte ; *drá<u>o</u>* s'emploie encore afin de désigner l'accomplissement de rites. C'est donc par l'orientation objective qu'il implique que *poié<u>o</u>* se distingue de *prátt<u>o</u>* et de *drá<u>o</u>*. En effet, le sens de *poié<u>o</u>* est celui d'une élaboration matérielle qui ne prend en compte ni l'élément subjectif de l'action entreprise ni la responsabilité qui s'y rattache.

Mais le *poi<u>e</u>t<u>é</u>s*, qui produit le *kósmos* ou bien le *mûthos*, peut aussi être considéré comme un *pat<u>é</u>r*.

1. *Timée* 31b2, 31b8, 31c3, 34b3, 35b1, 36c4, 37d5, 37d6, 38c7, 45b7, 71d7, 76c6, 91a4.
2. *Phédon* 61b6 ; *République* II 377c1, 379a3-4.

Ce vocable fait référence à la production d'êtres vivants, que désigne notamment le verbe *gennáō*[1], qui, dans le *Timée,* s'applique soit à l'ensemble des êtres engendrés (*Timée* 37a2), soit à ces entités particulières que sont : 1) l'univers (*Timée* 34b9, 37c7, 48a2, 68e4) ; 2) le corps de l'univers (*Timée* 32b1); 3) les dieux qui aideront le démiurge (*Timée* 41a5); 4) le temps et le ciel (*Timée* 38b6); 5) les corps célestes (*Timée* 38c4, 38e5, 39d7) ; 6) les mortels (*Timée* 41d2) ; 7) et enfin les reptiles (*Timée* 92a7).

L'homologie entre les vocables qui décrivent tantôt l'activité du fabricant de *mûthos* tantôt celle du producteur du *kósmos* se retrouve, jusqu'à un certain point, au niveau des vocables qui désignent le résultat de leurs actions respectives. Certes, on ne peut trouver aucun vocable qui assimile *kósmos* et *mûthos*. En revanche, *kósmos* et *mûthos* sont apparentés tous deux à un *zôion*.

Il est à peine besoin de rappeler ce passage du *Timée* (32c8-34b4) où le monde est décrit comme le vivant par excellence, qui englobe tous les vivants, à l'image d'ailleurs de son modèle : le vivant-en-soi, qui inclut les formes de toutes les espèces de vivants.

Pour ce qui est du *mûthos*, les choses se compliquent. Car ce sont deux expressions familières, se retrouvant par ailleurs dans des recueils de proverbes byzantins[2], qui présentent le mythe comme un *zôion*. La première de ces expressions prescrit de ne pas laisser « un mythe sans tête (*aképhalos mûthos*)[3] ». Or, comme l'a fait remarquer E. R. Dodds[4] dans son commentaire à *Gorgias* 505c10, il faut mettre cette expression en relation avec cette autre qui clôt le récit d'un mythe : *ho mûthos sṓizetai*[5]. La possibilité d'une telle relation repose sur le double sens du passif *sṓizetai* qui, comme on le voit en *Gorgias* 511c-e, signifie non seulement « être sauvé », mais aussi « être arrivé sain et sauf[6] » ; c'est la raison de la synonymie avec *ouk apóllutai*, dont *mûthos* peut aussi être le sujet. En *République* X 621b8-c1 et en *Philèbe* 14a3-5, les deux verbes sont associés; alors qu'en *Théétète* 164d8-10 seul figure *apóllutai*, et, en *Lois* I 645b1-5, *sṓizetai*. Dans ces conditions, le mythe est considéré comme un être vivant; et son récit, assimilé soit à une production soit à une navigation, doit être mené à son

1. Cf. Karl Philipp, *Zeugung als Denkform in Platons geschriebener Lehre. Die stilistische und ontologische Bedeutung des Verbs gennân und anderer biologischer Metaphern in Platons erhaltenen Werken*, Zürich, Juris Dr. & Verlag, 1980.

2. *Paroemiagraphi graeci*, ed. E. L. Leutsch et F. G. Schneidewin, Gottingen, Vandenhoeck und Ruprecht, t. I, 1839 ; II, 1851.

3. *Gorgias* 505c10-d ; *Timée* 69a6-b2 ; *Lois* VI 752a2-4.

4. Plato, *Gorgias*, a revised text with introduction and commentary by E. R. Dodds, Oxford, Clarendon Press, 1959, 1966[2].

5. *République* X 621b8-c1 ; *Théétète* 164d8-10 ; *Philèbe* 14a 3-5 ; *Lois* I 645b1-2.

6. Voir aussi Hérodote IV 97, V 98, IX 104 ; Eschyle, *Perses* 737 ; Euripide, *Phéniciennes* 725 ; Sophocle, *Trachiniennes* 611 ; Xénophon, *Anabase* VI 5, 20.

terme pour préserver son intégrité. Par ailleurs, la formule *oudè… thémis eînai* (*Gorgias* 505c10) semble indiquer qu'il s'agit là d'une prescription d'ordre religieux.

Si on laisse de côté cet aspect religieux, qui n'interviendrait que dans le cas du *mûthos*, force est de constater que pour Platon tout *lógos*, parlé ou écrit, est un *zộion* qui doit être pourvu d'une tête, de pieds et d'un tronc : « Voici pourtant une chose au moins que tu déclarerais, je crois : il faut que tout discours soit composé comme un être vivant doté d'un corps qui lui soit propre, de façon à n'être ni sans tête ni sans pieds, mais à avoir un milieu et des extrémités, écrits pour convenir entre eux et au tout. » (*Phèdre* 264c2-5). Il est à noter que l'assimilation du *lógos* à un *zộion*[1] vaut aussi bien pour l'écrit que pour l'oral, à cette réserve près que l'écriture n'est qu'une image de la parole, comme l'explique Socrate dans le récit qu'il fait du mythe de Theuth et dans l'interprétation qu'il en propose. À cette représentation du *lógos* comme un *zộion* correspond l'identification de son producteur avec un père. Dans le *Phèdre,* Socrate qualifie Lysias de « père de ce discours (*tòn toû lógou patéra*) » (*Phèdre* 257b2) que Phèdre a lu (*Phèdre* 230e-234c) et qui a donné lieu aux deux autres discours prononcés par Socrate (*Phèdre* 237a-241d; 244a-257b)[2]. Dans ce contexte, l'usage du verbe *gennáọ* pour désigner l'« engendrement » du *lógos* s'impose (*Banquet* 210a7-8; *Théétète* 160e5-161a4).

Par ailleurs, comme il fallait aussi s'y attendre, Platon fait usage des verbes *pláttọ* (*République* IX 588b10; *Lois* VII 800b7), *suntíthẹmi* (*Phèdre* 278c1, cf. aussi c5, d8, etc.) et *poiéọ* (*Euthydème* 289d6) pour désigner la « fabrication » du *lógos*, l'agent de cette « fabrication » étant lui-même qualifié de *dẹmiourgós* (*Lois* X 898b3) et de *poiẹtẹ́s*, comme c'est le cas de Lysias (*Phèdre* 234e6), présenté dans le même dialogue (*Phèdre* 257c6, 278e1-2), comme un *logográphos*. Et, alors que le *kósmos* est assimilé par Timée à un *ágalma* (*Timée* 37c7), Alcibiade, à la fin du *Banquet* (210a-b, et surtout 221d-222a) compare la personne et les discours de Socrate à ces silènes sculptés qui, sous une enveloppe bouffonne, recèlent nombre d'*ágalmata*[3].

Force est donc de conclure que, dans le cas du *mûthos* entendu dans le sens de « mythe », comme dans le cas du *lógos* pris dans le sens de « discours en général », Platon fait intervenir une double représentation qui

1. Dans un article intitulé « La découpe du poème. Notes sur les origines sacrificielles de la poétique grecque », in *Poétique* 58, 1984, p. 215-232, Jesper Svenbro propose une interprétation originale de ce passage essentiel du *Phèdre*.

2. Voir l'étude sur « L'unité du *Phèdre* », p. 135-150.

3. Sur le sens de ce terme, cf. F. M. Cornford, *Plato's cosmology. The Timaeus of Plato*, translated with a running commentary [1937], London, Routledge & Kegan Paul, 1966, p. 99 *sq.*

peut être mise en parallèle avec la double représentation du *kósmos* dans le *Timée*. Le discours parlé ou écrit, en prose ou en vers, narratif ou argumentatif, se présente tantôt sous la forme d'un être vivant, dont l'existence dépend d'un père, tantôt sous l'aspect d'un produit artisanal fabriqué par un démiurge.

D'un point de vue plus général, il est à noter que dans un cas comme dans l'autre, le producteur n'est pas investi d'une toute puissance. L'enfant n'est pas la réplique du père, qui a quelquefois bien de la peine à retrouver en cet enfant les traits qui sont les siens. Par ailleurs, le démiurge, celui qui fabrique ou l'univers ou un objet quelconque, voit son action limitée par la nature des matériaux qu'il utilise et par les exigences du modèle qu'il s'applique à reproduire. Une telle limitation du pouvoir effectif du producteur de discours explique que, dans ce contexte, l'originalité ne soit pas un impératif primordial. Celui qui produit un discours reprend une tradition en la modifiant suivant un certain nombre de règles : il n'« invente » rien [1].

L'analogie entre *lógos* et *kósmos* qui, chez Platon, ne se manifeste que de façon implicite à travers l'usage de vocables communs devient, chez les néoplatoniciens, un thème explicite et joue le rôle du postulat sur lequel se fonde leur interprétation de chaque dialogue de Platon [2], comme on peut le constater en lisant les *Prolégomènes* [anonymes] *à la philosophie de Platon* [3]. À la question de savoir pourquoi Platon a recours à ce mode de composition littéraire (*suggraphé̱*) qu'est le dialogue, il est fait, entre autres, cette réponse : « … le discours est l'analogue d'un être vivant (*ho lógos zô̱io̱i*), et par suite avec le plus beau des êtres vivants le plus beau des discours entretient un rapport d'analogie. Le plus bel être vivant est l'univers (*ho kósmos*), et le dialogue est l'analogue du monde, comme nous l'avons dit plus haut. Le dialogue est donc le plus beau discours. » (*Prol* 15.18-22 Westerink/Trouillard). De ce postulat découlent une série d'analogies, évoquées en *Prol* 16.1-7 et explicitées par la suite.

La « matière » d'un dialogue est constituée par les personnages qui y interviennent et par la situation de leur discussion dans le temps et dans le lieu (*Prolégomènes* 16.8-59). Sa « forme » correspond au style dans lequel le dialogue est écrit (*Prolégomènes* 17.1-18). Sa « nature » est assimilée au type d'expression adapté : exposition, investigation ou genre intermédiaire (*Prolégomènes* 17.19-29). L'« âme » est mise en relation avec les arguments philosophiques développés (*Prolégomènes* 17.30-39) ; la « raison »,

1. Sur le sujet, voir Brisson 1982, p. 56 *sq*.

2. James A. Coultner, *The literary microcosm. Theories of interpretation in the later Neoplatonists*, Leiden, Brill, 1976.

3. *Prolégomènes à la philosophie de Platon*, texte établi par L. G. Westerink et traduit par J. Trouillard, avec la collaboration de A. Ph. Segonds, Paris, Les Belles Lettres, 1990.

avec le problème auquel font référence ces arguments (*Prolégomènes* 17.26-31); et le «dieu» ou le «Bien», avec le *skópos* (*Prolégomènes* 17.31-32), ce terme désignant, d'un point de vue subjectif, l'intention de l'auteur et, d'un point de vue objectif, le thème de son œuvre. Ainsi, pour chaque dialogue de Platon, sont prises en considération l'ensemble des causes, au nombre de six: matérielle (personnages et leur situation dans le temps et l'espace), formelle (style), efficiente (âme), finale (Bien), exemplaire (problèmes abordés) et instrumentale (arguments utilisés) (*Prolégomènes* 17.40-48).

L'élément le plus important de cet inventaire est sûrement le *skópos*, auquel est consacré un long chapitre des *Prolégomènes*. Dans ce chapitre, sont énumérées les règles permettant de déterminer le *skópos* d'un dialogue:

> Quant au neuvième point à traiter, force est de déterminer de combien de règles il faut faire usage pour débusquer le thème de chacun des dialogues (*ek póson kanónon deî therân tòn hekástou dialógou skopón*). En effet, la mise en œuvre de cette recherche est une nécessité, puisque Platon lui-même déclare dans le *Phèdre*: « En toute chose, mon garçon, il n'y a qu'un point de départ: quand on vise à bien délibérer, il faut savoir sur quoi on délibère, autrement, c'est forcé, on ne peut éviter une erreur complète. » (*Phèdre* 237b7-c2). Comment donc, alors que Platon fait cette déclaration, refuserions-nous, pour ses propres écrits, de connaître ce sur quoi porte la discussion à chaque fois? On perçoit encore mieux la nécessité d'une recherche de ce type si on prend en compte la dualité des titres de la plupart des dialogues. En effet, chacun ou presque est doté d'un double titre. Par exemple, le *Phédon* ou *Sur l'âme;* et le *Phèdre* ou *Sur le beau,* et ainsi de suite. On ne voit donc pas clairement sur lequel des sujets mentionnés dans le titre porte la discussion. Aussi n'est-il pas inutile que nous traitions ce point. Pour débusquer ce [thème], on dispose en fait de dix règles: l'un et le multiple, le général et le particulier, le tout et la partie, l'approximatif et l'exact, le plus élevé et le plus bas, l'accord et le désaccord, ce qui n'est pas polémique, ce qui n'est ni la passivité ni l'instrumental ni la matière. (*Prolégomènes* 21.1-22)

Suivant Karl Praechter[1], c'est Jamblique qui le premier fit un usage technique du terme *skópos* et qui chercha à déterminer de façon systématique le thème de chacun des dialogues de Platon. Pour Jean Pépin[2] cependant, cet usage remonterait à Origène, et Porphyre en aurait eu connaissance. Combien de règles figuraient dans la liste de Jamblique? Il

1. Karl Praechter, «Richtungen und Schulen im Neuplatonismus», *Carl Robert zum 8. März 1910 Gentehliakon*, Berlin, Weidmann, 1910, p. 122 *sq.*

2. Jean Pépin, « Porphyre, exégète d'Homère », *Entretiens sur l'Antiquité classique* XII, Genève, Fondation Hardt, 1966, p. 249.

est bien difficile de le savoir. Quoi qu'il en soit, l'examen de ce type de question ne présente pas de pertinence dans le cadre de cette étude.

L'important dans cette affaire réside dans l'originalité de la démarche consistant à fonder la recherche du *skópos* sur une assimilation du dialogue à l'univers, comme on peut le constater en lisant la première règle, sur laquelle s'appuient et dont découlent toutes les autres :

> L'un et le multiple : on doit soutenir que le dialogue a un seul thème et non plusieurs. Comment se peut-il, en effet, qu'ait plusieurs thèmes le dialogue de Platon, lequel [Platon] célèbre le divin précisément parce qu'il est un ? D'ailleurs, il dit lui-même que le dialogue ressemble à un être vivant, puisqu'il s'agit aussi d'un discours. En effet, tout discours écrit avec le plus grand soin présente une analogie avec un être vivant. Or, si le dialogue présente une analogie avec un être vivant, et si l'être vivant a pour seule fin (*télos*) le Bien, car c'est aussi en vue du Bien qu'il est venu à l'être, le dialogue aussi, c'est obligatoire, n'a qu'une seule fin, c'est-à-dire un seul thème (*skópos*). De là suit qu'il ne faut pas approuver ceux qui disent que le *Phédon* a trois thèmes : l'immortalité de l'âme, la bonne mort, la vie du philosophe. Ces gens tiennent un discours qui n'est pas juste, comme on l'a dit. En effet, il ne peut y avoir plusieurs thèmes, mais un seul. (*Prolégomènes* 21.23-36)

Deux remarques s'imposent à la suite de la lecture de ce passage. La première règle pour déterminer le thème de chaque dialogue se voit justifiée par le fait que tout dialogue présente une analogie avec un être vivant. Toutefois, l'unité à laquelle il est ici fait référence n'est plus celle de la structure biologique comme dans le *Phèdre,* mais celle de la fin qui ne peut qu'être le Bien. Ce glissement de sens s'explique par le fait que le vivant en question est le vivant par excellence, c'est-à-dire l'univers, qui, pour Platon dans le *Timée,* présente la forme d'une sphère dépourvue de tout organe. Par suite, il faut voir dans ce recours au Bien comme fin une réminiscence de ce passage du *Timée* (29d-30a) sur les raisons qui ont présidé à la constitution de l'univers, lequel doit être relié à cet autre passage (*Timée* 46c-47c) sur la nécessité de prendre en considération la cause finale. D'ailleurs, la même idée se retrouve dans la dernière phrase du dialogue (*Timée* 92c).

En s'appuyant sur ces principes d'interprétation pour lire les dialogues de Platon, les néoplatoniciens font preuve, comme tous les interprètes d'ailleurs, à la fois de fidélité et d'infidélité à l'égard de leur maître à penser[1]. Car, si Platon présente le *lógos* en général (et donc le *mûthos*) comme un être vivant, il n'établit un rapport explicite entre *lógos* et *kósmos*

1. Pierre Hadot, « Philosophie, exégèse et contresens », *Actes du XIVe Congrès International de Philosophie*, [Vienne, 1968], t. I, Vienne, Herder, 1968, p. 333-339 ; repris dans ses *Études de philosophie ancienne*, Paris, Les Belles Lettres, 1998, p. 3-11.

que dans ce passage du *Phèdre* (277c1-2), et encore de façon indirecte, par le biais des verbes *títhēmi* et *diakosméō*. Or, c'est de ce rapport, affirmé avec force et constance, que découlent toutes les règles d'interprétation énumérées dans les *Prolégomènes* [anonymes] *à la philosophie de Platon.*

La thématisation effective de ce rapport ne va cependant pas sans une ré-interprétation, dont il faut signaler les deux points les plus importants. La dimension artisanale de la production du discours et de l'univers disparaît, et cela dès Plotin, en ce qui concerne le *kósmos* à tout le moins (Traité 31 (V,8), 7.10-11). Trois raisons peuvent expliquer cette disparition. Une raison d'ordre socio-politique : l'expression du mépris, dans lequel la plupart des philosophes – à l'exception de Platon qui, sur ce point, ne laisse pas de faire preuve d'une grande ambiguïté [1] – tenaient le travail manuel. Une raison d'ordre théorique : Aristote, que Plotin suit sur ce point (Traité 6 (IV 8), 8), distingue soigneusement entre processus naturel et processus artisanal, en faisant valoir que la « nature », qui explique la production du *kósmos* (*De Philosophia,* frag. 18 Ross), ne délibère pas comme l'artisan (*Métaphysique* Z 7 1032a *sq.* ; *Physique* II 8, 199b28 ; *De Caelo* II 4, 287b15 *sq.*). Et enfin une raison d'ordre polémique : Plotin se serait ainsi opposé au « créationisme séquentiel », auquel adhérait le gnosticisme [2]. Par ailleurs, l'assimilation du *lógos* au *kósmos* comme être vivant subit un glissement significatif de la biologie vers la téléologie. Comme le *kósmos* est une sphère dépourvue d'organes, l'unité dont il est alors question ne peut plus être celle de sa structure biologique (pieds, tronc, tête) ; ce doit être celle de sa fin, qui est le Bien. Par suite, toutes les analogies qui découlent de ce postulat se rapportent non à la constitution d'un vivant quelconque, mais à celle du vivant par excellence : l'univers.

Force est donc de constater que la représentation néoplatonicienne du discours en général, et donc du dialogue platonicien, se distingue radicalement de celle de Platon, dont pourtant elle dérive. Plusieurs siècles d'exégèse expliquent la distance entre l'une et l'autre. À partir de là, un pas de plus sera fait, qui mènera à la métaphore du « livre de la nature ». Fréquente chez Nicolas de Cuse, cette métaphore devient populaire grâce à Galilée [3].

1. Cf. Pierre Vidal-Naquet, « Études d'une ambiguïté : les artisans dans la cité platonicienne » [1979], *Le chasseur noir* [1981], 1983^2, p. 289-316.

2. Dominic J. O'Meara, « Gnosticism and the making of the world in Plotinus », *The rediscovery of Gnosticism. Proceedings of the international conference on Gnosticism* [at Yale, Hew Haven, Connecticut, March 28-31, 1978], Studies in the history of religions [Supplement to *Numen* 41] vol 1 : *The school of Valentinus*, ed. by Bentley Layton, Leiden, Brill, 1980, p. 365-378.

3. Sur l'histoire de cette métaphore, on peut consulter notamment Ernst Robert Curtius, *La littérature européenne et le moyen âge latin* [1948, 1954^2], trad. de l'allemand par Jean Bréjoux, Paris, PUF, 1956, p. 390-399 ; et Erich Rothaker, *Das « Buch der Natur ». Materialen und Gundsätzliches zur Metapherngeschichte*, aus d. Nachlass hrsg. u. bearb. von

Ainsi la boucle est-elle bouclée : à l'assimilation du « texte » à l'univers répond l'assimilation de l'univers à un « texte ».

POST-SCRIPTUM

Entre la remise du manuscrit de cet article et sa publication, ont paru deux articles développant un thème similaire : celui de Pierre Hadot, « Physique et poésie dans le *Timée* de Platon », *Revue de Théologie et de Philosophie* 115, 1983, p. 113-133, repris dans ses *Études de philosophie ancienne*, Paris, Les Belles Lettres, 1998, p. 277-305; et celui de Rémi Brague, « The body of the speech. A new hypothesis on the compositional structure of Timaeus' monologue », dans *Platonic investigations* [recueil d'articles] edited by Dominic J. O'Meara, Studies in Philosophy and the History of Philosophy 13, Washington D.C., The Catholic University of America Press, 1985, p. 53-83.

Le domaine de la *phúsis*, explique P. Hadot, échappe à toute connaissance humaine exacte. Seul donc un *mûthos* vraisemblable, produit par la *poíesis* humaine, peut imiter la *poíesis* divine. Ainsi s'explique le mode d'exposé, adopté par Platon dans le *Timée,* qui imposera à l'Occident le thème littéraire du « poème cosmique ». Ce beau texte, où l'on retrouve les grands thèmes développés par P. Hadot, recoupe ce que je dis ici sur plusieurs points. Mais, en ce qui concerne Platon, P. Hadot adopte une approche essentiellement philosophique, alors que j'ai voulu appuyer ma démonstration sur une étude lexicale; et, en ce qui concerne les néoplatoniciens, il insiste plus sur la continuité de leur démarche par rapport à celle de Platon que sur la discontinuité que j'ai cherché à mettre en évidence.

Dans son article, R. Brague cherche à faire correspondre terme à terme (cf. le tableau synoptique de la p. 82) la structure narrative du *Timée* et la structure biologique du corps humain. À ce texte brillant, on peut faire les deux critiques suivantes. Dans le *Phèdre* (264c2-5), le *lógos* est assimilé à un *zôion* en général, et R. Brague a beaucoup de mal à passer, pour les besoins de sa démonstration s'appliquant au monologue de Timée, du genre à l'une de ses espèces, l'homme. Par ailleurs, l'approche systématique qu'il privilégie force R. Brague à avancer des arguments particulièrement fragiles pour établir un certain nombre de rapports entre telle partie du corps humain et telle section du *Timée.*

Wilhelm Perpeet, Bonn, Bouvier, 1979, p. 30-38. On lira aussi John Scheid et Jesper Svenbro, *Le métier de Zeus. Mythe du tissage et du tissu dans le monde gréco-romain*, Textes à l'appui, Histoire classique, Paris, La Découverte, 1994.

LA NOTION DE *PHTHÓNOS* CHEZ PLATON

Ce texte sur la jalousie déconcertera ceux pour qui la jalousie se manifeste exclusivement dans le cadre d'une relation amoureuse, lorsque deux personnes entrent en compétition ou en conflit au sujet d'une troisième. Il n'est pas question de faire ici l'impasse sur ce qui reste le lieu d'expression privilégié de la jalousie. Mais il faut montrer comment, pour Platon, qui reprend là des idées partagées par la plupart de ses contemporains grecs, la jalousie s'exerce dans une pluralité de contextes : religieux, politique et social notamment, où l'objet de la compétition ou du conflit n'est pas une personne, mais un bien ; puis, comment cette passion peut aussi être considérée par Platon comme l'entrave primordiale à l'activité philosophique.

DÉFINITION PRÉLIMINAIRE

Dans un dictionnaire d'usage courant, on peut lire, sous l'entrée « "Jalousie" : [sens vieilli] Attachement vif et ombrageux ; [sens moderne] Sentiment hostile né de l'envie que provoque le spectacle du bonheur, des avantages d'autrui ; inquiétude qu'inspire la crainte de partager un avantage ou de le perdre au profit d'autrui ». Le sens vieilli nous renvoie à la notion du Dieu (judéo-chrétien) jaloux. Pour ce qui est du sens moderne, il fait intervenir, au moins partiellement, la notion d'« envie », qui peut être ainsi définie : « Désir de jouir d'un avantage, d'un plaisir égal à celui d'autrui ». Dans cette perspective, l'envie est ce désir particulier qui provoque le sentiment de jalousie, lequel se prolonge en inquiétude ou même en hostilité.

ÉTYMOLOGIE

Bizarrement, l'étymologie du terme « jalousie » n'aide pas beaucoup à comprendre son sens habituel. En français, le substantif « jalousie » dérive du latin populaire *zelosus* formé, sur le latin tardif *zelus*, lequel vient de *zêlos*. Or, en grec ancien, *zêlos*, ses dérivés et ses composés, qui peuvent désigner l'« envie », sont généralement pris en bonne part : ils manifestent des valeurs comme « l'émulation, la rivalité, l'ambition, la ferveur, le zèle ». Voilà pourquoi, si l'on s'en tenait à son étymologie, seul subsisterait, en français, le sens vieilli de « jalousie » : « attachement vif et ombrageux ». Or, en grec ancien, c'est le substantif *phthónos*, qui n'a pas eu de descendance en français, dont le sens se rapproche le plus de ce que l'on entend habituellement par le terme « jalousie ».

Le notion véhiculée par le terme *phthónos* a retenu l'attention de maints philosophes grecs : Platon, Aristote et les stoïciens notamment [1]. Mais l'analyse la plus ancienne, la plus complexe et la plus fine reste celle de Platon.

LES RAPPORTS ENTRE *ZÊLOS* ET *PHTHÓNOS*

Pour Platon, *zêlos*, l'« envie », qui suscite la « rivalité », semble être le premier stade de la « jalousie ». Voilà d'ailleurs quelle cause Aspasie de Milet, l'épouse non athénienne de Périclès, aurait, selon Socrate, assignée aux guerres du Péloponnèse :

> C'est ainsi que notre cité [= Athènes] tout entière vint à bout de cette guerre soutenue contre les Barbares [= les guerres médiques] pour son propre salut et pour celui des autres peuples de même langue. Mais la paix une fois faite, alors que notre cité était dans sa gloire, elle essuya le sort que les hommes se plaisent à infliger au succès : d'abord l'envie (*prôton mèn zêlos*), puis, à la suite de l'envie, la jalousie (*apò zélou phthónos*), et c'est ainsi que notre cité fut mise en guerre avec la Grèce. (*Ménexène* 242a)

1. Sur le sujet, il existe une étude relativement récente, qui a recensé la plupart des témoignages pertinents. Il s'agit du livre d'Ernst Milobenski, *Der Neid in der griechischen Philosophie*, Klassisch-Philologische Studien 29, Wiesbaden, Otto Harrassowitz, 1964. Le livre comprend huit chapitres dont voici les titres respectifs : I. Vorsokratiker; II. Der Xenophontische Sokrates, Antisthenes und Aristipp; III. Platon; IV. Aristoteles und Peripatetiker; V. Epikur und Epikureer; VI. Die (Ältere) Stoa; VII. Die Kynische-stoische Popular-Philosophie; VIII. Plutarch. Ce livre s'inspire d'un article de Edward B. Stevens, « Envy and pity in Greek philosophy », *American Journal of Philology* 69, 1948, p. 171-179. Le terme *phthónos* semble être absent de l'*Iliade* et de l'*Odyssée*, cf. John L. Myres, « Homeric equivalent of *phthónos* », *Classical Review* 51, 1937, p. 163-164. Pour la suite, M. J. Mills, « *Phthónos* », *Phronesis* 30, 1985, p. 1-12.

Les avantages, surtout politiques, mais aussi économiques, assurés à Athènes par ses succès militaires contre les Perses, et qui s'étaient institutionnalisés sous la forme de la Confédération de Délos, suscitèrent d'abord l'envie, puis la jalousie des autres cités grecques, qui, regroupées dans la Ligue lacédémonienne, entraînèrent Athènes dans une guerre catastrophique.

Il n'est pas question d'apprécier ici la validité de cette analyse particulièrement partiale qui semble être reprise de Thucydide (I 75,1)[1]. De même que la jalousie entre les cités grecques serait la cause de la guerre du Péloponnèse, de même la jalousie éprouvée par les Grecs à l'encontre des Perses expliquerait les guerres médiques. Sur ce point, on rappellera ce jugement peu flatteur porté, selon Hérodote, par un Perse sur les Grecs :

> Après Démarate [l'un des deux rois de Sparte, déposé par son collègue Cléomène, et qui s'était réfugié en Perse], Achaiménès, frère de Xerxès et commandant de la flotte, qui était présent à l'entretien et qui craignait que Xerxès ne se laissât persuader de faire ce que disait Démarate, prit la parole : « Roi, je vois que tu fais bon accueil aux discours d'un homme qui jalouse ta prospérité (*hòs phthonéei toi eû prḗssonti*), sentiments auxquels les Grecs se complaisent : ils jalousent qui a du succès et détestent qui est plus puissant qu'eux (*toù te eutukhéein phthonéousi kaì tòn krésson stugéousi*). » (Hérodote VII 236)

C'est donc la jalousie des Grecs à l'égard de la Perse ainsi que d'Athènes qui expliquerait et les guerres du Péloponnèse et les guerres médiques.

Le siège de la jalousie

Mais en quoi consiste la jalousie et où se situe son siège ? À ces deux questions qu'il se pose dans un long passage du *Philèbe* (47d-50e), Platon apporte cette réponse. La jalousie est un plaisir qui intéresse l'âme seule, mais un plaisir étrangement mêlé de peine, comme le sont aussi d'ailleurs la colère (*horgḗ*), la crainte (*phóbos*), le regret (*póthos*), le deuil (*thrḗnos*), le désir (*érōs*) et l'envie (*zḗlos*). La jalousie est une douleur de l'âme (48b5-6), probablement parce que la jalousie suppose qu'on éprouve du chagrin

1. Dans le débat qui s'engagea à Sparte à l'automne 432 au sujet de Mégare, les Athéniens répondent ainsi aux accusations des Corinthiens : « Eh bien ! Lacédémoniens, méritons-nous, oui ou non, pour cette ardeur, comme pour la clairvoyance de notre décision, de ne pas trouver chez les Grecs, envers l'empire que nous exerçons, des jalousies aussi excessives (*epiphthónōs*) ? » (trad. par J. de Romilly). En ce qui concerne la notion de jalousie chez Thucydide, on lira Pierre Huard, *Le vocabulaire de l'analyse psychologique dans l'œuvre de Thucydide*, Études et commentaires 69, Paris, Klincksieck, 1968, surtout p. 397-398.

devant le bien qui échoit à autrui. Mais c'est aussi un plaisir, comme essaie de l'établir Socrate dans le cadre de cette argumentation particulièrement compliquée :

1) Se réjouir des maux de ses ennemis n'est ni de l'injustice ni de la jalousie (49d3-5).

2) En revanche, se réjouir des maux de ses amis, c'est de l'injustice et, par voie de conséquence (cf. 50a2-3), de l'envie (49d6-8).

3) Chez ceux de nos amis où elle est sans nuisance pour autrui, l'ignorance concernant tous leurs avantages est ridicule, et elle ne peut pas ne pas être considérée comme un mal (49d9-e8).

4) Quand nous nous moquons de l'ignorance de nos amis, nous nous réjouissons (49e9-50a1).

5) Mais ce plaisir à voir les maux de nos amis, c'est de la jalousie (50a2-4, cf. 2).

6) Par suite, comme la jalousie est une douleur de l'âme et que le rire est un plaisir, douleur et plaisir coexistent dans la jalousie (50a5-10).

Aristote, lui, propose une analyse psychologique à la fois plus subtile et plus simple, qui, du point de vue de l'éthique, s'inscrit dans la doctrine du juste milieu : « La juste indignation (*némesis*) est un juste milieu entre la jalousie (*phthónos*) et la joie maligne (*epikairekakía*), toutes dispositions qui ont pour domaine la peine et le plaisir résultant de ce qui advient au prochain. L'indigné, tout d'abord, s'attriste de ceux qui ont une bonne fortune imméritée. L'envieux, allant plus loin, s'attriste de tous les succès. Mais celui qui se réjouit malignement, tant s'en faut qu'il s'attriste qu'au contraire il se réjouit[1]. » Mais, chez Platon, les choses se compliquent encore, dès lors que l'on prend en considération la représentation platonicienne de l'âme humaine, mise en rapport, par Platon, avec le corps humain comme avec l'organisation sociale.

Pour Platon, l'âme humaine comprend trois espèces indépendantes, qui tendent vers des objets différents et dont les motivations sont distinctes[2]. Considérée sous un autre point de vue, l'âme comporte deux espèces, l'une

1. *Éthique à Nicomaque* II 7, 1108a35-b6, cf. aussi *Éthique à Eudème* II 1221a38-b1, III 1233b8-26. Dans les *Topiques* (II 2,109b35), on lit : « Si la jalousie est un sentiment de douleur éprouvé à la vue du bonheur de quelqu'un d'honorable, il est clair que l'homme de valeur (*spoudaîos*) ne connaît pas la jalousie. » (trad. Brunschwig, quelque peu modifiée). Et dans la *Rhétorique* (II 9, 1385b13-15), la jalousie est considérée du point de vue de la pitié, sentiment de douleur éprouvé à la vue du malheur d'autrui.

2. Sur le sujet, on lira John Cooper, « Plato's theory of human motivations », *History of Philosophy Quarterly* 1, 1984, p. 3-21 ; traduit de l'américain par Monique Canto-Sperber et par Luc Brisson dans *Revue philosophique de la France et de l'Étranger* 1991, p. 517-543 ; et Jean-François Pradeau, « L'âme et la moelle. Les conditions psychiques et physiologiques de l'anthropologie dans le *Timée* de Platon », *Archives de Philosophie* 61, 1998, p. 489-518.

rationnelle qui se situe dans la tête et l'autre non rationnelle, cette dernière étant elle-même constituée de deux espèces : une espèce agressive (*thumós*) et une espèce désirante (*epithumía*). L'espèce agressive, qui se situe au niveau du cœur, a pour fonction de défendre l'être humain contre les dangers venus de l'extérieur et de faire obéir l'espèce désirante aux ordres que lui envoie l'espèce rationnelle. Cette espèce désirante, qui a pour fonction d'assurer la survie et la reproduction de l'être humain, se situe dans le bas-ventre, sous le diaphragme. La cité, du moins dans la *République*, reproduit le même modèle. Elle est dirigée par les philosophes qui s'efforcent de ne suivre que la raison. Elle est protégée par des gardiens, guerriers dans l'âme desquels prédomine l'espèce agressive de l'âme. Et elle est nourrie par les producteurs, qui ne réagissent qu'aux injonctions de l'espèce désirante de l'âme. Or, pour que le bien et la justice règnent à l'intérieur de l'âme de chaque individu et dans la cité qui est divisée sur le modèle de l'âme, il faut que la raison agisse comme il faut et exerce son autorité sur les deux autres espèces de l'âme.

Les visages de la jalousie

La jalousie se manifeste donc exclusivement dans l'âme, même si, du reste, elle intéresse chacune des espèces : rationnelle, agressive et désirante, qui tend vers un objet particulier : richesses, *timḗ* ou même savoir.

Lorsqu'elle porte sur les richesses, la jalousie s'explique par la prédominance de l'espèce désirante de l'âme humaine, qui se définit par sa recherche de l'argent (*phikokhrḗmatos*) et du gain (*philokerdḗs*, cf. *République* IX 581a). Chez Platon, on ne trouve jamais explicitement le terme *phthónos* dans un tel contexte, même si implicitement il y est très présent, notamment à travers cette figure emblématique de la jalousie qu'est le tyran.

Lorsqu'elle porte sur la *timḗ*, la jalousie s'explique par la prédominance de l'espèce agressive, qui échappe au contrôle de la raison :

> Et, à l'égard de l'espèce agressive de l'âme (*tò thumoeidés*), les choses ne se passent-elles pas de même, lorsqu'on la satisfait elle aussi et que la jalousie animée par l'amour des honneurs (*pthhónọi dià philotimían*), la violence par l'amour de la victoire, et la colère par l'humeur farouche poussent les hommes à se rassasier d'honneur (*timḗs*), de victoire et de colère sans discernement ni raison (*áneu logismoû te kaì noû*). (*République* IX 586c-d)

La recherche de la *timḗ* n'est pas un mal en soi. Elle ne devient un mal, elle ne devient jalousie, que quand elle échappe au contrôle de la raison.

Mais qu'est-ce donc que la *timḗ*? La *timḗ*, c'est, dans son sens le plus primitif, comme l'explique Émile Benveniste, « la part d'honneur et d'avantages matériels que les hommes accordent à un personnage, en vertu de sa dignité, de sa condition[1]. » Cette définition suppose un contexte social, où existe un rapport de réciprocité entre avantages et valeur personnelle, la valeur personnelle justifiant la revendication d'avantages matériels, et les avantages matériels permettant de mesurer la valeur personnelle. Bref, ce qui excite le jaloux, ce sont moins les avantages en tant que tels que ces avantages considérés comme signes de la valeur personnelle.

Mais la jalousie peut même avoir pour objet le savoir et la vertu. C'est, selon Platon, la forme la plus grave de la jalousie, qui peut détruire la cité :

> Cette même louange doit s'appliquer à la tolérance, à la sagesse et à tous les autres biens dont la possession permet non seulement de les avoir pour soi, mais encore d'en faire part à d'autres. Celui qui partage sera honoré comme le meilleur; à qui ne le peut, mais le voudrait, on laissera le second rang; quant à celui qui est jaloux (*tòn dè phthonoûnta*), à celui qui n'a jamais de son plein gré l'amitié de partager ses biens avec un autre, on le blâmera personnellement, mais on ne dépréciera pas pour cela le bien possédé à cause de son possesseur, et on s'efforcera de l'acquérir. Que tout le monde, chez nous, ait l'émulation de la vertu sans jalousie (*aphthónōs*). Car ainsi on grandit les cités, en rivalisant soi-même avec les autres sans les paralyser par des calomnies; mais le jaloux (*ho dè phthonerós*) qui croit ne pouvoir l'emporter qu'en calomniant autrui, met lui-même moins d'effort à atteindre la véritable vertu, et il réduit au découragement ses émules par les critiques injustes dont ils se voient l'objet; et ainsi c'est toute la cité dont il diminue l'entraînement dans ce concours de vertu et dont il affaiblit pour sa part la bonne réputation. (*Lois* V 730e-731b)

Il faut donc avoir de l'émulation dans la vertu, mais sans jalousie, sans calomnie. C'est à cette condition et à cette condition seulement que l'éloge des gens de bien pourra ne susciter aucune jalousie. Voilà d'ailleurs pourquoi, au livre VII des *Lois*, l'Étranger d'Athènes labelle ainsi la loi sur les éloges que les poètes rendront aux citoyens méritants :

> En suite de quoi, viendrait désormais une loi qui ne susciterait immédiatement aucun sentiment de jalousie [...], celle-ci : « Tout citoyen ayant cessé de vivre et qui, selon le corps ou selon l'âme, aura accompli de belles actions au prix de beaucoup de peines, qui aura observé scrupuleusement les lois, il conviendra qu'on compose des chants en son honneur. » (*Lois* VII 801e)

1. Émile Benveniste, *Le vocabulaire des institutions indo-européennes*, II. *Pouvoir, droit, religion*, Paris, Minuit, 1969, p. 51.

Ce passage n'est pas facile à comprendre, mais une allusion à Socrate n'est pas à exclure d'entrée de jeu.

Les maux entraînés par la jalousie

Même si, en dépit de la diversité des objets sur lesquels elle porte, la jalousie présente toujours les mêmes traits essentiels, ses conséquences peuvent être très différentes suivant la force ou la faiblesse de celui qui est jaloux. Si elle est le fait d'un être faible, la jalousie est ridicule ; voilà le type de jalousie qu'exploite la comédie (*Philèbe* 49d-e). Si, en revanche, elle est le fait d'un être fort, elle est odieuse ; c'est alors le moteur de la tragédie (50a-b). Mais tragédie et comédie ne sont que des images de la réalité ; elles ne font que refléter la vie réelle (50b), où la jalousie tient une place particulièrement importante. Il est bien évident que c'est surtout lorsqu'elle est odieuse que la jalousie émeut le plus, car, quel que soit l'objet sur lequel elle porte (richesses, *timḗ* ou savoir), elle provoque des catastrophes (vol ou violence, meurtre ou guerre civile, ignorance).

La première forme de jalousie rend compte du vol et de la violence :

> Quiconque aura fait tort à autrui par vol ou violence paiera à la personne lésée, si le tort est plus grand, indemnité plus grande ; si le dommage est moindre, indemnité moindre, en tout cas amende toujours égale au dommage jusqu'à indemnité complète. Il paiera aussi, pour ce délit, la pénalité supplémentaire en vue de son amendement ; s'il a péché par la folie d'autrui, se laissant entraîner à cause de sa jeunesse ou de quelque autre faiblesse, cette pénalité sera plus légère ; si c'est par sa propre folie, par impuissance à dominer les plaisirs ou les douleurs, ou dans un accès irrésistible de terreur, de passion, de jalousie (*en phthónois*), de colère, elle sera plus lourde, non à cause du mal commis, car ce qui est fait ne pourra jamais s'abolir, mais en vue de l'avenir, pour que lui et ceux qui le verront châtié en viennent à détester franchement l'injustice ou à se libérer du plus grand poids de cette misère. (*Lois* XI 933e-934b)

Ce type de jalousie est aussi à l'origine de beaucoup de conflits entre concitoyens, notamment entre voisins (*Lois* VIII 844c).

La jalousie qui porte sur la *timḗ* explique, selon l'Étranger d'Athènes, les meurtres passionnels avec préméditation :

> La seconde [cause de ces meurtres] est cette disposition de l'âme qui recherche la *timḗ* (*philotímou psukhḗs héxis*), disposition qui enfante les jalousies (*phthónos entíktousa*), dure compagne surtout pour celui en qui elle habite, et, en second lieu, pour ceux qui sont les meilleurs parmi les habitants de la cité. (*Lois* IX 870c)

La mention des « meilleurs parmi les habitants de la cité » laisse supposer que l'Étranger d'Athènes pense non seulement au meurtre individuel, mais aussi à la guerre civile. Ainsi la jalousie serait-elle la cause et des guerres extérieures et des guerres civiles.

Mais c'est la troisième forme de *phthónos* qui, pour Platon, est la plus grave. Car elle concerne ce qu'il y a de plus important pour l'être humain : la vertu, et notamment la sagesse. Dans l'*Apologie*, Socrate explique sa condamnation à mort comme le résultat d'une jalousie de cette espèce suscitée contre lui par les Athéniens (*Apologie* 18d, cf. 28a). Ayant voulu leur faire prendre conscience de leur ignorance et de leur indignité en matière de vertu et de sagesse, Socrate s'est rapidement trouvé en butte à l'hostilité de ses concitoyens qui, ne pouvant supporter que quelqu'un leur fût supérieur dans le domaine de la vertu et de la sagesse, le condamnèrent à mort.

Dans l'*Euthyphron*, un passage décrit bien la situation. Euthyphron est un devin qui semble avoir joui d'une assez grande popularité à Athènes à la fin du Ve siècle (*Cratyle* 391d). Considéré à la fois comme un inspiré et comme un docteur en matière religieuse, il prétendait posséder la science des choses divines et proposait, en toute occasion, d'interpréter la volonté des dieux. Il ne se privait pas de prédire l'avenir aux particuliers et à l'Assemblée du peuple, où il n'était pas toujours cru ni accueilli avec beaucoup d'égards. Euthyphron va expliquer par la jalousie la défiance des Athéniens à son endroit, et il en profite pour attribuer la même cause à l'accusation d'impiété dont vient de faire l'objet Socrate :

> EUTHYPHRON — C'est donc comme à un novateur en matière religieuse qu'il [= Mélètos] a contre toi [= Socrate] intenté cette accusation, et, dans l'intention évidente de te calomnier, il vient à la barre du tribunal, sachant fort bien qu'auprès de la multitude ces sortes de calomnies sont les plus faciles à accréditer. Il est bien certain en effet que, de moi, elle se gausse comme d'un fou, quand, dans l'Assemblée du Peuple, je traite quelque question d'ordre religieux et lui prédis ce qui arrivera ; et pourtant il n'y a pas une seule de mes prédictions qui ne soit véridique ; eh bien ! cela n'empêche pas la multitude d'être jalouse (*phthonoûsin*) de tous les hommes de notre sorte ! Mais notre devoir est de ne faire aucun cas de ses jugements et d'aller de l'avant !
> SOCRATE — Que l'on se gausse de nous, cher Euthyphron, ce n'est peut-être nullement une affaire ! Les Athéniens, vois-tu, cela leur est, à mon avis, parfaitement égal que l'on ait, à leurs yeux, quelque talent, pourvu qu'on ne se pose pas en professeur de son propre savoir ; mais contre celui qui, à leurs yeux, prétendrait en rendre d'autres pareils à lui, contre celui-là ils s'emportent, que ce soit en effet par jalousie (*phthónoi*), comme tu le dis, ou bien pour quelque autre raison. (*Euthyphron* 3c-d)

On notera que la situation d'Euthyphron et celle de Socrate diffèrent sensiblement. Euthyphron veut transmettre un savoir positif aux Athéniens qui le refusent, par jalousie estime Euthyphron. Socrate veut faire prendre conscience aux Athéniens qu'ils ne savent rien, alors qu'ils prétendent savoir beaucoup de choses. D'où l'ironie de la situation : les Athéniens ne supportent pas que Socrate leur montre qu'ils ne savent rien, comme lui. Drôle de jalousie que celle dont l'enjeu est le savoir d'une absence de savoir !

Parmi les vertus, c'est le savoir qui tient le premier rang. Voilà pourquoi souvent, dans le corpus platonicien, la jalousie (*phthónos*) est tenue pour responsable d'une rétention d'information réelle ou supposée. Celui qui possède l'information peut refuser de la transmettre pour deux raisons : 1) ou bien, parce qu'il éprouve un sentiment d'inquiétude à l'idée de partager un avantage, et même de rendre quelqu'un plus savant que lui[1] ; 2) ou bien parce qu'il a peur d'éveiller chez son interlocuteur un sentiment de jalousie. C'est cette crainte, estime Socrate, qui a poussé les sophistes à dissimuler leur art sous des voiles divers (*Protagoras* 316d-e). Et c'est pour prévenir ce sentiment de méfiance que, selon Socrate au livre V de la *République*, celui qui veut apprendre doit s'adresser ainsi à celui qui sait : « Ou bien, souhaites-tu que nous nous enquerrions près de lui, en lui disant que, s'il y a quelque chose qu'il sache bien, son savoir ne nous inspirera aucune jalousie; que nous aurions au contraire de la joie à voir quelqu'un qui sait quelque chose » (*République* V 476e).

Dans un dialogue, l'interlocuteur et son répondant ne doivent faire preuve d'aucune jalousie. L'interlocuteur doit accepter que le répondant adopte une position critique, sans penser qu'il le fait par jalousie (*Gorgias* 457d; *Lois* I 635b, II 664a-b). Pour sa part, le répondant doit, dans ses objections, s'abstenir vraiment de jalousie à l'égard de l'interlocuteur (*Lettre* VII 344b *sq.*).

La jalousie est donc incompatible avec l'éducation, dans la mesure où elle rend impossible toute transmission de l'information. La chose est particulièrement grave, car en ce domaine la jalousie engendre l'ignorance, qui est à la racine du mal. Seul le partage du savoir peut permettre de lutter efficacement contre le mal. Pareille conviction explique notamment cette exigence du dialogue platonicien, exigence empruntée à Socrate : celui qui a des capacités intellectuelles doit les mettre gratuitement au service d'autrui pour qu'il découvre la vérité (*Ménon* 71d).

1. *République* I 338a, VII 528a; *Apologie* 33a; *Ménon* 71d; *Gorgias* 489a; *Protagoras* 320c (bis); *Ion* 530d; *Théétète* 169c; *Sophiste* 217a et b; *Lachès* 200b; *Phédon* 61d; *Timée* 23a; *Lois* I 641d.

Pour Platon, la figure emblématique de la jalousie, que ce soit dans l'âme ou dans la cité, est le tyran[1]. Voilà pourquoi toute la section du livre VIII de la *République* pourrait être lue dans la perspective d'une montée en puissance de la jalousie[2]. On comprend dans cette perspective pourquoi le tyran, qui atteint le sommet de l'injustice, est considéré comme un homme jaloux et comme le plus malheureux des hommes (*République* IX 579b-c, 580a). Alternativement, l'injustice, qui résulte de la jalousie, est tenue pour un tyran dans l'âme humaine (*Lois* IX 863e).

Qui peut être jaloux ?

Une fois établi ce rapport entre jalousie et injustice qui se manifeste au plus haut point dans la figure du tyran, force est de poser la question : qui est susceptible d'être jaloux, et qui ne l'est pas ?

Comme le fait ressortir la longue analyse du *Philèbe* (47d-50e), la jalousie est une caractéristique de l'âme humaine incarnée. Platon partage ainsi l'opinion d'Hérodote (III 80)[3] et de Thucydide (III 43, 1), suivant laquelle l'être humain est naturellement jaloux. Mais, pour Platon, deux espèces d'êtres humains, qui se trouvent au-delà et en deçà de la condition humaine normale, échappent à la jalousie : les philosophes, en raison de leur rapport avec les dieux, et les primitifs, en raison de leur proximité avec les bêtes, qui ne peuvent être ni sujet ni objet de jalousie[4].

Pour Platon, en effet, les dieux ne peuvent être jaloux (*Phèdre* 244a). C'est là une conséquence du principe formulé au livre II de la *République* (379a-380c) : dieu est bon, il ne peut donc commettre le mal. Or, comme la jalousie est une injustice et un mal, aucun dieu ne peut être jaloux ni d'un autre dieu ni d'un homme.

Aucun dieu ne peut faire preuve d'hostilité à l'égard d'un autre dieu dont il convoite les avantages. Voilà pourquoi, au début du *Critias*, Platon écrit, quand il évoque le partage du monde sensible entre les grands dieux et notamment l'attribution d'Athènes à Athéna :

1. G. Heintzeler, *Das Bild des Tyrannen bei Platon*, Diss. Tübingen, Stuttgart, 1927.

2. H. Ryffel, *Metabole politeion*, Bern, Haupt, 1949, qui commente *République* VIII et *Lois* III et IV.

3. « … l'envie est innée chez l'homme de tout temps (*phthónos dè arxȩ̄then emphúetai anthrópoi*) »

4. Comme l'explique Plutarque, dans un opuscule (qui manque dans le catalogue de Lamprias, mais qui porte le numéro 47 dans le corpus de Planude) intitulé *De la jalousie et De la haine* (*Perì phthónou kaì mísous*), *Moralia* 536e-538e. La jalousie n'existe pas chez les bêtes, envers lesquelles d'ailleurs les hommes n'éprouvent pas ce sentiment.

> Or, les dieux se sont un jour partagé la terre entière, par régions. Partage sans dispute (*ou kat' hérin*) ! Car il serait déraisonnable de croire que les dieux ignorent ce qui convient à chacun d'eux, ou que, sachant ce qui convenait plus aux uns, les autres aient entrepris de s'en emparer à la faveur de la discorde. En vertu du lotissement fait par Justice, chacun obtint ce qui lui plaisait et s'établit dans sa région. (*Critias* 109b)

Le terme *phthónos* ne se retrouve pas dans ce passage; mais c'est bien l'absence de «jalousie» chez les dieux que Platon réaffirme ici avec vigueur, et cela contre la tradition.

En effet, de nombreux témoignages[1] rapportent la lutte de Poséidon avec Athéna pour la possession d'Athènes. Lorsque les mortels se furent organisés en cités, les dieux décidèrent de choisir séparement une ou plusieurs villes, dans lesquelles ils seraient particulièrement honorés. Or, il arriva que deux ou trois divinités choisissent la même cité, ce qui provoqua entre elles des conflits, qu'elles remirent à l'arbitrage de leurs pairs ou même à celui de mortels : ce fut par exemple le cas d'Athènes. Poséidon avait jeté son dévolu sur Athènes et, le premier, avait pris possession de la cité en faisant jaillir, d'un coup de trident, une «mer» sur l'Acropole; d'après le témoignage de Pausanias, cette mer était un puits d'eau salée, qui se trouvait dans l'enceinte de l'Érechteion. Le dieu fut bientôt suivi par Athéna qui convoqua Cécrops, le premier roi d'Athènes, et le prit à témoin de son action. Elle planta un olivier que l'on montrait encore, au second siècle de notre ère, dans le Pandrosion. Puis, elle revendiqua la possession du pays. Le débat fut porté devant Zeus, qui nomma des arbitres. Une tradition veut que ces arbitres aient été Cécrops et Cranaos; une autre, les dieux de l'Olympe. Quoi qu'il en soit, le tribunal favorisa Athéna, parce que Cécrops témoigna qu'elle avait été la première à planter l'olivier sur le rocher de l'Acropole. Poséidon, irrité, inonda la plaine d'Éleusis. Voilà donc le mythe que refuse Platon au début du *Critias*.

C'est tout naturellement parce qu'il est bon qu'aucun dieu ne peut éprouver de l'inquiétude à l'idée de partager un avantage ou même de perdre cet avantage au profit d'un autre être qui lui soit égal ou inférieur. C'est en ce sens qu'il faut interpréter ce que dit Timée du démiurge qui fabrique le monde sensible :

> Disons donc pour quelle cause celui qui a formé le devenir et le monde les a formés. Il était bon, et en ce qui est bon, nulle jalousie (*phthónos*) ne naît jamais à nul sujet. Exempt de jalousie (*toútou ektós*), il a voulu que toutes choses naquissent le plus possible semblables à lui. Que tel soit le principe

1. Apollodore, *Bibliothèque* III 14,1; Hérodote VIII 55; Plutarque, *Thémistocle* 19; Pausanias I 24, 5, I 26, 5 ; Ovide, *Métamorphoses* VI 70 *sq.* ; Hygin, *Fabula* 164.

> essentiel du devenir et du monde, on aura pleinement raison d'accepter cette opinion de la bouche d'hommes sages. (*Timée* 29e-30a)

Bref, c'est l'absence de jalousie chez son auteur qui explique que notre monde ait été engendré et qu'il soit le meilleur des mondes possibles. De même, Gaia (la Terre) distribue à tous, sans jalousie aucune, ses bienfaits (*Ménexène* 238a). Sur ce point aussi, Platon s'écarte de la tradition.

Car en Grèce ancienne, les dieux sont jaloux des hommes, dont ils ne supportent ni la beauté, ni le bonheur, ni les richesses, ni aucun des avantages, qui pourraient mettre en péril leur propre prééminence, et cela en dépit même du fait que les hommes, à la différence des dieux, restent mortels. Tous les grands tragiques ont évoqué ce thème[1]. Mais c'est Hérodote qui fait l'analyse la plus subtile. Chez Hérodote, coexiste avec la notion d'un dieu juste et vengeur une notion beaucoup moins élevée, celle d'un dieu jaloux, qui ne supporte pas la prospérité des êtres humains. Solon ne dit-il pas à Crésus, le dernier roi de Lydie, célèbre pour la richesse dont il était si fier : « Crésus, je sais que la divinité est toute jalousie (*tò theîon pân eòn pthonerón*) et qu'elle aime à semer le trouble… » (I 32) ? Amasis, roi d'Égypte qui aurait aussi reçu la visite de Solon, n'écrit-il pas à Polycrate, qui s'était emparé du pouvoir dans l'île de Samos : « Il est doux d'apprendre qu'un ami, un hôte, a du bonheur ; mais, quant à moi, tes grands succès ne me plaisent pas, sachant que la divinité est jalouse (*tò theîon… esti phthonerón*) » (III 40). Et le sage Artabane, son vieil oncle, ne tient-il pas ce discours à Xerxès, qui se prend à pleurer sur la brièveté de la vie humaine en voyant l'Hellespont couvert de ses vaisseaux, et en contemplant le rivage et la plaine d'Abydos remplis de ses soldats :

> Il y a autre chose dont nous souffrons tout le long de cette vie, et qui est plus digne de pitié. Au cours d'une vie si brève, il n'est pas d'homme si heureux, ni de ceux qui sont là ni des autres, à qui n'arrivera, non pas une fois, mais souvent, de souhaiter d'être mort plutôt que vivant. Les malheurs qui accablent, les maladies qui tourmentent, font trouver longue la vie, toute brève qu'elle est. Aussi la mort, quand la vie est à charge, est pour l'homme le plus souhaitable refuge ; et la divinité, après avoir laissé goûter quelque douceur dans le temps qui nous est imparti, révèle en cela sa jalousie (*ho dè theòs … phthonerós*). (VII 46)

Si du moins la prospérité humaine, qui est forcément éphémère, pouvait être stable. Mais Crésus perd son trône et ses richesses. Polycrate est attiré dans un piège par le satrape Oroïtès, qui le fait périr d'une mort ignominieuse (III 122-126). Et les forces de Xerxès sont défaites par les Grecs.

1. Eschyle, *Perses* 362 ; Sophocle, *Philoctète* 776 ; Euripide, *Alceste* 1135. Voir aussi Pindare, *Isthmique* 7, 39.

Pour le commun des Grecs donc, la société des dieux est, à l'instar de celle des hommes, travaillée par la jalousie : jalousie entre eux, mais aussi jalousie à l'égard des hommes. Platon réagit contre cette représentation traditionnelle. Ce faisant, il détruit la mythologie, et ouvre la voie à ce que l'on appellera plus tard la « théologie », c'est-à-dire une étude rationnelle, systématique et cohérente (en accord avec l'éthique notamment), de tout ce qui touche au divin. Car la jalousie est le moteur du récit dont se nourrit le mythe.

Pour Platon, par ailleurs, l'idéal du philosophe est l'assimilation au dieu (*homoíōsis theôi*, cf. *Timée* 89d-90d). Le philosophe doit donc être dépourvu de jalousie, offrant un contraste absolu avec l'amant décrit par Lysias dans le *Phèdre*.

Dans le discours qu'il a composé et que Phèdre lit à Socrate, Lysias ne fait explicitement référence à la jalousie qu'une seule fois (233d), lorsqu'il présente l'amoureux comme un fou qui ne peut être cause que de dommages pour l'esprit (239a-c), pour le corps (239c-d) et pour les possessions (239d-240a) de celui qu'il prétend aimer. Mais, tout de suite après, dans son premier discours, où, essayant d'entrer en compétition avec Lysias, Socrate développe le même thème, la jalousie est explicitement mentionnée.

Socrate commence donc par énoncer ce principe, qui rappelle la définition de la jalousie donnée en début de chapitre :

> Oui, celui qui est gouverné par le désir, celui qui est esclave du plaisir, cherche forcément, cela ne fait aucun doute, à obtenir, de celui qu'il aime, le plus de plaisir possible. Or, l'homme malade trouve agréable tout ce qui ne le contrarie pas, et hostile tout ce qui lui est supérieur ou égal. Dès lors, un amant ne supporte pas volontiers, chez le garçon qu'il aime, supériorité ou égalité : il travaille au contraire à le rabaisser et à en faire son inférieur. (*Phèdre* 238e-239a)

Puis il décrit les conséquences pour l'aimé d'un tel état d'esprit chez celui qui prétend l'aimer. Il explique d'abord comment un tel amant ne peut qu'empêcher celui qu'il aime de développer ses capacités intellectuelles :

> Il [= cet amant] est jaloux (*phthonerós*), cela va de soi, et il interdit à l'aimé de nouer beaucoup d'autres relations, même utiles, qui contribueraient à faire de lui un homme au sens plein du terme. Il lui cause ainsi un dommage considérable, le plus grand qui soit, en le privant du moyen d'acquérir la plus haute sagesse. Ce moyen, c'est la divine philosophie, dont l'amant détourne forcément le garçon qu'il aime, de peur d'en être dédaigné. N'importe quel stratagème lui est bon pour faire que le garçon reste ignorant de tout et qu'il n'ait d'yeux que pour son amant : il trouve on ne peut plus agréable l'aimé qu'il aura réduit à cet état, mais il lui aura fait un grand tort. (*Phèdre* 239a-b)

Enfin, après avoir évoqué avec pudeur ce qui concerne le corps (*Phèdre* 239b-d), Socrate termine en traitant des possessions :

> Ce n'est pas tout. Si le bien-aimé a de la fortune en or ou en propriété d'autre sorte, l'amant le jugera pareillement moins facile à séduire et, lorsqu'il l'aura séduit, moins facile à manier. Il s'ensuit forcément que l'amant est jaloux (*phthoneîn*) des garçons qu'il aime, parce qu'ils possèdent quelque chose, et qu'il se réjouit de la perte de ce qu'ils possèdent. (*Phèdre* 240a)

L'intérêt de cette analyse, qui prend en compte les trois espèces de jalousie décrites plus haut : richesses, corps, savoir, réside dans le fait que la jalousie (cf. aussi *Phèdre* 241c, 243c) se manifeste dans le contexte d'une relation amoureuse. La jalousie n'apparaît plus comme un rapport entre rivaux, mais comme un rapport entre amant et aimé (cf. aussi le cas d'Alcibiade et de Socrate dans le *Banquet* 213d, 223a).

Lorsqu'il parle d'amour dans le *Phèdre* et dans le *Banquet*, Platon[1] évoque systématiquement l'homosexualité masculine[2]. Placés sous le signe d'Éros, ces rapports homosexuels, qui se caractérisent par leur asymétrie (adulte et jeune homme quasi imberbe) et par leur caractère passager, trouvaient, du point de vue des institutions en Grèce ancienne, leur place dans un domaine bien précis, celui de l'éducation, où, à travers l'apprentissage musical et l'exercice gymnique, le plus âgé transmet au plus jeune le savoir et les valeurs qui lui permettront de passer du statut d'enfant à celui d'adulte ; or, il semble que ce soit ce rôle de guide initiatique institutionnellement dévolu à Éros que Platon reprenne à son compte et transpose en l'affectant non plus à l'éducation musicale et physique, mais à la contemplation philosophique. Cela dit, en plus d'assurer, à travers l'homosexualité, la perpétuation culturelle et sociale de la société, Éros assure, dans le mariage, la perpétuation physique de la communauté des citoyens ; cet autre rôle pourrait, me semble-t-il, expliquer la condamnation par Platon de l'homosexualité.

Dans le *Phèdre* en effet, Socrate assimile la philosophie à une folie érotique, l'objet du désir n'étant plus la beauté sensible, mais la beauté intelligible, dont la beauté sensible n'est qu'une image. En fait, ce que Socrate décrit en termes de relation entre un amant et son bien-aimé, c'est la

1. J'évoque ici les pages consacrées à Platon par Claude Calame dans *L'Eros dans la Grèce antique*, L'Antiquité au présent, Paris, Belin, 1996, surtout, p. 201-217. Tout l'arrière-plan de cette position est mis en évidence dans les pages qui précèdent.

2. Sur l'homosexualité en Grèce ancienne, voir l'ouvrage classique de K. J. Dover, *Greek homosexuality*, London, Duckworth, 1978 ; trad. française par Suzanne Saïd, sous le titre *Homosexualité grecque*, Grenoble, La Pensée sauvage, 1982. Voir aussi mon introduction à Platon, *Banquet*, GF 987, Paris, Flammarion, 1998.

relation qui devrait s'établir entre celui qui aspire au savoir et celui dont il veut faire son disciple.

À travers la beauté sensible de l'aimé, l'amant doit apercevoir la beauté-en-soi qu'il a contemplée dans le passé (*Phèdre* 254b-255a). Cet aimé, il doit le séduire, non pas en le tournant vers lui, mais en l'orientant, à travers lui, vers la beauté-en-soi, que l'aimé lui aussi a contemplée, lorsque son âme n'était pas encore incarnée. Ce type de relation ne peut souffrir aucun sentiment de jalousie, l'amant et l'aimé partageant l'un et l'autre la même contemplation :

> Nulle jalousie (*phtónǫi*), nulle mesquinerie malveillante non plus à l'égard du garçon qu'ils aiment. Bien au contraire, ils font porter tous leurs efforts à l'amener à ressembler le plus possible en tout et pour tout à eux-mêmes et au dieu qu'ils honorent. (*Phèdre* 253b-c)

La boucle est bouclée : le disciple doit imiter l'amant qui doit imiter le dieu dépourvu de jalousie. En transposant la folie érotique du monde sensible dans l'intelligible, Platon détruit la tragédie et la comédie au profit de la philosophie conçue non comme jouissance de la beauté sensible, mais comme contemplation de la beauté intelligible dont le sensible n'est qu'une image (*République* VI 500b-c). Dépourvu de jalousie, le philosophe ne peut susciter chez les autres un mouvement de jalousie (*République* VI 500a).

Mais, si l'être humain peut échapper à la jalousie par le haut, en pratiquant la philosophie, il peut aussi y échapper par le bas. Il s'agit de l'humanité primitive, celle qui a immédiatement suivi le dernier déluge :

> Or, quand une société ne connaît jamais ni la richesse ni la pauvreté, c'est bien dans celle-là que pourrait apparaître les caractères les plus généreux : ni démesure ni injustice ni non plus envies ou jalousies (*zē̱loi kaì phthónoi*) n'y prennent naissance. Ils étaient donc bons, pour ces raisons et du fait de leur prétendue simplicité (*euḗtheian*)[1] : ce qu'ils entendaient dire de beau ou de laid, ils estimaient, en gens simples, que c'était la vérité pure et ils y croyaient. Nul n'aurait su, comme aujourd'hui, à force de sagesse, y flairer un mensonge; mais, tenant pour vrai ce que l'on disait des dieux et des hommes, ils vivaient en s'y conformant; et voilà comment ils étaient absolument tels que nous venons de les décrire. (*Lois* III 679b-c)

Bref, si ces hommes primitifs ne sont pas jaloux, c'est bien sûr parce que la société dans laquelle ils vivent est dépourvue d'écarts considérables, notamment en ce qui concerne la fortune. Mais c'est aussi parce qu'ils

1. Sur cette notion où se mêlent bonté de caractère et stupidité, cf. Claude Gaudin, « *Euḗtheia*. La théorie platonicienne de l'innocence », *Revue Philosophique de la France et de l'Étranger*, 1981, p. 145-168.

s'apparentent à des bêtes, qui paradoxalement sont peut-être plus près des dieux que les êtres humains actuels.

Pour Platon donc, seuls le primitif, parce qu'il est naturellement plus près des dieux, et le philosophe, parce qu'il essaie de s'en approcher le plus possible, peuvent échapper à la jalousie qui est le lot commun des êtres humains. Encore faut-il prendre pour acquis que les dieux sont exempts de jalousie à l'égard des autres dieux et à l'égard des êtres humains. Le rejet de la jalousie constitue donc la condition *sine qua non* de l'assimilation de l'être humain aux dieux comme de l'établissement entre les êtres humains de rapports harmonieux fondés sur l'amitié (*philía*)[1].

Platon opère donc un renversement total des valeurs traditionnelles en Grèce ancienne[2], où la société des dieux est travaillée par la jalousie tout comme celle des hommes. Considérée comme un sentiment naturel et inné, la jalousie, selon qu'elle est ridicule ou odieuse, est le ressort de la comédie ou de la tragédie. Et, dans la vie réelle, que reflètent la comédie et la tragédie, la jalousie est le moteur de l'histoire dans ce qu'elle a de plus sombre : guerres entre États, guerres civiles, meurtres, violences, vols et conflits de toutes sortes.

En dénonçant la jalousie, Platon tue la mythologie, pour y substituer la théologie entendue comme discours rationnel sur le divin ; il élimine la comédie et surtout la tragédie au profit de la philosophie, où le savoir remplace une ignorance qui donne prise au ridicule, et où l'amour est orienté exclusivement vers le savoir ; il refuse une histoire dont le moteur est la jalousie, une histoire où le destin dramatique des hommes s'explique par la jalousie des dieux, une histoire où les guerres étrangères et civiles, les meurtres, les conflits de toutes sortes et les vols s'expliquent par la jalousie que se portent les hommes ; il rend même compte de l'existence de l'univers et de sa bonté, de sa beauté. Refuser la jalousie, c'est, pour Platon, exprimer sa volonté d'instaurer de nouveaux rapports entre les dieux, l'univers et les êtres humains d'une part, et entre les êtres humains d'autre part, qu'il s'agisse d'individus ou de groupes ; dans un tel contexte, la compétition, *agṓn*, qui joue un rôle si important dans la civilisation de la Grèce ancienne, se trouve évacuée, sauf peut-être du domaine de la vertu.

1. Sur le sujet, cf. J.-C. Fraisse, *Philia. La notion d'amitié dans la philosophie antique. Essai sur un problème perdu et retrouvé*, Bibliothèque d'histoire de la philosophie, Paris, Vrin, 1974.

2. C'est l'idée directrice d'Henri Joly dans *Le renversement platonicien*, Paris, Vrin, 1974.

LES PRÉAMBULES DANS LES *LOIS*

Au livre IV des *Lois* (719c-724a)[1], Platon s'interroge sur la pratique du législateur. Il compare celui-ci au poète et au médecin. À la différence du poète qui n'hésite pas à développer sur le même sujet des discours qui se contredisent[2], le législateur se doit de tenir un discours qui ne soit pas contradictoire. Cependant, même si, sur un seul et même sujet, il tient un discours unique, le législateur ne doit pas forcément se restreindre à tenir un discours qui soit simple.

Pour illustrer son propos, Platon évoque deux médecins[3], dont les comportements diffèrent radicalement. Le premier ne donne à ses malades aucune explication sur le mal qui les touche et leur prescrit brutalement une ordonnance avant de les quitter pour un autre patient. Le second, lui, s'informe auprès du malade et de son entourage, et il prend le temps de persuader son patient du bien-fondé de ses prescriptions[4]. De la même façon, le discours du législateur peut être simple ou double. S'il est simple, il est court, et il ne se compose que de deux éléments : la prescription de la loi et la formulation des peines encourues par celui qui ne s'y soumettrait pas. Il est long lorsqu'il est double, et fait précéder la prescription de la loi d'une

1. On trouve une allusion claire à ce passage au dixième livre des *Lois* (890c).

2. C'est d'ailleurs la raison pour laquelle, comme le rappelle Platon (*Lois* IV 719b-c), le législateur ne doit pas laisser au poète le droit de composer ce qu'il lui plaira.

3. Platon semble en cela faire référence à une pratique réelle. À l'époque classique, les médecins étaient secondés par des auxiliaires, des aides (*hupērétai*), auxquels il donne aussi le nom de « médecins ». Sur le sujet, cf. F. Kudlien, *Die Sklaven in der griechischen Medizin der klassischen und hellenistischen Zeit*, Wiesbaden (F. Steiner), 1968, chap. 3 ; R. Joly, « Esclaves et médecins dans la Grèce », *Sudhoffs Archiv für Geschichte der Medizin und der Naturwissenschaften* 53, 1969, p. 1-14. L'association de la médecine à la légistation revient souvent chez Platon, depuis les fameux passages du *Gorgias* (464b-465e) jusqu'à ceux de la *République* (III 405a-410b).

4. Sur le sujet, cf. Jacques Jouanna, « Le médecin, modèle du législateur dans les *Lois* de Platon », *Ktèma* 3, 1978, p. 77-92.

déclaration qui cherche à substituer la persuasion à la crainte du châtiment encouru par celui qui ne se conformerait pas à la loi. C'est ainsi la persuasion qui doit, d'emblée, obtenir l'obéissance à la loi.

Comme le rappelle le passage qui suit, Platon a conscience d'innover en matière législative. Dans les codes de lois greques qui nous sont parvenus [1], seuls apparaissent l'énoncé de la loi et l'inventaire des peines encourues en cas de contravention.

> Eu égard à cette distinction, parmi les législateurs, il n'en est aucun, semble-t-il, qui ait jamais remarqué que, même s'il est permis aux législateurs d'avoir recours pour légiférer à deux instruments, à savoir la persuasion et la force (*peithoî kaì bíai*) [2], dans la mesure d'ailleurs où il est possible d'en user avec le grand nombre dont l'éducation laisse à désirer (*epì tòn ápeiron paideías ókhlon*) [3], ils n'utilisent que l'un de ces deux moyens. En effet, ce n'est pas en combinant à la persuasion la contrainte (*peithoî kerannúnntes anágken*) qu'ils légifèrent, mais en ayant recours seulement à la force pure (*akrátoi têi bíai*). (*Lois* IV 722b-c)

Pour réaliser cet idéal, le texte de la loi doit être précédé d'un préambule (*prooímion*) [4]. Pour Platon, un préambule est avant tout une

1. On prendra pour exemple le code des lois de Gortyne qui est antérieur au Ve siècle : *The law code of Gortyn*, ed. with an introduction, translation and commentary by Ronald F. Willetts, Berlin (de Gruyter), 1967. On trouvera une traduction française et un commentaire de ce code de lois dans *Nomima : recueil d'inscriptions politiques et juridiques de l'archaïsme grec*, par Henri van Effenterre et Françoise Ruzé, École Française de Rome 188, Rome 1994-1995, 2 volumes.

2. Il s'agit là d'un thème qui remonte à Hésiode.

3. Cette phrase fait problème. La première difficulté réside dans le rapport qu'implique le *kath' hóson*. La traduction que je propose ici, et qui va dans le même sens que celle de L. Robin et d'É. des Places, rattache l'incise à *peithoî kaì bíai*. Suivant en cela E. B. England, Tr. Saunders semble la relier à la seule persuasion : « compulsion and persuasion (subject to the limitations imposed by the uneducated masses) ». Mais, pour en arriver là, il ne respecte pas l'ordre des mots. La seconde difficulté réside dans l'expression : *epì tòn ápeiron paideías ókhlon*. Comment comprendre ce membre de phrase, s'agissant de la cité des Magnètes, où l'éducation est obligatoire pour tous les citoyens ? Deux réponses sont possibles. Ou bien *epì tòn ápeiron paideías* indique que les préambules s'adressent aux citoyens qui n'ont pas reçu d'éducation supérieure (réservée, semble-t-il, au Collège de veille) ; ou bien qu'ils s'adressent à l'ensemble de la population qui comprend des étrangers domiciliés et des esclaves, compte tenu par ailleurs des femmes et des enfants. Dans l'un et l'autre cas, cette expression porte un coup fatal à une position du genre de celle que défendent notamment Chr. Bobonich et A. Laks. J'y reviendrai en conclusion.

4. Comme le fait remarquer Jean-Marie Bertrand (« Formes du discours politique dans la cité des Magnètes platoniciens », *Dike* 1, 1998, p. 133, n. 82), 36 des 46 occurrences de ce terme se retrouvent dans les *Lois* : IV 722d4, 7, e2, 7, 723a3, b1, 5, c2, 4, e2, 6, V 734e2, 4, VI 772e4, IX 854a3, c6, 8, 870d4, e5, 880a8, X 887a3, c1, 907d1,4, XI 916d4, 923c3, 925e8, 930e5, 932a6. Sur le sens du mot « *prooímion* », on lira M. Costantini et J. Lallot, « Le *prooímion* est-il un proème ? », dans *Le texte et ses représentations*, Études de littérature ancienne 3, Paris, PENS, 1987, p. 13-27. Suivant les auteurs, « la valeur première [de ce

exhortation. Au moyen d'un jeu de mots, Platon assimile « l'exhortation (*paramuthía* ou *paramuthíon*) »[1] au « mythe qui précède la loi (*ho prò toû nómou mûthos*)[2] ». Ce jeu de mots, comme je vais tenter de le montrer, ne correspond pas toutefois exactement à la réalité, puisque tous les préambules sont écrits[3], et que ceux qui font intervenir le mythe ne constituent qu'une seule des trois classes entre lesquelles ils se distribuent. En revanche, le jeu de mots enlève d'emblée toute pertinence à l'explication que Christopher Bobonich et André Laks donnent des préambules platoniciens.

Dans un article long et limpide, Christopher Bobonich[4] veut montrer deux choses : 1) qu'il existe, chez Platon, une persuasion rationnelle ; 2) que cette persuasion est mise en œuvre dans les préambules. Je voudrais exprimer mon désaccord à l'encontre de ces deux thèses.

PEUT-ON PARLER DE PERSUASION RATIONNELLE DANS LES *LOIS* ?

La possibilité d'une persuasion rationnelle, qui effectivement est évoquée dans le *Gorgias*, se trouve mise de côté à partir du moment où Platon fait l'hypothèse de l'existence de formes intelligibles[5]. Si l'on en reste au niveau du monde sensible, on peut imaginer que la persuasion conduit,

terme] est celle d'"hymne préliminaire" – le référent par excellence étant l'hymne à une divinité, récité *prò oímēs*, c'est-à-dire avant les poèmes épiques, dans les concours de rhapsode. De là dérivent par métaphore tant l'emploi au sens large de "prélude" (de poème) que ceux, plus spécialisés, de "préambule" de loi ou d'"exorde" (de discours). »

1. Dans les *Lois*, on trouve ces occurrences de *paramuthía* : IV 720a1 ; de *paramuthíon*, I 632e5, IV 704d8, 705a8, VI 773e5, IX 880a7, X 885b3, XI 923c2 ; et de *paramuthéomai*, II 666a2, IX 854a6, XI 928a1, XII 944b3. Il faut aussi remarquer une occurrence de l'adjectif verbal *paramuthētéon* en X 899d6 et de l'adverbe dérivé *aparamuthḗtōs* en V 731d3. Pour plus d'informations, cf. Brisson 1982, p. 195.

2. *Lois* XI 927c.

3. Jean-Marie Bertrand, *Dike* 1, 1998, p. 134-135.

4. Christopher Bobonich, « Persuasion, compulsion and freedom in Plato's *Laws* », *Classical Quarterly* 41, 1991, p. 365-388. Pour une prise de position très différente, cf. H. Yunis, *Taming the democracy*, Ithaca-London, 1996. Il convient aussi de lire M. Piérart, « Du règne des philosophes à la souveraineté des lois », dans *Die athenische Demokratie im 4. Jahrhundert v. Chr.*, hrsg. von W. Eder, Stuttgart, 1995, p. 249-268 ; et S. Gastaldi, « Legge e retorica. I proemi delle *Leggi* di Platone », *Quaderni di Storia* 20, 1984, p. 69-109.

5. Ici se posent le problème de la périodisation des écrits de Platon et celui de l'évolution de sa doctrine. Pour ce qui est de la périodisation, je me situe, sans pourtant souscrire à toutes leurs conclusions, dans la mouvance de L. Brandwood, *The chronology of Plato's dialogues*, Cambridge, Cambridge Univ. Press, 1990 ; et de G. A. Ledger, *Re-counting Plato. A computer analysis of Plato's style*, Oxford, Oxford Univ. Press, 1990. Pour ce qui est de l'évolution de la doctrine de Platon, j'estime que la doctrine des Formes est bien attestée à partir du *Phédon*, et qu'elle n'est jamais abandonnée. Je manque de place ici pour appuyer ces affirmations sur une argumentation adéquate.

concernant tel ou tel objet, à un savoir certain, c'est-à-dire à une connaissance relativement stable, qui obéit à un certain nombre de règles, semblables à celles qu'applique un artisan. Mais, quand intervient la dialectique, et surtout lorsque l'idée s'impose d'une séparation entre des objets perpétuellement soumis au changement : les choses sensibles, et des objets immuables : les formes intelligibles, la persuasion, qui porte sur le sensible, se trouve alors clairement distinguée de l'enseignement que transmet la science dont l'objet est l'intelligible. Pour appuyer cette position, je traduis et je commente les quatre passages que Christopher Bobonich signale dans l'Appendice de son article [1], à savoir *Gorgias* 454e-455a, *Phèdre* 277b-c, *Théétète* 201a-c et *Timée* 51d-e.

Dans le *Gorgias*, on trouve cet échange de propos entre Socrate et Gorgias :

> SOCRATE — Dans ce cas, veux-tu que nous posions qu'il existe deux formes de persuasion (*dúo eíd̲e̲ peithoûs*) : l'une qui procure une croyance sans le savoir correspondant (*tò mèn pístin parekhómenon aneu toû eidénai*), alors que l'autre procure la science (*tò de epist̲é̲m̲e̲n*) ?
> GORGIAS — Oui, tout à fait.
> SOCRATE — Alors, de ces deux formes de persuasion, quelle est celle que la rhétorique produit, dans les tribunaux, ou partout ailleurs où la foule s'assemble (*toîs állois ókhlois*), lorsqu'elle parle de ce qui est juste et de ce qui ne l'est pas ? Est-ce celle dont résulte le fait de croire sans savoir ? Ou est-ce celle de laquelle résulte le savoir ?
> GORGIAS — Il est évident, Socrate, que c'est celle dont résulte le fait de croire.
> SOCRATE — La rhétorique est donc, semble-t-il, productrice de persuasion ; elle fait croire (*pisteutik̲ê̲s*) que le juste et l'injuste sont ceci et cela, mais elle ne dispense aucun enseignement (*didaskalik̲ê̲s*) [2]. (*Gorgias* 454e-455a)

Il ressort de ce passage que la persuasion peut produire la connaissance, le savoir, et qu'une persuasion de ce type peut être qualifiée de rationnelle. Or, la persuasion rationnelle, si elle existe, est liée à un enseignement qui s'adresse à un petit nombre. En revanche, la rhétorique, mise en œuvre par les orateurs qui s'adressent aux foules, ne peut produire que la croyance ; et

1. Appendix : « Persuasion and Knowledge », p. 387-388.

2. Dans le *Politique*, on trouve cet échange : « Étranger d'Élée – Eh bien, à quel savoir (*epist̲é̲m̲e̲i*) attribuerons-nous alors le pouvoir de persuader le grand nombre, la foule, (*pl̲é̲thous te kaì ókhlou*), au moyen de mythes (*dià muthologías*), mais non au moyen de l'enseignement (*dià didakh̲ê̲s*) ? Socrate le Jeune – Manifestement, c'est à la rhétorique (*rh̲e̲torik̲ê̲i*), j'imagine, qu'elle doit être attribuée. » (304c-d). L'utilisation du terme *epist̲é̲m̲e̲* ne doit pas faire illusion ; il s'agit là de la prétention affichée par le rhéteur, non de la conviction de Platon. La persuasion mise en œuvre par la rhétorique qui fait appel au mythe n'a, pour le philosophe, rien de rationnel.

pour cette raison, Platon, par la bouche de Socrate, la rabaisse au rang de savoir-faire.

Le *Phèdre* reprend le même thème que le *Gorgias*, mais le développe dans une perspective très différente :

> SOCRATE — Tant qu'on ne connaîtra pas la vérité sur chacune des questions dont on parle et sur lesquelles on écrit; tant qu'on ne sera pas capable de définir toute chose en elle-même; tant que, après avoir défini cette chose, on ne saura pas, à l'inverse, la diviser selon ses espèces jusqu'à ce qu'on atteigne l'indivisible; tant que, après avoir, selon la même méthode, analysé la nature de l'âme et découvert l'espèce de discours qui correspond à chaque nature, on ne disposera et on n'organisera pas son discours en conséquence – en offrant à une âme complexe des discours complexes et qui correspondent exactement à ce qu'elle demande, et des discours simples à une âme simple –, on restera incapable de manier le genre oratoire avec autant d'art que sa nature le permet, que ce soit pour enseigner (*pròs tò didáxai*) ou pour persuader (*pròs tò peîsai*), voilà ce que nous a révélé toute la discussion précédente. (*Phèdre* 277b-c)

La rhétorique traditionnelle ne s'intéresse qu'au vraisemblable (259e-260a), mais le vraisemblable implique le vrai (260a-262b). Or la connaissance du vrai dépend d'une méthode, dont les exigences ont été rappelées (262b-264e) et dont les procédés ont été énumérés (264e-266c). Par suite, par opposition à la rhétorique traditionnelle (266c-269d) qui a été condamnée (voir les conclusions en 268e-269d), Socrate met en avant une véritable rhétorique qui associe au don naturel (269d) et à la pratique (271c-272b) un savoir de la partie et du tout (269d-270c), de la simplicité et de la multiplicité (270c-271c). Il en ressort que la rhétorique prônée par Socrate n'a rien de commun avec la rhétorique traditionnelle définie comme « séduction de l'âme (*psukhagogía*) ». Car cette rhétorique d'un nouveau type implique une connaissance de son objet, l'âme, que seule peut permettre d'atteindre la méthode dialectique. Voilà pourquoi, dans ce passage, la rhétorique qui vise à la persuasion (*pròs tò peîsai*) est mise en relation avec la rhétorique qui vise à l'enseignement (*pròs tò didáxai*), pour en être toutefois ainsi distinguée.

Les conditions indispensables à l'usage d'une telle rhétorique sont tellement contraignantes que leur opposition devient inéluctable, comme on peut le constater en relisant ce passage du *Théétète*.

> SOCRATE — C'est l'art des hommes qui pour le savoir sont les plus importants, l'art de ceux qu'on appelle « orateurs » et « habitués des tribunaux ». Ces gens en effet, au moyen de l'art qui leur est propre, produisent une persuasion (*peíthousin*), non pas en donnant ainsi un enseignement (*didáskontes*), mais en suscitant les opinions (*doxázein*) qu'ils souhaitent susciter. Ou bien t'imagines-tu, toi, qu'il y en ait qui possèdent

le talent d'enseigner au point d'être (*deinoùs didaskálous*) capables, quand il y a eu vol d'argent ou tout autre violence, d'enseigner (*didáxai*) d'une façon suffisante en aussi peu de temps qu'il en faut à un peu d'eau pour s'écouler, à des gens qui n'y étaient pas, la vérité sur la chose ?
THÉÉTÈTE — À mon avis, ce n'est vraiment pas d'enseigner qu'ils sont capables, mais de persuader !
SOCRATE — Persuader, d'autre part, ne dis-tu pas que c'est susciter une opinion ?
THÉÉTÈTE — Sans conteste !
SOCRATE — Mais, une fois que les juges ont été dans le sens de la justice persuadés (*peisthô̱sin*) à propos de choses qu'il n'est possible de savoir (*eidénai*) que si on en a été les témoins visuels, et non pas autrement, alors, puisque c'est d'après ce qu'ils ont entendu qu'ils ont jugé l'affaire, n'est-ce pas en recevant une opinion vraie (*ale̱thê̱ dóxan*), sans connaître avec certitude (*áneu episte̱mê̱s*), qu'ils ont porté leur jugement, après avoir été correctement persuadés (*orthè̱ peisthéntes*), si du moins le jugement qu'ils ont porté est bon [1] ?
THÉÉTÈTE — Hé ! oui, parfaitement.
SOCRATE — Jamais, mon cher, si opinion vraie (*doxa ale̱thè̱s*) et connaissance certaine (*epistéme̱*) étaient identiques, un juge, si éminent soit-il, n'aurait d'opinion correcte (*doxa ale̱thè̱s*) sans avoir de connaissance certaine (*áneu episte̱mês*) ! Mais en fait, l'une diffère de l'autre, semble-t-il. (*Théétète* 201a-c) [2]

La position de Socrate est très claire. Les orateurs produisent une persuasion (*peíthousin*), non pas en donnant ainsi un enseignement (*didáskontes*), mais en suscitant les opinions (*doxázein*) qu'ils souhaitent susciter, dès lors que l'on admet que persuader, c'est susciter une opinion. Or, comme opinion vraie (*doxa ale̱thè̱s*) et connaissance certaine (*epistéme̱*) ne sont pas identiques, il faut distinguer persuader et enseigner.

Dans le *Timée*, cette opposition se trouve enfin pourvue de sa véritable dimension philosophique, car elle est rattachée à une distinction ontologique.

TIMÉE — Or, si l'intellect (*noûs*) et l'opinion vraie (*dóxa ale̱thé̱s*) sont deux genres, alors elles ont une existence absolument indépendante, ces Formes que nous pouvons percevoir non par nos sens, mais par notre intellect seul. En revanche, si, comme le croient quelques-uns, l'opinion vraie ne diffère

1. Pour comprendre ce passage, il faut se rappeler qu'au cours d'un procès à Athènes, les parties devaient s'adresser directement à un nombre important de juges qui, à la fin, exprimaient leur jugement par un vote. Pour une description rapide de la procédure en son entier, voir mon introduction à l'*Apologie de Socrate*, dans Platon, *Apologie de Socrate / Criton*, GF 848, Paris, Flammarion, 1997.

2. Sur ce passage, cf. Myles F. Burnyeat, « Socrate et le jury. De quelques aspects paradoxaux de la distinction platonicienne entre connaissance et opinion vraie » [1980], *Les Paradoxes de la connaissance*, éd. par Monique Canto, Paris, Odile Jacob, 1991, p. 237-255.

> en rien de l'intellect, nous devons plutôt poser que tout ce que nous percevons par le moyen de notre corps est ce qu'il y a de plus certain. Pourtant, il faut évidemment reconnaître que l'intellect et l'opinion vraie sont bien deux choses différentes; car elles ont une origine distincte et une nature différente. La première est produite en nous grâce à l'enseignement (*didakhê̱s*), l'autre par le moyen de la persuasion (*peithoûs*). En outre, la première s'accompagne toujours d'une explication vraie (*ale̱thoûs lógou*), alors que l'autre ne donne prise à aucune explication (*álogon*); l'une ne peut être ébranlée par la persuasion (*akíne̱ton peitoî*), tandis que l'autre peut être modifiée par elle (*metapeistón*); il faut encore dire qu'à l'une tout homme (*pánta ándra*) participe, tandis qu'à l'intellection seuls participent les dieux, et une toute petite catégorie d'êtres humains (*anthró̱po̱n génos brakhú*). (*Timée* 51d-e)

L'hypothèse de l'existence des Formes se trouve donc associée à la distinction établie entre l'intellect et l'opinion vraie. Puisque ces deux facultés sont distinctes, il faut bien admettre que leurs objets le sont aussi. Or, comme l'opinion vraie a pour objet les réalités sensibles qui ne sont pas les réalités véritables, car elles ne cessent de changer, force est de supposer que l'intellect doit avoir pour objet des réalités immuables qui, ayant en soi leur principe d'existence, sont les réalités véritables auxquelles participent les réalités sensibles.

On peut considérer les choses d'un autre point de vue, plus pertinent encore pour les *Lois*. L'enseignement a pour objet les formes intelligibles appréhendées par l'intellect, et c'est pourquoi il est indissociable d'une explication vraie et ne s'adresse qu'au petit nombre. En revanche, la persuasion a pour objet les choses sensibles appréhendées par les sens; voilà pourquoi elle ne s'accompagne d'aucune explication et s'adresse à la masse des gens. Voici un tableau des oppositions :

formes intelligibles	intellect	enseignement	explication vraie	élite
choses sensibles	opinion vraie	persuasion	sans explication	masse

Pour parler de persuasion rationnelle, il faudrait ou bien retourner au contexte philosophique du *Gorgias* ou bien estimer que le projet de « rhétorique philosophique » formulé dans le *Phèdre* peut être mis en pratique. Si, en revanche, on prend au sérieux l'hypothèse d'une évolution de la pensée platonicienne, et si l'on estime que les *Lois* sont bien la dernière œuvre de Platon, il faut admettre que, après le *Théétète* et surtout après le *Timée*, l'expression « persuasion rationnelle » implique une contradiction dans les termes[1].

1. R. F. Stalley (« Persuasion in Plato's *Laws* », *History of Political Thought* 15, 1994, p. 157-177) s'est posé la question. La réponse apportée est ambiguë. L'auteur estime que les préludes peuvent être qualifiés de rationnels dans la mesure où ils se conforment aux principes de la raison, même s'ils ne s'adressent pas à la raison de ceux qui en sont les destina-

PEUT-ON PARLER D'UTOPIE LÉGISLATIVE DANS LES *LOIS* ?

Presque simultanément aux idées défendues par Christophe Bobonich, André Laks[1] exposait la thèse suivante, qui suppose également l'existence d'une persuasion rationnelle : l'utopie propre aux *Lois*, qualifiée d'« utopie législative », consiste à vouloir faire coïncider prélude à la loi et dialogue philosophique. À la limite, suivant cette interprétation, la loi devrait être abolie en faveur de l'argument philosophique[2].

André Laks reconnaît sans difficulté que ce n'est là qu'un idéal. Le premier renoncement à l'utopie législative se traduit dans les *Lois* par le fait qu'un prélude persuasif ne prend pas nécessairement la forme d'une argumentation rationnelle. Parmi la quinzaine de préludes qu'il a dénombrés dans les livres V à XII des *Lois*, André Laks distingue trois groupes. Le premier groupe se situe au plus proche de l'argumentation rationnelle, et n'est représenté qu'une seule fois. Il s'agit de la fameuse réfutation de l'athéisme, qui occupe la majeure partie du livre X des *Lois*. Le second groupe fait un usage systématique de certaines catégories rhétoriques, celles de la louange et du blâme par exemple, qui en appellent à des opinions et à des attitudes normalement partagées par la plupart des hommes. Et le troisième groupe trouve sa principale ressource dans le mythe, qui s'adresse à tous depuis le moment où ils sont en mesure de comprendre leur langue maternelle. Il est difficile de ne pas être d'accord avec cet inventaire. Mais plusieurs problèmes techniques surgissent, à mesure que l'analyse se développe.

Je signale plusieurs de ces problèmes : 1) l'ensemble législatif est précédé par un long préambule général (726a-734e) identifié comme tel en 734e[3]; 2) le corps des lois proprement dit est précédé par d'une longue section (735a-768e) sur l'institution des magistratures, lesquelles impliquent des considérations concernant la division du territoire et la répartition des citoyens en classes suivant leur richesse[4]. Dans cette section, on trouve naturellement des préambules qui se rapportent à un ensemble de lois,

taires. Les citoyens doivent vivre suivant les règles édictées par la raison divine, mais ce comportement ne dépend pas d'un choix rationnel. Et il conclut en faisant remarquer que la conception de la raison que se fait Platon est radicalement différente de la représentation kantienne qui est celle de la majorité de nos contemporains. La position de R. F. Stalley est donc similaire à celle que je cherche à établir exclusivement à partir d'une analyse des préambules.

1. « L'utopie législative de Platon », *Revue Philosophique de la France et de l'Étranger*, 1991, p. 417-428.

2. C'est en ce sens qu'André Laks interprète ce passage du livre IX des *Lois* 857b-859d.

3. « Sur ce, mettons un terme au préambule aux lois (*tò prooímion tō̱n nómo̱n*) que nous venons de prononcer. »

4. Voici comment, me semble-t-il, il faut traduire 735a : « Il faut considérer, à l'évidence, que dans un système politique il faut prendre en considération deux éléments : l'installation des individus dans les magistratures, et l'attribution de lois à ces magistratures. »

plutôt qu'à une loi en particulier[1]; 3) un discours aux législateurs (768e-771a) précède le début de la seconde partie (768e-960b). On retrouve encore un discours aux législateurs en 857b-864b, qui insiste sur leur rôle éducatif, et qui présente l'allure d'un préambule; 4) il peut arriver que préambules et lois soient difficilement dissociables, préambule et loi étant inextricablement mêlés[2]. De plus, plusieurs préambules véritables ne sont pas associés à un marqueur qui les identifie comme tels. Enfin, il peut arriver que, dans un préambule, rhétorique et mythe se trouvent associés.

Aucune de ces difficultés ne remet en cause les thèses générales défendues par André Laks et par Christopher Bobonich. En revanche, une analyse précise de la fonction et du rôle des différents types de préambules donnés par Platon à des lois spécifiques, dans la section 768e-960b, s'avère redoutable pour ces thèses. En effet, la plupart des préambules, ceux des deux derniers groupes évoqués, entraînent bien une persuasion, mais celle-ci n'a rien de rationnel, puisqu'elle ressortit au mythe et à la rhétorique. Et, pour sa part, le préambule du livre X des *Lois* se présente comme une démonstration précisément parce que la persuasion n'a pas eu l'effet escompté sur un petit nombre de jeunes citoyens qui se trouvent en prison. Tel est, pour l'essentiel, l'argument que je vais développer.

PRÉAMBULES ET RHÉTORIQUE

Le premier groupe de préambules fait un usage systématique de certaines catégories rhétoriques, notamment de la louange et du blâme. Voici une liste rapide des passages où l'on rencontre ce type de rhétorique : sur les sciences du nombre (817e-822d); sur la chasse (822d-823d); sur la sexualité (835b-838e); sur la violence faite à un plus âgé (879b-880a); sur la conduite frauduleuse dans le commerce de détail (918a-919d); sur les artisans du salut public, c'est-à-dire les soldats (921d-922a); sur les avocats (937d-938b). Plus ponctuellement, on trouve, dans les *Lois*, un éloge de la vie dure (942a-943a) et un éloge des redresseurs (945b-e).

1. Je donne quelques exemples :

Livre V

Exhortation sur la stabilité de la population (741a-e)
Considérations diverses sur le refus de l'or et de l'argent (742a-744a)
Considérations diverses sur la répartition du territoire (745b-747e)

Livre VI

Discours introductif pour l'élection des magistrats (751a-754c)
Remarques de la double égalité pour l'élection du Conseil (756e-758a)

2. Par exemple, les lois sur les fêtes et les sacrifices (797e-804c).

La rhétorique peut aussi faire appel à l'indulgence devant la dureté de la loi concernant les testaments et la tutelle (922a-923c), et les intestats avec ou sans enfants (925d-926a) ; ou même à la pitié pour les faibles (936b-c) et à l'humanité pour condamner la violence (874d-875d). Le législateur peut aussi faire intervenir le thème du conseil judicieux, comme dans le cas du mariage (772d-773e). Dans le préambule, il est aussi possible d'évoquer la bonne ou la mauvaise réputation qui s'attache à la nature des relations extérieures (949e-953e). Des menaces peuvent même être émises dans un préambule (853d-854c), et des souhaits exprimés (817a-e).

Dans tous ces cas, la rhétorique est mise à contribution pour persuader le plus grand nombre d'obéir spontanément à la loi. Cette persuasion n'a rien à voir avec l'argumentation philosophique, et elle fait appel à des émotions et à des sentiments, non à des démonstrations.

Préambules et mythes

Le deuxième groupe comprend les préambules qui font une référence explicite ou implicite au mythe. En ayant recours à des mythes connus de tous en Grèce ancienne, les législateurs s'appuient sur la religion et sur la poésie. Je dresse un inventaire de ces préambules.

Au livre VI, la section sur la législation, qui suit celle qui porte sur les magistrats, fixe les cadres religieux et sociaux de la cité, lesquels dépendent tout naturellement de la division du territoire en 5040 parcelles. Ce nombre, qui constitue le point de départ de tout le reste, est divisible par 12, nombre qui correspond à celui des tribus. Or, poursuit Platon, le nombre 12 correspond aussi au nombre des mois de l'année, lequel est naturellement associé à la révolution de l'univers, et au groupe des grands dieux, tout cela permettant d'établir un calendrier des fêtes religieuses. Il est difficile de parler de préambule pour cette loi qui reste si floue et qui peut être sujette à des remaniements (771d-772d). Le préambule à la loi sur la procréation, qui évoque des mythes relatifs aux débuts de l'humanité, semble indissociable de la loi elle-même (781e-783d).

Même des rites qui n'appartiennent pas à la religion traditionnelle sont pris en considération. Au livre VII en effet, lorsqu'il aborde la question des soins à dispenser par les nourrices aux enfants dans leur premier âge, l'Athénien évoque « les femmes qui guérissent grâce aux initiations des Corybantes[1] » (790d-e). En balançant dans leurs bras, pour les calmer, les

1. Voir 791a et *Banquet* 215e. En grec, le terme *korubás* désigne quelqu'un qui participe, à un titre ou à un autre, à des rites appartenant au genre de cérémonies appelées « initiations » (*teletaí*). Les rites corybantiques comprenaient trois étapes : 1. La cérémonie commençait par des sacrifices offerts pour se gagner la faveur de la divinité – on ne sait laquelle – et pour

bébés dont elles ont la charge, elles procèdent «en quelque sorte à une incantation analogue à celle qui sert à guérir les transports bacchiques, recourant à cette cure de mouvement qui unit la musique et la danse».

La survie de l'âme, punie dans l'Hadès, mais qui peut revenir sur terre se venger, est souvent mise à contribution. Au livre IX, les lois contre le meurtre involontaire (865d-e) sont précédées par un rappel à des mythes qui font référence aux revenants s'acharnant sur leur meurtrier[1]. Au livre IX, il semble que l'on retrouve une référence à ce même type de mythes. La loi en faveur des orphelins est en effet précédée d'un préambule qui explique comment les âmes des morts gardent quelques sentiments, et qu'ils peuvent menacer ceux qui se comportent mal envers leurs enfants (926e-927a). Par ailleurs, on rappelle à ceux qui se sont rendus coupables de meurtre volontaire les supplices auxquels ils seront soumis dans l'Hadès (870a-871a). Le même thème est repris dans le préambule qui concerne ceux qui commettent des violences contre leurs parents et qui, de plus, sont menacés «du ressentiment des dieux célestes et de celui des dieux infernaux qu'on nomme "Vengeurs"» (880e-881a). Et, au livre XII, la loi sur les funérailles est précédée d'un rappel de la destinée de l'âme séparée du corps après la mort (959a-d).

Divers mythes traditionnels bien connus et mis en scène au théâtre sont pris en considération. Lorsqu'il recommande aux femmes de pratiquer comme les hommes l'équitation et la gymnastique, l'Athénien associe (804b-805d) à la mythologie[2] un exemple tiré de l'histoire, celui des

s'assurer de l'opportunité de l'entreprise. 2. Alors pouvait avoir lieu l'intronisation (*thrónosis*); celui en faveur de qui le rite était pratiqué montait sur un «trône», pendant que les officiants et les autres participants dansaient autour de lui dans un vacarme assourdissant. Tout cela pour l'exciter et pour l'émouvoir, au point de lui faire perdre la conscience de son environnement, exception faite du rythme obsédant de la musique (*auloí* et tambourins) et de la danse. 3. Venait ensuite l'initiation (*teletḗ*) elle-même au cours de laquelle, on peut le supposer, le bénéficiaire se mettait lui aussi à danser et cédait à l'ivresse du rythme pour entrer dans un état de transe, de possession. À la fin, quand tout était terminé, ceux qui avaient participé à la cérémonie sortaient de ce tumulte pour se retrouver dans un état de calme et de tranquillité, l'esprit en paix, débarrassé de toute anxiété. Cette description se fonde sur sept textes platoniciens : *Euthydème* 277d-e; *Lois* VII 790d-791b; *Criton* 54d-e; *Phèdre* 228b-c, 234d; *Ion* 533d-536b; *Banquet* 215c-e, analysés par I. M. Linforth, «Corybantic rites in Plato», *University of California Publications in Classical Philology* 13, 1946, p. 121-162. Plus généralement, cf. W. Burkert, *Les cultes à Mystères dans l'Antiquité* [1987], traduit de l'anglais par Bernard Deforge et Louis Bardollet avec la collaboration de György Karsai, Vérité des mythes, Paris, Les Belles Lettres, 1992.

1. Sur les victimes de mort violente et sur les hommes qui ont été frappés d'une mort prématurée lesquels peuvent revenir tourmenter les vivants, on relira l'article de F. Cumont, «Virgile et les morts prématurés», *Conférences* [de l'ENS], Publications de l'École Normale Supérieure, Section des Lettres II, Paris, Droz, 1945, p. 123-152.

2. Allusion aux Amazones.

femmes des Sauromates décrites par Hérodote[1], avant d'évoquer un raisonnement qui justifie cette recommandation de façon rationnelle. Au livre VIII, lorsque se trouve abordée la loi idéale[2] concernant la sexualité, l'inceste est condamné par une référence à Thyeste[3], Œdipe[4], Macarée[5] et autres personnages qu'évoquent la comédie et la tragédie[6] (838b-c). Au livre XI, la loi relative à la découverte d'un trésor est précédée par cette formule : « Il faut croire les mythes qu'on raconte sur le sujet, qui veulent que de tels gains ne profitent pas aux descendants. » (913b-c). Au livre XII, la loi punissant sévèrement ceux qui abandonnent leurs armes sur le champ de bataille est pourvue d'un préambule qui rappelle l'épisode des armes d'Achille dont Patrocle est dépouillé par Hector[7], et celui qui se rend coupable de cette lâcheté se voit menacé d'être transformé en femme, à l'inverse de Kaineus[8] qui de femme fut transformé en homme (943d-944c). La loi sur les serments est introduite par une évocation de Rhadamante[9].

Sont aussi utilisées les relations établies entre les représentants de diverses fonctions ou des différents corps de métier et des divinités connues. Les lois relatives aux engagements non remplis des artisans sont précédées du rappel du fait que le groupe des artisans est consacré à Héphaistos et à Athéna (920d-e, cf. 921d-922a). De façon similaire, au livre suivant, les manquements comme ambassadeur ou comme héraut de

1. En IV 116-117.

2. De ce fait, elle est associée à un mythe (841c).

3. Thyeste eut son fils Égisthe, le meurtrier d'Agamemnon, de son union avec sa propre fille, Pélopia. C'est là le sujet de l'*Agamemnon* d'Eschyle et de l'*Oreste* d'Euripide.

4. Étéocle, Polynice, Antigone sont nés de l'union d'Œdipe avec sa mère, Jocaste, la veuve de Laïos, tué par Œdipe qui était son fils. C'est là le sujet de plusieurs tragédies de Sophocle.

5. Macarée, le fils d'Éole, lequel était un fils d'Hellen, s'unit à sa sœur Canaké. Histoire mise en scène par Euripide dans son *Éole*.

6. C'est ainsi que j'interprète *en geloíois te háma en pás<u>ē</u>i te spoud<u>ē</u>i tragik<u>ē</u>i legómen<u>ei</u> pollákis* (838c). Sur la tragédie, cf. ce qui est dit en *Lois* VII 817a *sq.* Sur la critique du théâtre, cf. J.-M. Bertrand, *Dike* 1, 1998, p. 146, n. 133.

7. Alors que restaient au pouvoir d'Hector les armes fameuses qu'il portait auparavant et que Pélée, au dire du poète, avait eues de sa femme en cadeau de noces fait à Thétis par les dieux, cf. *Iliade* XVI 194 et XVIII 84.

8. Fille du roi des Lapithes, Kainis, qui se refuse à tous les hommes, est violée par Poséidon, lequel, pour prix du plaisir qu'il a obtenu, promet d'exaucer le vœu que la jeune fille fera. Elle lui demande d'être changée en homme de façon à ne plus subir cette sorte d'outrage, et pour éviter d'enfanter. Poséidon la transforme en Kaineus, un homme, dont le corps ne peut être pénétré. Guerrier invulnérable, Kaineus plante sa lance au milieu de l'agora en ordonnant qu'on lui rende les honneurs dus aux dieux et qu'on jure par lui. Pour le punir de cette impiété, Zeus suscite contre lui les Centaures qui l'ensevelissent sous des troncs d'arbres.

9. Avec Minos et Éaque, Rhadamante était l'un des trois juges des Enfers (voir *Gorgias* 523e *sq.*). D'après la tradition, tandis que, dans les procès, Rhadamante invitait les parties à jurer par les dieux, dans la vie quotidienne, au contraire, il leur recommandait de ne jurer par rien de plus que « Par le chien » ou « Par l'œil ». Comparer avec XI 917a-b.

la cité sont associés à des fautes contre Hermès et contre Zeus à qui sont consacrés ambassadeurs ou hérauts (941a-b). Un peu avant, la loi sur le respect dû aux parents est introduite par un préambule qui assimile les parents à des divinités (930e-931b).

Dans tous les cas qui viennent d'être mentionnés, Platon convoque le mythe pour l'intégrer dans le préambule d'une loi. Le mythe peut être défini brièvement comme un discours qu'une collectivité donnée transmet oralement d'une génération à l'autre, parce qu'elle considère qu'ainsi elle conserve en mémoire ce qu'elle estime être son passé[1]. Dans cette perspective, les mythes permettent à une société, qui se met elle-même en scène, de transmettre à ses membres son système de valeurs. Voilà bien pourquoi, d'un bout à l'autre du processus de communication que met en œuvre le mythe, intervient l'imitation. Celle-ci, que ce soit par la parole (dans le récit ou la récitation) ou par le geste (au théâtre), dispose ceux qui en sont les destinataires à déterminer ou à modifier spontanément leur comportement physique, et surtout moral, en fonction du modèle qui leur est proposé.

De fait, le mythe n'atteint véritablement son but que s'il provoque des émotions. L'imitation mise en œuvre par celui qui raconte le mythe ou qui l'interprète affecte l'auditeur ou le spectateur qui cherche soit à se rendre effectivement semblable aux êtres qu'évoque le récit[2], s'il s'en donne une image positive, soit à s'en écarter, s'il s'en donne une image négative. À travers la communication du mythe, dont on mesure alors l'enjeu éthique, la réalité qui fait l'objet du message communiqué devient présente d'une façon si intense que son absence effective est oubliée par le récepteur et que, par voie de conséquence, elle déclenche un processus d'identification qui modifie le comportement physique et surtout moral du destinataire.

Cette fusion émotive est présentée par Platon comme l'effet d'une incantation[3], qui joue dans l'âme le rôle d'un médicament[4], d'un charme[5],

1. Pour cette définition, cf. Brisson 1982, p. 109-110.

2. *République* III 395b8-d3.

3. *Lois* X 903a7-b3; *Phédon* 114d1-7, cf. 77d5-78a2. En grec, le terme *epōidḗ* désigne une formule plus ou moins bien articulée (elle peut être marmonnée) qui a un effet « magique » sur les réalités visibles ou même invisibles. Les efforts faits par Chr. Bobonich (« Persuasion, compulsion and freedom in Plato's *Laws* », *Classical Quarterly* 41, 1999, p. 368) pour atténuer le sens du terme en se fondant sur les remarques de G.R. Morrow ne sont pas convaincants. Une analyse des occurrences de ce terme dans le corpus platonicien (Brisson 1982, p. 95-101) laisse peu de doutes sur le sujet.

4. *Charmide* 156d3-157c6. En grec, *phármakon*; pour une analyse de l'ambiguïté de la réalité à laquelle renvoie le terme, cf. la fin du *Phèdre*.

5. *Euthydème* 289e1-290a4. En grec ancien, *kḗlēsis* désigne tout moyen pouvant avoir une action « magique ».

ou plus simplement d'une persuasion[1] que suscite le plaisir procuré par la communication du mythe à l'espèce la plus basse de l'âme (l'*epithumía*), celle qui désire nourriture et boisson, celle qui est le siège de l'appétit sexuel[2] ; c'est précisément parce que l'action qu'il exerce sur l'être humain n'est ni rationnelle ni « volontaire » que le mythe est associé à la magie. On comprend dès lors que les premiers destinataires des mythes soient les enfants[3], l'enfance et la jeunesse constituant, pour Platon, la part sauvage de l'existence humaine[4]. Et, puisque le terme *paidiá*, « jeu », dérive du terme *paîs*, « enfant », le mythe se voit tout naturellement considéré comme un jeu par Platon[5].

Il est ainsi compréhensible que le mythe soit utilisé afin de persuader l'ensemble des citoyens, dès qu'ils sont en âge de parler, d'obéir à la loi. Mais cet instrument ne présente rien qui s'approche d'une argumentation rationnelle. Le mythe éveille le sentiment et suscite une fusion émotive, qui ne fait en rien intervenir l'intellect ou la raison. C'est parce qu'il est connu de tous et qu'il entraîne l'imitation spontanée, que le mythe constitue cet admirable instrument de persuasion auquel les *Lois* ont souvent recours. Il ne s'agit pas là d'une utopie, mais bien plutôt de la récupération d'un instrument de « propagande » traditionnel, dont Platon sait parfaitement qu'il peut être mensonger[6] et qu'il agit à l'insu de celui qui en est le destinataire[7].

LE PRÉAMBULE DU LIVRE X DES *LOIS*

Aucune législation n'a de sens si l'action humaine ne se déploie pas dans un contexte social, politique, et même et surtout cosmique, doté d'une certaine permanence et d'une certaine régularité, que seule la divinité peut garantir. De ce point de vue, l'impiété et le non-respect de la loi s'équivalent. L'impiété remet en cause le fondement même de toute législation :

1. *République* III 415c7, X 621c1 ; *Phèdre* 265b8 ; *Lois* VII 804e5, X 887d2, XI 913c1-2, 927c7-8.

2. *Timée* 70d7-e5.

3. *République* II 377b6-7 ; *Politique* 268e4-5.

4. *Lois* VII 808c7-809a6. Parce que, à cet âge, c'est l'espèce appétitive qui domine dans l'âme humaine, voir *Timée* 43a6-44d2.

5. *Phèdre* 276e1-3.

6. Voir *Lois* II 663d-664b, où est repris le même récit que celui qui, dans la *République* (414b-c), est qualifié de « mensonge noble (*gennaîon pseúdos*) ». Dans les *Lois* (663d) le même récit est présenté cyniquement comme un mensonge d'une grande utilité (*pseûdos lusitelésteron*). On ne peut donc écrire comme Chr. Bobonich : « the sort of persuasion that Plato requires the laws to use do not involve the use of lies » (« Persuasion, compulsion and freedom in Plato's *Laws* », *Classical Quarterly* 41, 1999, p. 368). Le passage évoqué ici est analysé à la page 382 de l'article cité ; la note 66 qui évoque le problème ne le résout pas.

7. Comme c'est le cas dans la magie. Voir Brisson 1982, p. 102 *sq.*

> Jamais quiconque estime, en conformité avec les lois, que les dieux existent, n'a de son plein gré commis un acte impie ni tenu un propos qui aille contre la loi. Mais s'il lui arrive de se comporter ainsi, c'est sous l'effet de l'un de ces états d'esprit : ou bien celui que précisément je viens d'évoquer, à savoir qu'on estime que les dieux n'existent pas ; ou bien, second état d'esprit, on estime que, en dépit du fait qu'ils existent, les dieux ne s'occupent pas des êtres humains ; ou bien, troisième cause, on estime que les dieux sont facilement apaisés[1] et qu'ils se laissent retourner par les sacrifices et par les prières. (*Lois* X 885b)

Comment faire pour ramener dans le droit chemin ceux qui estiment ou bien que la divinité n'existe pas ou bien que, si elle existe, elle ne s'occupe pas des affaires humaines ou se laisse fléchir au gré des interventions ?

En ce qui concerne l'existence des dieux, Platon développe une démonstration (*apódeixis* 887a, 893b ; *epídeixis*, 892c, 899d) qui fait intervenir des arguments (*lógois*, 887a). Mais, et c'est là le point sur lequel je me distingue cette fois d'André Laks, il s'agit là non pas d'un choix, mais d'une nécessité dont on peut rendre compte assez facilement. La tradition est restée sans effet sur les athées, qui n'ont été ni persuadés par les mythes ni impressionnés par les rites, comme la chose est bien expliquée dans ce passage particulièrement intéressant pour un historien de la religion :

> Allons donc, comment, sans colère[2], prendrait-on la parole pour démontrer (*légoi*) que les dieux existent ?
> Oui, on ne peut s'empêcher d'éprouver de l'irritation et de l'inimitié à l'égard de ceux qui nous ont obligé et qui nous obligent maintenant encore[3] à mettre en œuvre ces démonstrations (*lógọn*)[4], parce qu'ils n'ont pas été persuadés par les mythes (*ou peithómenoi toîs múthois*)[5] que, alors qu'ils étaient de petits enfants, encore nourris au lait[6], ils ont entendus, de la bouche de leurs nourrices et de leurs mères[7]. Ils ont eux-mêmes entendu

1. La seule autre occurrence de ce verbe surcomposé dans tout le corpus platonicien se trouve en *Lois* X 888c.

2. Le terme *thumội* fait référence au *prothúmọs* qui se trouve dans la phrase précédente. Voir aussi un peu plus bas en 888a.

3. Les manuscrits portent *nûn oûn* ; *nûn ou* est une correction proposée par Estienne.

4. Je donne un sens fort à *lógos* en fonction du contexte, et notamment en raison de ce qui suit immédiatement.

5. Platon utilise très souvent le verbe *peitheîn* pour décrire l'action exercée sur l'âme par le mythe : *République* III 415c, X 621c, *Phèdre* 265b, *Lois* VII 804e, X 887d, XI 913c, 927c ; en fait, la persuasion s'adresse aux espèces les plus basses de l'âme, le désir (*epithumía*) et l'agressivité (*thumós*) et non à l'intellect (*noûs*).

6. Les destinataires privilégiés du mythe sont les enfants : *République* II 377a, c ; *Politique* 268e ; *Sophiste* 242c ; *Timée* 23b ; *Lois* VIII 840c. On trouve une autre précision concernant l'âge en *République* II 377a : il s'agit d'enfants qui ne vont pas encore au gymnase.

7. Les personnes qui racontent les mythes de façon non institutionnelle sont les femmes qui s'occupent des enfants, à qui sont destinés en priorité les mythes : la mère (*République*

> raconter ces mythes, comme s'il s'agissait d'incantations [1] prononcées avec une intention à la fois de divertissement et de sérieux [2] dans les prières qui accompagnent les sacrifices. Ils ont vu les représentations auxquelles ces mythes donnent lieu [3], et qu'un jeune homme voit et entend avec le plus grand plaisir [4] lorsqu'elles sont menées par les sacrificateurs [5]. Ils ont entendu et vu avec quel extrême sérieux leurs parents priaient pour eux-mêmes et pour leur famille, et comment ils s'adressaient dans leurs prières et leurs supplications à des dieux dont l'existence est assurée au plus haut point. Enfin, quand le soleil et la lune se lèvent et quand ils vont vers leurs couchants, ils sont les témoins et ils entendent parler des prosternations et des agenouillements de tous les Grecs et de tous les Barbares, qu'ils soient victimes de maux de toute sorte ou dans la prospérité, non comme à des êtres qui n'existent pas, mais comme à des êtres dont l'existence est assurée au plus haut point, et d'une façon qui ne laisse en aucune façon concevoir que les dieux n'existent pas.
>
> Tous ceux qui, faisant fi de tout cela sans même avancer une seule raison qui vaille, comme le feraient même tous ceux qui ont peu d'esprit, nous contraignent à faire les démonstrations que nous allons faire, comment pourrait-on tout à la fois leur adresser des admonestations paisibles et leur enseigner d'abord que les dieux existent ? Il faut pourtant s'y résoudre. Nous ne devons pas laisser tomber dans la démence les uns par la recherche effrénée de la jouissance et les autres par la colère à leur égard. (*Lois* X 887c-888a)

Il peut donc arriver que la religion traditionnelle se montre défaillante pour assurer chez tous la croyance en l'existence des dieux. L'incroyance est susceptible d'entraîner deux conséquences : la colère chez ceux qui admettent l'existence des dieux, notamment les législateurs, et une recherche effrénée du plaisir chez ceux qui refusent d'y croire.

II 377c, 381e), la nourrice (*République* II 377c), la vieille femme (*Gorgias* 527a, *République* I 350e), c'est-à-dire la grand-mère.

1. Ce texte doit être mis en rapport avec *Lois* II 659e. L'incantation est, au sens strict, une formule rituelle prononcée lors d'une cérémonie, qu'il s'agisse d'un sacrifice ou d'un rite à mystère, laquelle est supposée avoir une puissance occulte, mais réelle. L'action exercée sur l'âme par la communication d'un mythe est, comme on l'a vu, quelquefois associée au charme magique (*kḗlēsis*) et à l'incantation (*epōidḗ*) (*Lois* II 659e, X 903a-b ; *Phédon* 114d, 77d-78a ; *Euthydème* 289e).

2. L'association du jeu avec le sérieux est fréquente quand Platon parle du mythe : *Lois* I 647d, II 659e, V 732d, VII 795d, 796d, 798b, 803c, d, XII 942a ; *Philèbe* 30e ; *République* X 602b ; *Sophiste* 237b ; *Banquet* 197e.

3. C'est le sens que je donne à *kaì ópseis horō̃ntes hepoménas autoîs*. Je donne à *ópsis* le sens de représentation, et je considère que *autoîs* remplace *muthoîs*.

4. Le plaisir explique l'efficacité du mythe qui, comme je l'ai dit, s'adresse aux espèces les plus basses de l'âme, cf. *Timée* 26b-c, *Phédon* 110b, *Protagoras* 320b-c.

5. Probablement les parties du rituel qui illustrent un épisode mythique. On pourrait aussi penser aux tragédies qui illustrent les mythes et qui sont précédées de sacrifices auxquels prennent part les divers participants.

D'où la nécessité d'une loi très sévère contre l'athéisme (908e-909d). Celle-ci est précédée d'un long préambule, dont le but est de suppléer les défaillances de la tradition religieuse, incapable d'établir l'existence des dieux. Le contenu de ce préambule doit par ailleurs correspondre aux cours donnés aux jeunes hommes condamnés pour impiété et incarcérés dans la « Maison du retour à la raison » par un ou plusieurs membres du Collège de veille (*Nukterinòs súllogos*). Un rappel de ce contexte de transmission jette une tout autre lumière sur le livre X des *Lois*.

Le préambule[1] qui précède loi contre l'athéisme comprend quatre parties :

a) La première expose quelles sont les causes et les conséquences de l'athéisme et de l'impiété (885b-890b) ;

b) La seconde démontre que les dieux existent (890b-899d) ;

c) La troisième explique qu'ils ne se désintéressent pas des affaires humaines (899d-905d) ;

d) La quatrième met en garde contre la croyance selon laquelle on pourrait les fléchir par des prières et par des sacrifices (905d-907d).

Platon semble penser que la première démonstration concernant l'existence des dieux présente une réelle efficacité, une efficacité plus grande en tout cas que celle concernant les deux derniers chefs d'impiété (888c-d).

Les sources de l'athéisme

Avant de présenter deux preuves (889b-c) en faveur de l'existence des dieux, une preuve cosmologique (893c-896e) et une preuve téléologique (896e-897b), Platon commence par s'interroger sur les sources de l'athéisme. Il s'agit, selon lui, d'auteurs anciens qui écrivaient en vers, et d'auteurs modernes qui écrivent en prose.

Les poètes

Les anciens qui écrivaient en vers, ce sont bien évidemment les poètes, considérés comme les fabricants de mythes[2] auxquels Platon s'est attaqué aux livres II et III de la *République* :

1. On trouvera une bonne analyse de ce préambule dans Gerard Naddaf, *L'origine et l'évolution du concept grec de physis*, Lewiston-Queenston-Lampeter, The Edwin Mellen Press, 1992, chapitre VII.

2. Brisson 1982, troisième chapitre.

> Il y a chez nous [1] des discours couchés par écrit qui chez vous [2] n'existent pas, en raison de l'excellence de votre constitution [3] à ce que j'ai entendu dire. Les uns parlent des dieux en vers, les autres en prose.
> Les uns, les plus anciens [4], racontent comment naquit la nature [5] qui tient le premier rang par rapport au ciel [6] et à toutes les autres choses, puis avançant sans beaucoup s'éloigner de ce principe [7], ils racontent la naissance des dieux [8] et comment, une fois nés, ils se comportèrent les uns à l'égard des autres [9]. Il n'est pas facile de rendre ces auteurs, qui sont anciens, responsables de l'effet que, en bien ou en mal, ils ont pu produire à tel ou tel égard sur ceux qui les ont entendus [10]. Cependant, pour respecter les égards et les marques d'honneur dus à ceux qui nous ont engendrés [11], même si pour ma part je me garde d'en jamais faire l'éloge, je ne dirai ni que ces récits sont utiles ni qu'ils atteignent absolument la réalité. De toute façon, quittons ces vieilleries, disons-leur au revoir, et parlons-en de la manière que les dieux apprécieront. (*Lois* X 886b-d)

On ne peut dire que Platon soit ici moins radical dans sa critique de la poésie qu'il ne l'avait été dans la *République*. Il fait preuve à l'égard des mythes d'une certaine retenue qu'il justifie par le respect dû « à ceux qui nous ont engendrés » ; l'expression est ambiguë, car il peut s'agir des dieux qui sont nos générateurs lointains ou de nos parents qui sont nos générateurs proches. Je pencherais plutôt pour cette seconde hypothèse, même si la première doit aussi être prise en compte. Rejeter brutalement les mythes auxquels ses parents apportaient leur crédit, c'est d'une façon ou d'une autre remettre en cause leur autorité. Mais, pas plus dans les *Lois* que dans la *République*, Platon n'accepte que l'on prive les dieux de ces deux caractéristiques : ils sont bons et ils sont parfaits. L'idée est toujours la même. L'on peut se servir des mythes, à la condition toutefois qu'ils soient conformes à une certaine représentation de la divinité, dont les philosophes sont garants.

1. À Athènes.
2. En Crète.
3. L'excellence de la constitution crétoise est célébrée au tout début des *Lois*.
4. C'est-à-dire les poètes.
5. Je pense qu'il s'agit là du Chaos évoqué dans la *Théogonie* d'Hésiode (v. 117) et mentionné dans le *Banquet* (178b). En même temps que Chaos, la Terre est nommée.
6. La Terre fait apparaître le Ciel, et de leurs embrassements excessifs viennent toute une série d'autres créatures dont Kronos et Rhéa.
7. En grec *arkhę̄*.
8. Kronos et Rhéa notamment, puis à la génération suivante Zeus et Héra.
9. De façon assez violente, cf. *République* II 377c *sq.*
10. Une remarque qui rappelle *Sophiste* 243a.
11. Cf. *République* II 378a.

Les savants

Mais il est d'autres promoteurs de l'athéisme : ce sont les savants modernes, ceux qui écrivent en prose. Il faut reconnaître en eux aussi bien ceux qui enquêtent sur la nature, les « physiologues », que les sophistes qui ont repris un certain nombres de leurs doctrines : « En revanche, les discours que nous tiennent les modernes, ceux qui sont des savants, il faut qu'ils soient dénoncés en fonction des maux dont ils sont la cause. » (*Lois* X 886d). Ces modernes ont sapé la croyance naturelle en l'existence des dieux que les récits des poètes avaient, tant bien que mal, enracinée dans le cœur de tous les citoyens.

L'axiome dans lequel s'enracine l'athéisme tient en ces quelques mots : « Les réalités les plus grandes et les plus belles sont œuvres de la nature et du hasard, et les plus petites sont œuvres de la technique. Recevant de la nature ces produits importants et premiers, la technique façonne et fabrique tous les produits plus petits, que d'ailleurs nous appelons communément artificiels. » (*Lois* X 889a). De cet axiome, découlent deux types de conséquences ; les unes intéressent la physique, et les autres l'éthique[1].

Conséquences sur le plan physique

Les conséquences « physiques » font l'objet de deux exposés d'inégale longueur. Le premier se réduit à ces quelques lignes :

> Quand toi et moi donnons les preuves de l'existence des dieux et mettons en avant celles dont nous venons de parler, que le soleil et la lune et les astres et la terre sont des dieux et sont choses divines, les esprits que ces sages ont retournés nous répliqueront que ce ne sont là que de la terre et des pierres, totalement incapables de se soucier des affaires humaines. (*Lois* X 886d-e)

Le second exposé reprend la même idée, mais la développe.

> Je vais te l'expliquer plus clairement encore.
> 1) Le feu, l'eau, la terre et l'air, tout cela est dû à la nature et au hasard, aucunement à l'art.
> 2) Quant aux corps qui viennent ensuite, tels que la terre, le soleil, la lune, les astres, ils sont nés de ces premiers éléments, totalement privés de vie.
> 3) Ceux-ci, emportés au hasard de leurs tendances respectives, à mesure qu'ils se rencontraient et s'associaient suivant certaines affinités, chaud avec froid, sec avec humide, mou avec dur, et tous autres mélanges des contraires, qui se combinaient suivant les jeux inévitables du hasard,

1. Pour une description complète, cf. Wauthier de Mahieu, « La doctrine des athées dans le Xe livre des *Lois* », *Revue Belge de Philologie et d'Histoire* 41, 1963, p. 5-24 ; 42, 1964, p. 16-47. Voir aussi Brisson 1974, p. 504-508.

engendrèrent ainsi et sans autre secours le Ciel tout entier et tout ce qu'il contient, puis tous les animaux et toutes les plantes, une fois que, du mélange, furent nées les saisons.
4) Et cette création se fit sans aucune intervention de l'intelligence ni de quelque dieu que ce soit, ni de l'art; simplement, par la nature et le hasard. L'art, lui, naquit plus tard, dernier produit de ces deux principes… (*Lois* X 889b-c, les divisions sont de moi)

Bref, la réalité sensible dans son ensemble résulte exclusivement de l'action de la nature d'une part, et du hasard de l'autre. Et comme la nature se trouve identifiée aux quatre éléments, l'action qu'elle exerce est mécanique, dépourvue de toute intentionnalité.

CONSÉQUENCES SUR LE PLAN ÉTHIQUE

De là suit que les dieux et les valeurs sont des sous-produits de l'art, lequel pour sa part est un produit de la nature.

> Ce sont tout d'abord les dieux qui, d'après eux, tiennent leur existence de la technique et non de la nature, mais de certaines lois; ils sont autres ici, autres là, suivant les conventions qui ont servi de base aux différents législateurs. De même ce qui est beau est autre suivant la nature, autre suivant la loi. Le juste lui non plus n'est pas tel par nature; il est au contraire motif à perpétuelles discussions, à formules sans cesse changeantes, et chaque formule contraire a force prévalante dès le temps et aussi longtemps qu'elle est établie, née qu'elle est de l'art et de la loi, mais non de la nature. (*Lois* X 889e-890a)

La technique (*tékhne̲*), qui est le dernier produit de la nature (*phúsis*) et du hasard (*túkhe̲*), se trouve ici, pour ce qui est des dieux et des valeurs, assimilée à la loi. Une telle conception ménage la possibilité d'un conflit entre la nature et la loi, qui se trouve du côté de la technique, car certaines valeurs se trouvent attachées à la nature et d'autres à la loi. Mais, alors que la nature est partout la même, les lois résultant de la technique diffèrent suivant les législations. Dès lors, les valeurs sont conventionnelles et de ce fait changeantes, car, puisqu'elles ont une origine, elles peuvent avoir une fin. Le législateur et les dirigeants de la cité ne peuvent prétendre posséder un art véritable, d'origine divine. Par suite, les citoyens ne sont pas obligés de se sentir contraints par ces lois. Dans ce contexte, tout projet de législation fondé sur la reconnaissance de valeurs indiscutables, et donc universelles, doit être abandonné d'entrée de jeu.

L'ARGUMENTATION RATIONNELLE CONTRE L'ATHÉISME

Comment éviter ces conclusions inacceptables pour Platon? En prouvant l'existence des dieux et leur providence (*Lois* X 890d), et ce, après avoir défini autrement la nature et établi de nouveaux rapports entre la nature et la divinité.

En effet, l'athée définit ainsi la nature: «Celui qui soutient ces doctrines a chance de regarder le feu, l'eau, la terre et l'air comme les premiers éléments de toutes choses et de leur réserver le nom de "nature", dans la pensée que l'âme n'en est qu'un produit postérieur.» (*Lois* X 891c). À cette définition, il faut opposer cette autre: «Ce qu'ils entendent par nature, c'est ce qui engendra les premières existences; si donc nous pouvons montrer que l'âme est de ces premières existences, plutôt que le feu ou l'air, nous aurons le droit strict de dire que l'âme, du fait de cette ancienneté de naissance, existe, plus que tout le reste, par nature. Cette conclusion sera établie s'il peut être démontré que l'âme est plus vieille que le corps; autrement, elle ne le sera pas.» (*Lois* X 892c). Voyons comment s'y prend Platon pour démontrer l'antériorité de l'âme sur le corps.

L'état présent des choses n'a pu sortir de son état initial sans ce principe de mouvement qu'est l'âme. Or l'âme est précisément le mouvement capable de se mouvoir lui-même, et ce mouvement automoteur doit être premier (895a). On retrouve là un thème élaboré pour la première fois dans le *Phèdre*:

> Pour l'être qui en meut un autre et qui est mû par autre chose, la cessation du mouvement équivaut à la cessation de la vie. Seul l'être qui se meut lui-même, puisqu'il ne fait pas défaut à lui-même, ne cesse jamais d'être mû; mieux encore, il est source et principe de mouvement pour tout ce qui est mû. Or, un principe est chose inengendrée. Car c'est d'un principe que vient nécessairement à l'être tout ce qui vient à l'être, tandis que le principe, lui, ne vient de rien. En effet, si le principe venait à l'être à partir de quelque chose, ce ne serait pas à partir d'un principe qu'il viendrait à l'être. Or, comme c'est une chose inengendrée, c'est aussi nécessairement une chose incorruptible. À supposer, en effet que, le principe soit anéanti, jamais ne pourraient venir à l'être ni ce principe à partir de quelque chose ni autre chose à partir de ce principe, s'il est vrai que toutes choses viennent à l'être à partir d'un principe. (*Phèdre* 245c-d)

Dans les *Lois* (X 893c-896c), le même thème est repris dans le cadre de l'«argument cosmologique», qui se développe comme suit.

Tout ce qui est en mouvement est mis en mouvement par un autre être. Or il faut bien qu'il y ait un être qui puisse se mettre en mouvement lui-même sans avoir été mis en mouvement par un autre, sous peine d'une remontée à l'infini. Cet être c'est précisément l'âme, principe automoteur de tout mouvement. Alors que les athées croient que la cause du mouvement se trouve dans les quatre éléments, Platon estime qu'elle se loge dans l'âme. Ainsi, en démontrant l'antériorité de l'âme par rapport au corps, on établit que l'âme est précisément la cause première recherchée, du moins dans l'univers.

Mais ce premier argument ne suffit pas. Car l'âme n'est pas le principe suprême que vise Platon, lorsqu'il pense à la divinité. L'âme est neutre et, de ce fait, elle est susceptible d'être bonne ou mauvaise suivant les circonstances, alors que la divinité doit par définition (cf. *République* II et III) être bonne. Aussi faut-il déterminer quelle faculté assurera de façon permanente la bonté à l'âme. Cette faculté, c'est l'intellect (*noûs*) qui, dans l'ordre de la nature, celui du mouvement visible, se manifeste par l'harmonie qu'il instaure et maintient. Voilà pourquoi, après une importante transition (896e-897b), se trouve développé un autre argument, l'« argument téléologique » (897b-899b).

Voici comment, dans le détail, se développe chacun de ces deux arguments.

L'ARGUMENT COSMOLOGIQUE

La première preuve de l'existence des dieux, l'argument cosmologique, se fonde sur une analyse du mouvement[1]. On part de l'hypothèse que, parmi les choses qui existent, les unes sont en mouvement et les autres en repos (893b-c). Quel que soit le cas, ces choses doivent se trouver quelque part (893c); il s'agit donc de choses sensibles soumises à divers mouvements.

Mais à quelles espèces ressortissent ces mouvements ? La plupart des espèces de mouvement évoquées ici ont déjà été mentionnées dans le *Timée* et renvoient ou bien aux mouvements visibles des corps célestes, ou bien à ceux qui intéressent les quatre éléments.

Platon analyse d'abord les mouvements propres aux corps célestes, qu'il divise en deux espèces : ceux qui se meuvent en un seul endroit et ceux qui se meuvent en changeant de place. Dans le premier cas, il s'agit de l'action d'objets qui sont capables de garder leur centre immobile bien que leur circonférence tourne (893c-d). La seconde espèces de mouvement circulaire présente deux formes (893d-e), que les commentateurs ne s'entendent pas à définir clairement[2].

1. Pour une analyse détaillée de ce long passage, cf. J. B. Skemp, *The theory of motion in Plato's later dialogues* [1942], Cambridge, Cambridge Univ. Press, 1967².

2. On trouvera un inventaire des interprétations dans Gerard Naddaf, *L'origine et l'évolution du concept grec de physis*, Lewiston/Queenston/Lampeter, The Edwin Mellen Press, 1992, p. 495-496.

Jusque-là, seuls étaient considérés des corps ayant chacun leur propre trajectoire circulaire, ce qui éliminait la rencontre d'un deuxième corps sur cette trajectoire. Mais, de 983e à 984a, le contexte change brusquement. L'espace semble désormais rempli de corps tout comme dans le *Timée*. Les rencontres de ces corps donnent lieu à six nouvelles espèces de mouvement qui, à la suite du *Théétète* (181d), pourraient toutes être regroupées sous une catégorie unique : celle de l'altération (*alloíosis*), par opposition à celle de la translation (*phóra*), à laquelle appartenaient les espèces précédemment décrites. Ces six nouvelles espèces de mouvement sont les suivantes : combinaison et séparation (*súgkrisis* et *diákrisis*) ; croissance et décroissance (*aúxesis* et *phthísis*) ; génération et corruption (*génesis* et *phthorá*).

Après avoir défini ces huit espèces de mouvement, Platon constate qu'il en manque toujours deux, indissociables de l'objet même de la discussion, qui porte sur l'âme (894b). Ces deux mouvements, ce sont celui qui peut mouvoir autre chose sans jamais être capable de se mouvoir soi-même et celui qui peut toujours mouvoir soi-même et autre chose (894c). Le neuvième mouvement est nommé « celui qui sans cesse (*aeí*) meut autre chose et subit l'impulsion d'autre chose », ce qui correspondrait au mouvement de la sphère des astres fixes. Le dixième mouvement est décrit comme « celui qui meut soi-même et autrui, mouvement qui s'adapte à toutes les actions et à toutes les passions et dont on peut dire vraiment qu'il est la source de tout changement et de tout mouvement dans l'univers » (894c). L'Athénien demande alors lequel des dix mouvements est le plus puissant et le plus parfaitement efficace dans la perspective d'un remaniement de la classification (894c-d). C'est évidemment le dixième. Ce qui revient à classer ce mouvement comme le premier, non seulement en raison de sa puissance, mais également en raison de sa naissance, le neuvième passant au second rang (894d-e).

L'ARGUMENT TÉLÉOLOGIQUE

Jusqu'ici l'âme n'a été considérée que dans sa fonction motrice, comme la source du mouvement. Maintenant, il faut tenir compte de sa fonction cognitive, comme siège de la pensée, de la délibération et du vouloir. Comme la priorité donnée à l'âme sur le corps a été démontrée, il s'ensuit que les attributs de l'âme, c'est-à-dire les mœurs, les caractères, les raisonnements, les opinions vraies, les attentions, les souvenirs sont antérieurs aux attributs du corps : longueur, largeur, profondeur et force (896c-d).

Qui plus est, si l'âme automotrice est la cause première de tous les mouvements aussi bien cognitifs que physiques, elle doit être la cause de tous les contraires, du bien et du mal, du beau et du laid, du juste et de l'injuste, entre autres. Est-ce à dire que l'âme peut en soi être aussi bien bonne que mauvaise? Si tel est le cas, s'ouvre la possibilité d'un conflit avec le principe de non-contradiction formulé en ces termes au livre IV de la *République* : « Il est évident que la même chose ne peut en même temps exercer ou subir des actions contraires, du moins sous le même rapport et eu égard à la même chose. De sorte que si par hasard il nous arrive de découvrir que cela a lieu dans les principes en question, nous saurons qu'ils n'étaient pas un même principe, mais plusieurs. » (IV 436b-c). Pour rendre tout conflit impossible, plusieurs solutions peuvent être envisagées.

On peut estimer qu'il existe deux âmes du monde, distinctes mais qui coexistent, comme semble le laisser entendre Platon en 896e. C'est en gros l'hypothèse défendue par Plutarque [1] qui, dans un contexte médioplatonicien, fait l'hypothèse d'une âme du monde irrationnelle et mauvaise, afin d'expliquer le mouvement désordonné qui agite la *khōra* avant l'intervention de la raison démiurgique, et qui subsiste même après. Mais cette hypothèse est explicitement rejetée par Platon lui-même dans le mythe du *Politique* (269e-270a).

Le mythe du *Politique* suggère encore une autre solution. On peut penser que l'univers se trouve soumis à une alternance d'ordre et de désordre. Lorsque l'âme du monde se trouve sous l'influence directe du dieu, c'est-à-dire du *noûs*, elle est bonne, alors qu'elle devient mauvaise à mesure qu'elle s'en éloigne. Mais on peut difficilement retenir cette solution qui constitue un cas particulier de la précédente, notamment parce que l'interprétation du mythe du *Politique* présente beaucoup de difficultés. Qui plus est, l'âme du monde semble n'être susceptible que de vérité et de bonté (*Timée* 36e, 37a-c, 41d; *République* X 612e; *Lois* X 901a).

Devant cette impasse, il faut revenir à un passage essentiel des *Lois* (896e-897b), et se poser deux questions: de quels types d'âme parle ce passage? Comment expliquer le mal dans l'univers?

Dans ce passage, l'âme présente deux sens. L'un, général, celui d'« âme en tant qu'âme », dont il est parlé quand il s'agit de démontrer la priorité de l'âme sur le corps. L'autre, plus particulier, celui d'« âme du monde », quand il s'agit de cette espèce d'âme (897b) qui dirige l'univers. En ce sens, « âme » renvoie non seulement à l'âme du monde, mais aussi aux âmes qui meuvent les corps célestes, comme semble l'indiquer *Lois* X 898c.

Quoi qu'il en soit, la question à laquelle il faut tenter de répondre est la suivante: « Mais quel genre d'âme devons-nous affirmer être celui dont l'empire s'exerce sur le ciel, la terre et sur la révolution de l'univers? Est-ce celui qui est pénétré de sagesse et de vertu? ou bien celui qui ne possède ni l'un ni l'autre? » Mais, avant de répondre à cette question, on doit établir

1. Pour une analyse de cette position, cf. Brisson 1974, p. 295-303. On lira la traduction annotée par Harold Cherniss du *De animae procreatione* (= *Moralia* 1012a-1030c) de Plutarque, dans la Loeb Classical Library, Cambridge [Mass.], Harvard Univ. Press, 1976.

une distinction entre l'âme humaine, susceptible d'être bonne et mauvaise (*Lois* X 903d-904e), et l'âme du monde qui est la meilleure, et qui se manifeste dans la permanence et la régularité des corps célestes.

Même si l'on fait cette distinction, et même si l'on considère l'âme du monde comme le principe du mouvement régulier et permanent des corps célestes, il faut bien admettre l'existence du mal dans l'univers, ne fût-ce que sous les traits des catastrophes naturelles: « Mais ce que, nous, nous affirmons, c'est, je pense, que la faute présentement nommée, celle qui consiste à vouloir posséder plus que les autres, est ce qui s'appelle, dans les corps de chair, une maladie, dans les saisons de l'année ou dans l'année même, un fléau, cela précisément qui, dans les cités et dans les institutions, s'est transformé quant à sa dénomination et s'appelle injustice. » (*Lois* X 906c). Si l'on repousse les deux solutions évoquées plus haut en faisant référence au *Politique*, qu'il s'agisse de la coexistence de deux âmes du monde ou de l'alternance de comportement dans l'âme du monde, force est de rappeler que, dans le *Timée*, le démiurge n'est pas tout-puissant et que son activité ordonnatrice, relayée par l'âme du monde, ne se poursuit que « dans la mesure du possible[1] ». L'ordre règne surtout dans le ciel, le désordre croissant à mesure que l'on s'éloigne des corps célestes. Plus on descend, plus le gouvernement qu'exerce l'âme du monde sur les éléments perd de sa force[2]. D'où l'irruption du mal dans l'univers[3].

Dans cette perspective, l'existence du mal dans l'univers ne constitue pas un obstacle insurmontable pour Platon, qui veut démontrer que l'espèce d'âme qui gouverne le ciel, la terre et les révolutions circulaires de l'univers est celle qui possède sagesse et vertu, celle qu'il qualifie d'« âme la meilleure » (*arístē psukhḗ*).

Cette restriction étant admise, il s'agit désormais de prouver que l'ordre du monde découle bien d'une intention divine (897b-899b). Platon a déjà rappelé que l'âme, quand elle s'allie au *noûs* divin, guide nécessairement toutes les choses vers une conclusion propice (897b). Mais comment démontrer qu'il en va bien ainsi ? Puisque l'intellect n'est rien de tangible, une telle perfection ne peut être perçue par des yeux humains. Tenter de

1. Exemples de cette atténuation en *Timée* 30a, b, 32b, 37d, 38c, 42e, 53b, 65c, 71d, 89d.

2. Dans Brisson 1974, p. 449-452, je reprends l'explication proposée par H. Cherniss, « The source of evil according to Plato » [1954], dans ses *Selected papers*, ed. by Leonardo Tarán, Leiden, Brill, 1977, p. 253-260, suivant laquelle il faut distinguer entre un mal négatif, celui qui résulte inévitablement de la distorsion que présente l'image par rapport à son modèle, et un mal positif, qui peut être absolu, celui dont peut se rendre responsable l'âme humaine, ou relatif, conséquence nécessaire mais seconde de l'action d'une âme, y compris de celle de l'âme du monde, qui ne se trouve pas en mesure de contrôler dans tous les détails les conséquences de son activité.

3. Pour une position différente, cf. Gabriela Roxana Carone, « Teleology and evil in *Laws* 10 », *Review of Metaphysics* 48, 1994, p. 275-298, où l'on trouvera une bibliographie très riche sur le sujet.

saisir l'intellect sous sa véritable essence, ce serait en effet vouloir « regarder le soleil en face et, en plein midi, se plonger dans la nuit » (897d). Aussi faut-il forger une représentation qui donne une image (*eikōn*) de ce dont il est question, et cette image va prendre la forme d'un mouvement.

Platon choisit pour image de l'intellect l'un des dix mouvements de l'univers (894b *sq.*). Ce mouvement, c'est celui dont la translation s'effectue sur place et dans la même direction, comme c'est le cas des cercles, dont le centre reste fixe, alors que la circonférence est en révolution. Les translations d'une sphère tournée sur le tour sont, pour le philosophe, l'occasion d'une analogie servant à illustrer les deux mouvements en question : le mouvement des corps célestes et la translation de l'intellect. En somme, l'analogie permet de définir ce qui les rend tous deux semblables : même régularité, même permanence, fixité de leur mouvement autour d'un centre immuable, suivant une même direction et un ordre unique (898a-b).

Rappelons une fois de plus la question posée au départ : le ciel et tout ce qu'il contient sont-ils gouvernés par l'âme la meilleure ou par son contraire ? Pour répondre à cette question, Platon a d'abord montré que les mouvements des corps célestes étaient de même nature que ceux de l'intellect, qui lui-même est divin. Puis il a expliqué que les mouvements du ciel et ceux de l'intellect étaient tous deux comparables à ceux d'une sphère arrondie au tour – la figure la plus parfaite à ses yeux – et qu'ils décrivaient des rotations circulaires. On peut donc conclure que l'âme qui veille à ce que le ciel se meuve circulairement de manière toujours identique et ordonnée (899c) est la meilleure.

Voici un inventaire des thèses qui interviennent dans cette argumentation, suivant leur ordre de présentation :

– l'âme anime toute chose ;
– les corps célestes sont donc nécessairement animés par une âme ;
– l'âme peut se joindre à l'intellect qui est divin ;
– les mouvements de l'intellect sont circulaires ;
– les mouvements des astres sont donc circulaires, et donc divins.

La simple observation des astres devrait, dans ces conditions, suffire à convaincre que les mouvements du ciel et ceux de l'intellect sont identiques, et par conséquent que c'est l'âme la meilleure qui prend soin de tout. Pourtant la chose est plus compliquée. L'observation du ciel révèle en effet que les mouvements de certains astres semblent être non pas réguliers, mais errants. Or seul le recours à l'astronomie mathématique peut montrer que ces astres, que l'on disait jusque-là errants, se meuvent circulairement ou rationnellement, ce qui revient au même.

Au livre VII des *Lois* (821e), Platon signale au passage que l'on a résolu depuis peu le problème posé par les astres errants. C'est pourquoi il considère désormais l'astronomie comme une science « belle, vraie, utile à la cité et tout à fait agréable à dieu» (821a-b). En outre, c'est grâce à l'astronomie mathématique[1] que l'argument téléologique de Platon prouve que l'âme qui anime les corps célestes est nécessairement bonne, en réussissant à assigner à chaque planète une trajectoire géométrique conforme à la marche que révèle leur observation, ce que l'argument cosmologique n'était pas parvenu à prouver.

LOI ET NATURE SUIVANT PLATON

Que fait Platon au dixième livre des *Lois*? Il cherche à définir un concept de nature qui embrasse les lois cosmiques, les lois politiques et donc éthiques[2]. La nature pour lui, c'est l'âme. Pour parvenir à cette identification, Platon soutient l'antériorité de l'âme sur le corps, et surtout il prend pour acquis que c'est la même âme qui anime aussi bien l'être humain que l'univers.

Pourtant, il ne suffit pas de montrer que l'âme automotrice est la cause première de tous les mouvements, aussi bien cognitifs que physique; car ces mouvements sont en soi neutres, bons ou mauvais, beaux ou laids, justes ou injustes, selon le cas. Il faut en outre montrer que l'âme est pourvue de raison. Les mouvements réguliers des corps célestes et de l'univers en son entier apportent un argument en ce sens, même si, à mesure que l'on s'éloigne des corps célestes, se manifeste un affaiblissement progressif de cette rationalité qui se manifeste dans la régularité.

Parce qu'il refuse de dissocier loi éthique, loi politique et loi cosmologique, en assimilant ainsi la raison au divin, Platon s'oppose à la modernité que Max Weber définissait comme une dissociation des différentes sphères de pensée et d'activité qui deviennent autonomes les unes par rapport aux autres, dans la mesure où elles obéissent à un ensemble de règles et de procédures qui leur sont propres.

À la suite de l'analyse détaillée du seul préambule où n'interviennent ni la rhétorique ni la mythologie, force est donc de souscrire à la conclusion de Jean-Marie Bertrand: «Ainsi n'existe-t-il pas de différence essentielle au plan de l'épitactique entre le prologue et la loi proprement dite. Le discours du prologue peut même se laisser aller à l'expression d'une positivité dont

1. Je n'ai malheureusement pas le temps ici d'aborder la question du statut de l'astronomie chez Platon. Une discussion passionnante entre Gr. Vlastos, A. P. D. Mourelatos, R. G. Turnbull et I. Mueller, autour de l'interprétation de *République* VII 527d-531d, a été publiée dans *Science and the sciences in Plato*, ed. by John P. Anton, New York, Eidos, 1980. On lira aussi le chapitre que consacre à l'astronomie Gr. Vlastos dans son *Plato's universe*, Oxford, Clarendon Press, 1975.

2. Ada Neschke-Hentschke montre très bien ce qu'il en est dans *Platonisme politique et théorie du droit naturel*, Louvain-Paris, Peeters, 1995, leçon 5, p. 135-164.

on attendrait qu'elle ne pût être que l'une des modalités de la loi seule. Statutairement investi du privilège de véracité, le nomothète se pose comme le seul détenteur de la capacité à connaître et énoncer ce qu'il considère comme des évidences, mais dont les hommes pourraient ne découvrir la pertinence qu'à la longue [1]. » Une telle conclusion me ramène donc à la critique que j'oppose à l'interprétation que défendent Christopher Bobonich et André Laks, qui veulent, semble-t-il, défendre Platon (malgré lui) contre les attaques de K. Popper. Une telle interprétation fait du philosophe grec un moderne qui aurait voulu instituer dans les *Lois* une persuasion rationnelle, et ne laisser qu'une place secondaire à la rhétorique et aux mythes.

Une telle position n'est pas tenable, comme j'ai cherché à le démontrer en m'intéressant exclusivement aux préambules qui, dans leur quasi totalité, cherchent à enchanter le citoyen à l'aide des charmes dispensés par la mythologie et par la rhétorique. Qui plus est, le préambule au dixième livre des *Lois* constitue une exception qui se retourne contre André Laks et Christopher Bobonich; Platon doit utiliser une démonstration pour convaincre un petit nombre de jeunes athées qui n'ont été persuadés ni par les mythes ni par la rhétorique.

Si, en plus des préambules, on tenait compte de la rumeur, et si, en outre, on évoquait l'institution des chœurs, qui doivent adresser leurs incantations éventuellement mensongères [2] aux âmes des enfants [3], force serait d'admettre, comme André Laks, que l'utopie politique des *Lois* se fonde sur « une utopie qu'on peut bien appeler communicationnelle », mais sans toutefois accepter que la place qu'elles accordent à la parole fasse des *Lois* une « œuvre éclairée [4] ». Tel est le constat que je fais, en estimant que l'éloge et le blâme, en la matière, relèveraient de l'anachronisme.

Le contexte historique de l'œuvre platonicienne étant ce qu'il est, il me paraît incertain de vouloir y trouver des similitudes avec le nôtre. C'est au contraire en prenant la mesure des différences profondes qui nous en éloignent que nous pourrons, à rebours, apprécier la spécificité de notre propre situation.

1. Jean-Marie Bertrand, *Dike* 1, 1998, p. 138.

2. Dans « Persuasion, compulsion and freedom in Plato's *Laws* », *Classical Quarterly* 41, 1997, p. 365-388, Chr. Bobonich, après avoir analysé le passage des *Lois* (663d-664a) consacré au mensonge, conclut : « the important point is that Plato denies that he is practising such deception in the preludes of the rest of the *Laws* ». Un coup d'œil rapide aux mythes invoqués dans les préambules montre parfois le contraire. Une position similaire à la mienne est adoptée par K. Schöpsdau dans son commentaire, *Nomoi* (*Gesetze*), Buch I-III, Übers. und Komm. von Klaus Schöpsdau, Göttingen, Vandenhoeck und Ruprecht, 1994.

3. Comme cela est bien expliqué au livre II des *Lois* (664b-c, voir 663d-664a).

4. A. Laks, « L'utopie législative de Platon », *Revue Philosophique* 1991, p. 418-430.

POSTFACE

Ce recueil, *Lectures de Platon*, fut publié pour la première fois en 2000. Il comprend des études rédigées entre 1975 et 2000, mais revues et complétées à l'exception d'une seule, inédite. Depuis sa parution, ce livre a fait l'objet d'un certain nombre de comptes rendus, dont voici une liste, la plus complète possible : *Elenchos*, 22, 2001, p. 417-421 (F. Fronterotta); *Antiquité Classique* 81, 2002, p. 308 (B. Vancamp); *Dialogue. Revue canadienne de Philosophie* 41, 2002, p. 594-598 (Y. Lafrance); *Revue Philosophique de la France et de l'Étranger* 192, 2002, p. 230-231 (A. Balansard); *Études Philosophiques* 2003, p. 121-124 (P.-M. Morel); *Revue Philosophique de Louvain* 103, 2005, p. 203-206 (P. Destrée). Je remercie tous ceux qui ont rédigé un compte rendu; j'ai tenté de tenir compte de leurs remarques et de leurs suggestions. Dans cette nouvelle édition, les coquilles qui subsistaient ont été corrigées, et une postface et un index ajoutés.

Le choix de ces études, je voudrais y insister dans cette postface, fut guidé par la volonté de présenter Platon, non seulement comme un philosophe, mais aussi comme un auteur littéraire qui a souvent recours au mythe et qui aborde des sujets qui, au premier abord, semblent n'avoir rien à voir avec la philosophie.

Platon vit dans un environnement culturel où l'écriture s'est imposée : on rédige par écrit les documents officiels, les lois, les plaidoyers judiciaires, les tragédies, les comédies etc. En écrivant ses dialogues, Platon s'inscrit dans ce mouvement général et, même s'il est conscient des contraintes qu'impose l'écriture, il produit une œuvre écrite qui exprime sa pensée, une pensée qu'il ne réserve pas à un auditoire trié sur le volet auquel il en aurait fait un exposé oral. Une traduction et une étude approfondie des principaux passages qui semblent justifier l'existence de doctrines non écrites, radicalement différentes de celles des dialogues, se trouvent ici proposées; il s'agit de montrer que le refus de l'interprétation ésotériste ne résulte pas de préjugés, mais qu'il se fonde sur un examen minutieux des textes. C'est aussi au règne de l'écriture qui rend cruciale la notion d'auteur que se rapportent les accusations de plagiat lancées contre Platon; leur classement chronologique permet de remonter à la source souvent involontaire de cette rumeur, Aristote et son École.

En politique, Platon est un «révolutionnaire» qui s'oppose sans concession aucune à la démocratie au pouvoir à Athènes, et qui veut la remplacer par une aristocratie fondée non sur la richesse ou sur l'usage de la violence, mais sur le savoir qui, aussi bien dans la *République* que dans les *Lois*, fait intervenir l'intellect à l'œuvre en l'homme, dans la cité et dans le monde. Pourtant, Platon sait qu'il ne peut s'appuyer que sur une élite savante, et qu'il doit tenir compte de la puissance de séduction du mythe qui, dans la cité, permet la transmission de convictions partagées par tous dans une communauté. Dans le *Protagoras*, il s'attaque au mythe fondateur de la démocratie; dans le *Politique*, il corrige une définition de l'homme politique obtenue au moyen de la dialectique en faisant intervenir un mythe qui montre que cette définition appartient à un autre âge; et dans les *Lois*, il fait précéder chaque loi d'un préambule qui raconte un mythe ou qui fait intervenir la rhétorique de l'éloge et du blâme.

Platon enfin assimile son travail d'écriture à celui du démiurge qui, dans le *Timée*, fabrique l'univers; ce thème connaîtra une fortune considérable dans le monde occidental. Et c'est en écrivain que, sans délaisser le champ de la philosophie, Platon décrit une Égypte à la fois admirée et critiquée, et qu'il propose une analyse complexe et précise de la «jalousie», dont doivent être dépourvus les dieux, mais qui, chez les hommes, est à l'origine des guerres, étrangères aussi bien que civiles, et de tous les conflits reliés à une recherche effrénée des honneurs et de l'argent.

Luc BRISSON
CNRS, Paris (Villejuif)

INDEX NOMINUM

INDEX LOCORUM

INDEX RERUM

Thèmes

Notions grecques analysées

TABLE DES MATIÈRES

TROISIÈME PARTIE

LE MONDE, SES DIEUX ET SES ÂMES